Hervé-Masson

Dictionnaire

des hérésies

dans l'Eglise catholique

SAND

Introduction

Au terme de deux mille ans d'existence mouvementée, il semble bien que le christianisme soit sur le point d'atteindre enfin l'âge de la majorité. Les rudes querelles d'autrefois se taisent, les chrétiens d'aujourd'hui répugnent à s'entretuer au nom du Christ éparpillé et les guerres de religion n'ont pas bonne presse, au moins en Occident. La tendance générale est à l'union de tous les chrétiens, encore que les voies de l'œcuménisme soient loin d'être définitivement déblayées. Chaque Église, chaque secte estime détenir seule la vérité absolue et demeure persuadée de posséder l'exclusif monopole de la juste interprétation de la révélation christique. On ne veut plus jeter l'anathème, encore moins recourir aux armes et à la violence, c'est entendu. Mais s'ils ne sont plus dénoncés et livrés à la vindicte publique comme d'irréductibles ennemis tout au plus bons pour le bûcher purificateur, les membres des autres confessions n'en sont pas moins considérés au moins comme des frères égarés.

Avec ses sept cent cinquante millions de catholiques répandus à travers les cinq continents, l'Église romaine se targue à juste titre d'être à la fois la première religion du monde par le nombre et la plus importante des confessions chrétiennes. Elle se tient pour l' « Église établie », celle que Jésus a confiée à Pierre, premier évêque de Rome. « Tu es Pierre, et sur cette pierre je bâtirai mon Église... ».

Depuis sa fondation, et dès la réunion de ses premiers conciles, l'Église de Rome s'est arrogé le droit de dénoncer et de condamner ce qu'elle considérait comme des hérésies ou des schismes.

Étymologiquement, le mot « hérésie » vient du grec *hairein* qui signifie « choisir ». Dans l'Antiquité, les *hairesis* étaient des écoles de pensée ou des courants philosophiques autonomes; mais dans la littérature patristique le mot a servi très tôt à désigner ces groupements de chrétiens dont les doctrines et les interprétations s'écartaient de l'orthodoxie fixée par l'Église centrale. Forte de sa continuité historique et de son invariable unité, l'Église catholique s'est de tout temps affirmée comme l'unique dépositaire de la vérité religieuse. Toute doctrine, toute interprétation doctrinale, même partielle, qui s'écarte des voies qu'elle a tracées est ainsi réputée erreur. La persistance dans l'erreur devient automatiquement hérésie.

L'Église fut amenée à condamner de cette façon certains grands courants théologiques comme l'arianisme, l'eutychisme, le docétisme, le monothéisme, etc., tout en excluant de son sein d'innombrables petites sectes de moindre importance et dont beaucoup disparurent ensuite sans laisser de trace. Parfois, Rome se montra très prudente et, moyennant certaines rectifications de la part de leurs auteurs, se contenta de mises en garde à propos de doctrines trop audacieuses. Pour ne citer que quelques exemples, ni Joachim de Fiore, le millénariste, ni Maître Eckhart, l'émanationniste, ni, plus récemment, le cryptognostique Teilhard de Chardin ne subirent ses foudres définitives. Il leur fut permis de s'expliquer et l'Église se borna à réserver son jugement.

C'est du grec *schisma* (« division ») que dérive le mot « schisme ». Aux yeux de l'Église, est schismatique toute confession chrétienne qui rejette l'autorité suprême de Rome. Cependant, le fait même de récuser la suprématie romaine peut être parallèlement considéré comme hérétique – puisque contraire à la doctrine catholique. Sans doute existe-t-il une nuance, mais, vus de l'extérieur, hérésie et schisme se confondent.

La lettre des Écritures n'est jamais péremptoire; elle laisse à l'esprit de larges possibilités d'interprétation. Ces dernières ne pouvaient manquer d'être souvent divergentes. Et ce qui est vrai pour ce qui est écrit l'est davantage encore pour ce qui n'est que la parole, celle des premiers successeurs du Christ notamment. Pourquoi Paul, qui ne fut même pas présent aux côtés de Jésus, ni ne participa à l'illumination de la Pentecôte, pourquoi ce véritable fondateur de la doctrine de l'Église ne serait-il pas contestable? Pourquoi la parole de Pierre et non point celle de Thomas? L'Église se veut d'origine et d'inspiration divines, mais c'est aux hommes qu'elle a affaire. Entreprise humaine, elle ne pouvait – ni ne peut – échapper à la contestation. Au cours de sa longue histoire, elle a eu à dénoncer et à condamner, parfois à combattre par la violence, d'innombrables hérésies. Paradoxe apparent, cette lutte séculaire s'est révélée tout à fait bénéfique pour le catholicisme.

Les hérésies furent le plus sûr garant de l'unité de l'Église. Elles eurent pour premier effet de resserrer les liens et de rendre nécessaire l'affirmation de la suprématie de Rome. En outre, et c'est important, elles fournirent l'occasion de développer les dogmes primitifs, de les expliciter en quelque sorte en les dégageant des simples affirmations imputables à la Révélation pour les présenter sous une forme logique – et métaphysique – plus facilement accessible à l'esprit.

« Un grand nombre de vérités étaient cachées dans les Écritures, dit quelque part saint Augustin; les hérétiques, séparés de l'Église, les ont agitées par des controverses; alors ce qui était caché s'est découvert et la volonté de Dieu a été mieux comprise [...].

On n'avait point parfaitement traité de la Trinité avant les blasphèmes des ariens, ni de la pénitence avant le rigorisme cruel des novatiens, ni du baptême avant l'apparition des rebaptisants [...]. Ainsi les hérésies ont servi à rendre plus lumineuse la doctrine de l'Église, et à donner l'intelligence de ce qu'on (ne) croyait (qu') avec piété. »

Aujourd'hui encore, en dépit des tendances louables à l'œcuménisme, il semble utile pour le lecteur catholique de mieux connaître les fondements authentiques de sa propre religion en étudiant le plus complètement possible les erreurs et les déviations doctrinales que l'Église a rejetées au cours de ses deux millénaires d'existence. En dépistant l'hérésie là où elle se cache, on découvrira plus aisément la doctrine orthodoxe et son prolongement logique. Sans doute aussi l'étude et l'analyse des doctrines adverses et une connaissance plus approfondie de l'histoire des doctrinaires auront-elles pour conséquence de développer en nous ces sentiments de tolérance si nécessaires à la paix religieuse.

Mais l'intérêt d'un dictionnaire des hérésies ne se borne pas à ces seules considérations de dogmatisme religieux, de spéculations métaphysiques et théologiques et, enfin, de tolérance réciproque. Religions, schismes et hérésies sont datés. En dépit de leur prétention de s'en référer à une mystérieuse Révélation attribuée à Dieu lui-même, malgré leurs attaches indéniables avec une tradition sacrée se perdant dans la nuit des temps, les religions, quelles qu'elles soient, Églises monolithiques solidement établies ou confessions éparpillées, sont liées à l'existence historique de leurs fondateurs et des successeurs de ceux-là. Elles possèdent un caractère événementiel et, par le fait, tiennent une place capitale dans l'histoire de l'humanité.

Nul peuple n'a existé et ne s'est organisé en société qui n'ait été comme contraint de se doter d'un ensemble de croyances métaphysiques et de lois morales, c'est-à-dire d'une forme quelconque de religion. L'âme humaine est non seulement « capable de Dieu », comme on l'a dit, elle est fondamentalement étirée entre un paradis et un enfer qu'elle se sent forcée d'exprimer. La vie en société et les échanges entre individus ont pour effet de développer et de codifier ces intuitions de l'âme, de leur conférer un caractère numineux [1] et herméneutique, bref de dégager les lignes de force d'une religion. C'est pourquoi l'histoire des religions coïncide avec l'histoire de la pensée humaine et, par le triste biais des querelles et des guerres confessionnelles, avec l'Histoire tout court. Dans la même optique, l'étude des hérésies à l'intérieur d'un seul grand groupe religieux permet de faire la lumière sur une part importante de l'histoire des civilisations concernées.

Il est évident, en outre, qu'aucune religion n'est apparue comme cela, tout d'un coup. Toutes plongent leurs racines dans les traditions antérieures propres à l'aire culturelle où elles ont pris naissance, où ensuite elles se sont développées et ont proliféré. Le christianisme n'échappe pas à la règle. Ses liens avec le judaïsme ne sont pas à démontrer : lui-même s'en réclame. Moins connues, les influences plus lointaines de

---

1. Numineux : qui est psychologiquement ressenti comme divinité.

l'Orient et de la pensée hellénistique n'en sont pas moins décelables. On ne saurait passer sous silence ces sources dans lesquelles puisèrent aussi bien les Pères de l'Église primitive que les hérésiarques qu'ils dénoncèrent.

Ce sont ces diverses considérations qui nous ont guidé dans la composition du présent ouvrage. Avant de passer à l'étude de chaque hérésie en particulier, nous avons souhaité dresser un tableau panoramique plus général des grands courants religieux qui ont été susceptibles d'influencer le courant proprement chrétien.

La première partie, encyclopédique, de notre livre comportera donc en premier lieu des aperçus préliminaires consacrés aux religions préchrétiennes, telles celles d'Égypte ou d'Iran, de l'Inde aussi, avec qui le monde méditerranéen entretenait des relations plus étroites qu'on ne l'imagine aujourd'hui. Le judaïsme, véritable berceau du christianisme, occupera une place importante, en compagnie de certaines notions de la kabbale dont le caractère gnostique n'est plus à démontrer. Un chapitre important traitera du courant de pensée philosophique gréco-oriental tel qu'il se manifeste à la veille et au début de l'ère chrétienne. Les supputations et les spéculations des penseurs de l'École d'Alexandrie, des néoplatoniciens de l'époque éblouirent plus d'un doctrinaire chrétien et furent souvent à l'origine de maintes hérésies dénoncées par l'Église. Enfin on s'efforcera, à chaque fois que ce sera possible, de souligner d'autres influences comme celle, par exemple, des sociétés de « mystères », ou de traditions plus anciennes et plus anonymes. L'authenticité même de la Révélation chrétienne est garantie par son rattachement à cette gnose universelle qu'il ne faut pas confondre avec le gnosticisme historique (les « sectes »), mais restituer dans son origine pour ainsi dire intemporelle et adamique.

À partir de ces préliminaires, nous avons cru utile de proposer un tableau très condensé de ce qu'est l'Église romaine de nos jours. Enfin, classés par ordre alphabétique, les articles de la deuxième partie de cet ouvrage constituent le Dictionnaire proprement dit. On a voulu en faire un instrument de travail aussi complet que possible dans un nombre limité de pages. Les sujets traités couvrent toute la période s'étendant de la naissance du christianisme jusqu'à nos jours. Les sectes et les mouvements religieux depuis longtemps disparus et oubliés y trouveront leur juste place à côté des Églises réformées d'aujourd'hui. On y a inclus par ailleurs certaines dénominations parachrétiennes, plutôt religions parallèles qu'hérésies authentiques. Elles ont été fondées et se sont développées à l'extérieur du christianisme officiel, tant catholique romain que protestant. Leur seul point commun avec les Églises établies consiste dans leur volonté de se réclamer plus ou moins de la personne du Christ, sinon toujours de ses paroles et des enseignements de ses apôtres. C'est le cas des mormons ou des adventistes du septième jour ainsi que de bien d'autres communautés ou mouvements de pensée.

Enfin, à chaque fois que l'opportunité s'en est présentée, l'accent a été mis sur les prolongements historiques des grandes hérésies; des notes biographiques ont été

Saint Pierre

consacrées à leurs fondateurs et aux plus importants successeurs de ces derniers. Les guerres de religion en France, en Allemagne et en Europe en général, la sanglante guerre des hussites, les luttes intestines en Grande-Bretagne, pour ne citer que ces exemples, furent autant des faits politiques capitaux pour l'Histoire que des luttes confessionnelles sur le plan plus restreint de la confrontation idéologique. Nous en subissons encore les séquelles.

Me permettra-t-on une précision toute personnelle ? À aucun moment je n'ai voulu prendre parti. Je n'avais pas à juger mais à présenter aussi objectivement que faire se pouvait le point de vue officiel de l'Église catholique sur ce qu'elle a cru bon de dénoncer comme étant hérétique et condamnable. Je m'en suis tenu sur le plan idéologique et théologique au seul jugement de l'Église de Rome et des conciles lorsqu'il s'est agi de condamner et d'exclure. Je n'ai fait que reprendre l'argumentation romaine sans rien y ajouter, retrancher ou discuter. Et cela quel qu'ait pu être parfois mon sentiment personnel.

« Toute la question, écrivait au siècle dernier l'abbé Guyot[1], est ramenée à confronter les hérétiques avec l'Église; or celle-ci a deux caractères inimitables, dont la contrefaçon est impossible à ceux-là : l'apostolicité et l'unité.

« Par l'Église romaine, d'où découle toute autorité spirituelle, les membres du souverain tribunal de l'Église catholique remontent jusqu'aux apôtres, et des apôtres jusqu'à Jésus-Christ. La succession est continue : c'est un fait historique facile à vérifier. Et de même l'histoire est là pour attester la nouveauté des dogmatiseurs sans aïeux », ajoute-t-il assez hargneusement. Le virulent abbé jouissait de l'*imprimatur* (donc de la caution) de son évêque. L'abbé était par ailleurs un profond théologien et un dialecticien redoutable, mais le préjugé et le sectarisme embrumaient visiblement son intelligence.

Les temps ont changé. À l'orée du XXIᵉ siècle, aucun auteur catholique autorisé ne se permettrait les rudes impertinences de l'abbé Guyot. Le discours est à la conciliation et à la fraternité. Oui, les temps ont changé, mais l'Église catholique reste fidèle à sa doctrine et à ses dogmes, et elle n'a rien retiré de ses jugements et de ses condamnations antérieures concernant les hérésies. On comprend et on excuse l'hérétique, on n'en rejette pas moins l'hérésie. C'est là le gage de l'extraordinaire continuité de l'Église romaine : le ton a évolué, mais rien n'a été renié du passé. On peut le regretter parfois quand on songe aux exactions des tribunaux de l'Inquisition et aux bûchers ardents.

En ce qui concerne les sources bibliographiques à partir desquelles a été construit cet ouvrage, elles sont si disparates, si éparpillées dans certains cas, qu'il n'a pas semblé possible d'en proposer une bibliographie sommaire. S'il existe en effet un nombre considérable de monographies consacrées à des hérésiarques de haut vol et à des

---

1. **Abbé** T.-H. Guyot : *Dictionnaire universel des hérésies, des erreurs et des schismes,* Paris, 1860.

réformateurs célèbres, si les études sur la grande Réforme commencée au XVIe siècle, les relations historiques sur la guerre des hussites ou, auparavant, les querelles des iconoclastes et les engagements secrets des gnostiques abondent, d'autres mouvements de pensée n'ont été signalés exclusivement que par les auteurs ecclésiastiques dont les œuvres traduites sont difficiles à trouver [1]. On trouve aussi la trace des hérésies, mineures ou majeures, dans les chroniques historiques et autres ouvrages aux buts profanes. C'est que l'histoire des religions se confond toujours avec l'Histoire tout court. C'est ainsi que, pour notre part, nous avons accumulé au cours de trois ou quatre décennies des notes empruntées ici et là. Nous les avons utilisées ensuite.

Pour ce qui est de la construction même de ce livre, nous avons suivi les grandes lignes de dictionnaires antérieurs, notamment celui de l'abbé Guyot déjà cité, ainsi qu'en priorité l'excellent *Dictionnaire des religions* de E. Royston Pike [2], que nous avons complété toutefois. Dans ce travail de remise à jour, concernant l'abbé Guyot, nous avons dépoussiéré, et censuré aussi, les imprécations et les sentences venimeuses ne nous semblant guère à leur place dans un contexte chrétien. Enfin nous nous sommes tout simplement référé au *Quid 1985* [3], s'agissant de chiffres et de statistiques contemporains.

Il nous faut conclure en précisant que nous n'avons rien affirmé qui ne fût objectivement contrôlable en recourant à des sources opposées. Nous espérons avoir fait œuvre utile.

*La Résurrection des morts,
psautier de saint Louis
et Blanche de Castille*

1. Signalons la traduction récente par Adelin Rousseau du livre d'Irénée de Lyon, *Contre les hérésies*, éd. du Cerf, Paris, 1984.
2. E. Royston Pike, *Dictionnaire des religions*, Serge Hutin, P.U.F., Paris, 1954.
3. D. et M. Frémy, *Quid 1985*, R. Laffont, Paris, 1985.

13

Première partie

PROLÉGOMÈNES IDÉOLOGIQUES ET HISTORIQUES

1. Tradition sacrée et christianisme

Il est aisé à l'historien des religions de s'en convaincre : tous les grands courants religieux qui sont apparus au cours des millénaires et qui se sont partagé les croyances des hommes puisent à un fonds commun, rameaux d'un même tronc solidement implanté dans l'esprit de l'homme. « Religions du Livre » (judaïsme, christianisme, islam, zoroastrisme aussi, qui à l'époque de la captivité de Babylone et sous Cyrus exerça son influence monothéisante sur le judaïsme primitif) ou hindouisme hérité du Véda révélé par les légendaires maharishis, bouddhisme ou taoïsme, font appel au fond aux mêmes mythes. Ces mythes constituent en quelque sorte la Révélation primordiale; ils symbolisent en fait les mêmes et communes intuitions métaphysiques de l'homme religieux. Ils sont toujours faciles à déceler à l'arrière-plan des doctrines métaphysiques élaborées et des rites observés. Traverse-t-on les mers et, à la suite des premiers conquistadores, aborde-t-on au Mexique ou au Pérou, s'égare-t-on, en épaisse forêt amazonienne ou explore-t-on le Grand Nord canadien, entre-t-on en contact avec les peuples primitifs de la Nouvelle-Guinée ou d'Australie, des récits mythiques analogues se retrouvent. L'approche métaphysique des grands problèmes religieux est universelle et commune au moins dans son essence et sa forme originelle. C'est tout à fait comme si, non pas les dogmes eux-mêmes, plus tardivement élaborés, mais des modes de pensée identiques étaient inscrits en creux dans l'inconscient collectif des peuples.

Mais, dira-t-on, par leurs rites comme par leurs doctrines particulières, les religions diffèrent, s'opposent parfois. Les unes sont résolument monothéistes, les autres polythéistes ou encore se réclament de philosophies monistes. Les unes ont conservé des rites sacrificiels (et certaines ne reculèrent même pas devant le sacrifice humain); les autres se contentent de la lecture et de l'exégèse des textes sacrés. Elle

*Tableau
des principales religions
du monde*

17

n'existe pas – pas encore – la religion universelle unique – et unifiante. C'est vrai. Chaque civilisation, chaque aire culturelle a remodelé l'intuition commune dans le creuset de son génie particulier, selon les réponses à apporter à ses propres préoccupations d'ordre géographique, historique ou économique. Mille détails disparates, souvent contradictoires, sont ainsi venus se greffer sur le tronc primitif, apportant à chaque rameau son originalité. C'est aussi que l'intuition commune se limite à quelques grands thèmes, ceux-là mêmes qui ont trait au mystère, à l'angoissant mystère pour l'homme de la raison de sa présence au monde.

C'est ainsi que le problème posé par la relation entre la transcendance et l'immanence divines s'articule ici ou là sur des schèmes assez simples au départ, tout comme ceux que pose l'opposition du Bien et du Mal, de la Lumière et de la Ténèbre, de la Chute des âmes et de la Réintégration. L'universel concept des « trois mondes », axé sur la position centrale attribuée à l'homme, est du même ordre. Il existe tout un symbolisme « géométrique » lié à ces quelques questions primordiales; on le découvre dans le récit des grands mythes d'orientation et de construction. Quant à la présence de l'érotisme sacré dans toutes les religions, elle est toujours apparente, épurée jusqu'à l'abstraction spirituelle (et mystique) la plus totale ici, ou au contraire nettement affirmée par des pratiques rituelles là.

Ce sont ces schèmes communs qui constituent le fonds de ce qu'on appelle la Tradition sacrée. Ce sont eux qui authentifient de prime abord les grandes religions et qui forment le tissu intime de la Révélation. Ces thèmes se retrouvent tout naturellement dans le christianisme, soit qu'ils aient été hérités du judaïsme et de l'Ancienne Loi, soit que le message du Christ les ait contenus, les renouvelant et les dépoussiérant. Que signifie la Révélation sinon qu'un voile a été levé sur ce qui existait déjà et qui restait caché?

L'Église elle-même ne prétend pas que l'apparition du christianisme, au premier siècle de notre ère, ait marqué une rupture absolue avec ce qui l'avait précédée. Le Christ ni ses apôtres n'ont entendu rompre radicalement avec la révélation mosaïque; l'Ancien Testament demeure le fondement primitif sur lequel s'est élevée la nouvelle dispensation chrétienne. On sait les âpres discussions qui illustrèrent la question de savoir si la nouvelle Église, celle qui se réclamait de la prédication christique, devait rompre entièrement avec la Loi judaïque, la reconduire telle quelle, ou bien encore l'adapter aux besoins nouveaux afin de la rendre acceptable aux peuples non-juifs. C'est bien évidemment la troisième formule qui prévalut. On aménagea le sabbat en dimanche, jour du Soleil, emprunt fait aux mystères mithraïques. On supprima les restrictions alimentaires. Mais on conserva tel quel le Décalogue mosaïque. Avant d'être lui-même baptisé par Jean le Baptiste, Jésus avait été très pieusement circoncis : on n'hésita pas néanmoins à remplacer l'ancienne obligation de la circoncision par le signe nouveau du baptême par l'eau. On ne cessa pas pour autant de fêter le jour de la circoncision de Jésus. C'est encore un exemple parmi d'autres. Baptême ou circoncision ressortissent au même symbolisme de la thématique de l'alliance par la purification et l'exorcisme de la faute originelle.

Cependant l'Église, pour sa part, estime qu'elle avait et a seule le pouvoir de régler les modalités du passage de l'Ancien au Nouveau Testament. Par l'autorité reconnue à Pierre et par le miracle de la Pentecôte, elle juge qu'elle a reçu mandat une fois pour toutes d'assurer la continuité par adaptation dans l'harmonie du dessein tracé par son fondateur Jésus-Christ. Elle assume ce rôle directeur (et de censure sourcilleuse) depuis deux mille ans.

Pourtant, c'est justement dans l'optique du respect dû à cette continuité qu'on découvre l'origine des premières hérésies, tant il est vrai qu'il est peu de croyances, vraies ou fausses, qui ne soient reliées d'une façon ou d'une autre à des croyances antérieures qui les contenaient en germe. Au moment où le christianisme apparaît en Palestine, le Moyen-Orient connaît un énorme brassage religieux et philosophique. C'est le point de rencontre où se heurte, se confronte et souvent se conjugue l'héritage très ancien de Sumer et de Babylone, de l'Égypte, de l'Iran et de l'Inde; et cet héritage comporte des apports nouveaux issus de l'Europe celtique, voire de Germanie, que la conquête romaine apporte dans ses bagages. Sous la poigne de Rome, l'Europe et l'Asie essaient de faire bon ménage. Dans ce concert hétérodoxe de dieux, de déesses, de génies, de mythes et de légendes entrelacés, le monothéisme juif, radical et exclusif, perdait de sa rigidité. Il ne composait pas, ne cédait pas, mais il s'adaptait. À côté de l'orthodoxie officielle et des commentaires du Talmud, une tendance ésotérique avait fait son apparition : l'enseignement *oral* de la kabbale est probablement contemporain à la littérature apocalytique hébraïque.

*Le Baptême du Christ,
par G. Minne, 1899*

19

Le Jugement dernier,
par Van der Weyden

La religion du Dieu unique comptait d'ailleurs une alliée objective : sirène aussi décriée qu'écoutée, la Grèce des philosophes réalisait et surtout donnait un sens cohérent aux plus difficiles amalgames.

Nul doute que, nécessaire et inévitable dispensation nouvelle, le christianisme ne put prendre la suite et assurer la continuité de la révélation mosaïque qu'à la lumière de ces puissantes confrontations et sous l'impulsion de la pensée unificatrice de la Grèce romanisée. Tout se passe comme si Dieu avait jugé opportun, le temps venu, de manifester à nouveau son unité dans un langage plus conforme à l'esprit du temps.

Expression visible et tangible de l'antique et universel mythe du Sauveur *(Soter)*, l' « oint », le *Christos* grec ou le *Mashia* attendu par les juifs, Jésus-Christ vint dispenser la nouvelle (renouvelée) Révélation. Et avec lui, le mythe prend un tournant : le Dieu sauveur se coule dans le corps d'un homme. « Fils de l'Homme », comme il le proclamera lui-même, le Christ incarne Dieu et dispense sa Parole. Sa double nature divine et humaine reste le plus profond mystère, qui fut à l'origine des hérésies les plus controversées, soit que l'accent ait été mis sur le caractère divin, soit qu'au contraire on ait forcé sur l'appartenance humaine. Mais, coïncidence ou justement analogie puisée au fonds commun de la Tradition sacrée, Krishna indien est aussi une incarnation divine. N'est-il pas le huitième *avatara* de Vishnu ? De nombreux détails de sa vie légendaire sont assez semblables à ceux que l'on attribue à celle de Jésus. Jusqu'à la ressemblance dans les noms... *Khrist* ou *Chrishna ?*

Des exégètes intéressés ont avancé la théorie selon laquelle la légende de Krishna aurait été inspirée du récit évangélique. Mais on a la preuve que le culte de Krishna existait déjà en Inde bien avant l'ère chrétienne.

L'inverse alors ? Christ ne serait qu'une transposition moyen-orientale de Khrishna ? Pour ceux à qui une telle hypothèse ferait froncer les sourcils, empressons-nous toutefois de souligner que, s'il est difficile aujourd'hui de douter de l'historicité de l'existence de Jésus – les preuves extérieures manquent, mais les présomptions d'origine chrétienne sont nombreuses, et pour ainsi dire décisives –, le cas est tout différent concernant la vie terrestre de Krishna et une quelconque datation historique de son existence. Le huitième *avatara* du Dieu Vishnu se meut dans une atmosphère tout à fait mythique. Il transcende l'histoire.

L'élucidation de la troublante analogie est sans doute à chercher ailleurs. On peut en proposer un raccourci en attirant l'attention sur le fait que déjà bien avant la naissance de Jésus, les anciens prophètes juifs avaient annoncé la venue future d'un « oint du Seigneur », multipliant même les détails sur son supplice : « Ils ont percé mes mains et mes pieds, ils ont compté tous mes os. » À la même époque, le culte de Krishna était répandu en Inde sous forme de mythe sacré. Jésus historique serait venu en quelque sorte réaliser le mythe. L'explication vaut ce qu'elle vaut, hypothèse parmi d'autres ; elle n'est pas, tant s'en faut, celle de l'Église officielle, encore que cette dernière dise bien que le Christ Jésus s'est incarné *afin d'accomplir ce qui avait été annoncé par les prophètes.*

Nous avons choisi à dessein l'exemple qui précède, car il illustre assez clairement la théorie selon laquelle une connaissance approfondie des hérésies nées au sein du christianisme passe par l'étude des autres religions. Il est indéniable que de nombreux sectaires, la plupart des gnostiques, les manichéens notamment, ont beaucoup emprunté à des systèmes étrangers au christianisme proprement dit.

Le thème du Messie, du « sauveur qui doit venir » n'a d'ailleurs pas été épuisé avec l'apparition du christianisme. Non seulement il a existé ailleurs, mais il a conservé toute son actualité. On le retrouve au Mexique précolombien, chez les Aztèques, avec le dieu Quetzalcoatl, dont les Indiens attendaient le retour. Dieu blond, il devait venir de l'est, direction d'où se montre le Soleil à son lever. Le pieux (et sanguinaire) Moctezuma le crut enfin (et hélas!) incarné dans la personne de Cortés.

En Europe, au sein même de l'Église catholique, les *millénaristes* prêchèrent aux époques troublées la venue du Paraclet. Ils ne furent pas toujours dénoncés par l'Église officielle. Enfin de nos jours, à la veille du XXIe siècle, terrifiées à la perspective de catastrophes qu'elles jugent inévitables, les églises dites *adventistes* n'ont d'espoir que dans une nouvelle incarnation du Christ et l'instauration d'un royaume des justes.

Il va de soi que le thème du messianisme n'est pas, loin de là, le seul auquel s'alimente la pensée religieuse. Il en est d'autres qu'on voit surgir au fur et à mesure qu'on analyse l'ensemble des doctrines des religions établies et ce qu'en ont fait leurs contestataires hérétiques. C'est ainsi que pratiquement toutes les cosmogonies, c'est-à-dire les mythes de la création du monde, se rattachent à la notion de chute ou de faute originelle. De même, le concept de l'âme étincelle de la Lumière divine emprisonnée dans la matière est universel. Ces thèmes, assez simples au départ, ont été le prétexte de spéculations – et d'affirmations passionnées – de plus en plus complexes. On ne peut empêcher l'homme de penser. Pour ce qui concerne le seul christianisme, quand la spéculation a été officiellement fixée et, en conséquence stoppée, elle s'est quand même développée par d'autres voies, ésotériques et clandestines. Elle a notamment été véhiculée par les cercles hermétistes et illuministes. Elle refleurit à l'époque de la Renaissance. Entrée ensuite un moment en sommeil, elle refait surface aujourd'hui sous une forme mieux adaptée à notre temps. L'Église n'a plus guère le moyen de la combattre efficacement...

Pour nous résumer, nous dirons que *grosso modo* on peut distinguer deux sources principales à la base des « erreurs » que l'Église romaine dénonce comme hérétiques : d'une part, les emprunts plus ou moins déguisés faits à des systèmes religieux non chrétiens, de l'autre la spéculation philosophique à l'intérieur même du christianisme.

Saint Michel pesant le bien et le mal,
psautier de saint Louis
et Blanche de Castille

2. Le mirage égyptien

Il n'existe pas de coupure radicale d'une ère de civilisation à une autre, disions-nous; celle qui se termine transmet à celle qui débute une partie de ses traditions, de ses croyances, de ses rites liturgiques, des traits principaux de ses modes de vie. Le passage se fait sans heurt et toute datation est arbitraire. Sur le plan religieux, en matière de théologie et de métaphysique, certaines connections peuvent aisément être décelées, le contenu mythique – et essentiellement herméneutique – demeurant à peu près semblable à ce qu'il avait été dans le passé, se contentant le plus souvent de troquer son ancienne vêture tombée en désuétude pour un habillement plus conforme aux mœurs et aux aspirations nouvelles. C'est ainsi que, si on se donne la peine de l'y chercher, le monothéisme est en germe dans le polythéisme, si luxuriant qu'ait pu apparaître ce dernier.

Pour aussi farouchement affirmé qu'il le fut et le reste, le monothéisme juif – dont a hérité le christianisme – n'est historiquement devenu une affirmation péremptoire et indiscutable qu'assez tardivement au sein d'un monde sémitique antique dont le « peuple élu » n'était qu'un rameau. Toute cette région du Proche-Orient était en effet religieusement attachée à un polythéisme voyant hérité de Sumer et de Babylone. Une lecture attentive de l'Ancien Testament suffit à démontrer que le peuple juif n'échappa pas au début à cette vision délirante du panthéon sémitique. Les dieux des peuples voisins existèrent bel et bien, parallèlement à Jéhovah qui, lui, n'était primitivement que le « dieu d'Israël ». Un « Dieu jaloux », comme l'appellent les Écritures, un Dieu qui refusait de partager et savait punir cruellement le peuple élu quand celui-ci lui faisait des infidélités. À cette époque reculée de l'histoire du peuple juif, il s'est davantage agi de monolâtrie que de réel monothéisme. Ce ne fut que peu à peu que Jéhovah-Iahvé s'appropria les attributs des

Stèle du chanteur d'Amon,
époque pré-saïte

autres divinités, gommant ainsi l'existence de ces dernières. Dans le Livre de Job, par exemple, Iahvé est *El*, le « très-haut » des Cananéens; il est le maître du tonnerre, fonction que le voisinage attribuait à Baal. Il semble que la notion de Iahvé-Dieu unique et la condamnation définitive des divinités étrangères réputées désormais simples « faux dieux » ne date que du temps de la captivité de Babylone et de la conquête de cette métropole par Cyrus. Le contact des captifs juifs avec les disciples de Zoroastre et les adorateurs du seul Ahuramazda, véritable dieu unique des Perses, aura été déterminant. Mais, rentrés en Israël, les prophètes devront longtemps encore s'acharner à dénoncer et à fustiger les juifs adorateurs des « faux dieux », de Baal notamment.

Pourtant le monothéisme est latent dans le polythéisme. Dès lors qu'on cesse de diviniser ses attributs, Dieu apparaît comme divinité unique et exclusive. Cette vérité est tellement évidente que partout et toujours les polythéismes se sont accompagnés, au moins en secret et ésotériquement, d'une spéculation de tendance purement monothéiste. Ce fut le cas dans les cercles religieux de l'Égypte antique. L'Égypte aurait été le peuple le plus religieux de l'Antiquité. C'est Hérodote qui l'affirme. Temples et divinités, cérémonies rituelles et prêtres innombrables conféraient à l'antique Misraïm une aura religieuse incomparable. Chaque cité possédait son dieu principal tutélaire et sa cohorte de divinités inférieures. Encadré par un clergé nombreux et opulent, le peuple rendait un hommage permanent et quotidien aux dieux. Le pharaon lui-même était une émanation divine.

On est en droit de penser que le polythéisme égyptien est dérivé d'un totémisme protohistorique qui, peu à peu, s'est transformé, absorbant et regroupant les divinités originelles en « familles » qui formèrent ensuite les *triades* bien connues. Presque toujours, ces triades sont formées d'un Père, d'une Mère et d'un Enfant. Et si Thèbes et Memphis se limitèrent à leurs triades respectives, Héliopolis en superposa trois qui, ensemble, composèrent sa fameuse *Ennéade*. Parallèlement à cette simplification théogonique, la multitude des autres divinités mineures semble avoir été réservée au culte populaire; les collèges sacerdotaux, très fermés, paraissent avoir conservé pour leur usage exclusif un enseignement caché à caractère ésotérique et monothéiste.

On peut affirmer que c'est en Égypte antique que naquit la première religion officielle monothéiste connue de l'Histoire. C'est en effet au XIVe siècle avant Jésus-Christ qu'apparut, de façon éphémère certes, mais au grand jour, ce qu'on a appelé *l'atonisme.* Ce culte, qui consistait en l'adoration d'*Aton* ou *Aten,* le Soleil conçu comme manifestation visible de l'essence d'un Dieu unique, fut instauré par le pharaon Aménophis IV (1375-1358 av. J.-C.). Si le Soleil-Aton était ainsi proposé comme Dieu universel – n'éclaire-t-il pas et ne réchauffe-t-il pas tout l'univers? – le souverain égyptien et sa famille passaient pour leur part comme ses représentants sur la terre. Mais par sa simplicité la nouvelle religion heurtait l'imagination d'un peuple habitué aux fastes du polythéisme; il portait surtout ombrage à l'innombrable et richissime clergé égyptien. Sitôt le pharaon mort (il avait adopté le nom d'*Akhenaton*), l'atonisme fut mis hors la loi et banni. Ammon-Râ, autre forme de dieu solaire, reprit sa place de divinité suprême au-dessus de tous les autres dieux. Le monothéisme rentra dans l'obscurité discrète et feutrée des collèges sacerdotaux. Denrée précieuse, il n'était destiné qu'aux initiés.

Il est tout à fait imaginable que le concept des triades se soit imposé aux philosophes égyptiens par une sorte d'assimilation de type anthropomorphique. Ni le monothéisme pur ni le panthéisme latent de la pensée égyptienne n'étaient en mesure d'expliquer la création de l'Univers, de l'homme singulièrement. Celle-ci ne s'avère nécessaire et ne peut prendre un sens cosmogonique qu'à partir d'un certain dédoublement de la pensée divine. Ce dédoublement en principe actif qui émet, qui donne, et en principe passif qui reçoit, qui est fécondé, trouve tout naturellement sa solution dialectique avec l'apparition d'un troisième terme qui est *généré.* À son tour ce troisième principe génère soit une autre triade comme dans le cas de l'Ennéade d'Hermopolis, soit directement le monde visible – et invisible, celui des esprits.

Quoi qu'il en ait été de l'intime conviction des prêtres initiés d'Égypte, il est indéniable que le concept trinitaire de la divinité est commun à maintes théodicées de l'Antiquité. Seul l'éclairage varie selon que l'accent est mis sur tel ou tel aspect du système. Au temps du christianisme naissant, la triade la plus populaire du panthéon égyptien était celle qui se composait d'Osiris, de son épouse Isis et de leur fils Horus.

Déjà vivace à l'époque des grands pharaons, la légende d'Osiris-Isis fut reprise et aménagée par les membres initiés

Isis,
époque ptolémaïque

des religions de « mystères » de l'époque décadente. Il y eut sans doute osmose entre tradition hellénique et culte égyptien. Osiris céda d'ailleurs bientôt la première place à Isis et le culte mystérieux de la déesse franchit les mers et émigra en Europe, jusqu'en la lointaine Grande-Bretagne.

Fils de *Geb* (la Terre) et de *Nout* (le Ciel), Osiris n'est pas le dieu insondable, celui « qui est venu à l'existence par soi-même »; ce rôle, resté d'ailleurs dans l'ombre, était imparti à *Bouto,* sorte de fond de la déité incommunicable aux hommes, nom qu'il convient de rapprocher de celui de *Bythos,* l'Abîme des futurs gnostiques valentiniens. Osiris est intermédiaire. Il est généré au sein de l'Ennéade et fait un peu figure d'*Anthropos* c'est-à-dire « d'homme céleste ». Il fonde le monde sensible et le modèle. C'est à lui que les hommes sont redevables de leurs diverses aptitudes; avec l'assistance de sa sœur-épouse, de son fils Horus, de dieux secondaires comme Anubis et Thot (dont l'importance religieuse et ésotérique grandira ultérieurement), il enseigne aux hommes l'art de travailler les métaux, de cultiver la terre, de pratiquer l'élevage, de bâtir des villes. C'est le Verbe chrétien avant la lettre.

Stèle d'Horus

Osiris a un frère : Seth. Ce dernier, jaloux des perfections d'Osiris, entreprend de le tuer, puis, trompant la vigilance d'Isis, mutile le cadavre divin en quatorze morceaux qu'il disperse en direction des quatre points cardinaux. Mais, tombé dans le Nil, le phallus divin a été mangé par les poissons. Pourtant Isis retrouve les morceaux épars du corps de son époux et, avec l'aide d'Anubis, parvient à reconstituer le dieu; seul, dit-on, le phallus ne fut jamais retrouvé. Vivant, mort, puis ressuscité, Osiris aurait préfiguré le Christ et sa passion. C'est là peut-être pousser un peu loin le goût de l'analogie, mais il est certain que le thème de la mort et de la résurrection du dieu-homme (ou de l' « initié ») est universel et de tous les temps. Il est tout aussi sûr que les gnostiques du début du christianisme s'inspirèrent en grande partie des mythes et des légendes égyptiennes.

Comme tout naturellement la Lune reflète la lumière du Soleil, Thot, dieu lunaire, est un reflet d'Osiris, dieu solaire. Et, au fil du temps, il acquerra une importance primordiale. Véritable démiurge, c'est son image que nous voyons dans la Lune sous la forme du grand lièvre *un-Nefer.* Fort de l'influx d'Osiris, il est l'inventeur de l'écriture et le premier des scribes. Régent du calendrier et maître des hiéroglyphes, c'est un magicien puissant, un médecin sans pareil. Il a pour tâche redoutable de servir de greffier lorsque, après la mort, a lieu le pèsement des âmes (psychostasie). Enfin, assimilé à l'Hermès grec, il survivra à Osiris lui-même et aux autres dieux sous le nom bien connu d'Hermès le Trismégiste, le « trois fois maître » de l'hermétisme méditerranéen. À ce titre il jouera un rôle éminent dans l'hérésie gnostique et inspirera les recherches des alchimistes à venir.

Les livres d'Hermès nous révèlent ce que devient l'âme après la mort. « Le corps matériel perd sa forme, qui se détruit avec le temps; les sens qui ont été animés retournent à leur source et reprendront un jour leur fonction; mais ils perdent leurs passions et leurs désirs, et l'esprit remonte vers les cieux pour se voir en harmonie. Il laisse dans la première zone la faculté d'accroître et de décroître; dans la deuxième, la puissance du mal et les fraudes de l'oisiveté; dans la troisième, les déceptions de la concupiscence; dans la quatrième, l'insatiable ambition; dans la cinquième, l'arrogance, l'audace et la témérité; dans la sixième, le goût funeste des richesses mal acquises; et dans la septième, le mensonge. Et l'esprit, ainsi purifié par l'effet de ces harmonies, retourne à l'état originel si désiré, ayant un mérite et une force qui lui sont propres, et il habite enfin avec ceux qui célèbrent les louanges du Père. Il est dès lors placé parmi les puissances, et à ce titre il jouit de Dieu. Tel est le suprême bien de ceux à qui il a été donné de savoir; ils deviennent Dieu [1]. »

L'Égypte ancienne a-t-elle cru à la métempsycose ou bien à la résurrection des corps comme l'enseigne l'Église catholique? Il est probable que la croyance à la transmigration des âmes lui était familière. On a retrouvé bien des images représentant le renvoi de l'âme, après pesée, dans le corps d'un animal, un pourceau notamment. L'âme devait subir ainsi l'épreuve de plusieurs transmigrations avant de se présenter pure de toute souillure devant le tribunal de l'*Amenthi*. On est en droit de penser que c'est d'Égypte que Pythagore et Platon rapportèrent en Grèce leur doctrine de la métempsycose.

Cependant d'autres auteurs estiment que la théorie de la chrétienne résurrection des corps était contenue dans les livres d'Hermès. Ne dit-il pas qu'un jour les sens reprendront leurs fonctions? Les âmes bienheureuses qui résident dans l'Élysée de l'*Amenthi* « ont trouvé grâce aux yeux du Dieu grand; elles habitent les demeures de la gloire, où l'on vit de la vie céleste. *Les corps qu'elles ont abandonnés reposeront à jamais dans leur tombeau* [...] »; ce passage

1. Champollion-Figeac : *Égypte ancienne*.

28

paraît démontrer de façon péremptoire que le concept chrétien de la résurrection des corps était inconnu d'Hermès et de ses disciples. Mais alors pourquoi la momification des cadavres ?

Les futures sectes gnostiques en tout cas reprendront à leur profit la doctrine de la transmigration. Il convient de souligner que dans tout l'Orient proche la croyance à la réincarnation connaissait une certaine popularité.

Mais il n'y a pas une seule religion égyptienne. Pas d'unité de doctrine. L'existence de dieux locaux et sans doute de clergés rivaux est à l'origine d'une grande confusion des aspects religieux de la vie quotidienne en Égypte antique. Il a appartenu aux divers courants religieux qui suivirent de mettre l'accent sur tel ou tel de ses aspects et de se l'approprier, en l'adaptant.

La course du Soleil,
papyrus hiéroglyphique

3. Le soleil se lève à l'orient (Inde, Chine et Iran)

À première vue, prétendre que le christianisme ou tout au moins certaines doctrines hérétiques aient pu emprunter quelque chose à l'Inde lointaine peut sembler téméraire. Pourtant il en a été probablement ainsi et il est difficile aujourd'hui d'en douter. Avant de pousser ses tentacules en direction de l'est et de l'ouest selon la parole « allez enseigner toutes les nations », le christianisme est bien évidemment né en Palestine, dans ce Moyen-Orient qui fut de tout temps au carrefour des civilisations méditerranéennes et extrême-orientales. La Mésopotamie, la Syrie et la Palestine constituaient, par leur position médiane, le passage obligé pour les relations commerciales, caravanières et maritimes de l'époque. Elles le sont restées longtemps, durant tout le Moyen Âge et au-delà. L'épopée nestorienne en Asie, jusqu'en Chine et au pays de Madras, illustre bien ce grand pouvoir d'expansion des idées dans les bagages des marchands. Par voie de mer, l'Inde était reliée essentiellement à la Mésopotamie et son prolongement arabique par le golfe Persique ; par voie de terre, les caravanes suivaient dans leur grande majorité des routes traversant le plateau iranien.

Bien avant l'apparition du christianisme, des bribes de la pensée indienne et de quelques-unes de ses spéculations religieuses et philosophiques avaient atteint les rives du bassin méditerranéen. Véhiculées en terre hellénisante (l'Empire macédonien), après les grandes expéditions d'Alexandre le Grand, elles avaient été repensées par les écoles gréco-égyptiennes – non sans avoir passé par l'inévitable tamis du mazdéisme iranien, qui, lui-même, débordait des frontières de la Perse et atteignait les territoires limitrophes. Vers la fin de l'Antiquité préchrétienne et le début de

Bouddha du temple de Feng Hsien, Chine, province de Honan

notre ère, on assiste à un gigantesque brassage de concepts religieux et métaphysiques. De quelle nature fut le message de l'Inde ?

Il avait l'avantage d'être aussi vaste que varié, mais, en gros, il se départageait entre l'hindouisme proprement dit, c'est-à-dire l'héritage védique brahmaniste, et cette doctrine schismatique, revue par les Chinois taoïstes et les peuples d'Asie centrale, qui est le bouddhisme. Ensuite l'Inde offrait à la méditation religieuse un ensemble de livres comme les *Védas,* les *Puranas,* le *Mahābhārata,* et des commentaires philosophiques canoniques : les six *darçanas.* Tous les aspects de la métaphysique, de la philosophie et de la mystique y sont contenus et tous les problèmes résolus d'une façon ou d'une autre.

Malgré l'apparent polythéisme védique, l'unité de Dieu reste l'enseignement fondamental des Védas. En définitive, seul authentique créateur, le Dieu suprême est éternel et unique, les *Upanishads* le proclament avec insistance. Mais cet Être unique se manifeste dans une triade, la Trimourti, composée de Brahma (personnalisé, et non pas Brahman, qui est neutre), le principe créateur ; Vishnu, principe conservateur, et Shiva, principe ambigu de la destruction et du constant renouvellement. Chacune de ces divinités fonctionnelles est flanquée de sa *shakti,* représentée mythologiquement comme épouse-déesse et philosophiquement comme puissance dynamique et active du dieu. Dans la foulée des attributs personnifiés du Dieu unique, les Védas énumèrent une multitude de divinités inférieures, celles des éléments notamment. En réalité, la théodicée védique est inséparable de la cosmologie qui dérive d'elle et dont elle dérive. Cette cosmologie constitue une vaste divinisation de la nature, un panthéisme inavoué dans lequel le *Védānta* puisera l'argumentation de ses différents systèmes monistes absolus et mitigés. On notera enfin qu'à l'exception du Dieu suprême, pratiquement impersonnel, le Brahman, tous les dieux – y compris ceux de la Trimourti –, les déesses, les génies, les démons *nagas* (serpents) sont périssables et s'effaceront à la fin d'un système complexe de cycles complets (*kalpas*), découpés en *manvantaras,* eux-mêmes divisés en quatre « âges » ou *yugas.* On remarquera à ce propos que les traditions des cycles cosmiques et des quatre « âges » du monde sont communes à toutes les grandes religions ; le christianisme lui-même n'y a pas échappé avec ses doctrines millénaristes.

*Bas-relief d'un temple
de Khajuraho,
Inde centrale*

Les darçanas (commentaires et codifications) sont au nombre de six : 1 et 2, *Nyāya* et *Vaiçeçika* sont des méthodes d'analyse et de raisonnement pour le premier, une doctrine atomistique pour le deuxième; le troisième, *Sānkhya*, passe pour être un système athée. Rien ne naissant du néant, l'Univers a toujours existé. Cependant le *Sānkhya* reconnaît l'existence d'une « essence éternellement existante » (*Prakriti*). De Prakriti procède toute la manifestation sensible. Les traditions populaires accolent à Prakriti un principe « mâle » (*Purusha* = Homme) qui ensemence éternellement cette « Mère universelle ». Ces trois premiers darçanas sont attribués de façon légendaire pour *Nyāya* et pour *Vaiçeçika* à Gautama et à Kanada Kaçyapa, de façon plus certaine pour *Sānkhya* à Kapila.

Quatrième darçana, le *Mīmāmsā* ou *Purva Mīmāmsā* est l' « investigation préliminaire » qui porte sur l'enseignement du Véda; il concerne surtout le *Dharma* ou loi religieuse et traditionnelle de l'hindouisme. Il est attribué à Jaïmini (ve siècle apr. J.-C.). L' « investigation ultérieure » ou *Uttara Mīmāmsā*, cinquième darçana, est le Védānta (« Fin du Véda »). Plusieurs sages en auraient été les auteurs : *Çankara, Rāmānuja, Mādhva*. Il contient une doctrine moniste comprenant des systèmes différents : monisme absolu ou *Advaita*, monisme « qualifié » et dualisme. Pour les monistes absolus, Brahman, le Dieu sans attributs, est au-dessus de *Brahma-Ishvara*, le Créateur. En outre, le monde ne possède qu'une réalité relative, et l'âme de l'homme (*Jīvātmā*) n'est qu'un reflet évanescent illusoire de l'âme universelle, *Atmā*. En fin de compte, seule le *Paramātmā*, le Soi universel, est réel, tout le reste n'est qu'illusion momentanée. Le « monisme qualifié » de Rāmānuja enseigne pour sa part que l'âme individuelle forme partie de Brahma comme un attribut ou plutôt comme la modalité d'un attribut. Enfin les védantins de l'école dualiste concèdent que l'Univers est bien réel et coexiste avec *Brahma-Ishvara*.

Dernier des darçanas, le *Yoga*. S'il a beaucoup emprunté au Sānkhya et au Védānta, il demeure avant tout un grand système spiritualiste et mystique. Si on attribue sa codification classique à *Patanjali*, ses méthodes ascétiques se confondent avec l'histoire de l'Inde (on a découvert des pièces archéologiques qui tendent à démontrer qu'il existait sous une forme primitive dès avant l'invasion aryenne) et ont été encore enrichies par les textes tantriques (*tantra* : livre) de l'Inde méridionale. On ajoutera que cette forme de mysticisme pratique est de tous les pays. L'hindouisme a eu néanmoins le mérite d'en codifier les étapes et les voies différentes; il existe de nombreux yogas. L'étymologie du mot sanscrit *yoga* signifie ce qui « joint », « ce qui lie comme sous un joug ». Et ce qu'il s'agit ainsi de joindre, c'est l'âme individuelle et Dieu, le moi et le Soi. On ne peut ici entrer dans les détails des méthodes yogiques; on rappellera seulement les analogies qu'elles présentent avec celles des gymnosophites, des hésychastes byzantins et, plus tard, des quiétistes d'Occident. Dans la littérature sacrée de l'Inde, un des plus beaux textes inspirés du yoga est sans doute la *Bhagavad-Gīta*. Krishna, incarnation du dieu Vishnu, y enseigne à Arjuna la voie droite...

L'hindouisme ne repose sur aucun dogme rigide et ne comporte aucune hiérarchie organisée. Les prêtres le sont par droit héréditaire, ne se recrutant que dans la caste supérieure des brahmanes, mais on peut être brahmane sans occuper des fonctions sacerdotales. En fait, l'hindouisme est avant tout une éthique et une tradition, un *dharma,* et les hindouistes aiment à dire de leur religion qu'elle est *Sanātāna Dharma*: « religion éternelle »; ou encore qu'elle est *Vaidika Dharma*: « religion des Védas », car elle se réclame de l'antique enseignement védique. Le pieux hindouiste peut être théiste, athéiste ou agnostique, l'important c'est qu'il adhère à la loi traditionnelle contenue dans les Védas. Dans son livre *La Spiritualité hindoue*, M. Jean Herbert le dit excellemment : « Est hindou orthodoxe ou, pour employer l'expression correcte hindoue, observe fidèlement le *sanātānadharma*, celui qui : 1. accepte l'autorité absolue des Écritures sacrées hindoues, et plus particulièrement des Védas, des *prasthānas* (*Upanishads, Bhagavad Gīta, Brahma-Sutras*); 2. se soumet au système des castes; 3. croit, au caractère sacré de la vache; 4. admet le culte des images sacrées [...] » On peut ajouter que, pour l'hindou, les conceptions de Dieu comme personnel, comme impersonnel-immanent ou comme absolu, n'ont rien d'incompatible et ne sont que les aspects d'une seule et même réalité.

Pourtant, l'hindouisme n'est pas qu'une éthique et une morale coupées de la vision de Dieu. Bien au contraire. Nulle tradition religieuse au monde ne comporte plus de dieux, de rites et de croyances, ne repose sur une mythologie plus riche et surtout ne compte plus de grands mystiques et de saints personnages. Seulement ces apports disparates peuvent aussi bien se juxtaposer ou s'opposer, sans pour autant porter atteinte à la loi supérieure du dharma traditionnel.

L'hindouisme prend ses racines dans les Védas, mais les Védas eux-mêmes sont d'origine aryenne et iranienne. Ce ne fut qu'ensuite que le védisme primitif fut codifié et explicité par les darçanas classiques. L'apport iranien souligné, il convient de dire que par ses codifications, par sa vaste fresque philosophique et analytique, par la richesse de ses investigations aussi bien dans le domaine de la métaphysique que dans celui de l'anthropologie, l'hindouisme possède une originalité à nulle autre pareille.

Nous laisserons de côté ici les systèmes atomistiques et athéistes pour ne nous occuper que des aspects religieux (au sens occidental du terme), métaphysiques et anthropologiques du message védique. Nous avons résumé plus haut la théodicée générale de l'hindouisme ; examinons maintenant, aussi succinctement que possible, ses idées au sujet de la cosmogonie et de l'anthropologie. À l'exception des écoles matérialistes, pour lesquelles le monde ne serait que la conséquence d'une expansion organisée de la matière éternelle, la cosmogonie hindoue est panthéiste : le monde dans toutes ses formes n'est que la manifestation dynamique de la substance divine. Le système est émanatiste, plus encore que dans Égypte antique. Il est proche, et sans doute est-il à l'origine de l'émanatisme gnostique. Le monde ici, céleste ou terrestre, n'est pas créé *ex nihilo* par Dieu, il n'est pas non plus issu d'un principe coéternel à Dieu, et qu'il aurait façonné, il existait en Dieu comme un germe dans la semence. « Brahman, la cause existante par elle-même, inaccessible aux sens, était inactif au sein des " ténèbres lumineuses " ; sortant de son sommeil divin, il prononça une parole féconde et devint Dieu trinaire, Brahma, Vishnu et Shiva. En même temps, par un mouvement de sa pensée, naquirent de *sa propre substance* les être sensibles, en premier lieu les eaux, dans lesquelles il déposa un germe ; ce germe se changea en un œuf d'or, flottant sur une mer de lait ; l'œuf divin renfermait, avec le monde, l'Être suprême lui-même, sous la forme de *Brahma-Prajapati* (le Seigneur des êtres créés). Et ce Brahma-Prajapati, incorporé au monde, produisit les dieux, les cieux, la terre, l'âme humaine et toutes les créatures. »

Pour certaines écoles (Védānta), tout ce qui n'est pas Dieu est une illusion ou un fantôme. Tous les êtres contenus dans la nature ne sont que des noms de Dieu. Ou bien encore la matière a été tirée des profondeurs de l'essence divine et appartient à Maya, la Mère des illusions. Bref, il n'y a de réel que Dieu. L'âme elle-même, en tant qu'émanation de la divinité, est immortelle et infinie, reflet de l'âme universelle (Atmā). « Celui qui est indéfinissable et inatteignable par les paroles des Védas [...] et dont le symbole est l'Univers, soit Brahman, il est sans aucun doute l'Atmā », proclament les *Upanishads*.

Ce reflet, cette âme individuelle (Jīvātmā) est enfermée dans le corps par une quadruple enveloppe; trois enveloppes (*koshas*) se composent des cinq sens, de l'intelligence et des facultés vitales, et constituent le corps subtil qui accompagne l'âme dans toutes ses transmigrations. La quatrième enveloppe est le corps matériel. Cependant, avant d'être réintégrées dans l'Atmā universel, les âmes, soumises à la loi de la réincarnation, passent dans des corps d'hommes, d'animaux, voire de plantes, jusqu'à épuisement de leurs mauvaises œuvres passées. C'est la roue du *karma*. Le but de la pratique religieuse est d'épurer l'âme de façon à mettre fin aux transmigrations. Ce but peut être atteint radicalement par les disciples ascétiques, parfois « mécaniques », des yogas.

Comme l'hindouisme orthodoxe, le bouddhisme a été en contact avec le christianisme primitif. Les pérégrinations des nestoriens le font pressentir et il est certain que Mani l'a connu. Le bouddhisme à son origine ne fut d'ailleurs qu'un prolongement de l'hindouisme brahmaniste. On ne peut ici en faire une analyse détaillée, mais tout permet d'affirmer que Gautama fut une sorte de yogi de l'école *jnanin* (*Jnana Yoga* = yoga de la Connaissance, une gnose). La doctrine bouddhique entend se situer au-dessus de l'enseignement des Védas. Elle se rapproche, au début, dans la pureté originelle du « Petit Véhicule » (*Hināyana*), de la doctrine du Sānkhya athéiste. Il n'existe rien de véritablement réel que Dieu, et Dieu est le plus parfait des néants. Le bouddhisme date du VIᵉ siècle avant Jésus-Christ, mais il existe des analogies contre son fondateur Gautama et Jésus. Longtemps avant sa venue sur terre, vingt-quatre « voyants » auraient prédit la naissance et la « bouddhéité » (Bouddha virtuel) de *Gautama Çākyamuni*. Sa mère était Maya, c'est-à-dire la Mère des formes de l'hindouisme classique; elle l'avait conçu d'un éléphant alors qu'elle reposait au pied de l'arbre *çala*. Quand il naquit, l'enfant Çākyamuni portait les trente-six marques traditionnelles de la bouddhéité. Il avait, entre autres signes particuliers, la peau douce et dorée, un pli blanc entre les yeux et les mains descendant plus bas que les genoux. Plus tard, lorsque Cākyamuni Gautama eut abandonné ses cinq premiers disciples brahmanistes et que, désespéré, il gisait assis au pied du figuier qui allait devenir l'arbre de *Bodhi* (de l'Illumination), il fut tenté par le démon *Māra* tout comme le fut Jésus, six siècles plus tard, par Satan. Ce n'est qu'un peu plus tard que le futur Bouddha rencontra son premier véritable disciple qui, comme par hasard, s'appelait *Ananda* (*Ananda* = béatitude).

Le bouddhisme se divise en deux grandes écoles et une branche tantrique. Le Petit Véhicule (*Hinayāna*), qui revendique l'orthodoxie de la doctrine primitive, est surtout pratiqué à Ceylan, en Birmanie et en Indochine. C'est le plus dépouillé des trois, avec le Zend. Le Grand Véhicule (*Mahayāna*) s'est répandu en Chine, en Corée et au Japon; il a beaucoup emprunté aux religions locales de ces pays, au taoïsme en particulier. Le lamaïsme tibétain forme une branche originale (*Vajrayāna*); il est caractérisé par un mélange de tantrisme et de Mahayāna. Il était florissant au Tibet jusqu'à l'invasion chinoise; il y exerçait un pouvoir théocratique à peu près absolu sous l'autorité des « Bonnets jaunes », les moines de la « secte vertueuse » des Geluk-pa. Il a à sa tête le dalaï-lama, pontife séculier, qui passe pour être une incarnation du bodhisattva *Avalokitéçvara* (en tibétain : *Chenrezi*). Vient ensuite le tashi-lama, incarnation d'*Amitābha*. Les abbés des nombreux couvents passent, eux aussi, pour des incarnations de dieux ou de prédécesseurs prestigieux. Né en Inde, le bouddhisme n'y est plus représenté que par quelques millions de fidèles.

Le « Canon pāli », sur lequel repose le bouddhisme primitif, se divise en trois « corbeilles » et les trois corbeilles réunies sont dites (en pāli) *Tipitaka* (en sanscrit : *Tripitaka*). La première corbeille est celle de la discipline, c'est le *Vinaya*. Elle fixe les lois et les coutumes qui règlent l'ordre monastique fondé par Bouddha : le *Sangha*. Les moines portent la robe jaune des yogis et se rasent les cheveux et la barbe. Le *Vinaya-pika* contient la liste des soixante-douze péchés, dont quatre sont capitaux : le meurtre, la fornication, le vol et l'attachement vaniteux aux pouvoirs surnaturels. Il y est fait état de certaines prohibitions. La deuxième corbeille, celle du Discours (*Sutta-pitaka*), fait autorité en matière de doctrine. Elle enseigne que la douleur est

Le Grand Bouddha Daibutsu à Kamakura, Japon

universelle comme sa cause, le désir. C'est ce dernier qui motive les réincarnations successives. Mais en annulant le désir on supprime la douleur. Il s'agit, pour y parvenir, de suivre la « Noble Octuple Voie » et de se conformer ainsi à une discipline qui s'exprime par l'idée droite, l'intention droite, la parole droite, l'action droite, la vie droite, l'effort droit, l'attention droite et la méditation droite. C'est la voie qui mène au *Nirvāna*. L'homme est composé de cinq éléments qui sont le corps physique, le sentiment, la perception, les facultés mentales inconscientes et enfin la conscience. Inséparables dans la vie normale, ces éléments se dissocient avec l'entrée en Nirvāna. Ce Nirvāna est la négation de l'existence et de ses illusions, l'abolition du désir et de la douleur. Il fixe la stabilité et la plénitude alors que l'existence est tout entière construite sur l'instabilité et l'illusoire.

Le Petit Véhicule est athéiste (comme le Sānkhya hindouiste). Selon lui, le Nirvāna peut être obtenu par l'*ahrat*, le sage isolé, dans le secours d'aucune foi. Le Grand Véhicule préconise l'état de *bodhisattva* qui, renonçant provisoirement à l'accès immédiat au Nirvāna, reste dans le monde afin de guider ses semblables sur la voie de la libération. Panthéiste par sa métaphysique et ses implications philosophiques, le Grand Véhicule est d'apparence polythéiste dans ses formes extérieures. Son rituel comporte le culte des images, la vénération des saints personnages du passé. Il croit à l'existence d'un Bouddha primitif qui s'incarne de temps à autre : *Amitābha*.

Mais le bouddhisme s'est enrichi, en Chine, de l'apport taoïste. C'est sans doute ce bouddhisme renouvelé qui entrera en contact avec les initiés du Proche-Orient. Le Tao-te-King attribué à Lao-Tseu (VIᵉ siècle av. J.-C.) reconnaissait déjà une sorte de Trinité, un Dieu trinaire : « Le Tao (principe impersonnel) a produit un; un a produit deux; deux a produit trois; trois a produit tous les êtres. » Les gnostiques du début de l'ère chrétienne diront-ils mieux ? Le dogme du retour des êtres à leur principe, de leur absorption, de leur unification dans l'Être universel suprême, est d'ores et déjà inscrit dans le taoïsme.

Toutes ces idées, ces spéculations théologiques et métaphysiques ont traversé l'Asie et se sont répandues jusqu'en Palestine et en Grèce; la riche école d'Alexandrie les a connues, analysées, se les sont appropriées en les remodelant à la mode nouvelle. On a signalé de nombreuses analogies

*La déesse Yin,
art chinois du XVIIᵉ siècle*

entre les écoles grecques et hindoues : celle des idées débattues, la ressemblance des conclusions et des doctines; l'éternité de la matière ou son émanation du sein de la divinité; l'existence de l'Être suprême en qui tout se confond; l'origine et la fin des temps et des âmes; les cycles, etc. Mais ces idées venues d'Asie lointaine avaient un lieu de passage obligé : la Perse.

L'influence du mazdéisme sur le judaïsme a été plus déterminante qu'on ne le pense généralement. On est accoutumé d'écrire que la doctrine de Zoroastre est un pur dualisme, Ormuzd et Ahriman, les dieux du Bien et du Mal s'opposant absolument. C'est là un jugement à courte vue, totalement erroné. En réalité, pour Zoroastre comme pour ses successeurs, Ormuzd, ou plus exactement *Ahura-Mazda*, est le seul vrai Dieu et à la fin des temps il triomphera sur le principe du Mal représenté par Ahriman. Dans la lutte qui l'oppose à Ahriman, Ahura-Mazda lui-même est assimilé à *Zervan-Akéréné*, le Temps sans bornes ou l'Éternel. Il n'a pas créé le Mal, c'est Ahriman qui l'a introduit dans la création. Dieu est « incorruptible, éternel, sans origine comme sans parties, différent de tout ce qui existe, auteur de tout bien, indivisible et pur, supérieur à tous les êtres en bonté et en sagesse, père de l'équité et de la justice, source de sa propre science et de son essence, d'une perfection infinie, seul révélateur de la puissance sacrée de la nature ». « L'homme doit l'adorer, se garder d'en faire des images; élever ses regards jusqu'à la plus brillante des créatures connues, le Soleil et le feu [...], mériter ses bienfaits par la tempérance, la justice, la bienfaisance et la piété, *jusqu'à ce qu'il lui plaise de l'éclairer davantage par le grand prophète à venir* (le Messie ?) [1]. »

1. Abbé T.-H. Guyot : *Dictionnaire des hérésies*, Paris, 1860.

Pur monothéisme qui, comme nous l'avons déjà dit, a probablement contribué, lors de la conquête de Babylone par Cyrus, à transformer la monolâtrie des Juifs exilés dans cette ville.

Il reste que la rigide opposition du Bien et du Mal, qui par ailleurs caractérise la religion des anciens Perses, a de son côté directement influencé la vision d'Israël quant à l'angéologie et à la démonologie. Ce ne sera en effet que dans les trois derniers siècles avant Jésus-Christ qu'apparaîtra le mythe des anges tombés, chassés du Paradis et exilés sur la terre. Auparavant, les Écritures ne parlent que de mystérieux « géants » qui étaient encore sur la terre et qui épousèrent les filles des hommes; il n'est pas encore question

1. H. Masson : *Le Diable et la possession démoniaque*, Belfond, Paris, 1975.

de Satan, mais des monstres auxquels Job fait allusion en les nommant Léviathan et Béhémoth; il n'est question ailleurs que des satans qui habitent le désert [1].

Zervan, le Temps illimité, est plus ou moins rejeté par Zoroastre. Il est désuet, pour ainsi dire. Il est proche du *Varuna* védique, trop abstrait. Zoroastre lui préfère *Ahura-Mazda*, le dieu bon, le seul vrai Dieu. Cet Ahura-Mazda-Ormuzd est le « principe et le centre de toutes choses : Celui qui est. » En tant qu'Esprit Saint (*Spenta Mainyu*), il est issu de la conjonction primordiale du feu et des eaux élémentaires. Mais il reste inaccessible à l'intellect humain et c'est pourquoi il a engendré six grandes figures archangéliques, les *Amesha-Spentas*, qui sont à la fois des attributs divins et des esprits séparés. Ils sont présents dans toute la création, dans l'âme humaine singulièrement. On les divise en deux groupes : ceux du côté du *Père*, masculins, sont *Asha* ou *Arta*, la Loi éternelle, l'Ordre divin; *Vahu-Mano*, la Bonne Pensée ou l'Amour au sens exhaustif du mot; *Kshathra*, le Service et la Bonne Royauté. Ceux du côté de la *Mère*, féminins, sont *Armaïti*, la Piété: *Haurvahat*, la Perfection, et *Ameretat*, l'Immortalité. Au centre, entre les archanges du Père et de la Mère, Mazda préside en tant qu'Esprit-Saint. Ces sept émanations ou théophanies constituent la sainte Heptade, qui correspond aux sept cieux et aux sept planètes traditionnelles (Soleil compris en tant que Mazda). Deux entités récapitulent et résument, chacune pour sa part, le sénaire des Amesha-Spentas : *Atar*, le Feu primordial correspond au Père; *Sraosha*, l'Obéissance et la Gardienne de la création, appartient à la triade de la Mère. Chacune de ces entités a sous ses ordres des myriades d'anges, dont les « coursiers blancs » de la nuit. Au-dessous du cercle des Amesha-Spentas viennent vingt-huit *izeds* ou anges supérieurs dont *Mithra* serait le chef. Enfin, placés sous le signe de *Sraosha*, les *fravartis* ou *fravarshis* sont des sortes d'anges gardiens.

À l'opposé, le Mauvais Esprit (*Angra Mainyu*), ou *Ahriman*, possède à son tour sa hiérarchie démoniaque, réplique exacte de la hiérarchie céleste. Six grands démons, présidés par Ahriman, et des légions de *dews* et de *dévas* occupent le monde du mensonge et des ténèbres et infestent la création *gētē* (celle du mélange, postérieure à la création pure ou *mēnok*). Cette création gētē est toute d'oppositions : au « Bon Vent » répond le « Mauvais Vent » (concept que nous retrouverons chez les manichéens), à la Bonne Pensée

(*Vahu-Mano*) s'oppose la Mauvaise Pensée (*Akam-Mano*)...

Reste le mythe de *Mithra*, que Zoroastre avait détrôné mais que ses successeurs réhabilitèrent en le divinisant. On sait que ce mythe joua un grand rôle dans la Rome antique. Les soldats des légions romaines s'en emparèrent et sans doute y apportèrent des ajouts afin d'en faire une de ces religions de « mystère », initiatique et secrète, dont l'Antiquité fut friande. Le christianisme à sa naissance fut tout de suite confronté au mythe mithraïque et finit d'ailleurs par l'absorber. Comme Jésus, Mithra serait né un 25 décembre dans une grotte, comme Jésus il était un dieu solaire. Le gnostique Basilide et ses disciples vénéraient le mot Abrasax dont l'addition numérique des lettres totalisait 365 exactement, comme le nom de Mithra. La coïncidence n'est pas gratuite et en dit long sur l'influence du vieux mazdéisme dans les premiers temps de l'Église...

Le dieu Mithra,
dom J. Martin, Explication
de divers monuments, *1739*

ZEVS
ARTE PERGAMENA

4. La Grèce et le phare d'Alexandrie

L'influence de la Grèce antique sur toutes les cultures du bassin méditerranéen est une évidence; ce serait enfoncer une porte ouverte que de revenir sur ce sujet de manière extensive. Aussi bien nous nous confinerons aux seules matières théologiques et métaphysiques. Avec ses dieux et ses déesses dans leur Olympe, et à l'occasion sur la terre, ses nymphes, ses naïades, ses satyres et ses centaures, le paganisme populaire grec est avant tout un hymne à la nature et à la vie sous toutes leurs formes. Aryens rentrés en Europe sud-orientale après un long crochet qui les mena jusqu'au plateau iranien, les Hellènes appartenaient à un rameau de cette race que nous appelons aujourd'hui indo-européenne. La riche et riante mythologie grecque est un écho pimpant de celle des Védas de l'Inde. La Grèce s'est au début contentée d'habiller à son goût les dieux du Panthéon védique. Qui est *Zeus Pater* (le Jupiter romain) sinon le Diūs Pitar indien?

Sans doute la Grèce a-t-elle eu ses poètes sacrés – et quelque peu légendaires : Linus, Orphée ou Musée passent en outre pour avoir été à l'origine des cultes de mystères dont on retrouve la trace historique à Éleusis. Mais l'existence historique de ces auteurs sacrés est douteuse. L'authenticité de leurs hymnes l'est tout autant. On leur attribue aussi quelques idées théologiques et philosophiques; ce serait Linus, qu'on disait fils d'Apollon et d'une muse, qui aurait inventé l'axiome : « Le tout a été engendré par le tout, et le tout se compose de tout », résumé d'une doctrine cachée qui pourrait bien être panthéiste. Il est probable aussi que, sous l'apparence du polythéisme, les initiés d'Éleusis professaient en secret une doctrine plus pure, axée sur l'unité de Dieu. Mais la religion populaire n'avait pratiquement rien à voir

Zeus de Pergame,
Musée de Syracuse

43

avec ces spéculations. Les Grecs n'avaient pas de livre sacré comparable à la Bible. Les poèmes d'Hésiode et d'Homère n'apparaissent que tardivement et si dans son état définitif la religion grecque semble avoir renoncé à l'identification des dieux avec les puissances personnalisées de la nature, les conceptions naturalistes n'en demeurèrent pas moins. Cela est sensible dans les mythes théogoniques. Quant à l'anthropomorphisme, il est perceptible partout : les dieux n'ont en plus que les hommes que l'immortalité.

Le christianisme naissant a emprunté nombre de ses fêtes de la Nature au paganisme gréco-romain; il ne lui a rien pris d'essentiel sur le plan plus élevé des idées et de la théologie. C'est pourquoi nous ne nous étendrons pas ici sur la période mythique de la Grèce, nous limitant à la période philosophique qui débute avec Thalès, Pythagore et Xénophane, vers le VIᵉ siècle avant Jésus-Christ. Mais nous étudierons auparavant le peu que l'on sait des cultes de mystères. Ils ont valeur mystique et initiatique, et il paraît certain que, au moins par leurs rites, ils ont considérablement influencé les futures écoles gnostiques.

Le culte de l'antique et préhistorique Déesse-Mère et la transmission de la filiation lumineuse de l'homme constituent les deux thèmes principaux sur lesquels semblent s'articuler les mystères. La Déesse-Mère est cette antique divinité primitive qui est à l'origine de toutes les anciennes religions de la Nature. C'est la grande magicienne dispensatrice de tous les bienfaits, en même temps qu'elle représente l'angoisse de l'homme primitif confronté avec l'abîme d'un monde mal connu. C'est elle qui crée, c'est elle qui détruit. Ses symboles étaient la hache double (hache bipenne), le serpent et surtout les lions qu'elle maîtrisait en tant que « maîtresse des bêtes ». Son parèdre masculin était le plus souvent symbolisé par le taureau destiné au sacrifice en signe de soumission. Elle est la Mahādevi dravidienne (la Grande Déesse), la Déméter grecque ou l'Isis égyptienne. Mais elle n'est pas seule, elle possède un époux mythique, une seconde personnification masculine. C'est Shiva-pashupati, le dieu cornu préaryen, maître des bêtes et prince des yogis, c'est le phrygien Sabazios, c'est le futur Dionysos, dieu bachique de la Fécondité et de la Vie, porteur aussi de l'étincelle lumineuse divine. Le pain, le vin, le blé, richesses terrestres, le phallus, symbole de la fécondation, l'omphalos, centre du monde et ouverture sur l'abîme chtonien, sont inséparables de ce couple divin primordial. Les rites qui en

Athéna dite « mélancolique »,
Acropole d'Athènes

célèbrent les mystères sont associés à la sacralisation des produits de la terre, au renouvellement des saisons, à l'exaltation des organes génitaux. Ils répètent et magnifient l'acte proprement créateur de la divinité. Les mystères grecs n'échappent pas à la règle [1].

Mythologiquement, Dionysos est le fils de Zeus et de Sémélé. Il a été arraché aux cendres de sa mère que son contact avec Zeus avait foudroyée. Il a consacré sa vie à parcourir le monde afin de faire reconnaître son origine divine. S'il frappe durement ses contradicteurs, il comble ses fidèles de bienfaits. Son passage dans la Cité est marqué par des fêtes orgiaques, mais son culte tient une place à part, car son enseignement est secret. Il est parfois dans l'arbre ou l'arbre même, il est le lierre, il est taureau, chevreau ou chèvre. Il est accompagné de satyres aux pieds de bouc et les *thiases,* ou collèges initiatiques de son culte, retentissent de cris d'animaux et d'hymnes sauvages, mais les initiés sont assurés de la vie éternelle et savent qu'ils échapperont à la dissolution finale ou au terne séjour dans le monde des ombres. Certains auteurs pensent qu'à la suite de l'orgie bachique les assistants participaient à un rite de communion en consommant la propre chair du dieu – sous une forme animale. On se frottait aussi d'argile et de son en signe de purification par la terre et le blé. Durant la cérémonie, les participants lançaient un cri spécial : l'*ololugé*.

Dionysos est un personnage central, sorte d'androgyne primordial. On le représente sous un aspect efféminé, mais en même temps il est dit le « Couillard » ou encore l' « Érigé ». C'est toutefois le mythe orphique de Dionysos-Zagréus qui rend mieux compte de son caractère d'Homme primordial. Fruit de l'union incestueuse de Zeus et de Perséphone, Zagréus était promis au gouvernement du monde, mais, jalouse, Héra (Junon) incita les Titans à s'emparer de l'enfant divin, à le dépecer et à le manger. Cependant la sage Athéna parvint à sauver le cœur de Zagréus et le présenta à Zeus qui, l'ayant avalé, lui rendit ultérieurement la vie. Ce fut cette fois Zagréus-Dionysos, fils de Sémélé. Les Titans furent foudroyés et de leurs cendres naquirent les hommes; ils étaient porteurs d'une étincelle divine puisque les Titans avaient mangé de la chair du divin Zagréus. La nature humaine est ainsi titanique et périssable d'une part, dionysiaque et immortelle de l'autre. C'est ce que vient révéler Dionysos dans les mystères orphiques. La légende date du VIe siècle avant Jésus-Christ.

1. H. Masson : *Dictionnaire des sciences occultes*, éd. J.-C. Godefroy et Sand, Paris, 1984.

Avec les mystères d'Éleusis on reprend la tradition du culte immémorial de la Terre-Mère et de la Grande Déesse. Déesse du blé et de l'agriculture, la Déméter mythologique était fille de Chronos et de Rhéa, du Temps et de la Terre. Sa fille, Koré ou Perséphone, ayant été entraînée aux enfers, la déesse désespérée cessa de protéger les récoltes, et la vie risqua ainsi de s'effacer sur la terre devenue inculte. Mais chaque année, à la belle saison, Hermès délivre Koré et le blé peut germer à nouveau. C'était autour de ce récit mystique de l'ensevelissement suivi de la résurrection printanière que tournaient les rites secrets d'Éleusis. Les plus anciennes fêtes d'Éleusis étaient célébrées à des époques fixes, au moment de la récolte du blé. Produit providentiel de la Terre-Mère, le blé devait être « enseigné » à toutes les nations ; c'est pourquoi la déesse, disait-on, déléguait son représentant Triptolème à travers le monde. Le messager divin était monté sur un char ailé auquel étaient attelés des dragons. Évidemment, le char est un symbole solaire, ce qui associe le culte de la Terre-Mère à celui du Soleil.

Dans les rites cachés (ce qu'on en sait tout au moins), un personnage mystérieux était associé à la déesse Iacchos, personnification masculine dont on ignore le rôle véritable. Peut-on l'assimiler à Dyonisos, à Adonis ou bien encore à Attis, amants proche-orientaux de la *Magna Mater* ? Sans doute. Les mythes se recoupent continuellement et si Koré est toujours associée à Iacchos, on se souviendra qu'à Babylone Ishtar descendait aux enfers pour y délivrer son jeune dieu-amant Tammouz. À Éleusis, l'hiérophante et la grande prêtresse mimaient-ils l'union sacrée du jeune dieu et de la Déesse-Mère ? Nul ne peut le dire avec certitude. On a conservé seulement certaines bribes de phrases : « La divine Brimo a enfanté Brimos, c'est-à-dire la Forte a enfanté le Fort. » On sait aussi que l'ensevelissement du grain de blé et sa résurrection sous forme d'épi jouaient un rôle central ; on a dit et redit que les fêtes secrètes d'Éleusis se terminaient par des orgies desquelles l'orgasme sacré n'était pas absent.

En Phrygie, le culte de Mâ, la Grande Déesse de la Terre, était proche parent de celui d'Attis. Fils de Nana, la déesse vierge (elle conçut en mettant dans son sein une amande mûre), Attis devint l'amant de Cybèle, la Magna Mater. Plus ou moins identifié à Adonis (lui aussi fut tué par un sanglier), il s'émascula et fut changé en pin après sa mort. À son exemple, les Galles ou Corybantes se châtraient afin de se vouer au service exclusif de la déesse. Leurs processions rituelles sont à l'origine de nos fêtes de mai. Enfin, on a vu plus haut l'importance accordée plus tard par la caste militaire romaine aux rites secrets du culte de Mithra (voir chap. 3). On n'y reviendra pas. Ce qui est certain, c'est que les cultes de mystères eurent un rôle prépondérant dans la vie religieuse des derniers siècles de l'Antiquité gréco-romaine.

Promises à un rayonnement sans pareil et plus durable, la philosophie ou plutôt les écoles philosophiques grecques apparurent dès le VIᵉ siècle avant Jésus-Christ. Ses grands fondateurs furent Thalès, Pythagore et Xénophane.

La plus ancienne, l'école ionienne, fut athéiste dans son essence. C'est une philosophie de la nature, une cosmogonie dans laquelle le théisme ne fut introduit, tardivement, que par Anaxagore, Diogène d'Appolonie et Archélaos, le futur maître de Socrate. Pour Thalès, son fondateur, la cosmogonie ionienne repose sur l'évolution automatique d'un élément simple et indivisible : l'eau. Anaximandre, qui succéda à Thalès, pense que chaque espèce d'êtres possède son principe particulier et ces principes réunis engendrent une infinité de mondes destinés, au terme d'une certaine durée, à se dissoudre pour renaître ensuite. Anaximène, troisième successeur de Thalès, revient à la théorie d'un élément unique, cause première de tout. Cet élément est l'air, dont sont issus les dieux eux-mêmes. Soit qu'ils se rapprochent de la pensée d'Anaximène ou de celle d'Anaximandre, Anaxagore, Diogène et Archélaos adjoignent à l'élément premier ou aux principes particuliers des êtres une raison divine sans laquelle aucun des phénomènes sensibles n'auraient pu se produire. Il est probable que ces philosophes reconnaissaient à Dieu une existence distincte, mais on ne trouve chez eux nulle trace d'un Dieu effectivement créateur comme chez les Juifs ou les Iraniens.

Opposée au matérialisme ionien, l'école d'Élée est idéaliste. Xénophane, s'il croit à la réalité des êtres visibles, est le premier à établir philosophiquement la spiritualité de Dieu. Ce dernier est supérieur aux dieux et aux hommes, il ne ressemble aux mortels ni par la figure ni par l'esprit. Il ne peut ni naître ni mourir ; il est éternel. Étant le plus puissant de tous les êtres, il est unique car s'il y avait plusieurs dieux égaux en puissance, il n'y aurait pas du tout de Dieu. Mais cette définition de Dieu ne serait en réalité que celle de l'Univers dans un système d'unité absolue et Xénophane

Déméter, Tripoleno et Proserpine, 440-430 av. J.-C., Musée d'Athènes

n'aurait enseigné qu'un simple panthéisme. Parménide, puis Zénon d'Élée, ses successeurs, se prononcent pour leur part en faveur d'une théorie moniste de la nature. Pour Zénon, tout ce qui est nombre n'est pas, tout ce qui est relatif n'a qu'une existence phénoménale; il n'y a, en fait, que l'unité absolue qui est la condition nécessaire de tout contenu, de l'espace, du mouvement, du temps et de tout ce que nos sens peuvent appréhender de l'Univers.

Puis vint Pythagore et son école « italique », fondée à Crotone, sur le golfe de Tarente. Il est à peu près certain que Pythagore séjourna en Palestine et en Égypte, qu'il voyagea en Orient. Sa doctrine s'en ressent. Revenu en Italie, il avait organisé son école en congrégation, sur le modèle des collèges sacerdotaux d'Égypte. On s'est demandé si lui-même et ses disciples n'avaient pas appartenu à une secte orphiste pratiquant les mystères de Dionysos-Zagréus. Les pythagoriciens concevaient l'Univers comme une matière animée par une intelligence qui la meut, se répand dans toutes ses parties et lui est inséparable. Cette *anima mundi*, cette « âme du monde », a été composée, explique le pythagoricien Timée de Locre, par le mélange de l'essence indivisible avec l'essence divisible, et de ce mélange résulta une substance intermédiaire entre la nature toujours immuable et la nature changeante. Le principe actif, spirituel, purement intelligible est la *monade;* le principe changeant, passif, est une dualité qu'on nomme la *dyade;* le résultat de leur mélange est l'Univers, qui est une *triade.* L'âme humaine est une dyade, elle est astrale et fait un stage dans la Lune lors de sa descente, au solstice, dans les corps terrestres. À la mort, avant de se réincarner selon la loi de la métempsycose, elle fait un nouveau séjour sur une planète.

Les pythagoriciens étaient très entichés du symbolisme des nombres. Les nombres constituent des archétypes de tout ce qui existe, ils sont absolus et éternels. Plus tard, on retrouvera la *tétraktys* pythagoricienne, la *pentade*, l'*hebdomade,* l'*ogdoade,* etc., dans les différents systèmes gnostiques. Socrate, Platon empruntèrent un grand nombre de leurs idées au pythagorisme.

Les préoccupations morales apparaissent dans la philosophie grecque avec Socrate (469 av. J.-C.) et ses disciples, mais les opinions varient quant au principe du souverain Bien, que certains assimilent à la volupté, d'autres à la vertu. Disciple immédiat de Socrate (qu'il a prétendu inter-

Dionysos

préter), Platon est sans doute le plus connu des philosophes grecs et reste, avec Aristote, un de ceux qui ont le plus influencé les milieux chrétiens à venir. Né à Athènes, ou dans l'île d'Égine vers 427 avant Jésus-Christ, il était de famille noble et disait descendre en droite ligne du dieu Poséidon. Il voyagea beaucoup et enseigna à l'Académie d'Athènes.C'est par Aristote qu'on connaît le contenu de ses cours à ses disciples, mais sa philosophie officielle, « exotérique » pour ainsi dire, nous est bien connue par ses ouvrages en forme de dialogues.

Nous ne nous occuperons pas ici des « utopies » politiques de Platon *(La République)*, nous concentrant seulement sur ses idées en matière de cosmogonie, de morale et sur les conclusions religieuses qu'on peut en déduire, et qui ont fortement influencé, des siècles durant, la fameuse École d'Alexandrie d'abord, les docteurs gnostiques et jusqu'aux théologiens chrétiens orthodoxes ensuite. La philosophie de Platon, celle de ses livres en tout cas, procède comme une *maïeutique,* c'est-à-dire qu'elle cherche à dégager des vérités au moyen de questions et de réponses. Elle repose sur l'idée que les phénomènes sensibles *(phenomena)* ne sont pas absolument réels, qu'ils peuvent prêter à discussion et faire l'objet de différentes opinions; seule la pensée est dotée de réalité éternelle. Ces objets de pensée sont les fameux *noumènes,* dont les objets sensibles ne sont que des reflets souvent infidèles. Les noumènes, ou formes, les plus importants sont ceux qui ont trait aux mathématiques, à la beauté, la bonté, la vérité ou la justice, mais tout ce qui existe procède d'archétypes transcendants qui trouvent leur place dans le « monde des idées ». Au Moyen Âge, les scholastiques reprendront cette théorie avec les « universaux » (voir ce mot dans la partie Dictionnaire) et la querelle des nominalistes et des réalistes. Dans ce monde idéal transcendant, la forme la plus élevée est naturellement l'idée du Bien ou de la Divinité.

Immortelle et soumise à d'interminables réincarnations, l'âme humaine a le pouvoir de se souvenir du monde des formes dans lequel elle se trouvait plongée autrefois et c'est le but suprême de l'homme, ou du sage, que de rentrer, au moins par la pensée, dans ce monde d'une ineffable beauté.

Sans doute tout émane de Dieu, qui est l'idée du Bien, mais ce Dieu est absolument transcendant et n'a pu créer l'Univers. Il a laissé cette tâche à un Architecte, un Ouvrier, un Dieu inférieur qui est le démiurge. Ce démiurge est un dieu fini; il a créé le Cosmos à partir de la matière universelle qui lui préexistait, en s'inspirant de ce qu'il pouvait entrevoir de l'Esprit divin. Son œuvre est imparfaite, la matière lui opposant une incessante résistance.

Le platonisme, conservé à peu près intact par les successeurs immédiats de Platon, dégénéra en scepticisme dans l'ancienne Académie, sous Arcésilas, et en probabilisme dans la nouvelle, sous Carnéade. Ensuite le platonisme se mua en néo-platonisme au contact des idées venues d'Orient et illumina le ciel d'Alexandrie avec Plotin, Porphyre, Jamblique, Apulée, etc.

Nul n'ignore l'impact de la pensée d'Aristote (384-322 av. J.-C.) sur la théologie chrétienne, catholique surtout, du Moyen Âge à nos jours. Ses ouvrages, perdus ou occultés durant plusieurs siècles, furent réunis et édités par Andronicus de Rhodes en 70 avant Jésus-Christ, mais ce ne fut pas avant le Moyen Âge que l'Occident chrétien connut sa pensée par le truchement de traductions arabes à partir de l'original grec. Ils furent et restent à la base du « thomisme ». Ce penseur fut le premier à enseigner l'existence d'un « Premier Moteur » non mû. Il fut le précepteur d'Alexandre le Grand et enseigna au lycée d'Athènes vers 355 avant Jésus-Christ. Il mourut à Chalcis, dans l'île d'Eubée, accusé d'impiété. Aristote plaça au sommet des choses une sorte d'unité absolue, sans attribut, supérieure à l'être en soi, celle des Éléates. Dialecticien rigoureux, il la dota d'intelligence, mais à la condition qu'elle n'aurait d'autre objet de sa pensée qu'elle-même, afin d'éviter la dualité du sujet et de l'objet. Cette divinité indifférente n'a pas créé le monde directement, il en est seulement la cause finale, une cause qui n'a point de cause : infinie. L'Univers est l'œuvre d'une puissance subalterne distincte et chaque substance contient en elle-même le principe de sa conservation et de ses développements. L'enseignement aristotélicien procédait par syllogismes serrés; il a contribué à la précision et à la justesse des idées. Les scholastiques s'en emparèrent, et par ses « catégories » Aristote fut aussi à l'origine de la querelle des nominalistes et des réalistes au sujet des universaux.

L'âme, dit Aristote, est inséparable du corps sans pour autant être corporelle. Elle est distincte du corps, bien qu'appartenant au corps. Elle est une *entéléchie* comparable à ce qu'est la forme à l'airain d'une statue. Elle meurt avec le corps. C'est pourquoi les péripatéticiens lui adjoignaient une seconde âme intelligente et immortelle. C'est sur l'existence de cette dualité entre *anima* et *mens* que les futurs gnostiques ont fondé leur célèbre distinction entre les âmes psychiques et pneumatiques.

On passera rapidement sur les écoles épicurienne et stoïcienne, opposées l'une à l'autre. La première, avec Épicure, professait un athéisme dans lequel le souverain bien est la volupté, dans la limite où elle ne provoque pas l'altération de la santé. Tout excès est nuisible. Les stoïciens cherchaient la vertu pour elle-même et prônaient la conformité des actions à la raison. Zénon rapportait la volonté au destin et le Portique bornait Dieu à une cause intelligente uniquement chargée de la configuration de la matière éternelle.

Après la conquête de l'Égypte par Alexandre et avec l'avènement de la dynastie des Lagides (les Ptolémées), les villes égyptiennes, Alexandrie surtout, s'hellénisent. Très rapidement, Ptolémée II fait d'Alexandrie une des grandes métropoles de la pensée et de l'art grecs. Les poètes, les philosophes accourent, s'installent, enseignent. La bibliothèque d'Alexandrie sera aussi célèbre que le phare de la ville, huitième merveille du monde. Fuyant la pression des Romains qui oppriment le Moyen-Orient, la diaspora juive cherche refuge en Égypte sous les règnes suivants. Dès avant la naissance du Christ, Philon, qui est et se veut juif, y découvre la pensée de Platon. Plus tard, aux tout premiers siècles de l'ère chrétienne, l'École d'Alexandrie sera un point d'attraction et un creuset pour le néo-platonisme.

Elle aurait été fondée par Ammonius Saccas, mais son vrai promoteur fut Plotin (IIIᵉ siècle), à qui succéda son élève Porphyre. Le mouvement néo-platonicien est essentiellement religieux. Il constitue une sorte de syncrétisme dans lequel se fondent la théorie platonicienne des Idées et des Formes, la théorie aristotélicienne du Premier Moteur, le culte de la vertu des stoïciens et les théories émanatistes et mystiques de l'Orient. Outre Plotin, Porphyre, Jamblique, l'École d'Alexandrie compta d'autres personnages de premier plan, comme Hypatia (vers 415), la vierge martyre. Cependant le néo-platonisme eut son école athénienne, avec Plutarque comme figure marquante.

Plotin et ses successeurs entendirent faire du néo-platonisme une théologie et une religion. Il leur fallait briser le mur qui, selon eux, se dresse entre l'absolu et le relatif, entre la pure intelligence et le monde sensible. Pour y parvenir, ils eurent recours au culte des génies et aux moyens magiques. Parallèlement, on devait d'abord procéder à la réforme des mœurs afin de soulager l'âme du poids des passions qui la dépriment. C'est par la pratique de la vertu et grâce à l'intervention d'une multitude de dieux et de génies que le néo-platonicien découvrira les vérités dernières, but vers lequel doivent tendre les efforts de tout théosophe. Le néo-platonisme est une théosophie.

Contrairement à Platon et à Aristote, les alexandrins rejetaient le concept d'une matière primitive indépendante de Dieu. Ils affirmaient l'existence d'un Dieu unique se décomposant en trois hypostases ou personnes divines : l'Un, l'Esprit et l'Âme. Au-dessus de l'Un, qui est l'unité divine pure, ils plaçaient l'unité absolue dont on ne saurait dire ce qu'elle est : le non-être, dit Proclus, bien qu'elle ne soit pas le néant. Mais les trois hypostases sont inégales car, enseignait Plotin, tout produit est inférieur à sa cause. La théorie sera reprise par les ariens (voir Dictionnaire) qui en ont conclu que le Verbe est nécessairement inférieur au Père. Aristote avait cru à un principe moteur animant une matière inerte; Platon proposait un démiurge façonnant le chaos d'une matière informe; Plotin refuse cette dualité. C'est le propre de chaque émanation, explique-t-il, d'engendrer ce qui a suivi sans rien perdre de ce qu'elle est elle-même et cela se produit nécessairement de génération en génération, jusqu'à ce que toute la série des êtres possibles soit épuisée. L'éternité du monde n'exclut pas son développement; son étendue est donc divisible et sa durée successive. C'est ainsi que Dieu, unique et éternel, est différent des êtres finis, et pourtant, Dieu étant la plénitude de l'être, il n'existe hors de lui aucune réalité qui ne soit lui. La doctrine est panthéiste.

Entre Dieu et le monde d'ici-bas, il existe un monde intermédiaire composé, comme on l'a dit, de dieux et d'innombrables génies que l'homme peut se rendre favorables au moyen de cérémonies théurgiques, les *télètes*. Les dieux ont choisi, parmi les espèces qu'ils ont créées, des sortes de véhicules dans lesquels ils s'incorporent. C'est un système de correspondances et le théurge doit apprendre à les distinguer parmi les pierres, les animaux, les plantes, les parfums, afin de fabriquer des talismans appropriés. Enfin, avant de s'incarner et de se réincarner par la métempsycose, les âmes humaines séjournent dans les astres, qui sont leur demeure naturelle. Les néo-platoniciens rejetaient le dogme chrétien de la résurrection de la chair.

Par leur philosophie, comme par leurs pratiques religieuses, les néo-platoniciens furent très proches des sectes gnostiques, avec qui néanmoins on ne doit pas les confondre. Plus tard, certaines de leurs doctrines exercèrent une influence indéniable sur les cercles soufis de l'Islam. L'École d'Alexandrie fut florissante jusque vers la fin du Vᵉ siècle. Elle n'est plus, mais on retrouve la trace de son enseignement, de nos jours encore, dans nombre d'institutions initiatiques et ésotériques d'Occident. A-t-elle inspiré la kabbale hébraïque ou bien s'en est-elle inspirée comme il est plus probable ? La parenté est évidente en tout cas.

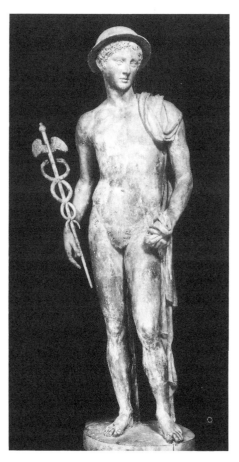

Mercure, IVᵉ siècle av. J.-C.,
Rome, Musée étrusque

5. Une étoile au firmament d'Israël

Le christianisme est né du judaïsme en terre même d'Israël. Il a conservé l'essentiel de l'Ancien Testament, en rejetant néanmoins les rigueurs de la loi mosaïque et les préjugés des juifs contre les gentils. Resté fidèle au monothéisme ancestral, il l'a pourtant accommodé à la mode du temps, introduisant dans l'affirmation de l'unité de Dieu la notion des trois personnes hypostasiées. Il n'a pas hésité à s'affirmer comme une nouvelle dispensation nécessaire, une Révélation complémentaire à partir d'un Messie attendu mais que le judaïsme officiel se refusait à reconnaître pour tel. À ce Messie juif que les juifs rejetaient, les premiers chrétiens donnèrent le titre grec de Christ, « d'oint de Dieu » que Jésus incarne. Le Christ était juif, ses Apôtres aussi, mais Paul au moins était hellénisant et ce fut lui qui commenta et interpréta le plus exhaustivement le message christique. Le Nouveau Testament cessa d'être strictement juif, il est judéo-grec. Mais on peut aisément y déceler aussi les traces d'un Orient plus lointain, un peu à la manière de ces systèmes gnostiques qui fleurirent à la même époque – dont certains d'ailleurs lui furent contemporains (Simon le Magicien, Dosithée). Tout porte témoignage de l'extraordinaire brassage des idées philosophiques et des doctrines religieuses qui, en ce début de l'ère nouvelle, agitait tout le pourtour du bassin méditerranéen.

Le judaïsme lui-même, la monolythique foi d'Israël, n'échappait pas au bouleversement qu'on voyait poindre à l'horizon des idées. Il était divisé contre lui-même. Les juifs de la diaspora, demeurés en contact avec Jérusalem, n'en finissaient pas d'introduire dans l'antique religion d'Abraham et de Moïse des notions qui jusque-là lui étaient restées étrangères. Dès les IIe et IIIe siècle avant Jésus-Christ, la littérature apocalyptique s'en ressent. Au moment où apparaît le christianisme, des écoles rivales se partagent le gâteau

Moïse et les tables de la Loi

du monothéisme juif. Esséniens, sadducéens, pharisiens se heurtaient, se jalousaient, défaisaient la Loi sous prétexte de mieux la faire respecter. Et dans l'ombre, la tradition orale, la mystérieuse kabbale n'était rien d'autre qu'une étourdissante gnose hébraïque. Une gnose d'avant la lettre, de laquelle s'inspireront les premiers gnostiques historiques venus de Samarie.

Les esséniens formaient une sorte de fraternité monastique très fermée. On estime que l'institution fut fondée environ 150 ans avant Jésus-Christ. Ils avaient leur centre à Qumrān, au bord de la mer Morte et non loin d'Hébron et des tombeaux légendaires d'Abraham, d'Isaac et de Jacob (d'Adam et Ève aussi, croyait-on). Certains d'entre eux vivaient cependant dans les villes et il semble qu'il y eut une communauté en Égypte, près du lac Moeris, en bordure du désert. Flavius Josèphe, Pline l'Ancien et Philon d'Alexandrie parlèrent d'eux dans leurs écrits. « Ils formaient, dit Pline l'Ancien, une nation sans femmes, sans amour, sans argent [...] un peuple éternel où l'on ne naissait pas. » Ils s'abstenaient en général de tout contact sexuel, mais Josèphe aurait connu un groupe, minoritaire, qui acceptait le mariage. Ils juraient de dire toujours la vérité, de ne point laisser les menteurs impunis, de ne point se souiller par un gain frauduleux. Leur enseignement était destiné à demeurer secret; il était conservé par écrit dans des jarres que des archéologues contemporains sont parvenus à retrouver dans les grottes de Qumrān. On sait aujourd'hui en quoi devait consister l'essentiel de leur doctrine cachée.

C'est ainsi qu'ils croyaient l'âme impérissable. À la mort, l'âme du juste s'élève joyeusement dans les espaces intersidéraux et atteint un « séjour au-delà de l'Océan, que ni la neige, ni les pluies, ni la chaleur n'attristent et n'incommodent, mais que réjouit un doux zéphir soufflant agréablement de la mer. Quant aux âmes des impies, ils les relèguent sous terre, dans un antre obscur, glacé, ténébreux, théâtre de supplices éternels ». Car les esséniens, à l'instar des zoroastriens (et plus tard des manichéens), séparaient radicalement le monde en deux parts : celui de la Lumière et celui des Ténèbres. « Ceux qui suivent la voie de la Vérité, ceux qui pratiquent la droiture sont sous la domination du Prince de la Lumière et marchent dans les chemins de la Lumière. » Les autres sont sous le joug de l'Ange des Ténèbres.

Les manuscrits retrouvés à Qumrān contiennent les règles en usage parmi les moines. Ils font allusion à un mystérieux

« Maître de Justice », qui aurait été le fondateur de la communauté avant d'être supplicié par les juifs orthodoxes. Il semble encore que les esséniens baptisaient par l'eau, comme Jean-Baptiste qui aurait été l'un des leurs.

Par ailleurs, on découvre bien des points communs avec le pythagorisme, notamment en ce qui concerne les liens de l'âme et du corps. Mais peut-être une lecture plus attentive des manuscrits et la découverte éventuelle d'écrits complémentaires permettraient de faire le lien entre la fraternité essénienne et l'antique tradition orale de la kabbale?

Il est certain en tout cas que le parfait essénien attendait la mort non plus comme une simple délivrance, mais plutôt comme une extraordinaire promotion de l'âme; c'est sans doute ce qui explique l'extrême ténacité avec laquelle les membres de la communauté résistèrent à l'invasion romaine. Ils furent sauvagement massacrés.

Les sadducéens contrastaient avec le mysticisme et le pythagorisme des esséniens. Ils furent les épicuriens du judaïsme. Saint Épiphane les fait disciples du prêtre *Sadoc* (vers 280 av. J.-C.). Ils niaient l'existence des anges, ne croyant pas possible la création de quelque substance spirituelle que ce fût. On a prétendu qu'ils croyaient Dieu corporel. Dans cette logique, ils rejetaient les peines et les récompenses de l'autre vie, les traitant de pures chimères. Mais l'immortalité de l'âme et l'existence des esprits étaient-elles des dogmes fondamentaux du judaïsme d'alors? Caïphe, le grand-prêtre qui fit condamner Jésus, appartenait à la communauté sadducéenne.

Les sadducéens s'en tenaient à la lettre de la révélation mosaïque et à la Loi, refusant d'y apporter la moindre modification. Ils étaient toutefois ouverts à la pensée grecque et s'efforçaient d'établir des liens politiques harmonieux avec les peuples voisins, avec Rome en particulier. Cette attitude conciliante leur avait valu l'hostilité des pharisiens.

Le pharisianisme dâterait d'environ 130 ans avant l'ère chrétienne, sous le règne des Macchabées. Il était le plus populaire et le plus puissant des partis juifs à l'époque du Christ. On sait que ce dernier ne les ménage pas, allant jusqu'à les traiter de « sépulcres blanchis ». On les a surtout accusés d'hypocrisie et d'ostentation. Ils se vantaient de ne pas être comme les autres hommes, de pratiquer strictement, sans faiblesse, les observances de la Loi. Ils jeûnaient deux fois la semaine, donnaient la dîme sur tout ce qu'ils possédaient, se purifiaient plusieurs fois par jour, se gardaient de tout contact avec les hommes de mauvaise vie, de boire et de manger avec un publicain. Leur nom signifie « séparé »; ils le méritèrent en s'efforçant de garder la foi religieuse juive à l'abri de toute influence extérieure. C'étaient en quelque sorte des fanatiques. Ils croyaient à l'immortalité de l'âme et aux châtiments et récompenses dans l'autre monde; on a cru, à la lecture de Josèphe (qui fut l'un des leurs), qu'ils professaient une certaine forme de transmigration des âmes, mais il n'existe aucune preuve à ce sujet. Messianistes convaincus, ils n'en refusèrent pas moins de reconnaître Jésus en tant que Messie.

Si la *Torah* (ensemble des prescriptions mosaïques) existait bien avant la naissance du Christ, si les livres des prophètes étaient depuis longtemps un objet de méditation pour le juif pieux, les innombrables commentaires et interprétations, les recueils de traditions n'avaient pas encore été codifiés. Ils ne le seront qu'entre l'an 180 et l'an 300 de l'ère chrétienne avec le Talmud de Jérusalem, de Juda le Saint, avec ensuite le Talmud de Babylone. Au temps de Jésus et des Apôtres, la spéculation restait à peu près libre. Philon d'Alexandrie (vers 20-10 av. J.-C. et 50 apr. J.-C.) compta parmi les plus grands de ces commentateurs. Philon était juif et bon nombre de ses ouvrages étaient destinés à faire connaître le judaïsme à la société gréco-romaine. Il adhérait cependant aux idées platoniciennes et s'en excusait en professant que c'était la pensée grecque qui, d'une certaine manière, avait été influencée par Moïse. Quoi qu'il en ait été, on a pu dire de lui que si ce n'était « Platon qui philonisait, c'était Philon qui platonisait ».

Il croyait en un Dieu unique, pur esprit, accompagné d'une multitude de puissances, d'anges, de démons, qui exécutent ses ordres. Parmi ces forces, se détache la figure centrale de la plus pure et de la plus puissante d'entre elles : le Logos, le Fils premier-né, le Verbe créateur. C'est par le truchement du Logos, assisté des autres forces divines, que Dieu a créé le monde. L'homme possède deux âmes : la première est pure et aspire vers le haut, la seconde, matérielle, tend vers le bas. Le juste est celui qui parvient à échapper aux liens de la chair afin de se réunir à Dieu. C'est là une tâche difficile, elle exige plusieurs existences, et c'est pourquoi Philon croyait à la transmigration des âmes. Il a laissé de nombreux commentaires de l'Ancien Testament, qu'il interprète allégoriquement. Son influence sur l'évolution de la pensée religieuse juive ne doit pas être sous-estimée.

Reste l'énigmatique kabbale. Le judaïsme appartient aux trois « religions du Livre », pourtant il semble certain que, à côté de la Loi écrite, Moïse a dispensé à ses proches disciples une tradition orale, destinée à une élite, dans un monde aux prises avec le polythéisme et la multilâtrie. Le passage du concept supérieur du Dieu unique à ceux de la nature exigeait des explications non seulement métaphysiques, mais aussi une vision théosophique du monde. La kabbale comporte un enseignement théorique, philosophique, et un aspect pratique avec des connotations théurgiques et magiques. Théoriquement, elle a pour but d'expliquer les symboles de la révélation écrite et d'en extraire les notions abstraites cachées sous les allégories, voire les mots utilisés par l'Écriture. Par la science des nombres, par un système compliqué de permutations de lettres, des caractères et des syllabes, elle offre toute une série d'exégèses du texte écrit. Mais elle est aussi une théodicée et une cosmogonie.

Tradition orale, elle n'a été codifiée que tardivement, au Moyen Âge. En conséquence, s'il est assez facile de dire ce qu'elle est aujourd'hui, on ne peut que se contenter de conjectures sur ce qu'elle était au temps du Christ et des premiers siècles de l'Eglise chrétienne. La théodicée oscille entre une vision de l'absolue transcendance de Dieu et le constat de son immanence dans le monde. Dieu infini, l'Ancien des Anciens, le Vieux des Jours (*Atthik Yomin, Atthikim*) est inconnaissable. Il ne peut être ni conçu par l'intellect humain ni imaginé et, à ce titre, il demeure l'éternel *Aïn-Soph*, une sorte de néant primordial et dépersonnalisé. Cependant, à l'origine, se produit un « retrait », le *Zimzum*, par lequel s'explique l'émanation ultérieure. Dieu, en se retirant, laisse un *résidu (reshimou)* de sa lumière, à partir duquel apparaît le point lumineux, la concentration de lumière divine et, dans cet espace resté découvert, la puissance divine revient en expansion. Apparaîtra alors l'*Adam-Kadmon*, l'Homme céleste revêtu des dix attributs divins : les *séphiroth*. L'Aïn-Soph n'est donc ainsi en contact avec la manifestation ultérieure que par les attributs divins, les séphiroth, dont se revêt *Adam-Kadmon*. Ces séphiroth ne constituent pas pourtant un monde intermédiaire entre l'homme et la divinité : ils sont en Dieu même ce que l'homme peut saisir de Dieu. Ils sont le vêtement commun qui habille à la fois Dieu, l'Homme céleste et d'une certaine façon l'homme terrestre lui-même. Rien n'existe qui ne trouve une correspondance dans le système séphirothique.

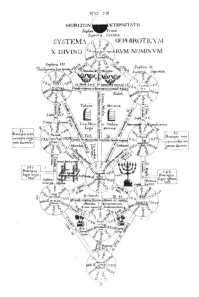

*Les sept sephiroth,
d'après A. Kircher*

Qui sont les séphiroth ? La première séphira, *Kether* (la Couronne), représente pour ainsi dire le point lumineux primordial du Zimzum (la rétraction). Elle est à peu près inséparable des deux suivantes, *Hochma* (la Sagesse) et *Bina* (l'Intelligence). À elles trois, elles forment un « Grand Visage », le Longamine ou *Arich Anpin*. La Sagesse est d'expansion, l'Intelligence de contraction. Les sept séphiroth suivantes sont, dans l'ordre, *Hesed* (la Grâce ou la Clémence) ; *Geboura* (la Rigueur) ; *Thipereth* (la Beauté), qui est centrale et correspond au cœur ; *Netzah* (la Victoire) ; *Hod* (la Gloire) ; *Yesod* (le Fondement) et enfin *Malchut* (le Royaume). Ces séphiroth sont représentées graphiquement de manières différentes, mais l'image la plus courante est celle de l'« arbre ». Dans ce cas, elles sont divisées en trois groupes verticaux, trois à gauche, trois à droite et quatre au centre. Celles de droite représentent les forces d'expansion et constituent le pilier de Miséricorde ; celles de gauche symbolisent la concentration et figurent la Rigueur. Enfin celles du milieu symbolisent la substantialité des attributs divins et à ce titre elles correspondent aux personnes de la trinité séphirothique, ce sont le Grand Visage (*Arich Anpin*), le Petit Visage (*Seir Anpin*) ou le Roi dont le siège est dans *Tiphereth* et en *Yesod*. Enfin la dernière séphira, le Royaume (*Malchut*), correspond au visage de la *Matrone* et résume toute la *Shekinah*, c'est-à-dire la totalité de la Présence divine. Elle symbolise aussi le sabbat et la communauté d'Israël (*Knesseth Israel*).

Les kabbalistes connaissent quatre mondes : *Atziluth*, monde des archétypes qui résident dans l'esprit divin – c'est proprement le monde de l'émanation ; *Briah*, séjour des archanges, monde de la création ; *Yetzirah*, sorte de monde astral ; *Assiah* enfin, le monde matériel. Seuls les *sentiers* ou 32 voies de la Sagesse, qui sont les canaux qui réunissent entre elles les séphiroth, nous permettent de traverser ces différents cercles jusqu'à celui, ineffable, d'*Atziluth*.

On ne peut affirmer que les kabbalistes du temps du Christ aient cru à la transmigration des âmes de façon décisive et catégorique. Sans doute l'idée était dans l'air ; les pharisiens ne demandent-ils pas à Jésus s'il est Élie ? En revanche, la kabbale enseigne que les âmes préexistent dans le monde d'*Atziluth*. Elles y reposent comme autant d'archétypes. La théorie de la réincarnation n'a été définitivement incorporée à la kabbale qu'en notre Moyen-Âge.

Quoi qu'il en ait été, il y avait assez dans la kabbale pour

inspirer les gnostiques des premiers siècles de l'ère chrétienne. De plus, nous l'avons dit, les théosophes et illuminés
chrétiens des siècles postérieurs, de la Renaissance et de nos
jours, ne se sont pas privés d'y puiser abondamment : il y a
eu, il y a encore une cabale chrétienne.

Carte de vœux hébraïque

Saint Paul,
gravure de H. Burgumain, Allemagne, XVIᵉ siècle

Les traits essentiels de l'Église catholique

Définition

L'Église romaine revendique les titres d'unique, de sainte, de catholique et d'apostolique. Unique, parce qu'elle se veut seule détentrice de la vérité, que son enseignement est un et indivisible, intégralement commun à tous les fidèles dans toutes les parties du monde. Sainte, parce qu'elle est réputée fondée directement par le Christ lui-même : « Tu es Pierre, et sur cette pierre je fonderai mon Église. » Catholique, à cause de son universalité. Apostolique enfin, car elle prétend être seule à appliquer à la lettre et dans l'esprit l'enseignement des Apôtres.

Dépositaire de la succession authentique du Christ et des Apôtres, elle a pour chef suprême le pape, successeur légitime de Pierre, « vicaire » du Christ. Les décisions du pape romain en matière de dogme et de morale sont réputées infaillibles. Le dogme de l'infaillibilité pontificale a été proclamé à l'issue du concile de Vatican I, en 1870. Ce caractère infaillible appartenait auparavant aux conciles œcuméniques, convoqués et approuvés par le souverain pontife. Il reste qu'aujourd'hui encore le pape ne prend de décision en matière de dogme et de morale qu'après consultations prolongées auprès des membres du Sacré Collège et d'autres personnalités religieuses de premier plan.

Liste des grands conciles œcuméniques

Nicée I (325). Condamnation de l'arianisme, qui niait la divinité de Jésus-Christ. Rédaction du Symbole de Nicée.

Constantinople I (381). Condamnation des macédoniens qui niaient la divinité du Saint-Esprit et sa consubstantialité.

Éphèse (431). Condamnation de Nestorius.

Chalcédoine *(451). Condamnation du monophysisme et affirmation de la double nature, humaine et divine, du Christ.*

Constantinople II *(553). Confirmation des décisions conciliaires précédentes; condamnation de l'origénisme.*

Constantinople III *(680-681). Condamnation du monothélisme.*

Nicée II *(787). Condamnation des iconoclastes.*

Constantinople IV *(869-877). Déposition du pseudo-patriarche Photius de Constantinople.*

Latran I *(1123). Accord sur la question des investitures.*

Latran II *(1139). Tentative de réforme des mœurs de l'Église.*

Latran III *(1179). Condamnation des albigeois et des vaudois.*

Latran IV *(1215). Définition de la transsubstantiation.*

Lyon I *(1245). Prise de position dans la guerre de la papauté et de l'Empire. L'empereur Frédéric de Hohenstauffen est condamné.*

Lyon II *(1274). Tentative de rapprochement avec les Grecs.*

Vienne *(1311-1312). Condamnation des Templiers.*

Constance *(1414-1418). Fin du Grand Schisme de l'Occident; condamnation de Jean Hus.*

Florence *(1439-1443). Nouvelle tentative de rapprochement avec les Grecs.*

Latran V *(1512-1517). Réforme du clergé.*

Trente *(1545-1563). Grande réforme intérieure de l'Église; décrets sur les sacrements, la justification et le péché originel.*

Vatican I *(1869-1870, avec clôture officielle repoussée jusqu'en 1962). Proclamation de l'infaillibilité du pape. Définition des rapports de la foi et du rationalisme.*

Vatican II *(1962-1965). Commencé sous le pontificat de Jean XXIII, mort en 1963, et clôturé sous Paul VI, ce fut le plus grand concile jamais organisé par l'Église. Il marque un tournant important dans la longue histoire du catholicisme. Quatre Constitutions y sont promulguées concernant le mystère de l'Église, la Révélation, la liturgie, le dialogue avec le monde. Des décrets règlent les rapports avec les Églises orientales, l'attitude à adopter envers le mouvement œcuménique, les relations avec les non-chrétiens, la formation et la mission des laïcs, entre autres.*

Entre ces grands conciles œcuméniques, l'Église a compté de très nombreux conciles nationaux, voire régionaux. L'histoire des hérésies en témoigne.

La doctrine

Au-delà de toute métaphysique et de toute argumentation philosophique, la religion catholique repose sur une Révélation. Cette dernière est contenue tout entière dans les Écritures (Ancien et Nouveau Testament); elle fait l'objet de dogmes longuement étudiés, prétextes à bien des exégèses, mais qui demeurent intangibles. Ces dogmes sont résumés dans le Symbole des Apôtres et dans le credo *de Nicée et de Constantinople.*

Credo de Nicée et Constantinople

Je crois en un seul Dieu,
*   le Père tout-puissant,*
*   créateur du Ciel et de la Terre,*
*   de l'univers visible et invisible.*
Je crois en un seul Seigneur, Jésus-Christ,
*   le Fils unique de Dieu,*
*   né du Père avant tous les siècles :*
Il est Dieu, né de Dieu,
*   Lumière, née de la lumière,*
*   vrai Dieu, né du vrai Dieu,*
Engendré, non pas créé,
*   de même nature que le Père;*
*   et par lui tout a été fait.*
Pour nous les hommes, et pour notre salut,
*   il descendit du ciel;*
Par l'Esprit Saint,
*   il a pris chair de la Vierge Marie,*
*   et s'est fait homme.*
Crucifié par nous sous Ponce Pilate,
*   il souffrit sa passion et fut mis au tombeau.*
Il ressuscita le troisième jour,
*   conformément aux Écritures,*
*   et il monta au ciel;*
*   Il est assis à la droite du Père.*
Il reviendra dans la gloire,
*   pour juger les vivants et les morts;*
*   et son règne n'aura pas de fin.*
Je crois en l'Esprit Saint,
*   qui est Seigneur et donne la vie;*
*   il procède du Père et du Fils;*
Avec le Père et le Fils,
*   il reçoit même adoration et même gloire;*
*   il a parlé par les Prophètes.*
Je crois en l'Église,
*   une, sainte, catholique et apostolique.*
Je reconnais un seul baptême,
*   pour le pardon des péchés.*
J'attends la résurrection des morts,
*   et la vie éternelle du monde à venir.*
Amen.

Ce Credo contient les douze dogmes fondamentaux, auxquels il faut maintenant ajouter ceux de l'infaillibilité du pape, de l'Immaculée Conception et de l'Assomption de la Vierge Marie.

À ces dogmes, il convient d'ajouter encore la croyance au paradis, au purgatoire et à l'enfer. Le purgatoire est un lieu de passage et d'expiation; il disparaîtra au Jugement dernier. La récompense des justes sera éternelle, scellée lors du Jugement par la résurrection de la chair; parallèlement, les peines des damnés seront elles aussi éternelles. Enfin les catholiques croient à l'existence d'anges et de démons, mais aucun dogme n'a été promulgué concernant ces diverses croyances.

L'homme

L'homme est doté d'une âme immortelle dont le salut dépend conjointement de la grâce divine et des choix du libre arbitre. Héritier d'Adam, l'homme hérite la faute commise à l'origine par le couple adamique : c'est le péché originel. Cette faute est effacée par le baptême.

Pour assurer son salut, le catholique doit observer les commandements de Dieu (le Décalogue) et ceux de l'Église, pratiquer au moins les trois vertus théologales (la Foi, l'Espérance et la Charité), s'abstenir de commettre aucun des sept péchés capitaux : l'orgueil, l'avarice, la luxure, l'envie, la gourmandise, la colère et la paresse. Mais par la contrition, la confession auriculaire et grâce à l'absolution accordée au nom de Dieu par le confesseur, les peines du pécheur éventuel lui sont remises. La confession publique n'est en usage qu'au sein des ordres monastiques.

L'Église catholique reconnaît sept sacrements : *le baptême, la confirmation (sorte de baptême du Saint-Esprit), l'eucharistie, l'ordre, le mariage, la pénitence et l'extrême-onction. Dans l'eucharistie, l'Église professe qu'il y a* transsubstantiation *du pain et du vin en corps et sang effectifs du Christ; il ne reste du pain et du vin que l'« espèce », c'est-à-dire l'apparence physique. Les Églises schismatiques orthodoxes partagent cette croyance, à l'inverse des Églises protestantes qui ne voient dans la Cène qu'une commémoration; les luthériens, en revanche, croient que c'est une* consubstantiation *qui s'opère lors de la consécration eucharistique, c'est-à-dire que le corps et le sang du Christ sont présents* conjointement *avec le pain et le vin. La question de la « présence réelle » a toujours été un objet de litige dans la controverse religieuse chrétienne.*

Liturgie

D'importantes réformes ont été apportées par le concile de Vatican II à l'exercice extérieur de la liturgie. Toutefois, rien n'a changé dans la structuration profonde du symbolisme liturgique. L'introduction des langues nationales dans le rite, au détriment du latin, la participation active des laïcs au déroulement du cérémonial, le rôle désormais imparti aux femmes ont été ressentis par certains catholiques comme une libération et un retour aux sources. D'autres, les traditionalistes, ne s'en accommodent

Le Symbole des Apôtres (avec le pape Benoit XIII), le Cathéchisme en images, *1908*

point et souhaitent en revenir au rite désuet de saint Pie V (Mgr Lefèvre et ses amis en France). Du point de vue de l'œcuménisme, en tout cas, la plupart des Églises « séparées » ayant depuis toujours utilisé les langues dites profanes dans leur liturgie, la réforme conciliaire constitue un progrès et un encouragement.

Les Églises uniates conservent leur propre liturgie traditionnelle.

Organigramme hiérarchique

À la tête de l'Église : le Souverain Pontife, *élu à vie par les cardinaux. Le pape est assisté du* Sacré Collège *des cardinaux dont le nombre est canoniquement indéterminé et a tendance à augmenter. Il est assisté également par douze* congrégations *composées de cardinaux et de personnalités religieuses de premier plan. Chaque congrégation est chargée d'un domaine particulier de l'administration de l'Église :*

congrégation du Saint-Office *(hérésies, mariages mixtes et censure ecclésiastique) ;*
congrégation du Consistoire *(problèmes des diocèses, attributions des évêques, rapports pour les Consistoires) ;*
congrégation de la Discipline sacramentaire *(sacrements, dispenses matrimoniales) ;*
congrégation du Concile *(application des décisions conciliaires (Trente, Vatican I et II), discipline ecclésiastique) ;*
congrégation des Affaires religieuses *(contrôle des divers ordres religieux) ;*
congrégation de la Propagation de la foi *(propagande, missions, etc.) ;*
congrégation des Églises orientales *(affaires des Églises « uniates ») ;*
congrégation des Rites *(liturgie, procès en béatification et en canonisation) ;*
congrégation du Cérémonial *(organisation des cérémonies pontificales, investiture des cardinaux) ;*
congrégation des Affaires ecclésiastiques extraordinaires *(chargée des affaires graves qui lui sont confiées par le pape) ;*
congrégation des Séminaires et des Universités *(éducation catholique) ;*
congrégation de la Basilique de Saint-Pierre.

La Congrégation du Saint-Office a changé de nom et s'appelle dorénavant :
congrégation pour la Doctrine de la foi.

L'ensemble des congrégations et du sacré collège forme la curie romaine.

Au-dessous du pape, on compte d'abord les quatorze patriarches *traditionnels (deux à Alexandrie, quatre à Antioche, un dans chacun des autres patriarcats : Constantinople, Jérusalem, Babylone, Cilicie, Indes orientales, Lisbonne, Venise, Indes occidentales). Dans la plupart des cas, il s'agit davantage de titres que de pouvoir effectif.*

Viennent ensuite les sièges archiépiscopaux, qui réunissent en principe plusieurs diocèses. Ils sont occupés par des archevêques, *assistés d'évêques suppléants.*

Les diocèses autonomes sont dirigés par les évêques. *Chaque paroisse enfin est dirigée par un* curé, *assisté éventuellement par un ou des* vicaires.

Les ordres religieux ont leur propre administration, sous contrôle pontifical.

De leur côté, les Églises uniates (Églises orientales qui reconnaissent la primauté spirituelle du pape) s'administrent de façon autonome.

Enfin le pape peut nommer des évêques in partibus, auxquels sont attribués des diocèses symboliques, anciennes juridictions épiscopales aujourd'hui disparues du fait de l'invasion islamique au Proche-Orient. Ce sont là des titres honorifiques. Il en est de même pour les « prélats de Sa Sainteté »; ils ne sont pas évêques consacrés, mais ils ont droit à l'appellation de monsignor et peuvent porter blason.

La Cité du Vatican

État indépendant depuis 1929. Le pape en est le souverain temporel absolu; il délègue ses pouvoirs au cardinal secrétaire d'État, qui assure en fait le pouvoir temporel. Le Vatican a sa monnaie, son système postal, son émetteur de radio-télévision, sa presse, sa police et son armée (la Garde suisse). Des conventions avec le gouvernement italien assurent sa sécurité intérieure et extérieure.

Cérémonie au Vatican, milieu du XIXe siècle

Deuxième partie

DICTIONNAIRE

Pierre Abélard, gravure de J.M. Moreau le jeune

ABÉCÉDAIRIENS : Tout savoir humain est inutile. La connaissance de l'alphabet elle-même est dérisoire et superflue ; seule mérite d'être approfondie la science intime des Écritures. Telle était la doctrine principale de la petite secte anabaptiste des abécédairiens, qui apparut en Allemagne au XVIᵉ siècle. Le chrétien, expliquaient les sectaires, dont Storck, un disciple de Luther, n'a besoin que de la connaissance de l'Écriture, mais cette connaissance doit être obtenue directement du Saint-Esprit. Un certain, et de ce jour devenu célèbre, Dr. Carlostad, qui devint membre de cette secte, renonça à son titre de docteur pour se faire portefaix. Il prit le nom de frère André.

La secte a depuis longtemps disparu, mais le monde moderne compte encore de nombreux abécédairiens de fait... ou d'intention.

ABAILARD ou ABÉLARD Pierre : Pierre Abailard ou Abélard naquit à Palais ou Le Pallet, près de Nantes, en France, en 1079 ; il mourut à Chalon-sur-Saône en 1142.

Pour controversé qu'il ait été, il fut l'un des grands philosophes catholiques de son temps. Chanoine de Notre-Dame de Paris et professeur de théologie, il avait eu pour maître le chanoine Fulbert, chez qui il logeait. Son amour, partagé, pour Héloïse, la nièce de son maître, déplut tellement à ce dernier qu'il le fit attaquer par ses hommes de main et émasculer. Abélard fut ainsi contraint de renoncer à épouser Héloïse comme il l'avait souhaité ; il lui fallut, du même coup, renoncer à devenir prêtre, les castrats n'étant pas admis à cet honneur. On sait que de son côté Héloïse prit le voile et, si l'on en croit la légende, resta fidèle à son amant jusqu'à la mort. Réunis enfin, ils auraient partagé le même tombeau à Paraclet.

Resté dans le siècle, Abélard vécut en ascète. Il continua néanmoins de prêcher et d'enseigner ses disciples. Avec leur aide, il fonda à Nogent-sur-Seine le couvent du Paraclet dont Héloïse fut probablement la mère abbesse. Abélard prit une part importante dans la controverse entre réalistes et nominalistes de son temps. Ayant fait d'Aristote la base de son enseignement, il tendit tout naturellement à soutenir les réalistes et fut en querelle avec Guillaume de Champeaux. Son système philosophique, le « conceptualisme », soutient que les *Universaux* existent bien, mais comme concept dans l'esprit. Son ouvrage le plus remarquable, le *Sic et Non*, contient cent cinquante-huit points de doctrine chrétienne et confronte les opinions des plus éminents Pères de l'Église. C'est en 1121 que le concile de Soissons, inspiré par saint Bernard de Clairvaux, condamna formellement son introduction à la théologie. Il fut dès lors accusé plus d'une fois d'hérésie. Quand il mourut à Chalon, après avoir été emprisonné dans un couvent par les soins de l'abbé Pierre le Vénérable, il était sur le chemin de Rome où il entendait plaider sa cause.

En quoi consistaient les erreurs d'Abélard ? Dans un siècle où l'autorité religieuse surveillait, sourcilleuse et implacable, les efforts de philosophes et de théologiens désireux de donner des bases rationalistes aux dogmes réputés directement « révélés », Guillaume, abbé de Saint-Thierry, tira des ouvrages d'Abélard quatorze « propositions erronées », qu'il adressa à saint Bernard de Clairvaux, qui les réfuta dans sa lettre au pape Innocent II. Les voici :

Art. 1 – Il y aurait des degrés dans la Trinité, le Père étant une puissance pleine et entière ; le Fils, étant à l'égard du Père ce qu'est l'espèce au genre, ne serait qu'une puissance quelconque ; et le Saint-Esprit n'étant aucune puissance. La proposition est entachée d'*arianisme* *.

Art. 2 – Le Saint-Esprit procède bien du Père et du Fils, mais s'il est de substance analogue, il n'est pas de la substance du Père et du Fils. La proposition est *macédonienne* * dans les termes.

Art. 3 – La définition de la foi comme n'étant que le jugement ou l'estimation qu'on porte sur ce qu'on ne voit pas est hérétique car elle affaiblit la certitude de la foi.

Art. 4 – Le corps de Jésus-Christ ayant sa forme et ses traits comme tout autre corps humain, dans le sacrement de l'Eucharistie, les espèces du pain et du vin subsistent en l'air, et le corps du Seigneur ne tombe pas à terre avec elles. Proposition jugée hérétique.

Art. 5 – Les tentations démoniaques se produisent en nous par le contact des pierres et des plantes, dans lesquelles les esprits malins s'insinuent afin d'exciter nos passions. La proposition est jugée absurde et hérétique.

Art. 6 – Le Saint-Esprit est l'âme du monde, opinion panthéiste.

Art. 7 – Le Fils de Dieu n'a pas souffert la mort pour délivrer l'homme du péché ; il ne l'a fait que pour nous enflammer d'amour pour lui et il ne s'est incarné que pour nous instruire et nous servir d'exemple. Cette opinion serait *pélagienne* *.

Art. 8 – Laisser entendre que seul le Verbe en Jésus-Christ est la deuxième personne de la Trinité est condamnable comme une affirmation *nestorienne* *.

Art. 9 – Les idées d'Abélard au sujet de la grâce divine et du libre arbitre de l'homme auraient été assez floues pour qu'on puisse le suspecter de *pélagianisme* *.

Art. 10 – Dieu le Père n'est pas libre dans sa création, il est déterminé par sa propre perfection. Il ne peut faire ou permettre que ce qu'il fait ou permet, et seulement de la manière et dans le temps qu'il le fait ou le permet. Car s'il pouvait empêcher le mal qui arrive, et qu'il n'empêche pas, le permettre serait consentir au péché. (Nous avons reproduit l'argutie telle quelle, ne voyant pas ce qu'elle contient de clairement hérétique.)

Art. 11 – Il faut exister pour pécher. L'enfant qui vient au monde ne tire pas d'Adam la *coulpe*, mais seulement la *peine* du péché originel. La proposition est en effet *pélagienne* *.

Art. 12 – Il n'y a pas de péché par ignorance ; il n'y en a pas non plus quand on agit selon sa conscience. On ne voit pas ici encore ce qu'on a pu reprocher à cette affirmation.

Art. 13 – Le consentement qui suit la suggestion et une délectation mauvaise n'est péché qu'à partir du moment où les accompagne un sentiment de mépris de Dieu.

Art. 14 – Clairement hérétique est par contre la proposition selon laquelle le pouvoir de remettre les péchés n'a été confié qu'aux seuls Apôtres, à l'exclusion de leurs successeurs.

Si quelques-unes de ces propositions peuvent apparaître comme réellement hérétiques et mettent en cause l'autorité de l'Église établie, nombreuses sont en revanche celles qui, pour nous aujourd'hui, ne ressemblent guère qu'à des arguties sans importance. Mais au Moyen Âge on ne badinait pas avec ces choses-là. Il est en outre certain que saint Bernard avait un vieux compte à régler avec Abélard. Il était en droit d'estimer que l'amant d'Héloïse s'était joué de lui. En effet, lors du concile de Soissons, en 1121, Abélard avait abjuré solennellement ses erreurs et jeté au feu de sa propre main son *Introduction à la théologie* ; or, dans un ouvrage ultérieur, la *Théologie chrétienne*, le moine-théologien, devenu relaps, n'avait pas hésité à reprendre les mêmes thèmes.

Saint Bernard avait une certaine méfiance de la scolastique ; sous la plume d'Abélard il la voyait tourner franchement en rationalisme antichrétien. Accéder à la foi par le raisonnement, utiliser le doute scientifique pour prouver *ensuite* les articles de foi, c'était plus que ne pouvait supporter l'abbé de Clairvaux.

Cité à sa propre demande au concile de Sens, Abélard y fut de nouveau condamné et sommé de se rétracter. Découragé, las de combattre, il voulut en appeler au pape et prit le chemin de Rome. Par respect pour son appel, le concile se contenta de condamner ses propositions sans pour autant le citer nommément. Cependant, alors qu'il était encore à Cluny en compagnie de l'abbé Pierre le Vénérable, le pape confirma les décisions du concile de Sens et ordonna d'enfermer Abélard dans un couvent, avec défense d'enseigner. Définitivement vaincu, usé, le grand théologien abjura de nouveau ses erreurs, se rétracta et édifia les religieux par son humilité et l'austérité de sa vie. Il mourut au monastère de Saint-Marcel, près de Chalon-sur-Saône, en 1142, comme on l'a dit plus haut.

ABÉLIENS ou ABÉLITES : Petite secte qui exista au temps de saint Augustin dans la région d'Hippone en Afrique. Peu nombreux, fanatiques, les abéliens affirmaient qu'Abel avait pris femme mais s'était abstenu de tout commerce conjugal avec son épouse. À leur tour, ils se mariaient mais se refusaient à toute relation sexuelle avec leur femme, ne voulant pas prendre le risque d'introduire dans le monde de futurs pécheurs. Ils ne dédaignaient pas, en revanche, d'adopter les enfants de voisins non scrupuleux ; ces enfants étaient destinés à leur succéder.

ABRAHAMITES : Rameau tardif des *hussites* *, la secte des abrahamites était établie en Bohême, à Pardubitz notamment. Elle ne disparut que vers le milieu du XVIIIe siècle, sous le règne de l'empereur Joseph II.
Le nom d'abrahamites leur a été attribué par leurs contemporains pour la raison qu'ils disaient appartenir à la religion primitive que professait Abraham avant la circoncision. Quoique beaucoup des sectaires fussent circoncis, étant nés juifs, ils rejetaient cette pratique, et ceux d'entre eux qui avaient été auparavant protestants ou catholiques, la réprouvaient. Ils étaient déistes, croyaient en Dieu, à l'immortalité de l'âme, aux peines et aux récompenses de la vie future. En revanche, ils niaient le caractère divin de la révélation mosaïque et n'acceptaient de l'Écriture que certains éléments comme le Décalogue et l'oraison dominicale. Ils ne croyaient ni au péché originel, ni à la Rédemption, ni à la Trinité ni à l'Incarnation. Jésus n'avait été qu'un sage. Enfin, la faute originelle n'existant pas, ils rejetaient le sacrement du baptême.
Certains d'entre eux se seraient livrés à des pratiques *adamites* *, prônant la nudité édénique. On les a accusés d'être de mœurs licencieuses et de ne tenir aucun compte des liens du mariage. Leurs enfants auraient été élevés en communauté, comme des êtres dont la faiblesse exigeait des secours.
Quand l'empereur Joseph II promulgua son édit de tolérance, ils refusèrent de s'incorporer à l'une des religions tolérées dans l'Empire et nombreux furent ceux d'entre eux qui furent déportés. Leur retour ensuite en Bohême ne fut autorisé qu'à la condition qu'ils se fassent catholiques.

ABSTINENTS : Nom donné à certains disciples de Mani et de Tatien à cause des privations imposées aux « élus » par ces deux chefs de secte.

ACACIENS : L'évêque Acace fut le successeur d'Eusèbe dans le siège de Césarée (340 env.). Il eut quelques disciples, mais il fut tour à tour *arien* * sous l'empereur Constance, catholique sous Jovien et de nouveau arien sous Valens. Il mourut déposé.

ACÉPHALES : Littéralement, le mot signifie « sans tête ». L'histoire compte plusieurs Églises acéphales, c'est-à-dire qui, d'une façon ou d'une autre, refusèrent de reconnaître une autorité supérieure. Ce fut le cas de ceux qui, lors de la condamnation de Nestorius (voir *Nestoriens*) au concile d'Éphèse, ne voulurent reconnaître ni l'autorité de Jean, patriarche d'Antioche, ni celle de Cyrille d'Alexandrie. Par la suite, plusieurs sectes *eutychiennes* * suivirent cet exemple.

ADALBERT : Illuminé né en France au VIIIe siècle. Les anges, avec qui il vivait en grande familiarité, lui avaient apporté, disait-il, une lettre de Jésus-Christ et des reliques miraculeuses. Il se fit de nombreux disciples parmi les habitants de la campagne et parmi les femmes. Les foules qui le suivaient étaient si importantes et sa parole si insinuante qu'il gagna à sa cause des évêques qui n'hésitèrent pas à le sacrer lui-même évêque.
Sur les instances de saint Boniface, le concile de Soissons le condamna et les princes francs Carloman et Pépin le firent emprisonner.

ADAMITES ou ADAMIENS : La plupart des hérésiologues rattachent les adamites au *gnosticisme* * et leur donnent pour fondateur Carpocrate, au IIe siècle. Il y eut pourtant des adamites parmi les *hussites* * et même plus tard, aux Pays-Bas et en Bohême.
Ils s'inspiraient de la pureté primitive attribuée à Adam au paradis terrestre. Ils estimaient en outre que quiconque use d'habits pour cacher sa nudité et n'est pas capable de contempler sans émotion et concupiscence le corps nu d'une personne du sexe opposé n'est pas encore libéré des affections corporelles. Les Pères ont accusé les sectaires de pratiquer la communauté des hommes et des femmes.
Saint Épiphane raconte que leur temple, une maison ou une caverne obscure, était censé être le

paradis terrestre. Ils n'y pénétraient pas sans s'être auparavant dépouillés de tous leurs vêtements. La prière et la lecture des textes sacrés ne pouvaient se pratiquer que le corps entièrement nu. De son côté, saint Augustin affirme qu'ils abhoraient le mariage, parce qu'Adam n'avait connu Ève qu'après la faute; mais, estimant que l'usage en commun des femmes était un privilège naturel qui avait existé préalablement au péché d'Adam, leurs cérémonies se terminaient par une copulation générale où l'adultère et l'inceste étaient de règle. Par contre, ceux d'entre eux qui avaient eu des relations charnelles hors de l'enceinte du « paradis » en étaient chassés comme l'avaient été Adam et Ève.

Les sectes de type adamite reparurent au cours des siècles. Au XIIe siècle, à Anvers, sous le règne de l'empereur Henri V, saint Norbert dut lutter contre un certain *Tenchelm* *. Au XIVe siècle, les *turlupins* * relevèrent à leur tour la vision idéaliste

et « édénique » des adamites. Ils essaimèrent en Savoie et dans le Dauphiné. Le roi Charles V de France en fit périr plusieurs sur le bûcher. Leurs livres furent à leur tour livrés aux flammes « sur la place du Marché-aux-Pourceaux, à Paris, hors de la rue Saint-Honoré ».

Au début du XVe siècle enfin, l'hérésie refit surface en Bohême avec un nommé Picard et ses disciples. Natif de Flandre, Picard prêcha sa doctrine et la répandit de préférence dans l'armée hussite de Zisca.

Les « picardiens » se donnaient le titre de fils de Dieu, ils prétendaient avoir été envoyés dans le monde pour y rétablir la loi de nature. Ils allaient nus dans les rues, ne se contentant pas comme les anciens adamites de n'exposer leur nudité qu'à l'intérieur des temples.

Zisca les ayant plus ou moins massacrés, ils tentèrent d'essaimer en Hollande où ils rallièrent quelques groupuscules anabaptistes. Sévèrement

*Les adamites d'Amsterdam,
gravure du XVIIIe siècle, bibliothèque des Arts décoratifs*

réprimés ici encore, certains d'entre eux émigrèrent en Pologne et en Grande-Bretagne.

ADELPHE : Philosophe du IIIᵉ siècle. Sa doctrine, inspirée du platonisme et du gnosticisme, fut réfutée par Plotin.

ADIAPHORISTES : On donna ce nom aux luthériens modérés qui, en 1548, souscrivirent à l'*Intérim* promulgué par Charles Quint à la diète d'Augsbourg. Ils étaient disciples de Mélanchthon. Ils estimaient en effet qu'il est permis de céder quelque chose aux ennemis de la vraie religion (la leur, celle de Luther) pourvu que ces choses soient indifférentes et n'intéressent pas directement le fonds de la religion.

ADOPTIENS : Nom donné aux disciples de l'évêque Félix d'Urgel et de l'archevêque Eliphand de Tolède, au VIIIᵉ siècle. L'erreur imputée à ces deux prélats était de type *nestorien* *.

ADRIANISTES : Sectateurs d'Adrien Hamstédius, au XVIᵉ siècle. Natif de Zélande, Adrien enseigna surtout en Angleterre. Il disait que le baptême ne devait être conféré aux enfants qu'après plusieurs années, à l'âge où ils sont capables de saisir l'importance du sacrement ; il enseignait que Jésus avait été conçu comme tout le monde et non pas par l'opération du Saint-Esprit. La fondation de l'Église par Jésus-Christ n'avait été que circonstancielle. Il souscrivait enfin à toutes les opinions des anabaptistes de son temps.

ADVENTISTES : On appelle adventistes ceux des chrétiens qui croient à la proche venue du règne du Christ sur la terre. Cette seconde venue du Christ sera suivie ou tout juste précédée par une période de mille ans (millénium), au cours de laquelle les « saints » jouiront de tous les plaisirs licites. Cette croyance au millénium, ce « chiliasme » (du grec *chilioï* : « un millier ») n'a jamais été dénoncée par l'Église comme une hérésie ; elle a néanmoins été condamnée comme dangereuse. Le plus célèbre des millénaristes fut, au sein de l'Église catholique, Joachim de Fiore ou de Flore (1145-1202).
Les sectes millénaristes sont caractérisées par un pointilleux littéralisme des Écritures. Au siècle dernier, l'Américain William Miller (1782-1849) fut à l'origine de plusieurs sectes adventistes (dont les *adventistes du Septième Jour* *, qui essaimèrent un peu partout dans le monde.

ADVENTISTES DU SEPTIÈME JOUR : Cette communauté chrétienne (condamnée par l'Église romaine) a été fondée en 1862. Elle compte plus d'un demi-million de fidèles (dont 40 000 évangélistes) et a son siège principal à Washington. Les fidèles sont groupés en *districts*, eux-même regroupés en *conférences* habilitées à recevoir la dîme (le dixième de leurs revenus) versée chaque année par les adhérents. Les adventistes du Septième Jour sont répandus dans le monde entier, en Amérique, en Europe, en Afrique du Sud et en Inde où ils possèdent des instituts de bienfaisance et des sanatoria animés par leurs missionnaires.
Leur nom leur vient du fait qu'ils considèrent que le « jour du Seigneur » adopté par toutes les Églises chrétiennes n'est pas le dimanche, mais le samedi, jour du Sabbat. Ce jour est observé de façon très rigoureuse, comme chez les juifs. Mais les adventistes du Septième Jour ne sont pas seulement des millénaristes respectueux du Sabbat biblique ; ils professent une doctrine qui leur est propre et se livrent à d'autres pratiques, comme, par exemple, le baptême par immersion. Leur littéralisme repose sur la conviction que la Bible est d'inspiration divine d'un bout à l'autre. Ils considèrent le Christ comme Créateur aussi bien que comme Rédempteur. Sa seconde venue est proche ; elle s'accomplira de façon visible, tangible et personnelle quand sera atteint le nombre définitif des élus. Les morts qui « dorment » dans un état d'inconscience seront rappelés à la vie, mais seuls les justes seront sauvés ; les réprouvés réunis sous la houlette de Satan seront réduits à la non-existence, car il n'existe pas d'enfer éternel.

Baptême adventiste dans la Marne

77

Comme les *témoins de Jéhovah* * et les *quakers* *, les adventistes sont des pacifistes et refusent de porter les armes.

AERIUS : Peut-être déçu dans ses ambitions (on dit qu'il voulait être évêque lui-même), ce moine fut surtout connu pour sa révolte contre l'autorité épiscopale de son temps (IVᵉ siècle). Aerius était arien à une époque où l'*arianisme* * ne s'était pas encore bien défini. Il aurait brigué le siège épiscopal de Sébaste, en Arménie, vers l'an 355, mais l'évêque Eustache lui fut préféré. Dans le but de dédommager le moine déçu, le nouvel évêque l'ordonna prêtre et lui confia l'intendance de son hôpital. Aerius ne tarda pas à se révolter contre l'autorité de son rival Eustache.
L'épiscopat, professait-il, n'est point au-dessus du sacerdoce. Dans le même ordre d'idées, il entreprit de déconsidérer auprès du peuple les cérémonies de l'Église et les fêtes religieuses dans lesquelles les évêques jouent un rôle prépondérant. Il enseignait par ailleurs qu'il est inutile de prier pour les morts, que les jeûnes du mercredi, du vendredi et du carême, à cette époque rigoureusement observés, doivent être remplacés par le jeûne du dimanche. Ceux qui restaient fidèles aux prescriptions de l'Église étaient un objet de mépris pour les disciples d'Aerius qui les appelaient dédaigneusement les « antiquaires ». Curieusement, les ariens s'unirent aux catholiques pour lutter contre l'hérésie d'Aerius.
La secte ne vécut pas au-delà du Vᵉ siècle. N'admettant pas la divinité de Jésus-Christ, elle s'excluait elle-même du christianisme primitif. Elle fut réfutée par saint Épiphane.

AETIUS : Réfuté par saint Épiphane, Aetius, surnommé l'*Impie*, était un aristotélicien bien connu de son temps (IVᵉ siècle). Il s'efforça, dans quarante-sept propositions, de démontrer les contradictions qui existeraient entre les deux attributs d'*engendré* et d'*inengendré*, attributs relatifs dont il fit des absolus. C'était un arien qui refusait d'accepter la divinité de Jésus-Christ. (Voir les mots : *Anoméens* et *Ennoméens*.)

AGAPÉMONITES : Aujourd'hui institution de charité religieuse, la communauté d'Agapémone (la « demeure de l'amour ») fut fondée en 1859 par Henry James Prince. Il la dirigea jusqu'à sa mort en 1899. L'Agapémone s'élevait à Spaxton, près de Bridgewater, dans le Sommerset, en Angleterre. Vers 1890, une filiale fut créée à Londres (quartier de Clapton) sous le nom des « Enfants de la Résurrection »; une église fut construite dont fut chargé le pasteur J. H. Smith-Pigott.
Illuminé, le révérend Smith-Pigott ne tarda pas à se prendre pour Jésus-Christ lui-même, dont il estimait être une réincarnation. C'était en 1902. Son église, l'Arche, devint rapidement l'objet de démonstrations hostiles et le révérend Smith-Pigott dut s'enfuir à l'Agapémone où il mourut en 1927.

AGAPÈTES : (du grec *agapês* : « amour »). Secte ou plutôt communauté de gnostiques du IVᵉ siècle. Composée en majorité de femmes, la petite communauté enseignait que rien n'est impur aux consciences pures. Ces femmes attiraient à elles des jeunes gens avec qui elles vivaient sous le même toit, après avoir fait vœu de chasteté. Le vœu n'ayant pas toujours été respecté, semble-t-il, des scandales éclatèrent, provoquant la colère des Pères. Saint Jérôme s'attacha à dénoncer les turpitudes des agapètes.

AGARÉENS : Chrétiens apostats passés à l'islam (VIIᵉ siècle). Ils se disaient descendants d'Ismaël, fils d'Agar. Ils reniaient la Trinité, disant que Dieu n'avait pu avoir de Fils, n'ayant point eu de femme.

AGNOÈTES ou AGNOÏTES : Les « *ignorants* ». Ce nom a été attribué à des sectes différentes et tout d'abord aux disciples de Théophrone de Cappadoce (IVᵉ siècle) qui professaient que Dieu ne connaissait pas tout et acquérait des connaissances. La prescience divine s'arrêterait là où commence le libre arbitre de l'homme. Infiniment intelligent, Dieu *peut savoir ce qui va se produire mais il ne le sait pas positivement comme une chose accomplie*. C'était nier l'infinie omniscience divine.
Le nom fut encore attribué à une secte d'*eutychiens* * fondée par le diacre Thémistius d'Alexandrie au VIᵉ siècle. Les sectateurs soutenaient que Jésus-Christ ignorait certaines choses à venir; tout particulièrement la date du Jugement dernier lui était inconnue. Au moins si, peut-être, il le savait en tant que Dieu, il ne pouvait le savoir en tant qu'homme.
Une erreur analogue aurait été partagée par quelques solitaires qui vivaient en Palestine, dans le voisinage de Jérusalem. Ils citaient saint Marc (XIII, 32), qui dit que nul homme sur la terre ne sait ni l'heure ni le jour du jugement, ni les anges qui sont dans le ciel, ni même le Fils, mais le Père seul. Les *sociniens* * se servent de leur côté de ce même passage pour attaquer la divinité de Jésus-Christ.
Un autre argument des agnoètes était tiré du passage de l'Évangile selon saint Luc (II, 52) où il est dit que Jésus croissait en sagesse, en âge et en grâce, devant Dieu et devant les hommes. Si la

sagesse de Jésus croissait avec son âge, elle était donc acquise, disaient les sectaires.

Les Pères objectent que ces arguments sont spécieux et qu'ils se contentent de faire appel à la lettre au mépris de l'esprit.

AGONICÉLITES : Nom donné à ceux qui exigeaient que la prière se fît debout et non point à genoux, cette dernière position étant considérée comme une concession à la superstition.

AGONISTIQUES : Nom par lequel Donatus et les donatistes désignaient les prédicateurs et les messagers qu'ils envoyaient dans les villes et les campagnes pour dénoncer ceux des chrétiens qui avaient apostasié ou simplement remis leurs livres saints aux autorités romaines sous la persécution de Dioclétien dans les années 303-304. Les agonistiques (appelés aussi circuiteurs, circellions, circoncellions, catropites, coropites, et à Rome montenses) prêchaient une sévérité exemplaire contre ces malheureux qu'ils considéraient comme relaps ou apostats. On leur a imputé de grandes violences. (Voir aussi *Circoncellions, Donatistes,* etc.)

AGYNIENS : Secte d'origine manichéenne condamnée au concile de Gangres, sous le pape Sergius Ier. Elle était apparue à la fin du VIIe siècle. Les sectaires tirent leur nom du grec *a-guné* (« sans femme ») et furent aussi appelés agionites ou agionois. Ils professaient que Dieu n'avait pas voulu instaurer le mariage et que les hommes et les femmes devaient vivre en union libre. Ils étaient réputés, selon les dires des hérésiologues, pour leurs mœurs licencieuses.

ALBANAIS : Petite secte de manichéens établis en Albanie afin de fuir la persécution des autorités religieuses de l'ancien Empire d'Orient. De nos jours l'Église orthodoxe d'Albanie a été reconnue comme autonome par le patriarche œcuménique (1967).

ALBIGEOIS : La plupart des dictionnaires ont tendance à confondre les albigeois et les cathares, ce qui, historiquement, n'est pas tout à fait juste. Certes, durant la guerre contre les albigeois, les cathares furent les plus nombreux parmi ces derniers, mais d'autres communautés participèrent à la lutte à leur côté. En réalité, le terme d'albigeois s'applique à une sorte de confédération d'hérétiques du XIIe siècle comprenant les *cathares** proprement dits, les *pétrobrusiens**, les *henriciens**, les *arnaudistes** et les *vaudois** primitifs. Chacune de ces confessions avait ses doctrines particulières ; elles avaient toutefois pour point

commun d'être concentrées dans le midi de la France, en pays d'Oc et tout particulièrement dans la région d'Albi. L'autre point commun fut la lutte pour leur survie que, confondues dans une même haine, elles durent mener contre les croisés originaires du Nord.

Nous étudierons, chacune pour soi, les doctrines professées par les différentes sectes ou confessions qui participèrent à la résistance militaire contre les croisés catholiques du Nord ; elles figurent séparément dans ce dictionnaire. Nous nous limiterons ici à l'aspect historique de la guerre des albigeois. L'hérésie, ou plutôt les hérésies (celle des cathares en premier lieu) proliféraient dans le midi de la France en ce XIIe siècle si profondément troublé. Il n'y avait presque pas de ville ou de bourgade du Languedoc où les « manichéens » ne se trouvassent en force. Menant une vie ascétique, pratiquant la charité, les *parfaits* faisaient contraste avec certains des évêques et des moines catholiques qui étaient alors réputés pour leurs mœurs dissolues. Sans doute les disciples de Pierre de Bruys (pétrobruisiens) et ceux du moine italien Henri (henriciens), les quelques troupes de bandits se réclamant d'Arnaud de Brescia (arnaudistes) et d'autres aventuriers contribuaient à ternir la bonne réputation des cathares, mais ils étaient largement minoritaires. Le Languedoc et ses seigneurs, le comte de Toulouse en tête, semblaient sur le point d'être perdus pour la papauté et prêts à se libérer définitivement du joug féodal qui les liait au royaume de France. L'Église et la France s'inquiétaient.

En 1119, Calixte II vint prêcher la bonne parole à Toulouse. Il y fut si mal reçu qu'il dut se retirer, non sans avoir prononcé l'excommunication des hérétiques. Son successeur, le pape Alexandre III, s'efforça à son tour de convaincre le comte Raymond V de Toulouse d'entreprendre une croisade contre ses sujets. Le comte, tout en se proclamant bon catholique, fit la sourde oreille, prétextant que les hérétiques grondaient contre le clergé romain et s'apprêtaient à prendre les armes. Il se refusait, disait-il, à leur en donner le prétexte.

Ce fut le pape Innocent III (il régna de 1198 à 1216) qui déclencha les hostilités armées. Il avait d'abord essayé de discuter et avait obtenu des consuls de Toulouse qu'ils s'engageassent à chasser les hérétiques de leur ville. Ils jurèrent mais ne firent rien – certains d'entre eux étaient acquis au catharisme.

L'assassinat du légat pontifical, Pierre de Castelnau, le 15 janvier 1208, mit le feu aux poudres. Le pape se décida à user de la force et obtint du comte de Toulouse Raymond VI qu'il se mît (du bout des lèvres, si on peut dire) à la tête d'une croisade. Il s'agissait en tout premier lieu de soumettre les seigneurs du Languedoc qui refuseraient de livrer ceux de leurs sujets coupables d'hérésie. La guerre allait durer dix-sept ans.

En 1209, Béziers fut saccagée. Tous ses habitants furent tués, à en croire les chroniqueurs. On connaît l'histoire : l'abbé Arnaud Amalric, à qui l'on demandait comment reconnaître les catholiques des hérétiques, répondit : « Tuez-les tous, Dieu reconnaîtra les siens ! » L'authenticité de l'anecdote est controversée, mais il est certain que plus de cinquante mille personnes périrent lors du saccage de Béziers.

Le drame de Béziers ne fut qu'un prélude ; la guerre ne devait prendre fin qu'en 1244 avec la chute de Montségur et le suicide collectif de ses principaux défenseurs. La croisade mit en relief la personnalité de personnages aussi hauts en couleur que Simon de Montfort et certains seigneurs irréductibles du Midi. Placé à la tête des croisés, Simon de Montfort se tailla une réputation d'invincibilité qu'il conserva jusqu'à sa mort survenue le 25 juin 1218. Il aurait été tué par une pierre lancée par une femme.

En 1222, Innocent III était mort, Amaury de Montfort, le fils de Simon, ayant subi plusieurs échecs, offrit au roi de France les conquêtes de son père. Mais si la plupart des autres sectes s'étaient dispersées, vaincues ou décimées, les cathares avaient obtenu des succès militaires et politiques. Ils avaient rétabli à leur profit une situation analogue à celle qui avait précédé la croisade. Ils

allaient désormais avoir affaire aux troupes du roi de France et aux dominicains de l'Inquisition. Leur défaite était scellée.

Saint Louis régnait alors sur la France ; à ses côtés, sa mère, Blanche de Castille, catholique fanatique et tête politique fort avisée, poussait le roi à en terminer avec la « révolte » du Midi. La croisade constituait un excellent prétexte pour une puissante intervention royale destinée à abaisser l'orgueil des seigneurs languedociens et à affirmer l'influence du pouvoir central sur ces riches provinces. La guerre reprit de plus belle.

Bernard et Olivier de Termes, Raymond VII de Toulouse, de nombreux seigneurs méridionaux se soumirent. Confiée aux moines dominicains, l'Inquisition fit merveille. Cependant, les hérétiques s'étant rendus responsables du massacre d'une brochette de juges du tribunal de l'Inquisition en Avignon (1241), la vindicte des croisés ne connut plus de bornes. Pourchassés, vaincus, les derniers soldats cathares se réfugièrent, en 1243, derrière les murs de la puissante forteresse de Montségur où l'armée catholique les assiégea. Le 1er mars, des pourparlers sont entamés ; la place accepte de se rendre, mais dans un délai de quinze jours. Peut-être ce délai avait-il été demandé afin de pouvoir célébrer une dernière fois l'équinoxe du printemps selon le rite établi ? Aucun témoignage n'est parvenu jusqu'à nous.

Toujours est-il que le 16 mars 1244, des centaines de cathares, les irréductibles, se jetèrent en chan-

La prise de Toulouse par Simon de Montfort

tant dans les flammes d'un immense bûcher. La « guerre des albigeois » était pratiquement terminée. Elle entrait dans une période de pacification au terme de laquelle le catharisme fut à peu près complètement déraciné; les autres sectes, moins nombreuses et moins voyantes, se dispersèrent. Des siècles plus tard on retrouvera des vaudois en Savoie et au Piémont, dans les hautes régions alpines. À leur tour ils auront à soutenir une guerre pour la conservation de leur foi.

AMANA : Communauté chrétienne fondée à l'origine dans le Wurtemberg en 1714, qui émigra ensuite aux États-Unis. Elle s'établit d'abord dans les environs de Buffalo (État de New York) en 1842, sous la direction de Christian Metz (1794-1867); elle s'installa ensuite (1854) près de Davenport (État d'Iowa) où elle existe toujours. La vie religieuse est organisée sur des bases strictement bibliques; elle est très active.
La communauté se livre à des activités agricoles et aurait obtenu de remarquables succès dans ce domaine.

AMAURICIENS : Nom donné aux adhérents d'un système panthéiste dont le premier fondateur fut Amaury de Bène, dit de Chartres, théologien qui avait été expulsé de l'université de Paris en 1204.
Amaury, ébloui comme la plupart de ses contemporains par Aristote, que les Arabes venaient de redécouvrir, tenta de démontrer le rapport qui existait, selon lui, entre la matière première existante par elle-même, sans forme ni figure, mais pourtant étendue, éternellement en mouvement, de laquelle tous les êtres sont issus, bref la matière telle qu'elle était présentée par Aristote, et le chaos de la révélation mosaïque décrit dans la Genèse. Il fonda sa doctrine sur cette idée à l'allure panthéistique :
« La matière première est un être simple, puisqu'elle n'a ni qualité ni quantité, rien de ce qui constitue un être particularisé.
« La théologie enseigne que Dieu est un être simple; or, on ne peut concevoir de différence entre les êtres simples également absolus, indéterminés; ils ne différeraient qu'à la condition d'avoir des parties, des qualités spécifiques particulières, ce qui détruirait leur simplicité; donc la matière première est Dieu.
« Dieu est la cause productrice de tous les êtres; donc la matière, en se particularisant, a produit tous les êtres finis, qui, après une série de mouvements, rentreront par absorption dans le sein de la matière, le seul être indestructible, dont tout le reste n'est qu'un phénomène passager. »
Condamné par l'université de Paris, Amaury fit appel au pape. Ce dernier, l'implacable Innocent III, confirma la sentence et Amaury serait mort sur le bûcher s'il n'était auparavant mort de chagrin.
Il laissa des disciples, dont les principaux furent un orfèvre du nom de Guillaume et David de Dinan. Ils relevèrent le flambeau de l'hérésie, comme on le verra par la suite.
Il semble que les disciples d'Amaury, à sa suite, eurent du mal à conserver une existence réelle et distincte aux trois personnes de la Trinité. Ils assignaient trois époques à ces personnes divines. Au Père était dévolue la période du monde où, sous la loi mosaïque, domina la vie des sens, manifestée par un culte matériel; le Fils préside la période chrétienne proprement dite, durant laquelle l'homme, ramené à une religion déjà plus intérieure, n'est néanmoins pas encore tout à fait libéré des objets extérieurs. Enfin l'Esprit se révèle dans la dernière période. Sous son règne, tous les sacrements et les rites du culte doivent s'effacer pour laisser place à la contemplation intérieure. Chacun, à ce stade, a le moyen de se sanctifier sous l'inspiration directe du Saint-Esprit. L'âme, retirée au dedans, ne se souille plus au contact des corps, elle se recueille sous l'œil de Dieu, dans la vision du grand Tout. Il y a là quelque chose qui fait penser irrésistiblement aux doctrines monistes de l'Inde...
Les amauriciens furent persécutés par les autorités ecclésiastiques. Beaucoup périrent par le feu. Les autorités laïques s'en mêlèrent aussitôt, les hérétiques proclamant que ceux qui s'étaient unis à Dieu par amour pouvaient ensuite se livrer sans péché aux exigences de la chair. La plupart des disciples directs d'Amaury furent exécutés à Paris et à Strasbourg en 1210-1212. Beaucoup plus tardivement, une nonne, Marguerite de Hainaut, et Nicolas de Bâle périrent à leur tour sur le bûcher de l'Inquisition (1397).
Le courant de pensée amauricien n'en disparut pas pour autant; on le retrouve sous forme de société secrète en divers pays, sous le nom de « Frères du Libre Esprit ». Ils existaient encore au XVIᵉ siècle, formant une des ailes gauches de l'hérésie *anabaptiste**. On a dit que Maître Eckhart lui-même avait un moment adopté certaines de leurs idées. (Voir *Panthéisme.*)

AMBROISIENS ou PNEUMATIQUES : Nom attribué à certains anabaptistes, disciples d'un dénommé Ambroise. Ce dernier attribuait plus d'importance aux révélations que, disait-il, il avait reçues directement en état d'extase qu'aux Écritures. Il récusait plus ou moins la Bible et les Évangiles.

AMIS DE L'HOMME : (Voir *Freytag*).

La Cène des anabaptistes, gravure de B. Picart,
Amsterdam, 1736

AMSDORFIENS : Disciples de Nicolas Amsdo (XVIᵉ siècle). Amsdo était lui-même un disciple de Luther, qui le fit d'abord ministre de Magdebourg, puis, de sa propre autorité, évêque de Naumbourg. Les sectateurs d'Amsdo soutenaient que les bonnes œuvres étaient non seulement inutiles, mais encore pernicieuses pour le salut de l'âme.

Sectaires et rigides, les amsdorfiens suscitèrent la condamnation implicite des autres luthériens de leur temps.

ANABAPTISTES : (Étymologiquement, le mot signifie « qui baptise de nouveau ».) Les anabaptistes formèrent l'« aile gauche » de la Réforme, au XVIᵉ siècle. Ils déniaient toute valeur au baptême imposé aux jeunes enfants, estimant que ce sacrement ne devait être conféré qu'aux adultes, en pleine connaissance de cause. D'où la nécessité de rebaptiser ceux qui avaient reçu ce sacrement avant l'âge de raison. L'histoire des premiers anabaptistes est illustrée par une violence extrême. Mais arrêtons-nous d'abord à l'argumentation doctrinale.

À en croire Luther :

1. L'homme est justifié non par la vertu des sacrements, mais par la foi qui les accompagne. 2. On ne doit admettre comme révélé que ce qui est clairement contenu dans l'Écriture. 3. Chacun est compétent pour l'interprétation des Écritures, avec l'aide du Saint-Esprit. 4. Par la vertu du sang de Jésus-Christ, le peuple nouveau des réformés bénéficie d'une particulière liberté évangélique.

Forts de l'enseignement de Luther, ses disciples Stork, Münzer et Carlostad – qui devait renoncer à son titre de docteur pour se faire portefaix sous le nom de frère André (voir *Abécédairiens*) – conclurent du premier principe que le baptême ne justifiait pas les enfants et qu'il fallait l'administrer de nouveau à l'âge adulte. Marc (XVI, 16) n'avait-il pas proclamé : « Allez, enseignez toutes les nations et baptisez-les. Quiconque sera baptisé et croira sera sauvé » ? Il faut donc commencer par enseigner ceux qu'on s'apprête à baptiser. Se référant au deuxième principe, les luthériens réfutaient Calvin et la doctrine figée des Pères de l'Église. Enfin, par les troisième et quatrième principes, les anabaptistes s'érigèrent, chacun pour son compte, docteurs en théologie avec la seule inspiration qui leur venait du Saint-Esprit.

Sous l'impulsion de maîtres inspirés, les anabaptistes se mirent à prêcher l'indépendance et l'égalité des conditions. Ils se muèrent en authentiques révolutionnaires. Luther, disaient-ils, avait réalisé la réforme de la religion, eux allaient accomplir celle de la société. En 1521, à Zwickau, l'ancien pasteur luthérien Thomas Münzer se mit à la tête d'une troupe d'anabaptistes fanatisés et se joignit aux bandes de paysans révoltés. Münzer rêvait de fonder une nouvelle monarchie théocratique en Allemagne. Son règne fut court : fait prisonnier au cours d'une déroute de son armée, il fut exécuté à Mulhausen, en Souabe. La guerre des Paysans s'éteignit en 1525. Elle avait été noyée dans le sang.

Mais l'anabaptisme n'en avait pas pour autant disparu. Des sectateurs avaient échappé au carnage et l'esprit qui avait animé l'hérésie n'était pas mort. Le rêve qu'avait caressé Münzer de fonder une nouvelle monarchie théocratique en Allemagne subsistait dans le cœur de quelques fanatiques. C'est ainsi qu'entre 1532 et 1535, une nouvelle tentative d'établir une théocratie communiste se concrétisa à Münster, en Westphalie. Un ancien tailleur d'habits, Johann Bockhold (ou Jean Bokelson), plus connu sous le nom de Jean de Leyde, prit la tête de l'insurrection et se rendit maître de la ville de Münster. L'armée coalisée des princes ne tarda pas à mettre le siège devant la ville révoltée. Fanatisés par leur propre résistance, les assiégés de Münster donnèrent libre cours à leur imagination religieuse, qui prit alors les formes les plus extraordinaires; Jean de Leyde alla jusqu'à se proclamer successeur de David et, à l'instar de ce roi, s'unit à plusieurs femmes. D'autres l'imitèrent ou trouvèrent mieux.

Quand enfin, après une année de siège et de résistance opiniâtre, la ville fut prise d'assaut, Jean de Leyde et ses lieutenants furent exécutés dans les pires tourments Les *anabaptistes conquérants* furent traqués, poursuivis dans toute l'Allemagne et jusqu'en Suisse. Ceux d'entre eux qui purent échapper au filet se rallièrent aux *anabaptistes pacifiques*, communion strictement religieuse, mettant l'accent sur le baptême des adultes et sur l'inspiration personnelle dans l'interprétation des Écritures. Ils ne se mêlèrent pas de politique. Ils sont à l'origine de certaines dénominations religieuses comme, naturellement les *baptistes** contemporains et les *mennonites**. D'autres, sous la conduite de Hutter et de Gabriel, disciples de Stork, se retirèrent en Moravie; ils y prirent le nom de « Frères *moraves** ».

ANDRONICIENS : Petite secte du IIe siècle. Elle ne fut, semble-t-il, qu'un rameau des *sévériens**. Déjà ces derniers avaient enseigné que les bons et les mauvais esprits s'étaient partagé l'œuvre de la Création; les androniciens, disciples d'un certain Andronic, apportèrent une précision : la moitié supérieure du corps des femmes est l'ouvrage de Dieu, la moitié inférieure l'ouvrage du démon. Ces curieux anatomistes n'ont pas laissé de trace, encore que certains esprits puritains...

ANGÉLIQUES ou ANGÉLITES : Secte qui rendait aux anges un culte superstitieux, à la manière des *gnostiques**; elle aurait existé au temps des Apôtres si on pense que c'est à ses membres que saint Paul faisait allusion dans ce passage de l'épître aux Colossiens : « Que nul ne vous ravisse le prix de votre course en affectant de paraître humble par un culte superstitieux aux anges, se mêlant de parler de choses qu'il ignore » (Colos, II, 18). La secte s'éteignit vers la fin du IVe siècle.

Beaucoup plus tard, aux XVIIe et XVIIIe siècles, le disciple luthérien indépendant de *Jacob Boehme**, J.G. Gichtel, fonda à Amsterdam une confrérie des « Frères de la Vie angélique » dont les membres croyaient avoir atteint l'état angélique; ils s'abstenaient de toutes relations charnelles, refusant toute activité « terrestre ».

Henry VIII

ANGLICANISME : Pendant une longue période de plus de mille cinq cents ans, les chrétiens d'Angleterre se montrèrent fidèles sujets de l'autorité de l'Église romaine. Même l'interdit sur le royaume prononcé par le pape Innocent III en 1208 n'était pas parvenu à rompre les liens qui unissaient la monarchie anglaise et la cour pontificale. Les Anglais se soumirent. Pourtant dès cette époque et peut-être plus encore qu'aujourd'hui, le particularisme insulaire s'affirmait comme une évidence. Il était impensable que les Anglais n'aient pas leur Église à eux. Le roi Henry VIII se chargea de la leur donner.

Rappelons les causes occasionnelles qui conduisirent à la rupture avec Rome. Le roi Henry VIII, que le pape Léon X avait honoré pourtant du titre de défenseur de la foi (titre que les souverains britanniques ont conservé), était sans enfant mâle, la reine Catherine d'Aragon ne lui ayant donné pour héritière qu'une fille, la future reine Marie Tudor. De plus, le monarque était éperdument amoureux d'Anne Boleyn et résolu à l'épouser. Il pressa le pape d'annuler son mariage avec Catherine, comme illégitime et incestueux. Catherine en effet avait été mariée auparavant au frère du monarque, le prince Arthus, mais à l'époque de son second mariage le pape Jules II avait accordé les dispenses nécessaires. Le souverain pontife Clément VII refusa l'annulation malgré les intrigues des cardinaux anglais Wolsey et Campedge. Le pontife romain estimait qu'il ne lui appartenait pas de revenir sur les dispenses accordées par son prédécesseur et sans doute craignait-il surtout de provoquer la colère de l'empereur Charles Quint. De leur côté, certains prélats anglais et des hommes politiques bien placés souhaitaient le schisme et convoitaient les riches propriétés que détenaient en Angleterre l'Église et les ordres religieux. Ils encourageaient le roi à la rupture.

Henry commença par menacer Rome d'un schisme. Simultanément il éleva au siège primatial de Canterbury l'évêque Cranmer, une de ses créatures. Cranmer cita Catherine à comparaître devant lui et, bien qu'elle récusât son autorité, il prononça la nullité de son mariage avec le roi et ratifia l'union du monarque avec Anne Boleyn. La nouvelle souveraine fut couronnée solennellement le 1er juin 1533.

Aussitôt le pape cassa le jugement de Cranmer et somma le roi de reprendre Catherine, son unique et légitime épouse. Refusant définitivement de se soumettre, poussé aussi par des raisons de politique intérieure et extérieure, Henry VIII résolut de consommer définitivement le schisme. Son Parlement adopta un acte par lequel il entérina la nullité du mariage avec Catherine d'Aragon et reconnut comme légitime l'union du roi avec Anne Boleyn, les enfants à naître de ce second mariage étant admis à la succession au trône. Dans la foulée, la juridiction du pape sur l'Angleterre était abolie au profit du roi déclaré chef suprême de l'Église anglicane ; les élections étaient rétablies et la consécration des évêques dévolue aux métropolitains ; le droit papal aux annates fut enfin

transféré au roi. Le Parlement se prononça ensuite pour l'abolition des ordres monastiques et délia de leurs vœux ceux qui les avaient contractés avant l'âge de vingt-quatre ans.

Une réforme importante concerna la traduction en anglais de la Bible et la publication, toujours dans la même langue, du fameux *Prayer Book,* rituel par ailleurs conforme à la tradition catholique. Cette conformité avec le catholicisme ne fut pas sans éveiller des soupçons chez certains réformistes plus radicaux ; des éléments de plus en plus nombreux de l'aristocratie et du clergé nouveau se mirent très vite à critiquer la « romanisation » de l'Église anglicane : ce furent les premiers *puritains* *. Le roi en effet ne toucha ni aux anciens dogmes, ni au culte établi ; il fit même voter une loi qui condamnait les hérétiques à être pendus ou brûlés. En revanche, quiconque refusait de reconnaître sa suprématie religieuse était lui aussi promis au supplice. C'est ainsi que furent condamnés à mort l'ancien chancelier Thomas Morus et le cardinal Fischer, parmi beaucoup d'autres.

Après la mort d'Henry VIII et durant la minorité de son fils Édouard VI (1537-1553), le régent Sommerset et l'archevêque Cranmer, très influencés par la théologie luthérienne, firent publier une nouvelle confession de foi et une liturgie conformes à celles des réformateurs allemands. L'avènement de la reine Marie Tudor, catholique fervente, ébaucha un retour au catholicisme, marqué par une sanglante persécution des protestants. Mais cette fille de Catherine d'Aragon ne régna que cinq ans. Elle mourut en 1558, laissant le trône à sa sœur Élisabeth Ire, fille, celle-là, d'Anne

Élisabeth Ire

Boleyn. Soit par conviction, soit par calcul politique, la nouvelle reine tenta un rapprochement avec Rome, mais le pape Paul IV ne sut pas saisir la perche ainsi tendue et, par son intransigeance (il refusait de reconnaître le droit de succession d'Élisabeth), fit avorter la tentative de réconciliation. L'astucieuse souveraine saisit la balle au bond et souleva les esprits contre Rome, dont elle dénonçait la tyrannie et les prétentions. L'opinion publique nationale bien préparée, Élisabeth fit adopter par le Parlement une nouvelle charte religieuse qu'un synode tenu à Londres ratifia en 1562.

Cette charte, qui est encore en vigueur, contient trente-neuf articles. Les termes en sont parfois assez ambigus pour permettre le compromis avec le catholicisme romain ou, au contraire, avec le protestantisme strict. Les cinq premiers réaffirment les dogmes anciens de la Trinité, de l'Incarnation, de la descente de Jésus-Christ aux enfers, de sa Résurrection, et de la divinité du Saint-Esprit. Les trois articles suivants reconnaissent comme canoniques tous les livres du Nouveau Testament; ils excluent, par contre, de l'Ancien Testament les livres de Tobie, de Judith, une partie de celui d'Esther, la Sagesse, l'Ecclésiastique, Baruch, une partie de Daniel et les deux livres des Macchabées. Il est précisé que tout ce qui n'est pas contenu dans l'Écriture sainte n'est pas nécessaire au salut. Le huitième article reconnaît le symbole des Apôtres, celui du concile de Nicée et celui de saint Athanase. L'article 9 reconnaît que l'homme naît souillé par le péché originel; qu'il jouit du libre arbitre, mais qu'il ne peut accomplir une bonne œuvre sans le secours de la grâce. Enfin *il est justifié par la foi seule.* Les articles suivants, de 10 à 15, abordent des problèmes analogues concernant le rapport entre la foi et les œuvres, rejetant (art. 14) les *œuvres de surérogation* comme impies. Ces affirmations sont en contradiction avec la doctrine catholique.

D'autres articles précisent que l'Église ne peut rien décider ou établir qui ne se trouve dans l'Écriture sainte, que les conciles peuvent se tromper et se sont souvent trompés en effet. Propositions que le catholicisme romain ne peut accepter. Le vingt-deuxième article rejette la doctrine romaine touchant le purgatoire, les indulgences et dénonce sous le nom d'*adoration* la vénération des images, des reliques et l'invocation des saints.

Selon le vingt-quatrième article, la liturgie doit être célébrée en langue vulgaire. Concernant les sacrements, la charte n'en reconnaît que deux : le baptême et l'eucharistie. Les autres sacrements n'ont de valeur qu'en tant qu'imitation de ce qu'ont fait les Apôtres, ils ne sont pas des signes visibles institués par Dieu. À propos de l'eucharistie, la controverse avec Rome tourne autour de la qualité de la transsubstantiation. Les articles qui s'y rapportent ne sont pas très clairs; ils précisent que la communion doit s'effectuer sous les deux espèces du vin et du pain qui sont la *communication* du sang et du corps de Jésus-Christ; ils réprouvent cependant l'usage de conserver, de porter, d'élever et d'adorer le sacrement de l'eucharistie. Ici encore, la charte se trouve en contradiction avec l'usage romain. Les articles qui suivent ont un caractère plus intérieur à la nouvelle Église. Ils stipulent que les évêques, les prêtres et les diacres peuvent se marier; que les excommunications sont valides; que, pour le bon ordre, il convient de se conformer aux usages et aux cérémonies établies par l'autorité publique, mais que chaque Église est habilitée à les instituer, à les abolir ou à les changer à son gré. Ils accordent la sanction de l'Église aux homélies publiées sous Édouard VI et reconnaissent la légitimité du pontifical pour les ordinations, rédigé sous le même règne. Le trente-septième article confirme l'autorité religieuse du roi, tout en ne prétendant pas lui attribuer l'administration de la parole de Dieu ni des sacrements.

Les derniers articles de la charte condamnent la doctrine des anabaptistes touchant les peines capitales, la guerre et la profession des armes, la communauté des biens et les serments.

Sous l'impulsion de la reine Élisabeth, l'Église anglicane conserva toute la pompe, les titres et les privilèges dont avait autrefois bénéficié le clergé catholique. La plupart des fêtes furent maintenues, à l'exception de celles du Saint Sacrement et de la Sainte Vierge. Ni l'habit ecclésiastique, ni le chant, ni les orgues, ni les cloches ne furent bannis et l'on continua à respecter les jeûnes obligatoires, l'abstinence du vendredi.

Élisabeth Iʳᵉ avait ainsi réussi à donner à son « Église établie » des bases solides. Mais il s'en fallait de beaucoup pour que la contestation fût définitivement éteinte. Élisabeth mourut en 1603. Son successeur, Jacques Iᵉʳ, était un ennemi acharné des catholiques, circonstance qui incita les *puritains* * à reprendre la lutte contre la *High Church* élisabéthaine dont ils accusaient les membres de collusion et qu'ils désignaient comme n'étant que des catholiques déguisés. Ils souhaitaient que des réformes radicales de type presbytérien soient entreprises au niveau de la liturgie et de la hiérarchie ecclésiastique. Ils obtinrent dans un premier temps quelques succès, mais le roi ne les aimait pas plus qu'il n'aimait les catholiques. Ils furent persécutés. Le roi Charles Iᵉʳ, qui monta sur le trône en 1625, passait pour proche des catholiques et partisan du pouvoir absolu; sous l'influence de Buckingham, de Strafford, ses ministres, et de l'archevêque de Canterbury, Laud, il entreprit de mener une politique despotique dont les puritains et les presbytériens furent les premières victimes. L'attitude du monarque ne tarda pas à l'opposer au Parlement qu'il renvoya, puis dut convoquer à nouveau, sous la pression écossaise. C'est sous la contrainte du *Long Parlement* que Strafford et Laud furent condamnés à mort et exécutés (1645). Le roi lui-même périt sur l'échafaud en 1649. Les puritains, devenus presbytériens, triomphaient. L'Église fut réorganisée dans le sens de leurs vues.

Un retour de balancier se produisit avec la mort de Cromwell et la Restauration. L'Église d'État fut à son tour restaurée. L'avènement de Guillaume d'Orange et la Révolution de 1689 furent ensuite marqués par une tolérance générale dont seuls les catholiques étaient exclus. Pourtant certains ecclésiastiques, de la tendance High Church refusèrent de prêter le serment d'allégeance au nouveau roi, qui ne l'était plus de droit divin mais gouvernait seulement par la volonté du Parlement. On les appela les *non-jureurs **. Une nouvelle tendance allait apparaître au XVIII⁰ siècle, celle des *latitudinaires **, pour qui les divergences doctrinales ne devaient pas troubler l'unité d'une grande Église nationale directement inspirée des Écritures. Avec cette tendance et sans doute lasse des contestations confessionnelles, la ferveur religieuse tomba à son niveau le plus bas. C'est probablement en réaction contre cette sorte d'indifférence que naquit le mouvement *méthodiste **.

À partir du XIX⁰ siècle, la paix religieuse est une réalité en Angleterre. Certes, l'Église anglicane est encore traversée par des tendances. Les « puseyites » (disciples de Pusey et de Keble) ou « tractariens », qui souhaitent le rapprochement avec le catholicisme romain, forment le mouvement encore connu sous le vocable d'« anglo-catholique ». En revanche, la *Low Church* reste farouchement protestante et anticatholique et la *Broad Church* continue à préconiser l'attitude latitudinaire. Toutes ces tendances cohabitent et, par le miracle de leur tolérance réciproque, constituent l'anglicanisme actuel. Église établie, l'Église d'Angleterre demeure la religion officielle de la monarchie britannique.

Doctrine, culte et liturgie

Il n'y a toujours pas de doctrine spécifiquement anglicane. La vraie foi est celle que professaient les Pères et les conciles antérieurs à la séparation des Églises d'Orient et d'Occident. Elle se trouve formulée dans le *Book of Common Prayer,* dans les trente-neuf articles de la charte publiée sous Élisabeth I⁰, citée plus haut, et dans le quadrila-

tère de Lambeth de 1888. La Bible contient tout ce qui est nécessaire au salut. Les symboles des Apôtres et de Nicée expriment l'essentiel de la doctrine ; le baptême et l'eucharistie sont les deux seuls sacrements essentiels, institués par le Christ, les autres sacrements, secondaires, n'étant pas pour autant niés. Enfin les évêques anglicans sont les successeurs historiques des Apôtres et doivent être acceptés comme tels dans tout projet d'union. Cette dernière affirmation a été très contestée par les catholiques au siècle dernier. Contre l'opinion affirmative de Le Corrayer, les PP. Hardouin et Le Quien ont essayé de démontrer que l'archevêque Parker de Canterbury, expression de tout l'épiscopat anglican, n'avait pas été consacré canoniquement et n'avait pu, par le fait, consacrer des évêques à son tour. Ils contestaient en outre le rituel d'ordination et de consécration qui avait été en vigueur sous Édouard VI.

Il semble toutefois que de nos jours la controverse ne soit plus d'actualité. Signe des temps, depuis des décennies l'archevêque anglican de Canterbury entretient des relations cordiales avec l'archevêque catholique de Westminster. Enfin, le pape Jean-Paul II a pu programmer son voyage en Grande-Bretagne sans rencontrer d'obstacle majeur. Nous reviendrons plus loin sur les relations avec Rome...

Sous l'impulsion des anglo-catholiques, un certain nombre d'ordres religieux ont reparu en Angleterre depuis la seconde moitié du XIX⁰ siècle. Il s'agit de franciscains, de bénédictins, etc. À côté du clergé anglo-catholique célibataire, le clergé séculier anglican n'est pas tenu au célibat. L'extrême tolérance de l'Église anglicane lui a permis de régler provisoirement le problème de l'ordination des femmes. Certaines Églises anglicanes du Commonwealth ayant déjà pratiqué ce genre d'ordination (Nouvelle-Zélande, Canada, Hong Kong, États-Unis), la question de sa légitimité s'est posée. L'ordination féminine risquait de rendre impossible une future et éventuelle réconciliation avec Rome ; le synode général anglican de 1978 s'est prononcé (à une majorité relativement faible : 262 voix sur 511) contre ces ordinations, mais la conférence de Lambeth a décidé qu'une pluralité de pratiques était tolérable à ce sujet, au gré des Églises provinciales du Commonwealth. Cependant aux États-Unis un petit groupe d'opposants aux ordinations féminines s'est séparé de la communauté anglicane américaine. Ce groupe de quatre évêques (consacrés en 1978) a fondé une Église anglicane d'Amérique du Nord.

Statistiques et organisation

On compte près de 70 000 000 d'anglicans et d'épiscopaliens confondus. Environ 36 000 000 d'entre eux vivent en Grande-Bretagne; 8 000 000 en Afrique de l'Ouest; 6 à 7 000 000 aux États-Unis; 5 000 000 en Australie; 3 500 000 en Ouganda; 3 000 000 au Canada. La Nouvelle-Zélande, l'Afrique centrale, la Tanzanie, d'autres pays d'Afrique, d'Amérique latine, d'Asie et d'Europe (environ 300 000) se partageant le reste. Plus de 13 000 prêtres encadrent ces fidèles répandus dans le monde entier.

Le fair play, la tolérance et la souplesse sont les caractéristiques principales de l'organisation centrale de l'Église anglicane (et épiscopale). C'est un trait typiquement anglo-saxon.

Cette grande Église est placée sous deux juridictions différentes, autonomes mais plus ou moins complémentaires, l'archevêque de Canterbury faisant office de primat non institutionnel mais non moins influent.

L'Église d'Angleterre *(Church of England)* proprement dite a pour chef temporel le souverain. Il nomme les évêques sur proposition du Premier ministre mais dans la réalité ces nominations ont lieu après consultation avec les autorités religieuses (évêques, clergé local et délégués du synode). En fait, l'Église est gouvernée par un synode général composé de trois « maisons » regroupant chacune dans l'ordre les évêques, les prêtres et les délégués laïcs (depuis 1970). Les maisons votent séparément et peuvent se réunir à leur volonté entre les convocations du synode général. Ce dernier est présidé conjointement par les archevêques d'York et de Canterbury (qui sont à la tête des deux « Provinces » de même nom et qui constituent à elles seules l'Église d'Angleterre). Les décisions prises par le synode sont ensuite soumises au vote du Parlement qui, tout en ayant un droit de veto, ne peut amender les mesures adoptées par le synode.

La communion des anglicans à Saint-Paul,
gravure de B. Picart, Amsterdam, 1736

Hors d'Angleterre, les communautés anglicanes et épiscopales sont regroupées en Églises autonomes, en provinces et en Églises régionales. Elles possèdent leurs archevêques, leurs évêques et, dans certains cas, leur primat et leur synode général. Tous les dix ans, depuis 1867, les évêques représentant toutes les Églises anglicanes confondues se réunissent en « Conférence de Lambeth », sous la présidence de l'archevêque de Canterbury. Ces conférences n'ont pas le pouvoir de légiférer, mais leurs conclusions en matière de foi et d'organisation exercent une influence déterminante sur l'ensemble de la communauté anglicane.

Les tendances œcuméniques

Sans doute sous la pression du groupe anglo-catholique, l'Église d'Angleterre paraît-elle très soucieuse d'entretenir des relations harmonieuses avec l'Église romaine, d'une part, et avec les Églises orthodoxes orientales de l'autre. De grands progrès ont été accomplis dans ce domaine, catholiques et orthodoxes ayant de leur côté manifesté un désir sincère de réconciliation œcuménique.

Les principales divergences entre anglicans et catholiques portent sur l'unité et l'indéfectibilité de l'Église, sur le magistère, la primauté et l'infaillibilité du pape, sur les modalités du culte marial et la nature même de Marie (l'Immaculée Conception, l'Assomption, etc.) et, plus pratiquement, sur la doctrine du mariage et le règlement des mariages mixtes. La brûlante question de la régularité des ordinations anglicanes a été résolue. Les papes avaient dénoncé à plusieurs reprises ces ordinations que Léon XIII, dans sa bulle *Apostolicae Curae,* déclara nulles et non avenues en 1896. Les anglicans ont tourné la difficulté en veillant à ce qu'il y ait toujours, lors des consécrations épiscopales, un évêque orthodoxe oriental parmi les consécrateurs. Le sacerdoce orthodoxe oriental étant reconnu comme valide par Rome, le problème des consécrations et des ordinations se trouve réglé. Les autres points du contentieux catholique-anglican font, depuis 1970, l'objet de discussions au sein d'une commission internationale présidée conjointement par un évêque catholique et un évêque anglican.

ANGLO-CATHOLIQUES : Il ne faut pas confondre les anglo-catholiques et les catholiques anglais. Les seconds sont des catholiques romains, tandis que les premiers sont anglicans.

Les anglo-catholiques sont issus du « mouvement d'Oxford », au XIXᵉ siècle, mouvement nommé aussi « tractarianisme », « ritualisme » ou encore « puseyisme ». Ils forment une minorité très agissante au sein de l'anglicanisme dont la caractéristique principale est l'accent mis sur les traits

catholiques, c'est-à-dire universels de l'Église. S'ils tiennent pour accomplie la rupture des liens avec la papauté, ils regrettent que l'Église anglicane soit coupée de la tradition millénaire du catholicisme. Ils souhaitent rétablir une communion de liens avec l'Église de Rome et les Églises orthodoxes, chaque communauté conservant son autonomie. Ils ont joué un grand rôle dans les tentatives de réconciliation et de réunification avec le catholicisme traditionnel.

On leur doit la fondation de communautés anglicanes de moines et de religieuses.

ANNIHILATIONISME : Concept hérétique selon lequel les peines infernales ne sont pas éternelles. Les réprouvés ne seraient pas promis à l'enfer mais, à leur mort, leur âme serait annihilée. Pour d'autres, cette annihilation se produirait non pas à la mort mais à la suite du Jugement dernier. Seuls les élus seraient dignes d'accéder à l'immortalité.

Cette doctrine, tombée dans l'oubli durant des siècles, a été reprise de nos jours par certains milieux protestants. Parlant des hommes « hyliques » (matérialistes) et les comparant aux « pneumatiques » et aux « psychiques », les anciens gnostiques affirmaient que les premiers mouraient comme « des hommes » (comme des animaux), sans aucun espoir de survie.

ANOMÉENS : Rameau scissionniste des *ariens**. Ces disciples d'Aétius et d'Eunomius enseignaient, au IVᵉ siècle, que Dieu le Fils était *dissemblable* de son Père, en essence et dans tout le reste. Ils étaient opposés aux semi-ariens qui niaient, certes, la consubstantialité du Verbe avec le Père, mais reconnaissaient une certaine ressemblance entre les deux personnes de la Trinité.

Si, bien entendu, l'Église romaine condamna les anoméens, ceux-ci furent tout autant combattus par les semi-ariens. Il s'ensuivit plusieurs condamnations réciproques aux conciles de Constantinople et d'Antioche. Les anoméens finirent par professer que non seulement il existait une différence de substance, mais encore une volonté distincte entre le Père et le Fils.

ANTHROPOMORPHISME : Doctrine de ceux qui professent que Dieu est fait à l'image de l'homme. Dieu aurait ainsi une tête, des mains et des pieds, et le reste. Cette doctrine n'est pas tout à fait une hérésie chrétienne puisqu'elle est commune à des hommes de toutes les religions.

Saint Épiphane parle néanmoins d'une secte d'audiens (disciples d'Audius, IVᵉ siècle) qui professa cette doctrine en Mésopotamie. Saint Augustin les nomme « vadiens » ou « vadiani ».

ANTICONCORDATAIRES : (Voir *Petite Église*).

ANTIDICOMARIANITES ou ANTIDICOMARITES, ANTIMARIANITES, ANTIMARIENS : Hérétiques disciples de Jovinien et d'Helvidius à Rome vers la fin du IVe siècle. Ils professaient que la Vierge Marie n'avait pas conservé son état de virginité après la naissance du Christ. Elle aurait eu plusieurs enfants de Joseph ensuite.

Ils fondaient leur opinion sur des passages des Écritures où Jésus fait mention de ses frères et de ses sœurs, et sur un passage de saint Matthieu où il est précisé que Joseph ne connut point Marie jusqu'à ce qu'elle eut donné naissance au Sauveur. Les antidicomarianites furent réfutés par saint Jérôme.

ANTINOMISTES ou ANTINOMIENS ou ANOMIENS : Le mot vient du grec *anti*, « contre », et *nomos*, « loi »; il a servi à désigner à plusieurs époques les chrétiens hérétiques qui estimaient que la Révélation christique ayant supplanté la révélation mosaïque, ils étaient dispensés d'être soumis aux lois morales et civiles. Si quelques-uns de ces doctrinaires menèrent une vie irréprochable, nombreux furent ceux qui, s'élevant au-dessus des lois, se livrèrent parfois à tous les excès et à la débauche. Ces « pécheurs justifiés » existaient déjà en grand nombre du temps des Apôtres et parmi les gnostiques.

Plus tard, les *anabaptistes* * reprirent l'hérésie à leur compte; les sectateurs de Jean Agricola, disciple et concitoyen de Luther (tous deux natifs d'Eisleben, en Basse-Saxe), suivirent la même voie. On donna le nom d'« eislébiens » à ces sectaires, à cause justement du lieu de naissance de leur fondateur.

Par la suite, la Réforme en Grande-Bretagne produisit tout naturellement ses antinomistes. S'inspirant non plus de Luther mais de Calvin cette fois, les puritains anglais argumentèrent en tout premier lieu sur la prédestination. Dieu, en effet, a élu certains pour être sauvés, d'autres pour être damnés; quoi qu'ils fassent, les élus seront sauvés, ils sont vertueux par essence. Et nombre de ces puritains menèrent en effet une existence exemplaire et toute de piété et de vertu.

Mais, tirant les conséquences de la doctrine de la prédestination, d'autres se mirent à raisonner sur le dogme de l'inadmissibilité de la justice. Puisque, disaient-ils, les élus ne peuvent déchoir de la grâce, ni remettre en cause la volonté de Dieu, les mauvaises actions qu'ils peuvent être conduits à commettre ne sont point des péchés réels. Elles ne sont qu'apparences, elles sont automatiquement « justifiées ». Ni le repentir ni la confession des péchés ne sont nécessaires. L'adultère, par exem-ple, est sans doute un péché grave pour les réprouvés qui sont destinés à être damnés; il n'est nullement répréhensible dans le cas de l'élu puisque ce dernier ne peut rien faire qui déplaise à Dieu. On devine les abus qu'une telle doctrine pouvait susciter...

Au sein de l'Église méthodiste (voir *Méthodisme*), le courant *gallois*, qui s'inspire des idées de George Whithfield (1714-1770), est resté attaché à la doctrine de la prédestination et affiche ainsi un certain antinomisme. S'appuyant sur le principe de la prédestination et du don gratuit du salut éternel accordé à un cercle réduit d'élus, les *gallois* enseignent que la rectitude morale est une obligation sociale et terrestre, qu'elle n'intéresse que le court temps de notre existence ici-bas, mais que, sur le plan spirituel, au-delà de la mort, Dieu n'en tient aucun compte. La morale est néanmoins exaltée pour sa valeur éthique.

Dès le début, l'Église a réfuté et condamné l'antinomisme. Son argumentation s'appuie sur les paroles mêmes du Christ. Dans Matt., V, 17, Jésus commence par déclarer qu'il n'est point venu détruire la Loi ni les prophètes, mais les accomplir; que quiconque détruira le moindre commandement de la Loi et enseignera à le faire sera le dernier dans le royaume des cieux. À un jeune homme qui lui demandait ce qu'il faut faire pour mériter la vie éternelle, le Seigneur répondit : « Si vous voulez entrer dans la vie, gardez les commandements, qui sont de ne commettre ni homicide, ni adultère, ni vol, ni faux témoignage, d'honorer votre père et votre mère, d'aimer votre prochain comme vous-même » (XIX, 16). Ce sont là les commandements mêmes de l'antique Décalogue et il serait faux d'opposer, sur le plan de la rectitude morale, la nouvelle Révélation à l'ancienne.

ANTIOCHE : En turc Antakya. Cette antique ville grecque de Syrie fut un des berceaux du christianisme. Paul et Barnabé y fondèrent une Église, dont les membres furent pour la première fois appelés « chrétiens. »

Cependant, de l'an 308 à l'an 393, un schisme apparut dans cette métropole. Trois partis, dont l'un était fidèle à Eustathe, que les ariens avaient chassé du siège épiscopal, l'autre à Mélèce, qu'ils avaient élevé puis chassé, le troisième à Euzoïus, arien inconditionnel, se partageaient le pouvoir religieux et tenaient ses assemblées à part.

Après l'avènement de Julien à l'Empire, Lucifer de Cagliari tenta un rapprochement entre méléciens et eustathiens en ordonnant évêque l'eusta-thien Paulin. La tentative n'aboutit pas, les évê-ques d'Orient furent pour Mélèce, ceux d'Occi-dent pour Paulin.

Des divergences doctrinales se cachaient sous ces divisions. Avec les évêques d'Orient, les méléciens admettaient en Dieu trois hypostases. Paulin et les Occidentaux n'en voyaient qu'une. Les premiers ne prenaient le terme d'hypostase qu'au sens de personne, les seconds dans le sens de la nature. La querelle n'était que de mots.

Au terme de tractations compliquées, Mélèce et Paulin finirent néanmoins par s'entendre et c'est Flavien qui demeura après leur disparition le seul possesseur du siège d'Antioche.

ANTITACTES : Rameau des gnostiques *caïnites* * des premiers siècles de l'Église primitive (les caïnites apparurent au IIe siècle). Ils étaient *antinomistes* * dans le fait plutôt que dans l'esprit, c'est-à-dire qu'ils rejetaient l'ancienne Loi non pas au nom de la nouvelle Révélation, mais pour des raisons tirées d'une métaphysique et d'une théocosmogonie fort compliquées.

Essentiellement juste et bon, expliquaient-ils, Dieu avait créé un monde où tout était bien. L'homme y vivait heureux et tout à fait innocent, se livrant à tous les plaisirs de la chair sans esprit de péché. Mais le bonheur primitif des hommes avait excité la jalousie d'une sorte de créature supraterrestre, démiurge malfaisant, qui ne tarda pas à introduire dans l'esprit des hommes l'idée du juste et de l'injuste, du bien et du mal, du licite et de l'illicite. Dès lors, avec le sens du péché apparurent le remords, l'angoisse, la honte et le préjugé. L'humanité s'inventa alors des lois, toutes construites à partir de ce préjugé radical.

Pour lutter contre cet état de choses, les antitactes se faisaient un devoir de pratiquer tout ce qui est interdit par l'Écriture. Ils espéraient ainsi redécouvrir l'état d'innocence dans laquelle Dieu avait créé le monde. On devine le reste...

ANTITRINITAIRES : Se dit en général de tous ceux qui portent atteinte au dogme de la Sainte-Trinité. Il y eut de nombreuses hérésies antitrinitaires.

Pour l'Église catholique, la Trinité se définit comme une seule nature, une seule substance divine qui, sans aucune division, se communique à trois principes coéternels; ces trois principes formant trois personnes subsistantes et distinctes, mais égales en toutes choses (abbé T.-H. Guyot, *Dictionnaire universel des hérésies*, Paris, 1860).

Les attaques des antitrinitaires portent essentiellement sur la distinction réelle des personnes ou sur l'unité de substance. Elles peuvent aussi porter sur une certaine idée de hiérarchisation des personnes et sur la nature de leur égalité consubstantielle.

Les grands gnostiques Basilide, Nicolas, Valentin, influencés par les idées néo-platoniciennes de l'École d'Alexandrie, penchèrent pour un Dieu suprême de qui, par voie de création, de génération et plus souvent d'émanation, est sorti un principe inférieur et créateur : le Verbe ou le Fils. Les *manichéens* * tenaient pour un double principe tout en découvrant une certaine hiérarchisation d'émanations dans le principe du Dieu bon. D'autres, Cérinthe, Ébion, Arthémon, Théodote, crurent préserver l'unité de Dieu en ne voyant dans Jésus-Christ qu'un simple homme ou, au plus, un ange. Praxéas, Noët ne distinguent pas le Fils du Père. Enfin Sabellius (IIIe siècle) n'admettait qu'une personne divine possédant trois dénominations effectives : le Père comme principe générateur, le Fils comme incarné et l'Esprit-Saint comme sanctifiant les âmes. Plus tard, à l'époque de la Réforme, Servet, Socin et d'autres sectateurs reprirent à leur compte le *sabellianisme* *.

Dieu le Père,
gravure flamande, XVe siècle

Pour Arius et les *arianistes* *, c'est la consubstantialité et l'égalité des personnes divines qui sont mises en cause. Le Verbe coéternel au Père aurait été une créature tirée du néant avant toutes les autres pour devenir le démiurge créateur. Macédonius, pour sa part, nia la divinité du Saint-Esprit. L'arianisme ne disparut pas avec les persécutions; il se poursuivit, sous des formes diverses, jusqu'à la Réforme.

Enfin on connaît la dispute autour de la doctrine du *Filioque* * qui creusa le fossé entre les Églises d'Orient et d'Occident.

APELLITES ou APELLIENS : Apelles (IIᵉ siècle) fut un disciple du gnostique Marcion. Il rejetait cependant la doctrine marcionite des deux dieux, principes actifs coéternels. Apelles croyait en un seul dieu existant de soi-même et souverainement bon. L'Univers avait été la création d'un esprit inférieur malfaisant et ignorant. Ceux qui ont réfuté Apelles ne précisent pas d'où venait cet esprit.

Substances incorporelles, les âmes étaient unies à un petit corps et jouissaient dans le ciel de la contemplation et de la présence de Dieu. Le démiurge créateur créa alors sur la terre les fruits et les fleurs, dont l'odeur parvint jusqu'au monde d'en haut et les âmes, tentées, furent attirées vers le bas. Elles se dotèrent de corps semblables à celui qu'elles possédaient jusque-là, seulement agrandis, et peuplèrent la terre. Incitées au mal par leur nouveau corps, elles succombèrent au péché au grand désespoir du démiurge. Ce dernier implora alors Dieu qui lui envoya le Christ afin de sauver sa création.

Selon Apelles, le Christ lui-même avait possédé un corps fabriqué à partir des quatre éléments et ne s'était pas incarné dans la Vierge Marie. Jésus avait souffert, mais il était ressuscité en se dépouillant de son corps physique. Seule son âme était montée au ciel à l'Ascension. Apelles niait la résurrection de la chair et jugeait qu'il y avait autant de bon que de mauvais dans l'Ancien Testament. Il aurait été de mœurs licencieuses et vivait avec une certaine Philomène dont il aurait fait une prophétesse.

APHTHARTODOCÈTES : Hérétiques *docétistes* * dont on ne sait pas clairement s'ils furent disciples de Julien d'Halicarnasse, vers l'an 363, ou *eutychiens* * du VIᵉ siècle. Ils soutenaient que le corps de Jésus-Christ étant incorruptible, ce dernier n'avait pas souffert sur la croix.

APOCHARITES : (Vers l'an 279). Ces *manichéens* * regardaient l'âme humaine comme une portion de la divinité.

APOCRYPHES : Au-delà du sens profane de ce mot, les Écritures apocryphes sont les livres sacrés qui n'ont pas été reconnus comme canoniques par l'Église.

Certains livres écrits en grec et non pas en hébreux, quatorze en tout, étaient rejetés comme apocryphes par les autorités juives de Palestine. Saint Jérôme les inclua néanmoins dans sa *Vulgate*; le concile de Trente (1546) en reconnut onze, ne rejetant que les deux *Livres d'Esdras* et la *Prière de Manassé*. Mais à leur tour les réformateurs en rejetèrent plusieurs.

Pour ce qui concerne le Nouveau Testament, l'Église repousse comme douteux et manquant d'authenticité un nombre important d'apocryphes : plusieurs évangélistes, les *Actes de Pilate* (ou *Évangile de Nicodème*), les *Actes de Paul et de Thécla*, l'*Apocalypse de Pierre*, l'*Enseignement des Apôtres* et les nombreux récits gnostiques, dont les *Évangiles des Égyptiens*, de *Thomas*, de *Jacques*, de *Marie*, etc.

APOLLINARISTES : Hérétiques monophysites qui tiennent leur nom d'Apollinaire, évêque de Laodicée († 382). Quoique abondamment réfutée par saint Athanase, Théodoret, saint Basile et dénoncée aux conciles d'Alexandrie (360), de Rome sous le pape saint Damase (374), d'Antioche (379) et de Constantinople (381), cette hérésie est assez mal définie. Elle consista surtout dans des considérations métaphysiques et subtiles; mais Apollinaire, par sa vertu et par les grands services qu'il avait rendus à l'Église, jouissait du respect des docteurs catholiques de son époque. Il y eut d'ailleurs deux Apollinaire : le père, qui était prêtre et dont sans doute le fils s'inspira, et ce dernier qui fut, comme on l'a dit plus haut, évêque de Laodicée. La secte, pour sa part, disparut vers 430.

C'est par réaction contre l'*arianisme* * que les Appollinaire mirent l'accent sur la divinité du Christ aux dépens de son humanité. « Nous disons que celui qui est de Marie est consubstantiel au Père, *Dieu* est né d'une vierge, et *non pas Dieu et homme* », professait l'évêque de Laodicée. Et de s'expliquer : Jésus-Christ avait eu une âme sensitive (*psyché*), mais, à l'inverse des autres hommes, il n'avait pas possédé une âme intelligente (*noûs*), le Verbe ayant pris la place de cette dernière. Le Christ était donc tout Verbe et seulement moitié homme. C'était parce qu'il avait eu une âme sensitive que le Sauveur avait effectivement souffert sur la croix; en revanche, s'il avait eu une âme intelligente, il aurait été soumis au péché comme tous les autres hommes. La source du péché se trouve dans la liberté de l'âme intelligente. Quant à la nature du corps du Christ, les opinions étaient partagées. Certains avançaient que le Verbe avait apporté son corps au ciel avec lui ; que ce corps avait séjourné neuf mois dans le sein de Marie, mais qu'il n'avait pas été formé de sa substance. Ils s'en référaient à la parole de saint Paul : « Le second homme est du ciel » (II, Cor., XIII, 47). D'autres apollinaristes reconnaissaient au Christ un vrai corps humain, semblable dans sa nature et son principe. Le corps du Christ, disaient-ils, était incréé et de la même substance que la divinité, mais il ne l'était devenu que du moment de sa réunion avec le Verbe. Or, toujours selon ces sectateurs, ce corps incréé (ce Dieu impassible par définition) a souffert sur la croix. Le paradoxe est évident.

Les apollinaristes furent aussi appelés « dimérites » ou « séparateurs ».

___

APOSTOLIQUES : Deux sectes portèrent ce nom en s'inspirant de la vie des premiers apôtres. La première, qui porta aussi le nom d'*apotacites*, professait l'abstinence du vin et de la chair et condamnait le mariage. Peut-être furent-ils assez proches des gnostiques. Ils ne firent pas grand bruit.

La seconde, au contraire, fit beaucoup parler d'elle au XIIIᵉ siècle. Elle avait été fondée et fut dirigée par le fameux Sagarelli de Parme. Il se proclamait le seul authentique héritier de la mission apostolique que Jésus avait confiée à Pierre ; le pape et l'Église de Rome avaient depuis longtemps trahi cette mission et n'avaient plus aucun droit à se réclamer du Christ ; ils étaient d'ailleurs promis à la destruction dans un avenir prochain. Ils seraient remplacés par Sagarelli et une nouvelle Église, sa secte, qu'il nommait la Congrégation spirituelle. Sagarelli contraignait ses disciples à aller de ville en ville, vêtus de blanc, portant une longue barbe, marchant tête nue sous le soleil d'Italie ; accompagnés de femmes qu'ils nommaient leurs sœurs, ils devaient ainsi enseigner les nations, à l'instar des Apôtres. Ils renonçaient à toute propriété et prêchaient la pénitence. En revanche, Sagarelli estimait que les épouses pouvaient quitter leurs maris, et les maris leurs femmes pour entrer dans sa congrégation. C'était le seul moyen d'être sauvé. Point n'était besoin d'églises ni de service divin, Dieu étant partout. L'entrée dans la congrégation justifiait pleinement le pécheur qui n'avait pas à regretter ses mauvaises actions. Arrêté et jugé, Sagarelli fut brûlé vif en 1300 à Parme.

La congrégation ne mourut pas avec lui. Un nommé Dulcin ou Doucin lui succéda à la tête de la secte. Il était originaire de Novare. Plus ou moins séduit par les écrits de Joachim de Flore, Dulcin et ses disciples disaient que le règne du Père avait duré depuis l'origine du monde ; que

celui du Fils s'était terminé en 1300 et que le règne du Paraclet avait commencé avec Dulcin, que le Ciel avait envoyé pour prêcher la charité et l'amour du prochain. Dulcin publia que le pape Boniface VIII, les prêtres et les moines périraient par l'épée de l'empereur Frédéric II et qu'un nouveau pontife serait élevé au siège de Rome – sans doute Dulcin lui-même. Enfin, pour soutenir ses prédictions, le fanatique envoyé du Ciel leva une armée et guerroya pendant deux ans. Au terme d'une défaite, Dulcin fut pris par son implacable ennemi Reynier, évêque de Verceil, qui le fit mettre à mort (1307). Une femme nommée Marguerite, sa sœur spirituelle, périt sur l'échafaud à ses côtés.

___

APOTACTITES ou APOTACTIQUES : Ils portèrent eux aussi le nom d'*apostoliques* *. Ils vivaient au IVᵉ et au Vᵉ siècles. Comme le nom qu'on leur a donné l'indique (par son étymologie grecque), il signifie « je renonce », les apotactites renonçaient à tous les biens terrestres dans le but d'imiter les Apôtres. Chrétiens exemplaires au début, ils eurent leurs vierges et leurs martyrs sous la persécution de Dioclétien (IVᵉ siècle). Ce ne fut que plus tard que la secte tomba dans l'hérésie des *encratiques* *, gnostiques qui condamnaient toutes les formes de relation sexuelle entre hommes et femmes, y compris dans le mariage. Ils puisaient leur doctrine dans certains textes apocryphes attribués à saint Thomas et à saint André.

___

APPELANTS : Les évêques et les prêtres qui avaient protesté contre la bulle du pape Clément XI (*Unigenitus*) condamnant le livre du père Quesnel intitulé *Réflexions morales sur le Nouveau Testament*, au début du XIXᵉ siècle, interjetèrent appel auprès du futur concile. D'où leur nom d'appelants.

___

AQUARIENS : On a appelé ainsi les *encratites* * parce qu'ils condamnaient l'usage du vin jusque dans le rituel de la Cène et n'utilisaient que de l'eau à la consécration du calice.

___

AQUATIQUES : Influencés par le système de Thalès (dont la doctrine datait du VIᵉ siècle av. J.-C. mais avait retrouvé une certaine audience auprès de l'École d'Alexandrie), ces disciples d'Hermogène professaient que l'eau était un principe coéternel à Dieu qui en avait tiré tous les êtres.

___

ARA : Hérétique qui soutint que Jésus-Christ, comme homme, n'avait pas été exempt du péché originel.

ARABIQUES : Ils furent des hérétiques provisoires. En effet, Origène les convertit lors d'un concile qui se tint au IIIᵉ siècle en Arabie. Apparus en Arabie vers l'an 207, ils avaient professé que l'âme naissait et mourait avec le corps en attendant la Résurrection où elle reprendrait vie avec le même corps.

ARCHONTIQUES : (IIᵉ siècle). Rameau de la secte gnostique des *valentiniens* *. Ils enseignaient que le monde avait été créé par des « principautés » de la hiérarchie angélique ou des archontes. Une des principautés inférieures, Sebaoth, aurait, pour sa part, instauré le baptême. Les sectateurs ne croyaient pas à la résurrection de la chair, car la chair emprisonne la lumière divine. Ils s'élevaient pour la même raison contre le mariage, qui engendre la procréation. L'archonte de ce monde avait, disaient-ils, créé la femme comme un piège conçu pour garder prisonnière la lumière divine. Un petit groupe d'archontiques, connu sous le nom d'*ascophites* *, se rendit célèbre, vers l'an 175, en brisant solennellement les vases sacrés des églises chrétiennes.

ARIANISME : Première des grandes hérésies que l'Église catholique dut affronter à ses débuts, au moment même où elle allait pouvoir quitter la clandestinité et échapper aux persécutions. Et, si les sectateurs furent enfin vaincus en tant qu'organisation, les idées d'Arius et de ses disciples ne furent jamais tout à fait extirpées : elles ont été reprises au cours des siècles par d'autres mouvements hérétiques et perdurent jusqu'aujourd'hui. Concernant le mystère de la Sainte-Trinité, elles ont le mérite d'être plus faciles à comprendre que l'enseignement doctrinal orthodoxe de l'Église romaine.
Né probablement en Cyrénaïque vers l'an 256, Arius était un prêtre chrétien. Il était à la tête d'une des plus importantes églises d'Alexandrie. C'est vers 318 que ses idées sur la Trinité commencèrent à se répandre et à susciter des interrogations et des critiques. Très vite l'affaire prit une telle ampleur que le concile de Nicée (325), se penchant sur la question, fut amené à condamner comme hérétique la doctrine arianiste. Arius ne se soumit pas et la controverse se poursuivit jusqu'à sa mort, survenue en 336.
De quoi s'agissait-il ? Arius émettait des doutes sur la consubstantialité du Verbe divin, seconde personne de la Trinité. Tout le problème reposait à ses yeux sur la difficulté d'expliquer l'accord de l'unité et de la Trinité en Dieu et le rapport de l'infini et du fini dans la Création. De quelle manière trois personnes distinctes peuvent-elles exister dans une substance simple, incréée ? La

suppression de toute distinction entre les personnes avait été jugée hérétique par l'Église, qui avait condamné à ce propos la doctrine de Sabellius. Le Père, le Fils et le Saint-Esprit possèdent pleinement chacun une personnalité réelle, formant trois êtres distincts dans une substance unique. Mystère inconcevable et inacceptable pour Arius. Il choisit donc de distancier le Père du Fils. Le Verbe ne fut plus à ses yeux qu'une créature, certes la première et la plus parfaite de toutes, mais distant de Dieu de tout l'intervalle qui sépare l'infini du fini.
Se référant à l'Évangile de Jean, le doctrinaire d'Alexandrie reconnaissait que tout avait été fait par le Verbe. Il avait été le créateur du monde. Pourquoi lui ? S'inspirant de Philon, Arius expliquait que Dieu ne saurait se mettre en contact direct avec le fini ; pour créer le monde il lui avait fallu un intermédiaire. Il avait attribué ce rôle éminent au Verbe, à la fois créature et créateur. Une sorte d'architecte du monde. En d'autres mots, la *création* était l'œuvre du Père (qui l'avait inspirée), les *créatures* l'œuvre du Verbe ou du Fils, qui avait pris les idées du Père et les avait réalisées au mieux de ses moyens.
Ainsi le Fils n'est pas consubstantiel au Père ; il est de même nature que les êtres créés par lui mais supérieur quand même aux autres créatures puisque celles-ci lui doivent l'existence. Sorti du néant, le Fils-Verbe n'est pas éternel, il a commencé. Son intelligence, pour extraordinaire qu'elle soit, reste limitée, car elle est finie. De la même manière, il n'est pas immuable et peut changer ; il est libre et peut cesser d'être bon. Le Fils d'ailleurs a subi son épreuve sous l'aspect de Jésus-Christ, que le Père avait envoyé pour sauver le monde. Mais, justement, Dieu omniscient savait par avance que le Fils sortirait vainqueur de l'épreuve et c'est pourquoi il avait été chargé de créer le monde avant de venir lui apporter le salut. C'est en récompense de ses mérites que le Père l'a élevé à la dignité de Dieu nominal et lui a conféré la majesté divine. C'est ce qui explique que c'est en qualité de Dieu que le Christ a souffert. L'âme humaine en lui est remplacée par ce qui est réellement le Fils de Dieu. Pour contradictoires qu'elles apparaissent, notamment ce qui concerne le rapport infini-fini, ces idées simples connurent un grand succès. Les conclusions théologiques d'Arius ont été exprimées par lui à maintes reprises. Elles sont citées par ses adversaires, saint Athanase principalement.
« Dieu, disait Arius, n'a pas toujours été Père ; plus tard il le devint [...]. Le Fils n'a pas toujours été ; toutes choses sont sorties du néant ; il a été aussi fait de rien. Il n'était pas avant qu'il fût fait [...]. Il y a également un autre Verbe en Dieu ; et participant aussi à celui-ci, il (le Fils) obtient

encore par grâce le titre de Verbe. Le Père est invisible pour le Fils, qui ne le contemple ni ne le connaît complètement [...]. Le Père et le Fils sont infiniment différents l'un de l'autre en nature et en majesté. Ils sont, par leur nature, divisés et séparés. La nature du Père, celle du Fils et celle du Saint-Esprit ne participent point l'une de l'autre. »

Condamné par son évêque, saint Alexandre, Arius s'adressa à Eusèbe de Nicomédie et entreprit de lui expliquer sa doctrine, en l'assouplissant. « Je suis persécuté pour avoir dit que le Fils a eu un commencement ; mais Dieu n'a point de commencement. Je suis obligé de fuir pour avoir dit qu'il est sorti de rien, ce que j'entends en ce sens qu'il n'est point une partie de Dieu, ni formé d'une matière préexistante. »

Réfugiés en Nicomédie, Arius et ses principaux disciples adressèrent à Alexandre lettres justificatives et professions de foi. Ils appuyaient leur opinion cette fois sur des passages de l'Écriture. « Il m'a créé au commencement de ses voies pour ses œuvres » (Prov., VIII, 22) ; « Il est le premier-né de la Création » (Col., I, 5) ; « Il s'est humilié par un acte d'obéissance porté jusqu'à la mort, et à la mort de la croix. À cause de cela Dieu l'a exalté et lui a donné un nom au-dessus de tout nom, le nom de Jésus, devant lequel tout fléchit le genou au ciel, sur la terre et dans les enfers, tellement que toute langue confesse que le Seigneur Jésus-Christ est dans la gloire de Dieu le Père (Philip., II, 7-11). Ce n'est pas de lui-même qu'il tient sa puissance : « toute puissance m'a été donnée » (Matt., XXVIII, 18). Il ne possède pas la science infinie : « le Père seul sait le jour et l'heure » (Matt., XXIV, 36). Les ariens multipliaient les textes et ergotaient sur ceux que leurs adversaires orthodoxes leur opposaient. Arius était un fin dialecticien.

Bon tacticien aussi. Il évita tant qu'il put d'attaquer l'Église de front. Il ne toucha pas à la liturgie romaine, aux sacrements et à leur administration. Ses disciples se mêlaient aux autres fidèles dans les mêmes églises. Son hérésie était davantage d'opinion que de révolte. Sous son impulsion intelligente, l'arianisme fit de rapides progrès. Arius, esprit subtil, en possession d'une érudition étendue, jouissant du don d'une élocution facile, n'avait pas tardé à devenir très populaire auprès du petit peuple. On raconte qu'il disait aux femmes : « Aviez-vous un fils, avant d'en avoir mis au monde ? ». Il composait à des fins de propagande des poésies légères et des chansons ridiculisant les contradictions apparentes du catholicisme orthodoxe. Son entregent lui avait par ailleurs attiré la sympathie des puissants et jusqu'à la protection des empereurs.

L'Église s'inquiéta. Arius dut comparaître devant un concile d'Alexandrie : il y fut excommunié. Réuni par les soins d'Eusèbe, un autre concile, celui de Nicomédie, le justifia, comme défenseur de la vérité. La querelle prit de l'ampleur et bientôt tous les diocèses d'Orient en furent agités. Dans le but de mettre un terme à ces troubles, le pape saint Sylvestre convoqua un concile œcuménique à Nicée en 325. Trois cent dix-huit évêques y étaient réunis sous la présidence des légats du pape. Ils proclamèrent à une écrasante majorité l'égalité parfaite entre le Père et le Fils et réaffirmèrent leur consubstantialité. En outre, Arius fut condamné solennellement et exilé. Rappelé à Constantinople par l'empereur Constantin, il y mourut en 336 au cours d'une marche triomphale. La mort, a-t-on raconté, le surprit alors qu'il s'était écarté un instant de la foule afin de sacrifier à un besoin naturel...

Ni l'exil ni la mort d'Arius ne mirent fin à l'hérésie. La division apparut toutefois chez les hérétiques. Les uns, une minorité, demeurèrent totalement fidèles aux enseignements du maître disparu ; on les appela successivement *acaciens* *, *eudoxiens* *, *eusébiens* *, *aétiens* *, *eunomiens* *, *ursaciens* *, d'après les noms de leurs chefs. Les autres, les *semi-ariens* *, s'efforcèrent de trouver un accommodement avec l'Église. Ils enveloppèrent leurs convictions arianistes sous des termes ambigus. La question, essentielle, de la consubstantialité constituant la principale difficulté, ne serait-ce que par sa définition même, on envisagea de réconcilier catholiques et ariens en remplaçant, dans le *Credo* de Nicée, le mot *homoousios*, « qui ne fait qu'une même substance avec », par le mot *homoiousius*, « de même nature ». La tentative n'aboutit qu'à rendre la querelle plus ardente encore. Il fallut le concile de Constantinople, en 381, pour régler définitivement la question en prononçant l'exclusion des ariens de la Grande Église.

Cette exclusion ne fut pas obtenue sans qu'auparavant l'arianisme n'ait menacé de faire éclater l'unité de l'Église. Elle prit parfois un caractère politique, les empereurs soutenant l'hérésie. Protégés par Constance et Valens, les sectateurs citaient à leurs conciles les évêques catholiques, les condamnaient et les exilaient. Saint Athanase fut une de leurs premières cibles. Ils l'exilèrent. Il continua à leur opposer sa puissante dialectique et à rassembler les évêques d'Orient. Saint Antoine (celui des « Tentations ») vint lui apporter son réconfort. Saint Hilaire de Poitiers, relégué en Asie puis rentré en triomphe en Gaule, saint Ambroise, saint Basile et surtout saint Grégoire de Nazianze, furent parmi ceux qui menèrent la lutte contre les ariens. Ces derniers ne furent vaincus qu'à partir du moment où ils perdirent le soutien des empereurs. Valentinien, Gratien, Théodose les proscrivirent. Après la condamnation du concile de Constantinople, l'arianisme se réfugia auprès des rois barbares. Il inspira des persécutions sanglantes contre les catholiques chez les Bourguignons, les Visigoths, les Ostrogoths en Europe, chez les Vandales en Afrique.

L'arianisme en tant que secte s'éteignit au VIIe siè-

S. BASILIVS MAGNVS ET
GREGORIVS NAZIANZENVS

Gravure du XVIIIe siècle

cle. Il reparut comme doctrine avec la Réforme au XVIe. La libre discussion si prisée à l'époque de la Réforme, chez les luthériens comme chez les calvinistes, ne pouvait manquer de porter aussi sur la divinité de Jésus-Christ et la place du Fils dans la Trinité. L'Espagnol Michel Servet, dont les idées arianistes déplurent aux calvinistes de Genève, fut brûlé vif dans cette ville en 1553. En Angleterre, Okin et Bucer furent les promoteurs d'idées arianistes qu'on a soupçonné Milton d'avoir partagées. Enfin, avec les deux Socin, l'arianisme est entré dans sa phase moderne sous le nom de *socinianisme* *.

ARMÉE DU SALUT : Ni secte ni hérésie proprement dite, l'armée du Salut n'en est pas moins une dénomination chrétienne d'importance mondiale. L'organisation ne se réclame d'aucune étiquette confessionnelle particulière ; elle est « chrétienne » par son origine et par ses buts. Fondée en 1865 dans les quartiers populaires de Londres, par William *Booth* *, elle est surtout originale par ses méthodes. Booth se proposait à l'origine d'apporter le message effectif, actif, du Sang du Christ et du Feu du Saint-Esprit à toutes les parties du monde. Le message s'adressait en tout premier lieu aux classes populaires démunies, aux milieux ouvriers. Il inclut aujourd'hui très largement la masse des marginaux dépourvus de moyens et jusqu'aux clochards. L'Armée est maintenant présente dans le monde entier, et respectée des autorités pour le caractère charitable, apolitique mais particulièrement actif, de ses activités sociales.

Comme son nom l'indique, elle est organisée « militairement ». Elle comprend des soldats et des officiers (lieutenants, capitaines, majors, colonels et brigadiers) des deux sexes confondus. Ces hommes et ces femmes en uniforme prêchent l'Évangile en pleine rue ; parfois ils défilent en grande pompe, précédés d'un orchestre et bannière en tête (cette dernière est celle du Sang et du Feu). L'Armée se considère toujours en « service actif ».

Se consacrant de plus en plus au relèvement des

*Miss Booth,
maréchale de l'Armée du Salut,
dessin de la fin du XIXe siècle*

95

ivrognes, des anciens prisonniers, des prostituées, de toutes les épaves en proie au découragement, les salutistes ont désormais leurs propres asiles et foyers d'accueil, leurs bureaux de placement, leurs réfectoires aussi et leurs hôpitaux. Ils sont placés sous l'autorité suprême d'un général, élu depuis 1912 par un Grand Conseil. Le quartier général de l'Armée est situé dans un des quartiers sud-est de Londres, à Denmark Hill. Regroupés en « Territoires », dirigés par des commissaires ou commandants, ses « corps » ou « avant-postes » (près de 20 000) du monde entier (elle serait représentée dans une centaine de pays) se partagent plus de 250 000 officiers, cadets, musiciens ou chanteurs. Le 2 juillet, « Jour du Fondateur », est consacré aux salutistes « morts au combat ».

ARMÉNIENNE (ÉGLISE) : Selon une vieille et pieuse tradition, l'Arménie fut un des premiers pays à se convertir en masse au christianisme. Les fondateurs de l'Église d'Arménie auraient été les apôtres Thaddée et Bartholomé. Province romaine d'Asie, le pays ne tarda pas à subir la persécution et retomba plus ou moins dans le paganisme jusqu'au roi Tiridates III qui, converti par saint Grégoire l'Illuminateur, instaura, en 303, le christianisme religion d'État. À cette époque, faut-il le rappeler ? l'empereur Constantin régnait à Constantinople.

La conversion des Arméniens aurait été facilitée par la transformation de leur dieu païen *Vanatur* en Jean-Baptiste et de la déesse *Anahit* en Vierge Marie. L'Église d'Arménie participa activement au concile de Nicée puis à celui de Constantinople, qui condamnèrent l'arianisme et affirmèrent la double nature de Jésus-Christ. Elle se maintint dans toute sa pureté jusqu'en l'an 520, quand le patriarche Nierce fit adopter par un conciliabule de dix évêques le point de vue monophysite (conciles de Dvin, en 505, puis en 554).

La controverse avec les autres Églises se poursuivit jusqu'en 622 où, après les victoires militaires d'Héraclius sur les Perses, les évêques arméniens acceptèrent d'entériner une seconde fois les décrets du concile de Chalcédoine (ce concile avait eu lieu en 451) condamnant le *monophysisme* * et l'*eutychisme* *. Mais un siècle plus tard, en 727, le patriarche Jean Dotzni renouvela le schisme. Une assemblée, tenue, dit-on, sous les auspices bienveillantes des Arabes, proclama son attachement à la doctrine monophysite et versant cette fois dans le *monothélisme* * (une seule volonté en Jésus-Christ). Il y eut depuis des tentatives de retour à l'unité du catholicisme, mais elles n'aboutirent pas. Au XIVᵉ siècle, le P. Barthélemi, un dominicain, parvint à convertir treize docteurs qui formèrent une congrégation rattachée par la suite à l'ordre

Dominicain. Ils s'efforcèrent de fonder une Église unie arménienne.

L'Église d'Arménie est aujourd'hui divisée en deux *catholicosats arméniens* indépendants. Le premier, le plus ancien aussi, a son siège à Etchmiadzin, en Arménie soviétique ; son titulaire le « catholicos et chef suprême de tous les Arméniens » a juridiction sur un patriarche à Istanbul et un autre à Jérusalem. L'archevêque arménien de Paris est son délégué apostolique pour l'Europe occidentale. Le « catholicos de la Grande Maison de Cilicie » a son siège au Liban.

L'Église d'Arménie administre les sept sacrements, dont le baptême des enfants par triple aspersion et immersion. Ils reconnaissent les saints et ne rejettent pas leurs (nombreuses) images. Par contre ils repoussent les doctrines du Purgatoire, de la Transsubstantiation et de l'Immaculée Conception. Le bas clergé est marié tandis que le haut clergé respecte le célibat apostolique. La vie monastique enfin y est largement développée.

Hormis l'implication politique, rien, semble-t-il, ne pourrait s'opposer à la réconciliation complète avec Rome (déjà amorcée depuis Vatican II). Le monophysisme des Arméniens est modéré. Ils sont *jacobites* * et professent la même croyance que les Syriens et les Coptes, à qui l'Église romaine a plus d'une fois tendu la main. Ils enseignent que Jésus-Christ est Dieu et homme, l'un et l'autre parfaits, qu'il a souffert selon la chair et non selon la divinité, mais au lieu d'en déduire qu'il y a deux natures en lui, ils ne lui en reconnaissent qu'une. C'est le monophysisme. On les a accusés de soutenir que le Saint-Esprit ne procède que du Père, pourtant dans leur hymne de la Pentecôte, ils chantent et implorent « le Seigneur des vertus et vrai Dieu, source de vie, Esprit Saint, procédant du Père *et du Fils* ». Enfin l'Église arménienne a traditionnellement toujours entretenu d'excellentes relations avec celle de Rome, ces relations prenant à certaines époques un aspect quasi filial.

ARMINIANISME : Doctrine d'Arminius et de ses successeurs. Jakob Harmensen plus connu sous son nom latinisé d'Arminius, naquit aux Pays-Bas en 1560. Ministre de l'Église réformée d'Amsterdam, il occupa en 1603 la chaire de théologie de la toute nouvelle université de Leyde. Ses prises de position à propos de la doctrine calviniste de la prédestination l'opposèrent aux autorités religieuses et politiques des Provinces-Unies. Il mourut en 1609.

D'esprit ouvert et libéral, Arminius jugeait que Calvin, Bèze, Zanchius, avaient professé des idées trop étroites et sévères sur les problèmes posés par la prédestination, la justification, la persévérance et la grâce. Avec ses disciples, qu'on appela dès lors les *arminiens*, le théologien de Leyde adopta sur ces sujets des thèses modérées, très proches de celles que défendaient les catholiques. C'était sans compter avec la rigidité d'autres docteurs calvinistes des Provinces-Unies. Gomar, de l'université de Groningue, s'éleva contre la doctrine d'Arminius. La discussion dura jusqu'en 1618-1619, où le synode de Dordrecht donna raison à Gomar et aux *gomaristes* *. Arminius était mort entre-temps.

Tant qu'Arminius avait vécu, la querelle avait été plus philosophique que violente. Après sa mort les choses s'envenimèrent. Dès 1611, les arminiens déposèrent une motion de remontrance aux états généraux des Provinces-Unies. Ils voulaient que soit rapportée la mesure adoptée par un synode de Rotterdam (1605), mesure qui rejetait en bloc la doctrine d'Arminius et les prétentions des arminiens concernant une réforme du catéchisme. Se heurtant comme toujours aux gomaristes, les arminiens, qu'on affublait maintenant du nom de *remontrants* * furent déboutés. Dans un texte mitigé, les états rendirent un décret interdisant d'agiter des questions obscures et d'en discuter publiquement. Mi-figue mi-raisin, ce décret fut mal reçu par les gomaristes. Ils s'agitèrent. La querelle théologique dégénéra en troubles civils. Le prince Maurice de Nassau prit parti pour les gomaristes ; le populaire Barnevelt choisit le camp des arminiens. Les supralapsaires (de *lapsus* : « faute »), qui défendaient la prédestination et la réprobation *supra* ou *ante lapsum*, s'opposaient aux sub- ou infralapsaires, dont les idées étaient proches de l'arminianisme. Les premiers rejetaient implicitement sur Dieu la responsabilité du péché et de la damnation éternelle ; les seconds faisaient partager à l'homme cette responsabilité. Les deux tendances se côtoyaient au sein de la majorité gomariste. C'est cette confusion supplémentaire qui incita Maurice de Nassau à faire convoquer le synode de Dordrecht. La tendance *infralapsaire* * des gomaristes l'emporta et les arminiens furent définitivement condamnés.

La répression et la persécution s'abattirent sur eux. Barnevelt périt sur l'échafaud ainsi que d'autres disciples et opposants au régime. Les arminiens furent dépouillés de leurs emplois, emprisonnés ou bannis. Quelques-uns d'entre eux parvinrent à se réfugier dans le Holstein où le roi de Danemark leur permit de construire la ville de Frederikstad. La persécution ne prit fin qu'après la mort de Maurice de Nassau. Un édit de tolérance fut publié en 1630. L'idéal arminien de la tolérance se perpétua aussi bien aux Pays-Bas qu'en Allemagne et surtout en Angleterre. Au XVIIe siècle déjà, des théologiens anglicans comme Laud ou Tillotson défendirent des idées de caractère arminien. Sous l'impulsion de John Wesley, les *méthodistes* * du siècle suivant se rallièrent à leur tour aux conceptions d'Arminius.

Cependant, avec le temps, aux conceptions arminiennes primitives sur la négation de la prédestination et le salut se seraient ajoutées des erreurs (au sens de l'Église romaine) de type *pélagien* * et *socinien* *. La doctrine de la Trinité, par exemple, ne serait pas nécessaire au salut et l'adoration du Saint-Esprit n'est commandée par aucun texte des Écritures ; Jésus-Christ enfin, tout en étant Dieu, ne serait pas égal au Père.

ARNAUD DE BRESCIA : (XIe-XIIe siècle). Né à Brescia vers la fin du XIe siècle, Arnaud avait d'abord été un disciple d'Abélard. Il s'était empressé de soutenir la doctrine du maître avec ferveur et sans doute avec une certaine outrance, ce qui lui valut d'être chassé de France et d'être contraint de rentrer en Italie.

C'était une époque de violence, agitée par la difficile formation des États de l'Italie ; Rome rêvait d'échapper au pouvoir des papes et de se constituer en république et l'empereur se livrait à toutes sortes d'intrigues politico-militaires. Arnaud, plus tribun qu'hérétique véritable, se lança dans la lutte. Il s'éleva contre la corruption du clergé, dénonça l'appétit de propriété des prêtres, des évêques et des moines et finit par contester le ministère sacerdotal lui-même. C'en était trop.

Le deuxième concile général de Latran (1139), sous Innocent II, le condamna, avec Pierre de Bruys, dans son vingt-troisième canon énonçant : « Ceux qui, sous le masque d'une fausse spiritualité, rejettent le sacrement du corps et du sang du Seigneur, le baptême des enfants, le sacerdoce et les autres ordres ecclésiastiques, et les mariages légitimes, nous les séparons comme hérétiques de l'Église de Dieu, les condamnons et ordonnons qu'ils soient réprimés par les puissances séculières. Nous enveloppons dans la même condamnation leurs défenseurs ». À en juger par cette condamnation solennelle, on peut penser qu'en effet Arnaud professait des doctrines hérétiques.

Quoi qu'il en ait été, il s'en fut dans les montagnes de la frontière italo-helvétique, au demeurant assez lâche à l'époque. Ses sectateurs l'y rejoignirent. Puis, ayant reconstitué leurs forces, ils rentrèrent en triomphateurs à Rome. Le nouveau pape, Adrien IV, mit la ville en interdit et les sénateurs effrayés s'apprêtèrent à livrer Arnaud, qui parvint néanmoins à prendre la fuite. Il fut pris par les soldats de Frédéric Barberousse qui le livrèrent aux autorités romaines. Arnaud de Brescia fut pendu et brûlé en 1155.

Connus sous les noms d'« arnaldistes », de « poplicains » ou « publicains », ses disciples rallièrent la révolte des *albigeois* *.

ARNAUD DE VILLENEUVE : Tous les amateurs d'alchimie et d'hermétisme sont familiarisés avec le nom de ce célèbre adepte du XIIIᵉ siècle. Traités sérieux et grimoires ne manquent jamais de le citer à l'appui. Cet érudit philanthrope se rendit pourtant coupable d'hérésie. Parmi quinze propositions extraites de ses ouvrages, l'Inquisition de Tarragone relève qu'Arnaud enseignait que :

« La nature humaine en Jésus-Christ est égale en toutes choses à la divinité, et a su tout ce que celle-ci savait. »

« Les œuvres de miséricorde sont plus agréables à Dieu que le sacrifice de l'autel. »

« Les fondations de bénéfices et de messes sont inutiles. En les fondant à perpétuité, on encourt la damnation éternelle. »

« Dieu n'est pas loué dans le sacrifice de la messe par les œuvres, mais seulement par la bouche. »

« La passion de Jésus-Christ est mieux représentée par des aumônes que par le sacrifice de l'autel. »

« Dieu n'a pas menacé de la damnation éternelle ceux qui pèchent, mais les scandaleux. »

« Les moines pervertissent la doctrine de Jésus-Christ. Ils seront tous damnés. »

On comprend que cette dernière proposition et celle qui traite des bénéfices aient pu irriter quelque peu les inquisiteurs tarragonais !

Arnaud de Villeneuve avait prédit en outre que la fin du monde prendrait place en 1355. Il avait été accusé auparavant de magie. Médecin, ses remèdes s'inspiraient, disait-on, de la kabbale et de l'alchimie arabe. Il découvrit, rappelons-le, l'essence de térébenthine. Il dut quitter Paris pour se réfugier à Montpellier (où l'on voit encore sa maison), puis en Sicile, auprès de Frédéric II. Gracié par le pape Clément V, qui espérait se l'attacher comme médecin, il mourut au cours d'un naufrage alors qu'il était en route pour la France (vers 1310 ou 1313).

ARNAUD DE MONTANIER : S'il n'y avait eu l'Inquisition, Arnaud de Montanier n'aurait jamais été emprisonné. C'était avant tout un naïf illuminé. Né à Puycerdá en Catalogne, il avait pris l'habit des franciscains, ce qui ne tarda pas à exciter son délirant enthousiasme. Il prônait la pauvreté absolue. Jésus et ses Apôtres n'ont rien possédé ni en propre ni en commun, enseignait-il. Nul de ceux qui portent l'habit de saint François ne sera damné. Saint François descend chaque année au purgatoire pour en tirer ceux de son ordre et les ramener en paradis ; enfin l'ordre franciscain doit durer éternellement.

Convoqué devant le tribunal de l'Inquisition, le gentil Arnaud se rétracta – de manière peu

Sublime en ses écrits, doux et simple de cœur,
Puisant la vérité jusqu'à l'origine,
De tous ses longs travaux Arnauld sortit vainqueur,
Et soutint de la foi l'antiquité divine

Jean Racine

sincère, prétendirent ses ennemis. Il fut néanmoins condamné par Eymeric, évêque d'Urgel, à l'emprisonnement à perpétuité.

ARNAULD : Antoine Arnauld (1612-1694), docteur en théologie (en 1641) fut le plus célèbre des théologiens jansénistes français. Il est l'auteur de plusieurs ouvrages dont, en 1643, son livre *De la fréquente communion*, qui suscita aussitôt de nombreuses polémiques. Censuré par la Sorbonne, en butte aux attaques des jésuites, il se réfugia aux Pays-Bas où il mourut.

C'est à sa sœur Angélique Arnauld (1591-1661) que l'on doit la réforme de Port-Royal. Une autre sœur, Agnès (1593-1671), fut aussi abbesse de Port-Royal. Elle refusa de signer le *Formulaire* prescrit par le pape Alexandre VII et condamnant les cinq propositions principales du *jansénisme* *.

ARNOLD : Écrivain anglais, Mathew Arnold (1822-1888) défendit l'idée d'un christianisme purement rationnel, à l'exclusion de tout recours à un aspect métaphysique et miraculeux.

ARRHABONAIRES : Disciples de Stancharus (XVIᵉ siècle), en Transylvanie. Leur nom vient du mot latin *arrhabo* : « arrhe, gage ». L'erreur portait sur la nature de l'eucharistie, les arrhabonaires estimant qu'elle était donnée comme un gage, celui du corps du Christ, et comme une investiture pour l'immortalité. Les catholiques pensent la même chose, mais ajoutent que c'est là seulement un des effets de l'eucharistie et non son essence.

ARTÉMONITES : Disciples d'Artémon ou Artémas, au IIᵉ siècle. Artémas pensait que Jésus-Christ n'avait reçu sa divinité qu'à l'heure de sa naissance et qu'il ne pouvait être appelé Dieu qu'improprement, le vrai Dieu n'ayant pas de commencement. Cette doctrine est proche de celle de Théodote (voir *Théodotiens*). Artémas ne compta que quelques rares partisans à Rome.

ARTOTYRITES : Branche de *montanistes* *, établie en Galatie, au IIᵉ siècle. Ils utilisaient pour le sacrement de la Cène du pain pétri avec du fromage, afin d'offrir en sacrifice le fruit de la terre et le lait de la brebis – d'où leur nom. Ils admettaient les femmes à la prêtrise et à l'épiscopat. Saint Épiphane décrit leurs cérémonies au cours desquelles on voyait pénétrer dans l'église sept filles vêtues de blanc, une torche à la main.

ASCITES ou ASCODRUGITES : Du grec *askydion* : « petite outre ». Ces sectaires appartenaient eux aussi au mouvement *montaniste* * (IIᵉ siècle). Dans leurs cérémonies, ils dansaient autour d'un ballon gonflé de vent, affirmant qu'ils étaient eux-mêmes ces outres neuves, pleines de vin nouveau, dont Jésus parle dans Matthieu (IX, 17).

ASCODROUTES ou ASCODROUPITES : Autres fanatiques de l'outre symbole (*askos*). Ils rejetaient les sacrements, pensant que des causes matérielles et sensibles ne pouvaient déterminer des effets spirituels. Ils vivaient au IIᵉ siècle.

ASCOPHITES : Gnostiques *archontiques* * qui rejetaient l'Ancien Testament, niaient la nécessité des bonnes œuvres et croyaient que le salut ne s'obtenait que par la connaissance de Dieu. Ils se rendirent célèbres vers les années 170-180 en brisant les vases sacrés des églises.

ASSEMBLÉES de DIEU : Les *Assemblies of God* des pays anglo-saxons professent que la Bible contient la Parole de Dieu de façon immuable et infaillible. Ils pratiquent le baptême par immersion (appliqué aux seuls adultes), une certaine forme d'eucharistie et prêchent la guérison spirituelle. Ce sont des millénaristes qui admettent le châtiment éternel des réprouvés.

ASSYRIENNE (ÉGLISE) : Communauté chrétienne très ancienne, qui ne se réclame ni du catholicisme romain ni de l'Église orthodoxe. Elle a à sa tête un patriarche (*Mar Shimun* : « Seigneur Simon ») dont, pour des raisons politiques évidentes, le siège est à Chicago, aux États-Unis. Originaire d'Irak et de Syrie, où elle est encore présente, l'Église assyrienne possède des rameaux en Iran, en Russie et aux États-Unis. Il semble qu'elle soit de tendance *monophysite* *, comme les *jacobites* * de Syrie.

ASTATIENS : Hérétiques du IXᵉ siècle, qui tirent leur nom du grec *stasis* : « qui se tient en équilibre ». Ils étaient les sectateurs d'un nommé Sergius, de Phrygie, qui paraît avoir été influencé par le *manichéisme* *. Leur doctrine aurait été réputée pour son manque d'équilibre, pour son caractère changeant au gré des événements. Ils furent tout d'abord protégés par l'empereur Nicéphore, puis sévèrement réprimés par son successeur Michel Caropalate. La secte essaima dans tout l'Empire d'Orient avant de disparaître – on suppose que c'est à elle qu'appartenaient ceux que Théophane et Cédrène nommaient les « antiganiens ».
Leur doctrine primitive était un mélange de judaïsme et de christianisme; ils pratiquaient le baptême tout en y associant la plupart des cérémonies juives.

ATHOCIENS : Hérétiques du XIIIᵉ siècle, qui croyaient, comme les anciens stoïciens, que tous les péchés étaient égaux devant Dieu infini. Ils pensaient aussi que l'âme meurt avec le corps.

AUDÉE ou AUDIE : Né en Mésopotamie vers le milieu du IIIᵉ siècle, Audée aurait voulu réformer les mœurs du clergé de son temps, qu'il jugeait dissolu et corrompu. L'austérité et la rigidité de son caractère lui valurent autant d'ennemis que d'amis. Parmi ces derniers, un évêque lui fit confiance au point de le consacrer évêque à son tour, ce qui renforça l'influence du réformateur. Une secte ne tarda pas à apparaître. Les *audiens* célébraient la Pâque avec les juifs, considérant que le concile de Nicée avait changé la date de célébration de cette fête par pure flatterie envers l'empereur Constantin – on la célébrait en effet le jour anniversaire du monarque. Ils donnaient l'absolution sans imposer de pénitence, se contentant de faire défiler les pénitents entre une double rangée de livres sacrés et de textes apocryphes. Après la mort d'Audée, la secte serait tombée dans l'anthropomorphisme et dans le *manichéisme* *. Elle professait que Dieu n'avait créé ni les ténèbres, ni le feu, ni l'eau, éléments qui lui étaient coéternels.

Audée, qui pour sa part n'avait jamais rien enseigné de contraire à la foi chrétienne, fut exilé en Scythie par l'empereur Constance. Il y mourut. Ses disciples, peu nombreux dès lors, se rassemblèrent près de l'Euphrate et se réfugièrent dans des monastères et des cabanes. Ils rompirent alors toute relation avec les catholiques et se désignèrent eux-mêmes sous le nom d' « audiens ». Ils disparurent définitivement vers le Vᵉ siècle.

AUGUSTINIENS : Disciples d'Augustin (XVIᵉ siècle) qui, à l'instar des Grecs des siècles passés, soutenait que les justes n'accéderaient pas au paradis avant le Jugement dernier. Cette hérésie avait dès longtemps été condamnée par les conciles de Lyon et de Florence.

Supplice des hérétiques en Languedoc

BAANITES : Disciples d'un certain Baanès (vers l'an 810). Ils formaient un rameau attardé des *manichéens* *.

BACULAIRES : « Si on te frappe sur la joue droite, tend la joue gauche », les baculaires s'inspiraient de ces paroles de l'Évangile pour s'interdire le port des armes, à l'exception d'un simple bâton. Circonstance qui les fit appeler aussi « stébleriens », du mot *steb* : « bâton ». Toujours en référence à l'Évangile, ils jugeaient contraire à l'esprit du christianisme de se pourvoir en justice pour la réparation d'un tort. De l'aveu même des hérésiologues, le caractère pacifique et charitable de ces sectaires les fit maltraiter et dépouiller par tout un chacun.
Les baculaires partageaient par ailleurs la plupart des idées *anabaptistes* *.

BAGNOLAIS : Hérétiques *manichéens* * du VIIIe siècle qui tirent leur nom de la ville de Bagnols, dans le Midi de la France. Ils rejetaient l'Ancien Testament et une partie du Nouveau ; Dieu, enseignaient-ils, ne crée pas les âmes, il se contente de les unir aux corps.
Au XIIIe siècle, une secte de cathares adopta à son tour le nom de « *bagnolais* ».

BAÏANISME : Aujourd'hui oublié, le baïanisme fit couler beaucoup d'encre en son temps. Il aurait été l'ancêtre direct du *jansénisme* * du siècle suivant.
Né en 1513, dans la province de Hainaut, Michel Baïus ou de Bay, fit ses études à Louvain où il reçut le titre de docteur en 1550. L'empereur Charles Quint lui offrit l'année suivante une chaire d'écriture sainte, qu'il partagea avec son ami Jean Hessels. Cherchant, par le biais de saint Augustin, à concilier les principes des protestants avec la doctrine catholique, les deux théologiens ne tardèrent pas à faire école.
Comme si souvent à l'époque de la Réforme, les thèses de Baïus et de Hessels eurent pour premier objet les problèmes de la grâce, de la prédestination et du libre arbitre. Les adversaires du baïanisme tirèrent des ouvrages de Baïus et de ses disciples soixante-dix-neuf propositions qui furent censurées par les papes Pie V, Grégoire VIII et Urbain VIII. Elles étaient en opposition avec les décisions dogmatiques du concile de Trente, auquel Baïus, Hessels et Jansénius de Gand avaient asssisté.
Baïus n'entendait pas se quereller avec l'Église. Quand, en 1567, le cardinal de Grandvelle chargea Morillon, son vicaire général, de faire appli-

quer la bulle de Pie V *Ex omnibus affectionibue* condamnant, sans le nommer, les thèses de Baïus, ce dernier se soumit. Il n'en écrivit pas moins au pape pour s'expliquer, mais la bulle fut confirmée et, une fois encore, le théologien accepta de s'humilier. Il remit à Morillon une rétractation écrite des propositions condamnées. Cependant, à la mort de son principal ennemi, Josse Ravestin († 1570), Baïus et ses disciples écrivirent au pape Grégoire VIII. Nouvelle bulle en date du 29 janvier 1579, nouvelle condamnation. En 1580, Baïus se rétracta de nouveau, de vive voix et par un écrit signé de sa main. Mais il restait attaché à ses idées, et après sa mort la contestation reprit. Elle fut dirigée par Jacques Janson, un théologien de Louvain, et surtout par le célèbre Cornélius Jansénius qui l'assouplit et en tira les éléments du futur *jansénisme* *.

BAPTISTES : Terme qui s'applique en général à tout groupement religieux, chrétien ou non, pour lequel les rites du baptême sont essentiels. Il convient de ne pas confondre ces baptistes avec cette puissante communauté chrétienne que l'on nomme l'Église baptiste.
Les baptistes constituent aujourd'hui une des plus nombreuses confessions protestantes « non-conformistes ». Elle est surtout établie dans les pays anglo-saxons ou sous influence anglo-saxonne.
Héritiers des *anabaptistes* * hollandais du XVIe siècle, les baptistes se distinguent par leur pratique du baptême chrétien. Ce sacrement n'est en général administré qu'aux « croyants », c'est-à-dire aux adultes capables de faire un choix (*baptistes stricts*). Seuls ceux-là sont ensuite admis à l'eucharistie – mais les *baptistes ouverts*, pour leur part plus tolérants, admettent à la communion tous les chrétiens baptisés, qu'ils l'aient été durant leur enfance ou à l'âge adulte. Certaines Églises pratiquent aussi une « dédicace » des enfants en attendant le baptême adulte. Celui-ci se pratique par immersion. Les baptistes ne reconnaissent au baptême aucune valeur exorcisante (contre le péché originel) ou sacramentelle; il n'est que la consécration d'un choix et un témoignage rituel.
Du point de vue doctrinal, l'Église baptiste reconnaît la primauté absolue de Jésus-Christ; l'autorité divine de la Bible et la Rédemption par les mérites du Christ. Elle exige en outre l'expérience personnelle de Dieu, ce qui explique que le baptême soit différé à l'âge adulte. Le problème de la Rédemption, aujourd'hui résolu, fut cause de sévères dissensions à l'intérieur de l'Église au XVIIe siècle. Les *General Baptists*, disciples de Smyth et d'Helwyn, penchaient pour la doctrine *arminienne* * de la Rédemption générale, selon laquelle le Christ était mort pour le rachat de tous

les hommes; quelques pasteurs, les *Particular Baptists*, pensaient pour leur part, avec les calvinistes, que le Sauveur n'était mort que pour le rachat de quelques « élus ». En 1891 les deux tendances se fondirent en une seule Église.
Les baptistes anglo-saxons se réclament de la filiation des anabaptistes hollandais, moins décriés que leurs homologues allemands. En Angleterre, le premier des baptistes aurait été un pasteur anglican du nom de John Smyth († 1612). Il fonda une congrégation « séparatiste » en 1606 et émigra avec elle en Hollande en 1608. Un de ses disciples, Thomas Helwyn, fonda à son tour une Église baptiste à Londres, vers 1611. Sous le règne des premiers rois Stuart, les baptistes furent durement persécutés, aussi beaucoup d'entre eux servirent-ils dans les rangs républicains sous Cromwell et leurs congrégations se multiplièrent durant la République et le Protectorat. Maltraités sous la Restauration, ils retrouvèrent la paix et la sécurité avec la Révolution qui mit Guillaume d'Orange sur le trône. Les baptistes ont essaimé dans toutes les parties du monde sous influence britannique. Avec quelques ordres catholiques, ils comptent parmi les plus actifs missionnaires chrétiens outre-mer. Des Églises baptistes existent dans toutes les parties du Commonwealth britannique. Aux États-Unis, c'est le fondateur de l'État de Rhode Island, Roger Williams, qui introduisit la foi baptiste; elle compte aujourd'hui parmi les plus importantes confessions protestantes des *States*.
Parmi les personnalités baptistes connues on compte : les présidents des États-Unis Harry Truman et James Carter, le pasteur Martin Luther King, entre autres. En 1982, les baptistes étaient 36 650 000 dans le monde, établis dans quatre-vingt-treize pays.

BARALLOTS : Hérétiques italiens de Bologne. Ils mettaient tous leurs biens en commun, y compris les femmes et les enfants. On les appela aussi les « obéissants » (*obedientes*) à cause, dit Ferdinand de Cordoue, de leur extrême facilité à se livrer aux plus honteux excès de la débauche.

BARBÉLIOTS ou BARBORIENS ou BARBÉLOGNOSTIQUES : Membres d'une secte gnostique dont on sait peu de chose et qu'on a accusés de toutes les turpitudes. Ils tirent leur nom de celui de *Barbélô*. Ce dernier mot viendrait de l'hébreu *B'arb'é Eloha*, qui signifierait à peu près « en quatre », désignant les quatre puissances de la tétrade primitive dont voici à peu près la genèse : Un éon immortel aurait eu commerce avec un esprit vierge appelé Barbélô; ils engendrèrent Christ, en qui l'intelligence et la raison s'unirent, et engendrèrent Autogène qui engendra Adamas, l'homme parfait. Le premier ange de son côté engendre le Saint-Esprit et Prounikos (la Lascive, qui est Barbêlô même). De Prounikos émana ensuite Protarchonte, ou « premier prince » (et sans doute démiurge), qui était insolent et sot. Il connut charnellement Arrogance et, avec elle, engendra tous les vices, la maladie, la mort et la guerre.

Les barbélognostiques ou barbéliots, dénoncés par les pères de l'Église, dont Théodoret, étaient réputés pour l'érotisme de leurs cérémonies. Barbélô-Prounikos passait pour être une déesse, succube plutôt, d'une extraordinaire beauté. Elle était censée séduire les hommes et aspirer l'étincelle de lumière divine emprisonnée en eux (leur sperme, en fait). Au cours de cérémonies rituelles, les sectaires offraient à la déesse du sperme, fruit de masturbations collectives, du linge souillé du sang de menstrues et jusqu'à des fœtus qu'on avait fait avorter afin de ne pas perpétuer la procréation, synonyme d'emprisonnement de la lumière.

BARCLAY Robert : (1648-1690). Auteur du livre célèbre : *Apology for the True Christian Divinity* (1678). Cet Écossais, fils d'un calviniste convaincu, se joignit au mouvement des *quakers* * en 1666. Il en devint le principal théologien.

BARDÉSANE : Gnostique syrien du IIᵉ siècle. Il professait à Édesse, en Mésopotamie. Si on en croit Épiphane, le jeune Bardésane aurait été bon catholique et aurait publié divers traités pour défendre la foi contre les attaques d'Apollonius, précepteur de Marc-Aurèle, qui le pressait de revenir au culte des faux dieux. Eusèbe, pour sa part, affirme que Bardésane avait toujours manifesté du goût pour l'erreur. D'abord disciple de Valentin (voir *Valentiniens*), il compléta à sa manière et avec l'aide de son fils, Harmonius, la doctrine du célèbre docteur gnostique et en fit la sienne propre.

Vivant dans cette région d'Arabie proche de l'Iran qu'était la Mésopotamie, il fut tout naturellement influencé par le pseudo-dualisme mazdéen. Bardésane place au sommet de tout deux principes, l'un bon, l'autre mauvais – mais son disciple Marin indique que « Satan sera jugé », ce qui implique sa position inférieure par rapport au dieu bon. Le premier principe est le Père, le Dieu éternel de qui émane un Fils qui est le Christ, et le *Pneuma* ou *Sainte-Esprit*, qui est la sœur et l'épouse du Christ. À son tour le couple Fils-Sainte-Esprit a engendré deux filles qui sont les prototypes de la terre et de l'eau. Avec le Fils qui est du principe du feu et le Pneuma qui est celui de l'air, nous avons les quatre éléments à partir de quoi le Fils et son épouse ont fabriqué le monde invisible et,

moins directement, le monde visible. Le couple divin a d'abord établi sept génies qui résident dans les sept planètes de l'astrologie traditionnelle. Trente autres génies gouvernent les trente étoiles des constellations du Zodiaque.

Ainsi ce n'est pas le Père, immuable et éternel, qui a créé le monde, c'est le Fils sous l'impulsion de l'Esprit, sa compagne. Mais, plus faible que son frère-époux, Pneuma s'est éprise des beautés de son œuvre et s'y est attachée comme l'âme humaine s'attache à la fascination des choses du monde sensible. Pourtant, toujours comme l'âme, Pneuma a ensuite éprouvé le désir ardent de remonter à ses sources et de rejoindre son époux céleste. Elle se désole et implore. Alors Christ apitoyé se penche sur son épouse et la ramène à lui dans un mystique hymen.

Ultimes émanations du Père, les âmes humaines avaient été dotées de corps subtils par la création du Fils et de Pneuma. Elles se laissèrent séduire par Satan qui les emprisonna dans des corps de chair. Ce fut la deuxième chute. Car le second principe, existant par soi-même, est essentiellement mauvais, sorte d'Ahriman gnostique tout droit importé d'Iran. Satan est puissant ici-bas, dans la ténèbre de l'Hylé, il multiplie ses ruses et ses artifices contre la création du principe bon. Les hommes sont sans cesse trompés, subornés et ils ne connaissent pas le vrai Dieu. C'est pourquoi le Christ a dû s'incarner à travers Marie et venir parmi nous accomplir une deuxième Restauration. Renouvelant l'erreur *docétiste* * si chère aux gnostiques, Bardésane précise que le Christ n'a pas eu un corps humain ; il n'en eut que l'apparence.

Après la mort de Bardésane, son fils, Harmonius, aurait, dit-on, introduit la doctrine de la métempsycose dans un système déjà compliqué.

Le père et le fils semblent avoir été des hommes de grand talent poétique. On raconte que les hymnes composées par eux étaient d'une telle beauté et se chantaient sur un tel rythme que l'hérésie ne put être enrayée qu'à partir du moment où saint Éphrem, deux siècles plus tard, se mit à composer à son tour des hymnes et une musique capables de faire oublier ceux des bardes gnostiques.

BARNES Ernest Williliam : Évêque anglican contemporain, qui fut le chef de la branche « moderniste » de l'Église d'Angleterre. Ses idées audacieuses suscitèrent de vives polémiques dans cette Église. Son livre : *The Rise of Christianity*, paru en 1947, lui valut d'être dénoncé par l'archevêque de Canterbury, qui le jugea contraire à l'exercice de fonctions ecclésiastiques.

BARSANIENS ou SEMIDULITES : Curieux hérétiques du VIᵉ siècle, dont la pratique de l'eucharistie consistait à prendre du bout des doigts de la fleur de farine et à la porter à la bouche. Ces farfelus disparurent sans laisser de trace.

BARULES : Hérétiques gnostiques docétistes du IIᵉ siècle. Ils professaient que le Christ, Fils authentique de Dieu, s'était incarné dans un corps fantastique. Ils enseignaient en outre que les âmes avaient été créées avant la création du monde et avaient toutes été entraînées collectivement dans la Chute.

BARTH Karl : Théologien protestant contemporain. Né en Suisse en 1886, il devint pasteur de l'Église réformée allemande en 1911 et fut tour à tour professeur de théologie à Göttingen, Münster et Bonn. Les nazis l'exilèrent en 1935.

Opposé au « protestantisme libéral », il fut le principal représentant de la « théologie dialectique », qui met l'accent sur l'abîme existant entre Dieu et l'homme; Dieu seul peut combler cet abîme. Karl Barth est l'auteur de nombreux livres dont : *Parole de Dieu et parole humaine* (1928), *Le Saint-Esprit et la vie chrétienne*; *L'Église et les problèmes politiques de notre temps*.

BASILIDIENS : Disciples gnostiques de Basilide. Originaire de Syrie, Basilide aurait été lui-même un disciple de *Ménandre* *. Mais cela reste à démontrer car rien dans la doctrine basilidienne ne rappelle l'éontologie exubérante de Ménandre.

Pourtant, l'extrême plasticité des pratiques gnostiques, les écoles se chevauchant sans heurt, permet de supposer que bien des basilidiens, Basilide lui-même peut-être, ont adopté des pratiques étrangères à la pure doctrine philosophique du maître.

Quoi qu'il en ait été de la pratique, Basilide se fixa en Égypte avec son fils Isidore; il y rédigea un nombre important de livres dont seulement quelques fragments sont parvenus jusqu'à nous. On connaît sa doctrine surtout par ses détracteurs catholiques Irénée de Lyon, Clément d'Alexandrie, saint Jérôme notamment.

Sa doctrine, la « gnose » qu'il disait posséder, il la devait, affirmait-il, aux révélations d'un certain Barcabbas ou Barcoph (que son fils Isidore appelle Parchor). Ce mystérieux sage aurait lui-même été initié aux mystères de la gnose par l'apôtre saint Matthias, lequel, à son tour, n'aurait fait que transmettre le message qui lui était parvenu par voie secrète et par filiation du plus lointain des âges, puisque cette doctrine avait été, paraît-il, professée par Cham, l'un des fils de Noé. Basilide prétendit codifier par écrit le message oral. Aux vingt-quatre volumes « évangéliques », aux exégèses, aux odes, prières et incantations qu'il rédigea,

Isidore ajouta un ouvrage sur *L'Âme adventice* et des *Commentaires du Prophète Parchor*.

On ne connaît la métaphysique basilidienne que par ce qu'en ont écrit ses détracteurs patristiques ou hérésiologues. Selon leur humeur et dans le but de ridiculiser le docteur gnostique, les Hippolyte (*Philosophoumena*), Clément d'Alexandrie (*Stromates*), Irénée (*Contr. Haeres.*), Éphiphane (*Panarion*) ont présenté cette doctrine sous des éclairages différents. La cascade d'éons que prête Irénée, pour ne citer que ce cas, à la pensée basilidienne semble avoir bien peu à faire avec la dialectique sévère du docteur gnostique, préoccupé surtout de la chute et de la remontée du *sperma* divin.

Bien qu'il ait cherché lui aussi à ironiser à propos du « Dieu qui n'est pas » (en fait le Dieu inaccessible de tant de doctrinaires), Hippolyte reste celui des hérésiologues qui semble le plus susceptible d'objectivité. À le lire entre les lignes, on découvre un peu du sens profond de la pensée, de l'intuition mystique et, comme on le dit aujourd'hui, de l'authenticité du parcours phénoménologique qui font l'originalité de l'enseignement de Basilide.

Il ne s'est jamais agi pour Basilide de décrire un « Dieu qui n'est pas », une divinité inexistante; le Dieu basilidien se situe tout simplement au-delà des notions d'être et de non-être. Il est ineffable et indescriptible. C'est la toute-puissance à l'état pur, hors de l'Espace et du Temps ou de tout ce qui nous permettrait de le définir et de dire ce qu'il est ou ce qu'il n'est pas. Pour reprendre les mots d'un moderne exégète du gnosticisme, « en acte il n'est rien; en puissance il est tout » (Leisegang, *La Gnose*, Payot, Paris, 1951). À partir de cette puissance abstraite, sans contour, de ce Père abyssal s'articule tout un système à caractère « panspermique ».

De l'abîme sans nom est émis un *sperma*, sorte de germe génésique qui lui aussi « n'est rien en acte mais contient tout en puissance ». Tissu premier du monde, ce *sperma* renferme trois filialités d'essence plus ou moins subtile selon les fonctions que leur assigne le docteur gnostique. La première, la plus subtile, est aussitôt remontée à sa source; elle a réintégré le Plérôme divin où elle joue le rôle d'Esprit universel *en* Dieu. La deuxième, moins transparente, a utilisé les ailes de l'Esprit (le Pneuma) pour effectuer sa remontée; elle est l'Esprit universel *sous* Dieu. Mais Basilide introduit ici un *distinguo* et précise que, n'étant ni de la même substance ni de la même nature, le Pneuma s'est séparé de cette deuxième filialité, mais il reste en contact étroit avec elle car « quand on a mis un parfum très odoriférant dans un vase, on a beau vider ce dernier jusqu'au bout, il n'en reste pas moins une odeur de ce parfum ». La deuxième filialité conserve ainsi en elle la puissance du Fils de Dieu.

Trop opaque, la troisième filialité est tombée lourdement dans le chaos d'en bas. Hippolyte explique la pensée basilidienne en disant qu'elle « est restée dans le monceau de l'universelle semence à rendre des services et à en recevoir ». Elle ne parvient à remonter vers sa source spirituelle que partiellement, par étapes, pourrait-on dire, et sous forme individuelle qu'en se purifiant et s'allégeant. Elle est assimilable au Corps du monde. Ainsi apparaît assez clairement l'économie du système : à l'arrière-plan et pourtant dominant le tout est le Dieu sans visage, Père intemporel et immuable ; de lui émanent l'Esprit, première filialité, l'Âme du monde, deuxième terme *intermédiaire* et le Corps du monde, troisième avatar du *sperma*. En outre, un double mouvement s'amorce qui attire le *sperma* tripartite vers le bas et, simultanément, assure sa réintégration et son ascension continue vers le haut. Le moteur du système est, bien évidemment, l'âme intermédiaire.

À partir de ces prémisses relativement abstraites, la fantastique vision gnostique pouvait se dérouler. Le monde invisible qui existe entre ciel et terre se peuple d'innombrables personnages, archontes et génies, esprits bénéfiques ou maléfiques. Situé au-delà des étoiles fixes, le firmament est le lieu du Pneuma. Or « quand eut été constitué le firmament qui est au-dessus du ciel, alors de la semence cosmique et du monceau de l'universelle semence (dans sa lente remontée), fut engendré le Grand Archonte (de l'ogdoade) » qui, aussitôt né, s'éleva jusqu'au firmament. Il crut qu'il avait atteint les limites du monde et que rien n'existait au-dessus de lui et en conçut un grand orgueil. Ce Grand Archonte se pourvut d'une âme plus belle et plus sage que lui et qui fut son Fils. Tous deux siègent dans l'ogdoade, dans la région de l'éther. Leur action démiurgique a donné naissance à toutes les créatures éthérées et célestes du premier ciel. Ils appartiennent aux cohortes qui accompagnent le Verbe (l'Intelligence, la Pensée, la Sagesse, la Force, la Justice et la Paix, qui sont des attributs ou des hypostases du Dieu suprême et constituent le tissu même du monde de l'Esprit). La puissance du Grand Archonte et de son Fils s'étend jusqu'à la Lune, par laquelle passe la frontière entre l'éther et l'air.

Cependant l'action génésique de la rupture du *sperma* ou œuf originel ne s'arrête pas au ciel du Grand Archonte de l'éther, elle s'exerce dans le cercle inférieur de l'hebdomade (cercle ou ciel des sept planètes de l'astrologie traditionnelle). C'est ainsi qu'est apparu un deuxième archonte et son fils (son âme). Cet archonte est supérieur à tous les êtres qui sont au-dessous de lui, à l'exception de la troisième filialité restée en bas. Lui aussi s'imagine qu'il n'existe rien au-dessus de lui. Il est le créateur et le recteur de tous les êtres de cette région, qui est celle de l'air. Pourtant, ces êtres semblent avoir été prévus et voulus dans le plan de l'action de la semence universelle.

On peut penser aujourd'hui que l'apparition des archontes de l'éther et de l'air dans le système

Le Grand Archonte

n'exprimait qu'une tentative de concrétisation d'une expérience phénoménologique de l'exploration des réalités profondes de l'âme. Expérience vécue par l'adepte, indicible, et qu'il tente d'ériger en doctrine métaphysique. Du pneuma mitoyen imprégné du parfum de la première filialité divine, aux deux archontes de l'ogdoade et de l'hebdomade, on compterait ainsi trois états de l'âme pneumatique, psychique et hylique. Et pour que le système atteigne sa perfection, il était évident que la troisième filialité, restée en bas, soit à son tour rétablie en haut. Car il a été écrit : « la création elle-même gémit et est en travail en attendant la manifestation des enfants de Dieu

(Rom., VIII, 19, 22). La venue d'un Sauveur s'imposait.

Le règne des deux archontes avait assez duré. Et sous l'aspect de Jésus, l'Évangile descendit en terre, parcourant tour à tour les cieux de l'ogdoade, puis de l'hebdomade pour atteindre enfin le monde hylique dans lequel est emprisonnée la troisième filialité. Ce sont les fils des deux archontes qui révèlent l'Évangile à leurs pères respectifs (et c'est ainsi que l'archonte de l'hebdomade qui s'était proclamé « dieu d'Abraham, d'Isaac et de Jacob » a dû céder la place). Quand enfin toute la filialité demeurée en bas aura été rétablie en haut, « alors la création trouvera miséricorde ». Les trois fragments du *sperma* originel formeront une trilogie harmonieuse, esprit, âme et corps se compénétrant sur le plan universel comme sur le plan individuel. Les choses ayant retrouvé leur place par la vertu du Christ, toutes les limites et les différences dans le monde auront disparu au sein de l'unité retrouvée. Dieu enverra alors l'*agnosia*, la « non-gnose », elle se répandra sur le monde entier. Tous les êtres demeureront conformes à leur nature et ne désireront rien contre leur nature ; et le péché n'existera plus, n'ayant plus de raison d'être.

En attendant l'*agnosia* finale, le péché colle à l'homme, fait pour ainsi dire partie intégrante de lui. Les passions humaines sont des esprits malfaisants, sortes d'appendices qui « ont la solidité du diamant et trouvent en eux-mêmes le principe de leur activité et de leur mouvement ». Cette âme adventice ne pourra être purifiée qu'au prix de plusieurs vies successives. Basilide croyait à la réincarnation des âmes. Lors de sa transmigration dans un autre corps, l'âme assure la transmission de ses fautes antérieures. C'est ce qui explique la souffrance, y compris celle de l'enfant à sa naissance. C'est pourquoi le Christ ne fut pas un homme comme les autres car, logiquement, ayant souffert sa Passion et la Crucifixion, il aurait dû être considéré comme ayant beaucoup péché dans ses vies antérieures. Aux yeux des basilidiens, Jésus n'avait connu aucune vie antérieure ; ils niaient l'union hypostatique du Verbe avec l'homme Jésus. Le Christ n'avait eu qu'un corps apparent ; il n'avait pas souffert sur la croix, ayant troqué sa propre apparence contre celle de Simon de Cyrène, qui fut ainsi crucifié par erreur. C'était l'erreur *docétiste* * commune à presque tous les gnostiques chrétiens.

Leurs détracteurs patristiques ont accusé les basilidiens de mener une vie dissolue, de condamner l'amour mais non point la sexualité, le désir mais pas l'acte naturel. Ils ne seraient livrés en outre à des pratiques magiques (ce qui est probable) et à la science des nombres. Ils étaient croyait-on savoir, experts en fabrication d'« Abrasax » en forme de talismans et d'amulettes (ce qui est certain). Mais que cachait en réalité ce mot d'Abrasax ?

Abrasax aurait été le nom attribué au Grand Archonte de l'Éther, créateur des cieux. Selon les lois de la numération, très à la mode à l'époque, les lettres de ce nom, considérées comme chiffres, donneraient un total de 365. Ce nombre était aussi celui de Mithra (*Meitras*), divinité solaire iranienne. Il symbolise évidemment les 365 révolutions du Soleil autour de la Terre dans le système géocentrique de l'Univers. Chacun de ces jours correspond à un « ciel » régenté par un génie et Abrasax, dieu solaire, les contient tous.

Par ailleurs, Abrasax correspond à Hélios, lui-même symbole du Christ solaire intracosmique du cercle de l'hebdomade, avec ses 360 liturges, les cinq jours restants étant attribués aux cinq planètes, à l'exception du Soleil et de la Lune.

Ces « mystères » n'étaient pas connus de tous les sectaires ; ils n'étaient révélés qu'aux élus, les *pneumatiques*, qui n'étaient initiés qu'après plusieurs années d'épreuves. Sans doute le système gnostique le plus compliqué et le moins connu de ces premiers siècles de l'ère chrétienne, la doctrine de Basilide et de son fils Isidore semble avoir été l'une des plus pures parmi les spéculations du genre, ce qui explique l'acharnement des hérésiologues à la dénoncer.

BAUR Ferdinand Christian : (1792-1860). Théologien allemand et professeur à l'université de Tübingen, F.C. Baur est le fondateur de la fameuse École de Tübingen. Au fil de ses recherches, il s'était convaincu que durant tout le Ier siècle de l'ère chrétienne, l'Église primitive avait été divisée entre la tendance « judaïsante » de saint Pierre et l'école plus ouverte des partisans de saint Paul. Ce dernier aurait prêché une doctrine moins enfermée dans la tradition de l'Ancien Testament. La rédaction des Évangiles se serait ressentie de ces querelles. Selon Baur, ce ne serait qu'au IIe siècle que la réconciliation entre les deux tendances se serait produite et que les partis en présence se seraient réconciliés dans l'Église catholique. L'Évangile de Jean – dont on sait aujourd'hui qu'il n'a pas été rédigé par l'apôtre, mais par un autre Johannès, son disciple tardif, au IIe siècle – aurait scellé la réconciliation. Il est certain, en effet, que des quatre Évangiles, celui que l'on attribue à Jean se distingue des trois autres, *synoptiques*, par son caractère plus « hellénisant ».

BAXTER Richard : (1615-1691). Théologien anglais presbytérien non conformiste ; il servit

106

comme chapelain dans l'armée de Cromwell. Il fut longtemps pasteur de l'église de Kidderminster, dont il fut évincé en 1661 lors de la Restauration du roi Charles II. Baxter est l'auteur de livres de piété évangélique qui demeurèrent fort appréciés longtemps après sa mort.

BEGGARDS ou BEGHARDS : On ne sait trop sous quelles pressions le concile de Latran, tenu en 1215, avait défendu de fonder de nouveaux ordres monastiques. Peut-être la thèse officielle selon laquelle l'Église craignait qu'une trop grande diversité des ordres monastiques ne soit porteuse de confusion est-elle en effet à retenir. Quoi qu'il en ait été, la décision fut lourde de conséquences. Dans ces temps troublés où la guerre des albigeois faisait encore rage, les cathares avaient donné l'exemple d'une grande pureté de mœurs et en particulier d'un pieux désintéressement envers les privilèges et les avantages de ce monde. De l'aveu même des historiens de l'Église, la piété, la régularité de vie, la pratique rigide des conseils évangéliques de la plupart des sectaires contrastaient tragiquement avec les désordres du clergé. En réaction, une multitude de congrégations, d'associations religieuses avaient vu le jour. Le concile de Latran vint mettre un frein brutal à cette expansion. Elle prit une autre forme.

Faute désormais d'être canalisés dans des organismes réguliers sur lesquels l'Église aurait été en mesure d'exercer son contrôle, n'obéissant à d'autre discipline que celle que leur dictaient leur enthousiasme et leur fanatisme, des groupes hétéroclites se formèrent spontanément. Ils réunissaient le plus souvent des hommes et des femmes de bonne volonté, aussi sûrs d'accomplir la volonté divine qu'ils étaient frustes et sincères. Ces différentes sectes n'avaient entre elles aucun lien institutionnel ; elles ne se ressemblaient que par leur goût de l'excès et, bientôt, par la similitude de leurs erreurs. Tels furent ceux qu'on appela en leur temps *beggards* *, *frérots* * ou *fraticelles* *, *dulcinistes*, *apostoliques* *.

Les tout premiers d'entre eux furent des franciscains illuminés qui estimaient pratiquer la règle de saint François dans toute sa rigueur. Ils renonçaient à tous les biens terrestres, vivaient d'aumônes, se vêtaient de haillons et soutenaient que Jésus-Christ et ses disciples n'avaient rien possédé, qu'ils n'avaient aucun droit sur les objets dont ils faisaient usage, etc. Ils se donnaient à eux-mêmes le nom de « spirituels ».

Le pape Jean XXII les condamna. Ils se révoltèrent. Ils dénoncèrent le pape et les évêques, adoptèrent les doctrines *millénaristes* * de Joachim de Flore et annoncèrent la prochaine réformation de l'Église par les vrais disciples de saint François. Ces spirituels entraînèrent à leur suite un grand nombre de frères lais du tiers-ordre de saint François, les *fratricelles*, les *bizochi* ou *besaciers* en Italie, *béguins* en France, *beggards* aux Pays-Bas et en Allemagne. Ils rallièrent de nombreux disciples et se répandirent en Italie, en France et surtout en Allemagne, à Cologne et le long du Rhin.

Prédicants passionnés, ils ne tardèrent pas à professer des erreurs qui allaient faciliter la lutte de l'Église et du pouvoir temporel contre eux, jusqu'à l'extermination. Ils enseignaient que l'homme peut acquérir en cette vie un tel degré de perfection qu'il devient impeccable et ne peut croître en grâce ; que, parvenu à ce degré, l'homme n'a plus besoin de prier ni de jeûner ; que, dans cet état de liberté, on n'est plus tenu d'observer les lois et les préceptes de l'Église ; que l'Homme peut parvenir en cette vie au même degré de béatitude qu'en paradis ; que toute créature intelligente est naturellement bienheureuse et n'a pas besoin de la lumière de gloire pour contempler et posséder Dieu ; que la pratique des vertus est pour les âmes imparfaites : celles qui ont atteint la perfection sont dispensées de les pratiquer ; que le simple baiser d'une femme est un péché mortel, mais que le commerce charnel avec elle n'est pas répréhensible, le besoin étant une loi de la nature ; que les « parfaits » n'ont pas à se lever pendant l'élévation de l'eucharistie, car ce serait un acte d'imperfection de se soustraire à leur contemplation personnelle pour penser à la Cène et à la Passion du Christ.

Ces erreurs furent condamnées par le concile général de Vienne, sous le pape Clément V, en 1311. Fuyant la répression en France et aux Pays-Bas, les beggards refluèrent vers l'intérieur de l'Allemagne. On les retrouve au XVe siècle en Bohême où ils seront persécutés à la fois par le clergé catholique et par les hussites. Ils se confondirent avec les *adamites* * avant de disparaître définitivement. Molinos, au XVIIe siècle, aurait repris certaines de leurs doctrines, notamment cette proposition que l'âme raisonnable n'étant pas réellement et à proprement parler la forme du corps, elle n'est pas impliquée dans les actes de la chair.

BERDIAEFF Nicolas : (1874-1948). Théologien russe orthodoxe contemporain. D'abord militaire puis universitaire, il fut écarté de l'Université à cause de ses idées socialistes. Nommé après la Révolution de 1917 à la chaire de philosophie de l'université de Moscou, il ne tarda pas à se heurter aux autorités bolchéviques et s'exila en France — où les Allemands l'inquiétèrent à leur tour pendant l'Occupation. Il écrivit de nombreux ouvrages dont beaucoup ont été traduits en plusieurs langues. Berdiaeff croyait à une union mystérieuse et vivante entre Dieu et l'Homme. Le Christ, Dieu-Homme, en aurait été l'expression la plus parfaite.

BÉRÉENS : Disciples écossais du révérend John Barclay (1734-1794). La secte fondée par Barclay entendait s'inspirer des habitants de Berea qui, selon Actes, XVII, furent de ceux qui reçurent avec le plus de respect la parole de Dieu. Après la mort de son fondateur, la secte des béréens se rallia au mouvement *congrégationaliste* *.

BÉRENGER DE TOURS : (998-1088) « Moi Bérenger, indigne diacre de l'église de Saint-Maurice d'Angers, connaissant la vérité et la foi apostolique, j'anathématise toutes les hérésies, principalement celle dont je suis accusé, savoir : que le pain et le vin placés sur l'autel ne sont après la consécration qu'un symbole, et non pas le vrai corps et le vrai sang de Notre-Seigneur Jésus-Christ, et que ce n'est qu'en symbole qu'il peut être sensiblement touché, rompu par les mains des prêtres et froissé sous la dent des fidèles.

« J'adhère à la sainte Église romaine et au Siège apostolique, et je proteste de cœur et de bouche, que sur le sacrement de la table du Seigneur, je tiens la même foi que le seigneur et vénérable pape Nicolas et ce saint concile m'ont prescrite, d'après l'autorité de l'Évangile et des Apôtres, savoir : que le pain et le vin mis sur l'autel sont, après la consécration, non seulement un symbole, mais encore le vrai corps et le vrai sang de Notre-Seigneur Jésus-Christ, et qu'ils sont touchés et rompus par les mains des prêtres et froissés sous la dent des fidèles sensiblement, en symbole et tout à la fois en réalité [...]. »

Cette rétractation, suivie d'une affirmation de foi, faite solennellement par Bérenger au concile de Rome, présidé par le pape Nicolas II, est tout à fait exemplaire de l'erreur qu'on a reprochée au futur ermite de Tours. Après avoir abjuré ses erreurs et s'être condamné lui-même, Bérenger ne tarda pas à revenir sur ses protestations de fidélité. Il reprit ses erreurs autant de fois qu'il les abjura trente ans durant. Enfin, à l'âge de quatre-vingts ans, il rentra définitivement dans le giron de l'Église et se fit ermite dans la région de Tours. On a dit de Bérenger qu'il avait été un disciple de Scot Érigène et un adversaire de Paschase Radbert, abbé de Corbie. Il fut aussi un rival (malheureux) de Lanfranc, abbé du Bec de Normandie, puis archevêque de Canterbury, dont le prestige avait contribué à effacer celui de l'école de Tours et d'Angers.

BERRUYER Joseph Isaac : Jésuite et écrivain du XVIIIᵉ siècle, Berruyer fut au centre d'une âpre polémique politico-religieuse au cours de laquelle les jansénistes marquèrent des points importants contre la Compagnie de Jésus.

Disciple ou élève du père Hardouin, Berruyer s'était laissé emporter par son zèle en voulant rendre la lecture de l'Écriture plus agréable aux gens du monde. Il se rendit célèbre en publiant une *Histoire du peuple de Dieu* inspirée des *Commentaires* du P. Hardouin et des Actes des Apôtres, le tout accompagné de gracieuses dissertations en latin. Obnubilé par l'humanité de Jésus-Christ (ou peut-être était-ce l'esprit du siècle ?) Berruyer commit l'erreur de faire passer au second plan la vraie filiation divine qui appartient en propre au Verbe considéré isolément. La priorité est donnée à l'Homme-Dieu et non plus au Dieu-Homme.

Tout le livre fut censuré à Rome entre 1734 et 1755, puis en 1758 par un décret du pape Clément XIII. En France même, les évêques, la Sorbonne et le Parlement engagèrent aussitôt la polémique. Les *jansénistes* * s'emparèrent de l'aubaine pour vitupérer la Compagnie de Jésus. On alla jusqu'à invoquer l'existence d'un mystérieux parti du nom d'« hardouino-berruyériste », ce qui fit rire. Qui se souvient de Berruyer aujourd'hui ?

BÉRYLLE : Évêque de Bostres en Arabie, qui enseigna, en l'an 242, que Jésus-Christ n'avait point existé avant l'incarnation et n'avait été Dieu qu'en naissant de la Vierge Marie. Il ne l'avait été d'ailleurs que parce que Père demeurait en lui, comme dans le cas des prophètes.

Il abjura son erreur sous la pression d'Origène.

BESANT Annie : (1847-1933). Militante socialiste et matérialiste, cette Anglaise de souche irlandaise fut convertie au mouvement *théosophique* * par Mᵐᵉ *Blavatsky* *. Elle se consacra alors à la Société théosophique, dont elle fut la présidente en 1907. On lui doit la fondation d'une université et d'autres institutions théosophiques à Bénarès. Elle mourut à Adyar, près de Madras, en Inde.

BIBLE (chrétiens de la) ou Bible Christians : Secte fondée en Angleterre en 1815 par William O'Bryan. Le trait distinctif de la secte consistait dans le recours exclusif à l'Écriture sainte pour toutes les questions de religion. Elle se fondit dans l'Église *méthodiste* *, en 1907.

BIDDLE John : (1615-1662). Célèbre prédicateur et théologien britannique. Il s'attaqua ouvertement à maintes reprises au dogme de la Trinité et fut emprisonné plusieurs fois. Condamné à mort par contumace en 1647, il fut exilé aux îles Scilly en 1655. Rentré clandestinement à Londres, il fut arrêté pendant qu'il prêchait et mourut en prison. Il passe pour être le « père des *unitairiens* * anglais ».

BLANCHARDISME : (Voir *Petite Église*).

BLAVATSKY (Mme) : (1831-1891). Fondatrice avec H. S. Olcott de la Société théosophique. On connaît peu de chose sur les quarante premières années de sa vie. Elle était née à Ekatérinoslav, en Russie, et avait épousé en 1848 un fonctionnaire naire du nom de N. V. Blavatsky dont elle n'avait pas tardé à se séparer. Il semble qu'elle quitta alors la Russie. Selon ses propres affirmations, elle aurait passé sept ans au Tibet, de 1851 à 1858. Elle y aurait reçu l'enseignement de mystérieux sages appartenant à la « Grande Fraternité blanche ». Ses maîtres, adeptes, mahatmas semi-divins l'auraient alors missionnée.

On la retrouve à New York, où elle exerce un moment la profession de médium spirite. Elle y fait la connaissance du colonel Olcott et fonde avec lui, en 1875, la Société théosophique. Elle se rendit ensuite en Inde et parvint à convertir un grand nombre de personnes à ses idées. La Société théosophique connut un essor prodigieux ; elle est aujourd'hui représentée dans le monde entier. Mme Blavatsky prétendait être en étroite relation avec les fameux mahatmas de la « Grande Loge blanche ». Elle mourut à Londres en 1891.

On lui doit deux livres célèbres : *Isis dévoilée* (1877) et *La Doctrine secrète* (1888), qui est devenue la bible de ses disciples.

BOEHME Jacob : (1575-1624). Le plus prestigieux des théosophes mystiques de l'Occident et sans doute le dernier des grands penseurs gnostiques authentiques. Il laissa des disciples et des exégètes mais ne fut jamais égalé.

Jacob Boehme naquit près de Görlitz en Silésie. Il y exerça le métier de cordonnier (d'où son nom familier de « cordonnier de Görlitz ») et se consacra à l'étude de la Bible. On l'a dit fruste et sans grande instruction, mais la teneur philosophique de ses ouvrages tendrait à prouver le contraire. Il aurait reçu l'initiation d'un maître inconnu, rose-croix avant la lettre, hermétiste en tout cas si on en juge par le langage « alchimique » du « cordonnier ». Quoique de son propre aveu Boehme fût resté très attaché à la foi luthérienne, ses idées non conformistes provoquèrent la méfiance des autorités religieuses et lui valurent d'être convoqué à Dresde où il comparut devant les plus hautes instances ecclésiastiques. Il parvint à se disculper

Jacob Boehme

(1624), mais mourut la même année. De chagrin disent certains, de découragement affirment d'autres. Outre ses disciples directs, Gichtel et la plupart des rosicruciens allemands, nombreux furent en Europe les illuminés, les théosophes, les penseurs et jusqu'aux philosophes qui se laissèrent influencer par sa pensée. Cette influence resta considérable jusque vers la première moitié du XIXe siècle – en fait jusqu'à l'avènement de l'occultisme et du scientisme. Il semble qu'elle soit en train de se manifester à nouveau à l'orée du XXIe siècle. On citera, parmi les boehmistes les plus connus, les noms de John Pordage, Jane Lead (fondatrice de la société boehmiste des *philadelphes* *), Fehrer et surtout William Law, en Angleterre ; Swedenborg en Suède ; Louis-Claude de Saint-Martin en France – et sans doute Martinez de Pasqually. Des philosophes comme Spinoza, Hegel, Feuerbach et Newton s'intéressèrent par ailleurs à l'œuvre de Jacob Boehme.

La pensée de Boehme s'inscrit dans la ligne de celles de Maître Eckhart et des gnostiques *basilidiens* * de la première vague. Elle est complexe et construite autour de la médiévale notion de déité et du rapport de Dieu avec la Nature, l'homme en tout premier lieu. Elle est moderne par l'usage qu'il fait de la dialectique et de l'opposition des contraires, par l'introduction aussi dans son déroulement d'un apport nettement phénoménologique et psychologique. Le « philosophe teutonique » est en avance sur son temps. Mais son langage imagé « alchimique » et hermétiste l'enracine bien dans la Renaissance finissante, héritière du merveilleux médiéval.

Pour Jacob Boehme, il importe de distinguer, parlant de Dieu, entre la « déité », qui est à l'arrière-plan, et la « divinité », qui nous est plus accessible. La déité est l'*Ungrund*, « le fond de l'Être divin », qui n'est ni fondement ni cause de rien. C'est le « Dieu qui n'est pas » de Basilide, l'Absolu qui est en deçà et au-delà de la création et de toute réalité logique ou sensible. Cette déité est silencieuse, *inconcevable pour soi-même*. Dans l'*Ungrund*, Dieu personnifié n'existe pas. Néanmoins, il existe une volonté potentielle dans l'*Ungrund* (nous pouvons nous en rendre compte « en lisant en nous-mêmes », en déchiffrant notre propre Livre écrit par le doigt créateur de Dieu). Cette volonté est celle de se connaître soi-même, de prendre conscience de soi. Ainsi dans l'obscur silence de la déité apparaît de tout temps un désir éternel et infini d'autorévélation. La déité a besoin de se connaître, de se définir, et, pour y parvenir, de se manifester à soi-même. Bref, l'Existence ici fonde l'Être. Phénoménologiquement, mais non pas ontologiquement. Il y a une différence en outre entre l'*Ungrund*, pure déité, et l'*Urgrund*, absolu fondement et cause dernière des choses. Quant à l'*Abgrund*, c'est l'abîme ardent et sans fond.

Dans son processus de manifestation, la volonté commence par produire un « miroir » dans lequel la déité indistincte se reflète sous une forme trinaire : la Trinité. Le Père est la volonté même de l'*Ungrund*, sans cause ni fondement ; le Fils est la volonté éprise d'elle-même et du désir de se connaître ; le Saint-Esprit enfin exprime l'union des deux aspects de la volonté. À partir de ces prémisses, *ontologiquement* mais non point *existentiellement*, apparaît la Nature éternelle engendrée par la volonté du Père, coéternelle à Dieu. Éternellement produite, mais éternellement cachée en Dieu, cette Nature éternelle a pour sceau la Vierge Sophia, image parfaite des splendeurs divines cachées que la volonté sans fondement tend sans cesse à manifester. Ainsi sur l'abîme de la déité, de l'*Ungrund* indéfini, s'élève la Trinité et son image parfaite, sa sagesse qui est la Vierge Sophia, archétype exemplaire de la Nature éternelle. Ce cercle divin est antérieur, toujours du point de vue ontologique, à la Création proprement dite. Cette dernière en dérive naturellement.

Elle n'est pas apparue comme cela, *ex nihilo* ; elle est une émergence de la Nature éternelle. Elle est le produit de forces antagonistes : la lumière et la ténèbre, le bien et le mal, l'amour et la colère. Ces oppositions créatrices sont au nombre de sept. Sept « formes », sept « propriétés », sept « mères » qui sont essentiellement : l'Astringence, l'Amertume, l'Angoisse, la Douceur, la Lumière, le Son (ou le Ton) et enfin l'Essence ou le Corps. Ces « mères » possèdent des correspondances astrologiques et alchimiques dont le langage boehmien use et abuse. Elles se regroupent en deux séries de trois, deux ternaires qui s'opposent et se complètent à la fois. Les Ténèbres, la Force et le « Feu obscur » (ou, si l'on veut : l'Astringence, l'Amertume et l'Angoisse) forment le ternaire de gauche. La Lumière, la Gloire et l'Amour composent le ternaire « de la main droite ». Le premier ternaire est celui de la Rigueur et du Feu, par lequel Dieu manifeste sa colère. Le deuxième, celui de l'Amour, appartient au fils. La septième « mère » est celle du Saint-Esprit, qui assure la liaison harmonieuse entre la Rigueur et la Miséricorde. Le rôle attribué à la septième « mère » et au Saint-Esprit est éminent. C'est la « mer de cristal », le « corps », la « semence » se conjuguant afin de produire un effet de *fabrication*. C'est la négation de la négation d'un système dialectique débouchant sur l'apparition du Cosmos. Telle est donc la Nature éternelle, perpétuel miroir de Dieu. Son corps, sa sagesse virginale, dont le reflet dans le monde de lumière est la Vierge Sophia, est la projection *féminine* du Fils engendré par le Père. C'est la Sainte-Esprit des anciennes gnoses, l'Épouse virginale que tant de boehmistes tendront à assimiler à la Vierge Marie. Boehme lui-même semble avoir une vénération particulière pour cette image centrale de son système visionnaire.

Comment la mort, la douleur, le péché se sont-ils introduits dans cette Création si bien équilibrée ? C'est le libre arbitre qui en est la cause essentielle. Il n'y a ni bien ni mal dans la Nature éternelle ; il n'y existe qu'un ternaire de rigueur et un ternaire de miséricorde, le « Feu obscur » et la Lumière. Cependant, la Création s'est déroulée en deux étapes successives, occupant néanmoins un *même lieu*. Tout d'abord est apparu le monde angélique, ensuite le monde sensible. Les anges concentrent en eux les principes opposés des deux ternaires, la propriété lumineuse cachant l'aspect feu, l'amour voilant la rigueur. Mais ils sont « détachés » de Dieu et disposent du libre arbitre. À l'origine ils avaient un roc, c'était Lucifer. Mais ce dernier, suivi d'autres anges rebelles faisant usage de leur libre arbitre, choisit une voie égocentrique et se « désordonna », dévoilant le feu obscur jusqu'alors caché. Ils se concentrèrent dans leur propre présence. Ce fut la Chute et Lucifer devint le « Prince de ce monde ».

Cette première chute fut une catastrophe hypercosmique, elle actualisa la présence dans le monde du principe ténébreux, le fit passer de l'état potentiel à l'état d'existence active. Or, appartenant à la Nature éternelle, les anges rebelles ne pouvaient être anéantis; ne pouvant se reproduire, ils ne pouvaient non plus être rachetés. À la place du royaume de Lumière que Dieu avait souhaité, était apparu un monde « ténébreux, informe et vide », une sorte d'antithèse de la Nature éternelle selon l'esprit de Sophia.

L'accomplissement de la Rédemption, bois gravé, 1491

Alors la Sagesse suscita une nouvelle Création destinée à rectifier et à restaurer l'harmonie universelle. Elle la créa par le biais des « sept esprits », durant six jours. Avec cette nouvelle Création, le Temps a fait son apparition, l'homme pouvant se succéder à lui-même. Cette création débute avec le désir divin de réparer le mal causé par la première chute; elle se terminera nécessairement avec la restauration finale de l'état primordial angélique. Adam fut créé parfait : il était androgyne, détenant en son être particulier les deux aspects igné et lumineux de la Nature éternelle. Vivant témoin de la gloire du Père, il devait engendrer le Christ destiné à mettre un

terme au règne de Lucifer. Hélas! doté lui aussi de libre arbitre, il s'est à son tour « concentré en lui-même » et a une fois encore libéré les principes du feu, des ténèbres et de la mort.

C'est pourquoi le Fils a dû s'incarner dans le Christ, nouvel Adam. Il est venu accomplir la Rédemption. Homme et Dieu, il est le modèle et la voie. L'âme en s'unissant au Christ, en anéantissant sa volonté (son libre arbitre) dans celle du Rédempteur, peut retrouver l'équilibre originel et passer du principe ténébreux au principe lumineux. Et c'est l'envolée mystique si chère à Jacob Boehme.

Cette envolée comporte une vaste et personnelle exploration des mystères de la Nature éternelle et de ses lois. C'est à partir de la connaissance de soi, d'une passionnante incursion à caractère phénoménologique dans les méandres de sa propre nature que l'homme, l'adepte plutôt, est apte à percer le secret de la « Signature des choses ».

BOGOMILES, BONGARMILES ou BONGOMILES : Du bulgare *Bog* « Dieu », et *milvi* « Ayez pitié ». Hérétiques « bulgares », qui se disaient en effet aimés de Dieu. Ils apparurent à Constantinople dès les débuts du XIIe siècle, sous le règne d'Alexis Comnène et un de leurs zélateurs, Basile, y fut brûlé vif en 1119.

Ils préfigurent les cathares. Ils auraient emprunté leur doctrine aux sectes manichéennes, les *pauliciens** notamment, qui étaient encore actives en Orient, et aux euchites *messaliens **, qui rejetaient les démonstrations extérieures du culte, leur préférant la prière. Le monde, enseignaient-ils, avait été créé par Lucifer ou Satanael, frère jumeau du Christ. À l'origine, Lucifer avait séduit Ève et procréé Caïn, et c'est ainsi qu'après le meurtre d'Abel, le Mal s'était répandu sur la terre par la filiation maudite des descendants de Caïn. Resté fidèle au Père, le Christ avait été envoyé ici-bas pour la rédemption des pécheurs, mais il n'avait eu qu'un corps fantastique avec seulement une apparence humaine. Jésus n'avait donc pas souffert sur la Croix.

Les bogomiles rejetaient l'Ancien Testament, à l'exception de sept livres; ils rejetaient aussi l'eucharistie et le sacrifice de la messe, soutenant que l'oraison dominicale, qui était leur seule prière, était la seule vraie eucharistie. Ils condamnaient le baptême catholique, qu'ils disaient n'être que de saint Jean, et administraient un baptême à eux, celui du Christ. Ils niaient enfin la résurrection des corps, ne reconnaissant qu'une résurrection spirituelle. Bien entendu, comme toutes les sectes à filiation gnostique ou manichéenne, ils repoussaient le mariage et la procréation des enfants.

111

BONOSIAQUES ou BONOSIENS : Disciples de Bonose, évêque de Sardaigne (IVe siècle). Bonose soutenait, comme Plotin, que Jésus-Christ n'était Fils de Dieu que par adoption, que Marie avait cessé d'être vierge après l'Enfantement. Le concile de Capoue, sous la présidence du pape Gélase, condamna ces deux erreurs.

BOOTH William : (1829-1912). Fondateur et premier « général » de l'*Armée du Salut* *, William Booth est né à Nottingham, en Angleterre. Bon prédicateur dès son adolescence, il n'en exerça pas moins un métier très profane (il fut des années durant l'assistant d'un prêteur sur gages de Londres) avant de se livrer à sa véritable vocation d'évangéliste.

En 1855, il épouse Catherine Mumford et devient un fidèle de la *New Connection* du *méthodisme* * ; à partir de 1861, il prêche dans les quartiers populaires de l'*East End* londonien. Il fonde la Mission chrétienne (sans étiquette confessionnelle) qui allait devenir l'Armée du Salut *(Salvation Army)*. Avec l'aide de son épouse, promue au titre de « Mère de l'Armée » (et décédée en 1890), il dirigera l'Armée jusqu'à sa propre mort. Son fils William Bramwell Booth et sa fille Évangéline Booth devaient tous deux lui succéder à la tête de l'organisation.

BORBORITES : Gnostiques qui refusaient de croire à l'éventualité du Jugement Dernier. Leur nom vient de leur habitude de se barbouiller le visage de boue, d'excréments et d'ordures diverses afin de déguiser le visage de Dieu, l'homme ayant été fait à l'image divine.

BORRÉLISTES : Disciples d'Adam Borreel, un *anabaptiste* * zélandais. Ils n'admettaient que l'enseignement contenu dans la Bible, à l'exclusion de tout commentaire ou interprétation à caractère humain. Essayer d'interpréter l'Écriture, disaient-ils, ne pouvait qu'aboutir à corrompre la parole de Dieu.

BOULGAKOV Serge : (1871-1944). Fils de pope, prêtre ensuite lui-même, Serge Boulgakov fut d'abord attiré par le marxisme et devint professeur d'économie politique à Moscou. Il n'en fut pas moins contraint à l'exil et accéda, en 1925, à la présidence de l'Institut orthodoxe de Paris. Il publia de nombreux ouvrages dans lesquels il explique sa doctrine religieuse (orthodoxe) de la *sophiologie*. Il enseigne que la Sagesse divine, représentée par le Saint-Esprit, a créé toutes choses ; qu'elle est immanente à toutes choses, mais que Dieu demeure pourtant transcendant par rapport à la Création.

BOURIGNON Antoinette : (1616-1680). Née en Flandre, Antoinette Bourignon se crut très vite illuminée par Dieu et chargée de mission. Elle dénonça toutes les Églises de son temps, les jugeant perverties et mondaines, et ne tarda pas à se libérer de toute appartenance confessionnelle. Avec quelques fidèles, elle mena une vie errante, décrivant dans des ouvrages mystiques ses visions et ses expériences personnelles. Son plus fidèle disciple, Pierre Poiret, assuma la tâche de diffuser les œuvres de la « sainte » après la mort de cette dernière.

BOURNE Hugh : (1772-1852). Prêcheur méthodiste anglais et fondateur de la branche des *méthodistes* * primitifs.

BRAY Thomas : (1658-1730). Fondateur de la Society for Promoting Christian Knowledge (1698) et de la Society for the Propagation of the Gospel (1701). Ces deux organisations, S.P.C.K. et S.P.G., jouent un rôle important dans la propagation de l'anglicanisme. Thomas Bray fut un théologien très connu en son temps.

BRETHREN IN CHRIST : Secte à caractère strictement biblique fondée en Pennsylvanie (États-Unis) ; elle s'est répandue ensuite dans tous les États-Unis et jusqu'au Canada. Elle pratique le baptême par triple immersion, le lavement des pieds des « saints », etc. Elle prône la guérison spirituelle et la non-résistance au mal.

BROAD CHURCH : La *Broad Church* représente dans l'*anglicanisme* * la voie moyenne entre la *High Church* et la *Low Church*. Elle préconise une attitude libérale envers les diverses tendances.

BROTHERS Richard : (1757-1824). C'est en 1793 que cet ancien officier de la marine britannique découvrit et proclama qu'il était le « neveu du Tout-Puissant », le « prince des Hébreux » qui devait les ramener en terre de Chanaan, et enfin le « Messie ». Il avait précisé que la Nouvelle-Jérusalem serait inaugurée au bord du Jourdain en 1795 et promettait d'y conduire son peuple. Beaucoup de personnes le crurent, vendirent leurs biens et s'apprêtèrent à le suivre en Terre sainte. On lisait ses prophéties, on les commentait, le « Messie » avait toutes les raisons d'être fier de lui quand il fut arrêté et emprisonné. En effet, il avait eu la malencontreuse idée de prédire la mort du roi George et la fin de la monarchie ! D'abord emprisonné à Newgate comme fou dangereux, il fut transféré ailleurs puis relâché. Il semble qu'on n'en entendit plus parler.

BROWNISTES : Disciples de Robert Browne (1550-1633). Ce théologien anglais, ancien élève de Cambridge, fut d'abord maître d'école avant de se séparer de l'Église d'Angleterre et de prêcher sa propre doctrine non conformiste. Il est le fondateur du mouvement *congrégationaliste* *. En butte aux persécutions de l'Église anglicane officielle, il fut emprisonné et finit par abjurer ses « erreurs ». Ses disciples ne le suivirent pas dans son abjuration et restèrent très actifs.

Ils rejetaient toute espèce d'autorité ecclésiastique, surtout épiscopalienne. Presbytériens avant la lettre, ils ne voyaient dans le ministère évangélique qu'une simple commission révocable ; chacun des membres de la congrégation avait le droit de faire ses propres exhortations.

Les brownistes remplirent bientôt les prisons de la reine Elisabeth. Persécutés, poursuivis, la plupart d'entre eux durent quitter l'Angleterre. Certains se retirèrent à Amsterdam où ils se reconstituèrent en secte. Leurs principaux pasteurs furent Johnson, Ainsworth (connu pour un commentaire de Pentateuque), Barrow et Wilkinson.

BRUDERHOF : Ancienne secte communiste-chrétienne fondée au XVIe siècle par Jacob Hutter. Elle a émigré en Amérique et au Canada où elle est encore active. Ses membres, pour la plupart d'origine allemande, rejettent le recours à la guerre et refusent d'accomplir le service militaire. Les sectaires sont aussi parfois appelés « huttérites » du nom de leur fondateur.

BRUNNER Émile : Théologien protestant né en 1889 à Winterthur, en Suisse. Il devint professeur de théologie à Zurich (1924). Sa « théologie biblique » repousse à la fois la prétention catholique à l'infaillibilité de l'Église et le laxisme libéral du protestantisme, qui est accusé de séparer la foi chrétienne de son contexte historique. Ni un Livre, ni un ensemble de doctrines ne rendent compte de la Révélation divine ; celle-ci est tout entière contenue dans une personne qui est Jésus-Christ.

Certains auteurs ont fait le rapprochement entre les idées professées par Brunner et celles de Kierkegaard.

BRUNO Giordano : (1548-1600). Attachant personnage, qui fut d'abord un moine et un prêtre de l'ordre de saint Dominique. Enthousiaste, esprit curieux, assoiffé de nouvelles connaissances, le jeune Giordano ne tarda pas à se révolter contre la discipline monastique et se mit à courir le monde. C'est sans doute au cours de ces voyages qu'il forgea sa doctrine panthéiste de Dieu et de l'Univers. Avant Spinoza, il se servit des expressions *Natura naturans* et *Natura naturarata* pour désigner Dieu et l'Univers. Il défendit la théorie, alors si contestée, de Copernic et publia maints ouvrages, dont *Sur la cause unique des choses*, *Sur l'infinité de l'Univers et des mondes*. Ces livres, rédigés pendant son séjour en Angleterre entre 1583 et 1585, furent suivis d'une *Expulsion de la Bête triomphante*, où les miracles sont dénoncés comme pratiques magiques, les récits de la Bible ramenés au rang des mythes de la mythologie gréco-romaine et, surtout, les moines dénoncés pour leurs mœurs dissolues. Pour Bruno, l'âme humaine est une partie de Dieu et, de ce fait, immortelle ; Dieu et l'Univers sont de même substance et de même essence, comme la Cause et l'Effet.

Capturé par l'Inquisition à Venise, Giordano Bruno passa sept ans en prison à Rome avant d'être livré aux flammes le 17 février 1600.

BUCER : Théologien protestant. Il fut d'abord religieux de l'ordre de Saint-Dominique. Il se convertit au luthéranisme en 1521 et se rallia aux idées de Zwingle sept ans plus tard. Très actif, il introduisit la Réforme à Strasbourg, où il fut ministre vingt ans durant. Passé en Angleterre à la demande de Cranmer, il y mourut en 1551. Sa tombe, profanée (son corps fut brûlé) sur ordre de la reine Marie Tudor, fut restaurée par les soins de la reine Elisabeth. Il reste connu pour son respect pour l'ordre épiscopal et vénéré à ce titre par les anglicans de la *High Church*.

BUCHANITES : Fille d'un aubergiste écossais, Elspeth Simpson (1738-1791) avait épousé un potier de Glasgow nommé Buchan, dont elle prit le nom puis divorça. Réputée pour ses mœurs relâchées autant que pour ses visions religieuses, Mrs. Buchan fit ensuite la connaissance d'un pasteur du nom de Hugh White. Ils fondèrent une secte illuministe à Irvine en 1779.

La secte fut chassée d'Irvine en 1784 et se réfugia à Nithsdale. Les fidèles, au nombre d'une quarantaine outre Mrs. Buchan, White et sa femme, étaient entassés dans une grange qu'ils avaient aménagée en maison commune ; ils s'y livraient, a-t-on dit, à des excès d'ordre sexuel tellement scandaleux qu'ils en furent chassés de nouveau et durent se réfugier cette fois dans une ferme de Kirkeudbright. Au terme de querelles et de dissensions, la secte finit par se dissoudre, le dernier des buchanites connu étant mort vers 1846.

Mrs. Buchan se proclamait la « femme de l'Apocalypse » (chap. XII), tandis que White était l'« enfant mâle » qu'elle avait enfanté. Les disciples attendaient le Jugement et leur enlèvement au Ciel.

BUCHMAN Frank : Fondateur du *Réarmement moral* *.

BULGARES : Nom donné quelquefois aux *bogomiles* * parce que ces derniers étaient nombreux en Bulgarie.
De nos jours l'Église bulgare est une Église orthodoxe autocéphale administrée par un synode d'archevêques.

BUNYAN John : (1628-1688). Fils d'un étameur ambulant, militaire pendant la guerre civile d'Angleterre, John Bunyan fut illuminé à la lecture de deux livres de piété que possédait sa jeune femme. Horrifié à l'idée d'être lui-même un pécheur, il se mit à mener une existence ascétique, refusant les plus petits plaisirs de la vie quotidienne pour ne penser qu'à l'expiation. Il finit par se joindre à une petite communauté baptiste de Bedford (1653) où il connut enfin la vraie Lumière. Arrêté et emprisonné pendant douze ans à la Restauration, il écrivit un premier livre plus ou moins autobiographique : *Grace Abounding to the Chief of Sinners*.
Relâché, puis mis en prison de nouveau à Bedford, il y rédigea cette fois son fameux *Pilgrim's Progress*, le livre religieux le plus populaire en Angleterre après la Bible. Durant les dix dernières années de sa vie, Bunyan fut pasteur de l'église baptiste de Bedford. Il écrivit durant cette période une soixantaine d'ouvrages religieux.

BUTLER Joseph : (1692-1752). Évêque anglican de Bristol et théologien anglais. Il est l'auteur d'une *Analogy of Religion to the Constitution and Course of Nature* où, tenant Dieu pour « auteur intelligent de la Nature » et pour « souverain naturel du monde », il estime qu'il est normal de découvrir des choses difficiles à comprendre dans la religion puisqu'on en découvre de similaires dans le cours de la Nature. Si la Nature est tenue pour vraie, Dieu l'est obligatoirement aussi.

« L'œil était dans la tombe »,
gravure du XIXᵉ siècle

CAÏNITES : Membres d'une secte gnostique du
IIe siècle. Ils enseignaient qu'il existait un Être
suprême supérieur au Créateur-Démiurge de ce
monde. Caïn avait été le fils de ce Dieu supérieur,
tandis qu'Abel était, pour sa part, enfant du
Démiurge créateur. Pour ces raisons ils vénéraient
Caïn. Ils disaient aussi que Judas avait été doué
de prescience et qu'il n'avait livré Jésus-Christ
aux juifs que parce qu'il prévoyait le bien qui
devait en résulter dans l'avenir pour les hommes.
Ils possédaient d'ailleurs un « Évangile de Judas »
qu'ils tenaient en grand honneur. Ces circonstances les firent appeler aussi *judaïtes* *.
Rejetant l'Ancien Testament, les caïnites-judaïtes
en prenaient le contre-pied. Ils professaient une
grande vénération pour les personnages que la
Bible condamne : les sodomites, Esaü, Coré... Ils
rejetaient le dogme de la résurrection des corps et
exhortaient les hommes à détruire toutes les
œuvres de la Création, tenues pour œuvres maléfiques d'un démiurge menteur. Des anges,
disaient-ils, présidaient aux péchés (qui n'étaient
que trompeuses apparences). Ils se complaisaient,
ont relaté leurs ennemis, dans la pratique de tous
les vices, notamment dans la sexualité la plus
débridée.

L' « Évangile de Judas » et la plupart de leurs
opinions et de leurs doctrines étaient contenus
dans un livre qu'ils nommaient *L'Ascension de
saint Paul*. Tertullien raconte qu'une femme de
leur secte se rendit en Afrique et y pervertit
plusieurs chrétiens. Elle s'appelait Quintilla, d'où
le nom de quintillianistes donné à ses disciples.
Rappelons à ce sujet que la franc-maçonnerie
adonhiramite du XIXe siècle et le récit de la
légende d'Hiram relaté par Gérard de Nerval
dans son *Voyage en Orient* réservaient une place
de choix à la généalogie de Caïn dans le rôle
civilisateur de l'Univers. Caïn et ses descendants y
sont représentés un peu comme des victimes du
Créateur injuste. Peut-on parler de filiation ?

CALIXTINS (1) : Sectaires de Bohême, de la
famille des *hussites* * (XVe siècle). Leur nom vient
du mot « calice », car ils préconisaient l'obligation
de la communion sous les deux espèces.
Après la condamnation et le supplice de Jean Hus
(1415), ses disciples se divisèrent en deux groupes : les *calixtins* sous Roquesane, les *taborites*
sous Ziska. Les seconds, refusant les recommanda-
tions du concile de Bâle, se révoltèrent et menèrent
les sanglants combats que l'on sait. Les premiers,

en revanche, semblèrent s'accommoder des accords de Bâle qui leur avait permis l'usage de la *coupe* sous certaines conditions. Mais ils ne tardèrent pas à remettre en cause ces accords; au lieu de déclarer, comme on en était convenu à Bâle, que la coupe n'est pas nécessaire, ni prescrite par Jésus-Christ, ils en affirmèrent la nécessité, même à l'égard des enfants nouvellement baptisés. Dans ce premier temps néanmoins, ils se rallièrent à toutes les autres prescriptions et aux doctrines de l'Église de Rome. Ils auraient reconnu l'autorité du pape, si Roquesane, n'ayant pu obtenir le siège archiépiscopal de Prague, n'avait choisi de persister dans le schisme. Plus tard enfin, une partie des calixtins fit scission du noyau central et s'engagea plus loin dans la Réforme, se rapprochant des doctrines des taborites.

Pour finir, toutes ces branches de hussites se rallièrent à la grande Réforme de Luther.

CALIXTINS (2) : Ces calixtins du XVIIᵉ siècle n'ont rien à voir avec les précédents. Ils étaient disciples d'un certain Georges Calixte ou Caliste, célèbre théologien luthérien en son temps. Calixte soutenait qu'il y a en l'homme suffisamment de connaissance naturelle et de bonne volonté pour qu'il puisse se passer de la grâce pour arriver à la perfection et à la vertu. Il s'opposait aux doctrines de saint Augustin.

CALVIN Jean : (1509-1564). Jean Calvin est né à Noyon, en Picardie. Étudiant en droit à Orléans, bénéficiaire d'un petit pécule ecclésiastique, il ne s'en laissa pas moins tenter par les idées de la Réforme. Il devint très vite suspect et dut s'enfuir avec d'autres coréligionnaires, en 1533, afin d'échapper aux persécutions commencées sous le roi François Iᵉʳ. Il s'établit à Bâle, puis à Genève. Il contribua activement au renversement du catholicisme dans cette dernière ville et en devint rapidement le dictateur religieux. Pas pour longtemps car, à peine deux ans plus tard, il dut s'enfuir à nouveau et s'installer à Strasbourg où il se maria et se consacra à l'étude des Écritures. De retour, définitivement cette fois, à Genève, il y établit un gouvernement théocratique rigide et pointilleux. Il parvint à briser toute opposition sérieuse en faisant brûler vif, pour hérésie, son principal rival, Michel *Servet* * (1553). C'est à Calvin qu'on doit l'institution organisée du *presbytérianisme* *, qui subsiste encore de nos jours en Écosse (où il fut instauré par son disciple John Knox), en Suisse et dans de nombreuses Églises réformées. Jean Calvin a été, a-t-on souvent dit, le plus grand théologien de la Réforme. Les *Institutions de la religion chrétienne*, qu'il publia dès 1536, restent le livre de base du calvinisme.

Jean Calvin

CALVINISTES : La théologie calviniste est professée par les Églises dites *réformées,* par opposition aux Églises luthériennes et à l'Église d'Angleterre. S'appuyant naturellement sur la pensée directrice de Calvin et sur les *Institutions,* le calvinisme n'a trouvé sa forme définitive qu'au synode de Dordrecht (1618). Il y prit position contre le système rival connu sous le nom d'*arminianisme* *.

Luther n'avait pas eu une idée préconçue de sa doctrine; il n'en avait pas établi une vraie synthèse, ordonnée et claire, se laissant aller à modifier, à restreindre ou à ajouter à des notions déjà posées. En un mot, le luthéranisme était davantage une sensibilité qu'une doctrine cohérente. Avec ses *Institutions,* Calvin mit bon ordre à tout cela. Il entreprit de coordonner toutes les idées de ses devanciers quand elles lui apparurent justifiées, d'y ajouter ses propres convictions et de réunir le tout dans un système théologique puissant, où tout s'enchaîne soigneusement et se déduit logiquement. Son raisonnement s'appuie sur l'Écriture, dont il fut un savant interprète. En outre, ses détracteurs eux-mêmes conviennent que les *Insti-*

tutions de la religion chrétienne sont caractérisées par un style agréable et constituent une sorte de chef-d'œuvre de la littérature religieuse.

Quatre grands objets fournirent à Calvin le plan et la division de son ouvrage : 1. Dieu en tant que créateur et conservateur de toutes choses par sa puissance ; 2. Jésus-Christ, rédempteur du genre humain et fondateur de la seule religion divine ; 3. le Saint-Esprit, sanctificateur des âmes, qu'il éclaire et purifie par la grâce ; 4. l'Église enfin, où la vraie foi s'enseigne et se conserve. Les réponses de Calvin à ces problèmes sont péremptoires et, quoi qu'il ait pu prétendre, ne prêtent pas à discussion – du moins aux yeux sévères et sans concession de leur auteur.

Calvin prouve l'existence de Dieu en recourant au témoignage – classique – de la Création et à la nécessité d'un premier être. Mais cette évidence de l'existence de Dieu s'obscurcit et s'altère dans l'esprit de l'homme que ses passions aveuglent. Un seul remède à ces incertitudes : le recours aux Écritures. Mais comment distinguer entre les livres canoniques et les apocryphes menteurs ? Faisant face, Calvin rejette l'autorité de l'Église à ce sujet, n'acceptant que le témoignage du Saint-Esprit, qui s'exprime par les prophètes et les apôtres et qui pénètre nos cœurs. C'est par l'Écriture que nous découvrons l'unité de Dieu dans la Trinité. Accessoirement, c'est parce que l'Écriture interdit la reproduction de l'image de Dieu sous des formes sensibles que nous devons répudier le « culte des images » dont les catholiques sont si friands.

L'Écriture nous apprend aussi que toutes les créatures sont soumises à la volonté de Dieu et à la Providence : Dieu opère tout dans l'ordre moral comme dans l'ordre physique. C'est ainsi que nos déterminations ne sont pas libres et que nos vertus et nos crimes sont produits en nous hors de notre libre volonté, par décision divine ou, plus exactement, en conformité au plan divin. C'est la doctrine de la prédestination, trait caractéristique de la pure théologie calvinienne originelle.

Cette doctrine de la prédestination s'exprime en plusieurs points fondamentaux. Par sa grâce et son amour, Dieu a librement choisi, depuis le commencement des temps, un certain nombre d'élus destinés à vivre éternellement avec le Christ dans sa Gloire éternelle ; ce choix n'a pas tenu compte de la foi et des œuvres de ces âmes prédestinées. Telle est la théorie dite « de l'élection particulière ». Hormis celles de ces élus, toutes les âmes humaines sont promises à la destruction finale ; c'est une conséquence de la chute d'Adam. Le péché originel est indélébile et frappe toute la généalogie adamique, à l'exception, bien évidemment, des élus qu'il a plu à Dieu, dans sa bonté, de sauver par l'effusion de sa grâce. Cette authentique « malédiction » de la Faute originelle constitue la théorie de « l'incapacité morale dans l'état de chute ».

Injustice divine ? Non pas, car le choix des élus n'est pas tout à fait arbitraire, il se justifie par la *Rédemption particulière*, Jésus-Christ ayant racheté par les souffrances de sa Passion les âmes des prédestinés de la grâce. Ces rescapés de la malédiction édénique bénéficient ainsi de la *Grâce irrésistible* par laquelle Dieu, par le truchement de son Verbe et de son Esprit, les justifie, les rendant incapables de résister à la force de la grâce, les conduisant sur les voies du salut, quelles que soient leurs actions antérieures. La grâce une fois reçue – et elle a été reçue de toute éternité – est *inamissible,* ce qui signifie qu'elle ne peut plus être retirée ou perdue. Les élus dans le Christ ne peuvent ensuite déchoir de l'état de grâce ni retomber dans le péché, étant désormais voués à la *persévérance finale.*

Le principal moyen dont use Dieu pour assurer le salut des prédestinés est la pénitence. Cependant, expliquait Calvin, la pénitence est inséparable de la foi, en sorte que quiconque possède la foi justifiante a en même temps la pénitence. Cette dernière n'est autre chose que la conversion du cœur à Dieu et le changement de vie, produits par la crainte du souverain juge. Point n'est donc besoin de contrition, de confession ou de satisfaction (d'absolution sacramentelle). La confession n'est rien de moins qu'une forme de tyrannie morale inventée par l'Église de Rome et la satisfaction sacramentelle est en tout point comparable à une injure faite à la gratuité de la grâce divine. Et logiquement, la suppression de la confession et du pardon implique naturellement le rejet des indulgences (si controversées par la Réforme et dont d'ailleurs l'Église romaine abusait) et du purgatoire. On est sauvé ou on est damné, il ne saurait exister de terme intermédiaire se référant à une problématique expiation. Ce serait nier les décrets de la Providence et la gratuité de la grâce.

Puisque seule la foi est justifiante, Calvin considérait les sacrements comme des symboles extérieurs tout juste capables de faire naître et de fortifier la foi. Ils n'étaient à ses yeux que des témoignages de l'amour qui unit les hommes à la divinité. Le réformateur n'en admettait que deux : le baptême et la cène. Le baptême est le signe de notre initiation et de notre entrée dans l'Église. Il constitue la marque extérieure de notre union avec Jésus-Christ et, par la foi qu'il excite, il remédie à tous nos péchés passés et à venir. Une fois reçu, il est inamissible. La contradiction avec la théorie de la prédestination n'est ici qu'apparente, puisque seuls les élus de la grâce le reçoivent dans de bonnes conditions et en profitent.

Quant à la présence réelle du corps et du sang du Christ dans la cène, Calvin ne pensait pas tout à fait comme les catholiques pour qui le pain et le vin sont tout simplement *changés* en corps et en sang dans l'eucharistie (transsubstantialité), ni n'acceptait la version luthérienne d'union des substances (consubstantialité). Il professait que, dans l'eucharistie, la chair de Jésus-Christ s'unit substantiellement à nous par une sorte de miracle – assez analogue d'ailleurs au transfert de substance de la doctrine catholique.

Enfin les premiers calvinistes dénonçaient le sacrifice de la messe comme sacrilège et idolâtre. Leur culte se distinguait par son extrême nudité : ni autels, ni croix ou images dans leurs temples. Pas de vêtements sacerdotaux particuliers, pas d'encens, de bénédictions solennelles. C'est l'austérité qui faisait loi.

Comme on l'a signalé plus haut, Calvin ne rentra définitivement à Genève qu'en 1541. Ses principaux rivaux, Farel et Viret, avaient été éliminés et le réformateur revenait en maître incontesté dans la métropole helvétique. Il jouissait en outre du soutien de l'aristocratie genevoise réunie autour de Jean de Noyon – qui lui succéda à la tête de la ville. Le moment était venu d'organiser solidement son Église.

Cette organisation, le novateur l'avait déjà esquissée dans le quatrième livre des *Institutions*. Étroitement unie à l'État, elle devait prendre une forme théocratique. Calvin tenait les rênes du pouvoir d'une main ferme et ne les abandonna qu'à sa mort. Son gouvernement reposait, d'une part, sur le conseil municipal de Genève (où n'étaient admis en fait que des membres de la « religion »), de l'autre, sur une hiérarchie religieuse assez bien définie. Dans l'ordre hiérarchique ainsi institué venaient, en premier lieu, le pasteur ou ministre, puis le docteur, l'ancien et le diacre.

C'était le ministre qui conférait le baptême, présidait aux mariages, distribuait la cène, prêchait la parole de Dieu, assistait, en compagnie d'un ancien, les malades et les pauvres. Il était élu par le corps pastoral, mais sa nomination ne devenait effective qu'après avoir été confirmée par le conseil municipal et ratifiée par les syndics. Le rôle du docteur était celui d'un exégète et d'un théologien capable de réfuter les doctrines adverses. Désignés par le corps pastoral et choisis pour leur piété, les anciens étaient élus pour un an par le conseil municipal. Ils veillaient au bien-être de la communauté et au respect des bonnes mœurs. Les diacres étaient chargés des soins à apporter aux malades et aux pauvres; ils procédaient à la distribution des aumônes et des secours.

Un consistoire composé de six pasteurs et de douze anciens contrôlait l'ensemble de ces fonctionnaires religieux. Il se constituait, le cas échéant, en tribunal suprême chargé de juger de l'orthodoxie des croyances. Sans doute ce consistoire commit-il bien des erreurs et se livra-t-il à bien des abus; on le lui a reproché. Quand la politique et le religieux font trop bon ménage, le peuple en pâtit...

L'Église de Genève dut faire face en effet à de nombreux adversaires intérieurs. Elle les traita sévèrement. On sait le sort réservé à Michel Servet, brûlé vif; de sa fenêtre, Calvin, a-t-on raconté, assistait au spectacle, l'œil sec. Gentilis, Okin, Blandrat, disciples de Servet, furent emprisonnés, bannis ou contraints d'abjurer. Bolsec, ancien carme défroqué, adversaire de la prédestination calvinienne, échappa de peu à la potence. Castalion, partisan du libre arbitre, dut quitter Genève. De nombreux autres, moins connus, subirent des sévices analogues. Calvin, esprit ferme et autoritaire, solitaire aussi, n'eut, semble-t-il, qu'un ami : Bèze – qui ne l'en redoutait pas moins.

La mort de Calvin et de ses disciples immédiats devait sonner le glas du calvinisme pur. Le réformateur de Genève avait entretenu des relations épistolaires suivies avec d'innombrables correspondants en Europe – et jusqu'en Russie. Son enseignement, quand il fut bien reçu, ne s'en mêla pas moins dans ces pays divers à d'autres courants et, si le mot demeura, le contenu de la doctrine calviniste originelle en fut peu à peu altéré.

C'est à une « assemblée de Westminster » (voir *Westminster* *), tenue entre 1643 et 1647, plus de cent ans après la mort du réformateur, qu'on doit une « Confession de foi », dont l'exposé se veut d'esprit délibérément calviniste. Elle n'était destinée en réalité qu'à s'opposer le plus clairement possible à l'*anglicanisme* * épiscopalien. Ses décisions en matière de doctrine n'ont d'ailleurs guère résisté à l'usure du temps et aux influences venues d'autres horizons. De nos jours, la majorité des Églises qui se réclament du calvinisme ne peuvent plus être considérées comme exactement telles. Beaucoup de congrégations, en Grande-Bretagne, en Amérique, à Genève même, ont fait l'amalgame. Elles se sont laissées influencer par des doctrines autrefois réputées adverses : l'*unitiarisme* *, l'*arminianisme* * et jusqu'au *pélagianisme* * – l'ennemi juré de la théorie de la prédestination. À tel point qu'on ne peut légitimement parler aujourd'hui d'une communauté calviniste unique, mais bien plutôt de communautés diverses d'inspiration calviniste et dont le *presbytérianisme* * constitue le lien commun le plus évident.

CAMÉRONIENS : Partisans de Richard Cameron. Ce dernier, un ministre du culte écossais, se mit à la tête d'un groupe de presbytériens qui refusaient de reconnaître la liberté des cultes octroyée par le roi Charles II. Ils estimaient que le rétablissement du presbytérianisme en Écosse, associé à la tolérance pour l'épiscopat anglican, était un piège par lequel on les obligerait ainsi à reconnaître la suprématie du roi et à regarder celui-ci comme le chef de l'Église. Les caméroniens déclarèrent Charles II déchu de la couronne et prirent les armes. Cameron fut tué au cours d'une escarmouche avec les troupes royales. Après la Révolution de 1688 et sous le règne de Guillaume d'Orange, les caméroniens rallièrent momentanément les autres communautés presbytériennes d'Écosse. Ils se révoltèrent encore une fois vers 1706 et se rassemblèrent près d'Édimbourg ; les forces royales envoyées contre eux les dispersèrent aisément. Vaincus, ils consentirent de nouveau à rallier l'Église d'Écosse et prirent en 1743 le nom de « presbytériens réformés » ; en 1876, ils se fondirent dans l'Église libre écossaise.

Richard Cameron ne doit point être confondu avec Jean Cameron, autre ministre calviniste d'Écosse, qui passa en France et enseigna à Sedan et à Montauban. Jean Cameron professait une doctrine de la grâce plus proche de celle d'Arminius que de celle de Calvin.

CAMISARDS : *Huguenots* * des Cévennes, en France, qui devinrent célèbres par la résistance héroïque qu'ils opposèrent aux troupes royales envoyées par Louis XIV afin de les convertir de force. Vêtus de la *camise* (chemise) blanche, à laquelle ils doivent leur nom, mal armés, ces pauvres gens luttèrent victorieusement contre les forces régulières royales de 1702 à 1704. Ils étaient commandés par un garçon boulanger, Jean Cavalier, qui entreprit une guerre de guérilla et resta insaisissable jusqu'à l'arrivée de renforts sous le commandement du maréchal de Villars. Contraint de signer une trêve (les camisards allaient se soulever de nouveau en 1705, année où ils furent définitivement vaincus), Cavalier se réfugia en Angleterre. Il s'engagea dans l'armée anglaise et termina sa vie comme gouverneur de Jersey, en 1740.

À la suite de Cavalier, un groupe de camisards se fixa à Londres. Ces huguenots fanatisés et enracinés dans leur foi s'y firent remarquer par leur étrange don de prophétie et de voyance; ils y furent connus sous le nom de *French Prophets* *. Il est historiquement vérifié que des phénomènes parapsychologiques analogues s'étaient produits auparavant et se produisirent après la pacification

dans les Cévennes mêmes. Il est remarquable aussi que ni la force ni la persuasion ne parvinrent à extirper l'hérésie de la région cévenole.

La chasse aux huguenots dans les Cévennes

CAPUCIATI ou ENCAPUCHONNÉS : En 1186, un bûcheron, dont l'Histoire ne semble pas avoir retenu le nom, eut une vision. La Vierge Marie lui apparut et lui donna une image de son Fils et d'elle-même avec cette inscription : « Agneau de Dieu, qui effacez les péchés du monde, donnez-nous la paix. » La mère du Seigneur profita de l'occasion pour recommander au visionnaire de former une association dont les membres porteraient cette image avec un *capuchon blanc*, symbole de paix et d'innocence. L'organisation aurait pour but de faire respecter la paix entre ses membres et de la promouvoir à l'extérieur. Aussitôt dit, aussitôt fait : la secte des *capuciati* se forma.

En ces temps troublés, la guerre sévissait partout en Europe. La Bourgogne et le Berri, en France, étaient à feu et à sang ; c'est là que les capuciati opéraient. Pour imposer la paix, ils firent la

119

guerre. Ou plutôt, ils se livrèrent au brigandage, si l'on en croit leurs détracteurs. Il arriva ce qui devait arriver : les évêques et les seigneurs, guerriers professionnels, se réunirent et leur donnèrent la chasse. Les capuciati furent vaincus. Ceux d'entre eux qui échappèrent au supplice se rallièrent aux différentes sectes hérétiques albigeoises * et disparurent avec elles après la catastrophe de Montségur.

Mais les capuchons en tant que signe de ralliement n'avaient pas dit leur dernier mot. Vers l'an 1387, les sectateurs de John Wicliffe (voir ce nom) se dotèrent à leur tour de capuchons qu'ils refusaient ostensiblement d'enlever au passage du Saint-Sacrement.

CAMPBELL Alexander : (1788-1866). Pasteur d'origine irlandaise qui fonda en 1827, aux États-Unis, la secte des *disciples du Christ* *. Il fut d'abord presbytérien, puis baptiste.

CAMPBELL Reginald John : Pasteur congrégationnaliste, puis prêtre de l'Église d'Angleterre, né en 1867. Il est l'auteur d'une *Nouvelle Théologie*, ouvrage dans lequel il s'efforce de dégager une conception socialiste et moderniste de l'Écriture.

CAREY William : (1761-1834). Fondateur en 1792 de la Baptist Missionary Society. Ce missionnaire baptiste d'origine britannique s'établit en Inde et se consacra à la traduction du Nouveau Testament dans les diverses langues et dialectes de la grande péninsule.

CARLOSTAD : (1480-1541). Prêtre et archidiacre de Wittenberg, ami et zélateur de Luther. Ardent luthérien au début, il ne tarda pas à contester la doctrine de son maître et à embrasser les thèses anabaptistes de son époque. Il enjoignit à ses disciples d'ôter les images des églises, d'abolir la confession auriculaire, le jeûne et l'abstinence, l'invocation des saints et les messes privées. Une dramatique entrevue avec Luther ne parvint pas à réconcilier les deux hommes. « Puissé-je te voir expirer sur la roue ! » aurait dit Carlostad à son ancien maître ; « Et toi, puisses-tu te rompre le cou avant de sortir de la ville ! », aurait rétorqué Luther.

Carlostad se réfugia en Suisse auprès de Zwingle et d'Œcolampade et fut, avec eux, à l'origine de l'hérésie des *sacramentaires* *, avant d'embrasser la doctrine extrémiste des anabaptistes *abécédaires* *. Il renonça à son titre de docteur et se fit portefaix sous le nom de Frère André. Il mourut à Bâle.

CARPOCRATE : Fondateur de la secte gnostique des *carpocratiens*, qui apparut au IIe siècle et ne disparut qu'aux environs du VIe. On ne sait pas grand-chose de Carpocrate, sinon ce qu'en ont dit Irénée de Lyon (qui ne fait que décrire la secte, se contentant de nommer seulement son éventuel fondateur) et Clément d'Alexandrie.

Il semble certain en tout cas que Carpocrate vécut et mourut à Alexandrie. C'est son fils, Épiphane, mort à dix-sept ans, qui aurait été le vrai fondateur de la secte. Carpocrate l'aurait eu d'une femme nommée Marcellina, qui vint à Rome et fut réputée pour la liberté de ses mœurs.

Les carpocratiens ne croyaient pas que la création était œuvre divine. Ils l'attribuaient aux anges, auteurs à la fois du monde visible et des âmes humaines. C'est à la suite d'une chute dans le monde invisible que les âmes avaient été ensuite contraintes de s'unir à des corps visibles. Elles étaient ainsi tombées dans les rets de la matière. En conséquence, elles avaient perdu la mémoire de ce qu'elles avaient fait dans leurs vies antérieures, n'en conservant qu'un souvenir confus.

Cependant l'âme de Jésus, plus fidèle à Dieu, avait, elle, conservé plus de connaissance et plus de force, ce qui lui permit de vaincre les génies et les anges qui sont les ennemis de l'humanité. Jésus avait pour ainsi dire conservé le « mot de passe » pour l'invisible, dont les gnostiques feront grand cas dans certains de leurs livres. Après son incarnation et sa mort, il était remonté au ciel tandis que les autres âmes sont condamnées à se réincarner. Dans son célèbre ouvrage *Contre les hérésies* (trad. franç., éd. du Cerf, Paris, 1984), Irénée de Lyon précise que l'âme est condamnée à transmigrer jusqu'à l'épuisement de toute forme de vie et d'action possible.

Les malheureuses âmes comptent de nombreux adversaires dans le monde invisible ; le premier des esprits maléfiques est un des grands anges cosmiques, le Diable, qui les induit en erreur et les conduit devant l'Archonte créateur de ce monde, qui les confie de nouveau à ses anges pour qu'elles soient une nouvelle fois emprisonnées dans des corps matériels. Elles ne seront définitivement libérées qu'après avoir accompli toutes les formes d'action possibles, ce qui peut advenir dès cette vie, quoique cela se produise rarement. Irénée insiste sur le fait que, parmi toutes ces formes d'action possibles, les carpocratiens n'aient pas tenu compte des œuvres artistiques, artisanales, etc., et n'aient mis l'accent que sur les actions morales. C'est ce qui expliquerait en tout premier lieu le goût des sectaires pour les mœurs licencieuses et tout ce qui est réputé péché. Enfin on doit signaler que les âmes peuvent être appelées à transmigrer dans le corps d'un animal, voire d'une plante...

Le jeune Épiphane composa un *Livre de la justice*, dans lequel il concluait à la totale communauté des biens et des femmes. Les carpocratiens, affirmaient leurs détracteurs, avaient un goût immodéré pour les plaisirs. Ils ne manifestaient que mépris pour le corps, cette prison matérielle. Le vrai gnostique, pensaient-ils, est insensible aux aiguillons de la douleur et aux délectations de la volupté ; tout cela se passe hors de lui et lui est étranger. Alors pourquoi s'en priver ? Ils ne s'en privèrent pas, si l'on en croit leurs ennemis.

Les sectaires vénéraient les images pieuses, une image de Jésus, attribuée à Pilate, notamment. Des portraits de Pythagore, de Platon, d'Aristote et d'autres grands philosophes de l'Antiquité ornaient aussi leurs lieux de culte. Irénée les accuse aussi de se livrer à des pratiques magiques, accusation qui fut portée aussi sur la plupart des sectes gnostiques, dont le goût pour les images, l'astrologie et la science des nombres paraissait suspect.

CATABAPTISTES : du grec *katà*, « contre » et *bàpto*, « laver, baptiser ». Le mot a servi autrefois à désigner tous les hérétiques qui ont nié la nécessité du baptême, surtout pour les enfants. Dans la plupart des cas, ceux qui se rendaient coupables de cette erreur niaient l'existence du péché originel et n'attribuaient au baptême qu'une valeur symbolique destinée à exciter la foi. Les enfants, qui sont incapables de croire, le recevaient donc sans nécessité. C'était l'opinion des *sociniens* *. D'autres professaient que la grâce ne peut être produite dans l'âme par un signe extérieur qui n'affecte que le corps.

Pélage, pour sa part, s'il niait le péché originel, ne contestait pas l'utilité du baptême. « L'eau, disait-il, ne trouve rien à laver, mais la grâce est reçue par adoption. » (Voir *Anabaptistes, Baptistes, Pélagianisme*, etc.).

CATHARES : Les cathares ne doivent point être confondus, comme on le fait souvent, avec les albigeois en général ou les vaudois. Si le gros des armées albigeoises fut en effet formé de cathares, ils ne furent pas les seuls à combattre ; d'autres sectaires firent en même temps l'objet de la croisade (voir *Albigeois*). Quant aux vaudois, ils n'eurent que des liens lointains avec le catharisme (voir *Vaudois*).

Le catharisme était – et reste, avec une certaine résurgence contemporaine – dans la mouvance du *manichéisme* *. Eckbert, un bénédictin de Cologne, signale que les Cathares de sa région célébraient chaque année une fête en l'honneur de Mani. Roger, évêque de Chalon, dit des cathares qu'ils recevaient par imposition des mains l'inspi-

ration du Saint-Esprit et que ce dernier était assimilé à Mani. L'imposition des mains se retrouve en effet chez les manichéens – ailleurs aussi, il est vrai. Le manichéisme avait fait trembler l'Église tout au long du premier millénaire de notre ère ; ceux qui étaient supposés se réclamer de cette doctrine dualiste étaient honnis et détestés. Les ennemis du catharisme ne se privèrent pas de les traiter de manichéens. Non sans raison, au moins quant à la filiation de l'hérésie.

La filiation est en effet relativement facile à retracer. Lorsque les églises manichéennes eurent été détruites, les pauliciens reprirent le flambeau ; ils venaient d'Asie Mineure et se fixèrent surtout autour de Constantinople, plus tolérante aux sectes que Rome. On peut supposer qu'ils furent les ancêtres des *bogomiles* *, installés surtout en Bulgarie et autour de la rive droite du Danube, jusqu'en Italie du Nord. Ils se répandront ensuite en France, dans le Midi surtout, et pousseront une pointe jusqu'en Allemagne occidentale. Dès le début du XIᵉ siècle, on trouve des sectaires qui se donnent à eux-mêmes le nom de *cathares* (du grec *catharos* : « pur »). Ils commenceront à être pourchassés par les autorités religieuses et laïques à peine un siècle plus tard et seront définitivement décimés en 1244 avec la prise de Montségur.

Le catharisme n'était pas, comme on a trop souvent eu tendance à le croire, une doctrine secrète. Très rapidement il fut enseigné et divulgué au grand jour. Les *croyants*, dès lors qu'ils accédaient au titre de *parfaits*, s'engageaient à prêcher sans trève la doctrine. Si par la suite ces prédications se firent discrètes, ce ne fut que par mesure de sécurité et pour échapper à l'Inquisition. On ne va pas toujours au bûcher de gaieté de cœur. Le prosélytisme des cathares était très actif. Ils avaient rédigé de nombreux livres en langue d'oc. Certains de ces livres étaient destinés aux ministres qui célébraient le culte. D'autres, au contraire, se présentaient comme de simples ouvrages de vulgarisation ; ils étaient lus par les croyants moins instruits et servaient à convaincre les sympathisants encore hésitants. Ces traités doctrinaux étaient répandus en grand nombre dans tout le Languedoc et partout où les sectaires se jugeaient suffisamment en force. Ce n'est donc pas aux cathares qu'il faut reprocher l'absence quasi totale de sources directes qu'on constate aujourd'hui. Les inquisiteurs, dès que les livres « hérétiques » leur tombaient sous la main, les faisaient brûler en place publique. C'est ainsi qu'il ne reste que fort peu de traces directes de la doctrine cathare. On ne la connaît vraiment que par les procès de l'Inquisition, ainsi que par deux seuls livres, qui étaient mis à la disposition des enquêteurs : *La Somme des Autorités* et la *Pratica*.

Il reste, pour compléter et contrôler ces sources, une Bible en langue vulgaire, qui se trouve à la bibliothèque de Lyon et qui comprend un Nouveau Testament, ainsi qu'un *Rituel*. C'est à partir de ces éléments qu'on peut établir ce que fut la doctrine cathare.

Elle postule dès le début l'existence des deux principes manichéens (et zoroastriens) du Bien et du Mal, qui sont également la Lumière et la Ténèbre, l'Esprit et la Matière. Cependant le Tout et le Rien sont les deux aspects d'un même principe. Des deux aspects engendrent, à cause de la tendance du Rien à devenir « quelque chose », un nombre illimité d'êtres éternels, fils du principe Dieu. À la tête de la multitude de ces fils de Dieu se trouvent le Saint-Esprit et Jésus-Christ. Ils ne sont Dieu (dans la Trinité) que parce qu'ils procèdent effectivement de Lui, mais ils existent sous les ordres du Père, seul Dieu absolu et ne partagent pas son omnipotence. Bien qu'occupant une position particulière supérieure, le Saint-Esprit et le Christ sont, par essence, égaux à tous les autres fils de Dieu. Ces hypostases de la substance divine formaient le trait d'union entre Dieu infini et la Création.

Il est inconcevable et impossible de trouver ailleurs le rapport entre Dieu, qui est par essence parfait, éternel et infini, et la création qui, par sa forme matérielle, se trouve imparfaite, finie et limitée dans le temps. De l'infini ne peut naître le fini, du pur l'impur, de l'éternel le temporel. C'est pourquoi certains doctrinaires estimaient que le monde sensible n'avait aucune espèce d'existence véritable, qu'il n'était rien de plus qu'une « négation » du monde spirituel. Il convenait donc de s'évader de cette illusion et de ce néant, émanation démoniaque et mauvaise. Tel était le vrai chemin vers la vérité et la lumière. D'autres prédicateurs se montraient plus résolument dualistes.

Deux doctrines étaient en présence, en effet, quant à la création du monde – donc de la matière. La première est très franchement manichéenne, tandis que le dualisme de la seconde est mitigé :

Selon la première, Satan, ayant vu la pureté et la magnificence du monde spirituel, royaume du Dieu bon, voulut s'emparer d'une partie de cette gloire divine. Agissant avec une ruse toute diabolique, il parvint à décider certaines des âmes pures à le suivre dans son royaume des Ténèbres. Il y serait parvenu et ce sont ces *âmes perdues* qui doivent maintenant lutter pour retrouver leurs *corps glorieux*. Leur vie terrestre n'est ainsi qu'une étape de rachat.

Selon les autres, Satan est le démiurge qui a fabriqué ce monde fini et sensible. Les quatre éléments, l'air, le feu, la terre et l'eau existaient de toute éternité, le Démon les a séparés et les a combinés pour en faire le monde. Les éléments préexistaient donc à la création proprement dite; le principe mauvais ne les a pas créés, se contentant de se les approprier et de les organiser à sa guise. Le dualisme est ici mitigé.

Il semble légitime de penser que les deux doctrines ne s'opposaient pas dans l'esprit de ceux qui s'en réclamaient et qu'en réalité le catharisme en a fait un amalgame.

L'anthropologie est de type gnostique. L'âme humaine est de triple nature. Attachée à la matière et au corps, elle est hylique, souillée et asservie. Intermédiaire, l'âme authentique, pour ainsi dire, est psychique. Enfin la nature spirituelle de l'âme est composée de cette parcelle divine qui existe dans la création. Les « âmes perdues » qui ont suivi Satan et sont ainsi tombées dans les Ténèbres ont laissé au ciel une partie immatérielle d'elles-mêmes, et c'est le « corps glorieux » dont il a été question plus haut. Quand, au fil des transmigrations successives, ou encore par leurs œuvres dans la vraie foi, elles seront admises à paraître devant Dieu, ce dernier leur permettra d'opérer leur *réintégration* et elles retrouveront leur gloire originelle. Les cathares rejetaient le purgatoire : c'est par la métempsycose que s'opère normalement le salut et la rédemption. Ils rejetaient aussi l'enfer, rien n'étant éternel sauf Dieu. Illustrant leur théorie de la transmigration, les parfaits professaient que l'âme d'Adam s'était réincarnée jusque dans les prophètes après avoir fait séjour dans les patriarches, dans Abraham et dans Enoch. Sans doute Adam avait-il péché, mais la vraie faute originelle est individuelle; elle a été commise avant la création, dans le ciel, quand les âmes se sont laissé piéger par Satan.

Comme la plupart des anciens gnostiques et tant d'autres hérétiques, les cathares rejetaient l'Ancien Testament. Celui-ci, selon leurs dires, ne faisait que relater les actions de Satan – démiurge et prince de ce monde. Les tables de la Loi elles-mêmes avaient été remises à Moïse par le Démon. Quant à Jésus, il n'avait été qu'un éon, le plus prestigieux de tous les « fils de dieu »; Dieu ensuite l'avait élu et adopté comme son Fils afin qu'il aille dans le monde faire connaître et honorer Son nom. C'est à ce seul titre que les parfaits devaient vénérer Jésus-Christ, leur frère aîné en Dieu en quelque sorte.

Sur le plan liturgique, l'*endura* et le *consolamentum* avec la récitation du *Pater* sont les traits les plus caractéristiques. Leurs détracteurs ont accusé les cathares de prôner le suicide par la pratique de l'*endura*. L'accusation est sans fondement, fondée seulement sur des apparences fragiles. À en croire certains auteurs, la pratique de l'*endura* était commune après que les membres de la secte eurent reçu le *consolamentum*. Selon d'autres, au contraire, cette pratique restait exceptionnelle. Elle consistait à cesser totalement de s'alimenter jusqu'à la mort. Reniant ce monde imparfait, franchement mauvais, le parfait escomptait la libération par la mort, cessant de s'alimenter, ne buvant qu'un peu d'eau jusqu'au total dépérissement de la prison du corps. On cite le cas de Guillaume Sabatier, qui mourut au bout de sept semaines après avoir reçu le *consolamentum* et s'être mis en *endura*; un autre fidèle ne mourut qu'au terme de douze semaines. Les nombres *sept* et *douze* ont peut-être ici un sens symbolique...

Cette forme d'*endura* était la plus répandue, mais elle n'aurait pas été la seule. D'autres moyens auraient été utilisés pour mourir : le poison, l'absorption de verre pilé et la pratique de s'ouvrir les veines ou de se jeter dans le vide. La mort volontaire par le feu, collective comme à Montségur, peut elle aussi être assimilée à une forme d'*endura*.

Tous leurs détracteurs sont d'accord : les cathares, les croyants tout au moins, menaient une vie exemplaire. Ils présentaient un contraste marqué (et d'autant plus agaçant) avec leurs homologues catholiques du temps. Ils n'étaient ni voleurs, ni ivrognes, ni paillards comme certains ecclésiastiques et moines de cette époque troublée. Il leur était défendu de jurer : « Tout serment est illicite, qu'il soit faux ou sincère », enseignaient-ils. Leurs besoins étaient d'ailleurs réduits au strict nécessaire. Ils s'abstenaient de manger de la viande, les âmes dans leurs migrations pouvant s'être réincarnées dans des animaux. Si les relations sexuelles étaient permises aux simples croyants, elles étaient interdites aux parfaits, la procréation perpétuant, comme on le sait, l'espèce et la prison du corps physique. Il y eut des mariages, ils furent « blancs ».

Enfin les cathares auraient mis au point une technique de libération qui se seraient apparentée, dit-on, à la pratique de certains yogas.

Le plus important et le plus connu des rites et des cérémonies cathares était le fameux *consolamentum*. C'était la cérémonie par laquelle le croyant accédait au rang de parfait, purification de l'âme par quoi l'âme égarée retrouvait son origine glorieuse laissée au ciel avant la chute. Par le *consolamentum*, le parfait voyait son âme régénérée, n'attendant plus que la mort pour échapper aux transmigrations et reprendre sa place dans le cercle divin de la Lumière dans un corps glorieux. Cet authentique sacrement cathare n'était pas administré à n'importe qui. Il fallait au croyant une longue période probatoire avant de le recevoir – encore qu'il y eût des cas où il fut administré sans attendre à des « hommes de désir » parvenus à

l'article de la mort. En général, le noviciat durait un an au moins et parfois plus encore. Seuls les êtres particulièrement purs accédaient à cette initiation.

En quoi consistait-elle ? L'officiant exposait une dernière fois au récipiendaire les doctrines cathares; il lui décrivait la vie d'austérité à laquelle il allait se vouer et lui disait qu'il ne devait plus fonder le moindre espoir sur l'Église romaine ni lui accorder quelque crédibilité. Il l'engageait à ne jamais abjurer sa foi cathare, en aucun cas, même devant la menace du bûcher. Les cas d'abjuration furent en effet fort rares, du moins chez les parfaits.

Puis l'officiant lisait le *Pater* à haute voix, le postulant répétant la prière phrase après phrase. La récitation du *Pater* était suivie de cette formule : « Nous vous livrons cette sainte oraison, afin que vous la receviez de nous, de Dieu et de l'Église et que vous ayez le pouvoir de la dire tout le temps de votre vie, le jour et la nuit, seul et en compagnie, et que jamais vous ne mangiez ni ne buviez sans la dire au préalable. Si vous y manquiez, il faudrait faire pénitence. » Le néophyte s'inclinait alors et répondait : « Je la reçois de vous et de l'Église. »

Ensuite venait l'imposition des mains par le parfait qui officiait. Elle rappelait un rite semblale par lequel les manichéens conféraient l'inspiration du Saint-Esprit à leurs *élus*, qui devenaient ainsi des *purs*.

Suivaient ensuite des dialogues au cours desquels le récipiendaire promettait « de ne plus manger ni viande, ni œufs, ni fromage, ni graisse et de ne se nourrir que de *bois* (huile) et d'*eau* (poisson); de ne pas mentir, de ne pas jurer, de ne pas tuer, ni livrer son corps à la luxure, de ne jamais aller seul quand il pourra avoir la compagnie d'un autre, de ne jamais dormir sans ses braies et sans chemise, de ne jamais abjurer sa foi par crainte de l'eau, du feu ou de tout autre genre de mort ».

Ces engagements dûment pris, on procédait au *melioramentum*, qui était une sorte de confession publique et collective au terme de laquelle le pardon solennel était accordé par l'ensemble de l'assemblée. C'est après cela que venait le *consolamentum* proprement dit, sa phase finale. Le récipiendaire répétait à la première personne (« je promets... ») ses engagements précédents et cette fois tous les « bons hommes » présents lui imposaient les mains et le premier officiant récitait la formule terminale rituelle : « *Pater sancte suscipe servum tuum in tua justitia et mitte graciam tuam et spiritum tuum super eum.* » Le croyant était alors devenu parfait et en prenait l'habit, celui de « consolé ». À l'origine, cet habit était une robe noire; ensuite, à cause des persécutions et par discrétion, ce ne fut qu'un simple cordon symbolique que les hommes portaient sur leur chemise et les femmes à même la peau.

À Montségur assiégée, une autre cérémonie prit place : celle de la *convinenza*. Il était impossible de « consoler » les soldats qui allaient tuer pour défendre la forteresse, ce qui était en contradiction avec la doctrine cathare qui interdisait de tuer. La *convinenza* permit aux soldats et aux combattants de ne point répondre aux questions d'usage et de ne point faire des promesses qu'ils ne pouvaient tenir en recevant le *consolamentum*.

Nous avons décrit plus haut les persécutions qui s'abattirent sur les cathares et les hérétiques de leur temps. Nous avons raconté la guerre des *albigeois* * dans un article séparé auquel nous renvoyons le lecteur. Officiellement, le catharisme disparut avec le drame wagnérien de Montségur. Qu'en reste-t-il aujourd'hui ?

Il serait osé et tout à fait abusif de prétendre que le catharisme médiéval ait survécu par-delà les siècles et jusqu'à nos jours. Les « bons hommes » ne sont plus. Ils ne nous ont pas moins transmis un courant de pensée et quelques bribes de leur symbolisme traditionnel. Dès l'apparition de la maçonnerie occultiste, au XVIIIe siècle, une certaine nostalgie du catharisme a fait surface, en Europe et en Amérique. Elle coïncida avec la floraison des obédiences illuministes.

Ne retrouve-t-on pas, au grade des chevaliers Kadosch de l'écossisme, l'échelle mystique dont parle Dante (affilié à un tiers ordre templier) et en tous points analogue à celle des cathares. Ne voit-on pas surgir çà et là des sectes initiatiques se réclamant du culte solaire ? Or on sait que l'architecture de Montségur rappelle par bien des aspects un temple solaire. Existe-t-il une relation entre la Cité solaire des Rose-Croix authentiques (XVe-XVIe siècle) et Montségur ? Quels ont bien pu être les liens entre les cathares du Languedoc et les templiers ? La persécution et l'anéantissement des uns furent suivis, moins d'un siècle plus tard, par la dispersion et le martyre des autres. Une légende affirme que le saint Graal devait être conservé à Montségur sous la protection des chevaliers du Temple. Le Temple, on le sait, entretient des liens étroits avec les « francs métiers » dont est issue la maçonnerie spéculative du XVIIIe siècle. Filiation directe du catharisme ? Non, mais sans le moindre doute transmission indirecte de symboles traditionnels et d'un certain courant de pensée.

Quoi qu'il en soit, en cette dernière partie du XXe siècle, le catharisme est au goût du jour. Des Églises cathares existent en France et ailleurs.

Épisode du siège de Montségur

Plus ou moins affiliées à la franc-maçonnerie, elles bénéficient de l'intérêt qui se manifeste partout, en cette ère atomique, pour l'ésotérisme et l'occultisme. Mais, n'omettons pas de le signaler, elles sont en butte à la haine, non plus de l'Église, mais de certaines organisations politiques. Les « cathares » de France en firent l'expérience sanglante sous l'occupation nazie.

CATHOLIQUE APOSTOLIQUE (ÉGLISE) : (ou Église irvingienne). Cette petite confession chrétienne, très britannique d'inspiration, s'est constituée vers 1831 autour de la personne et des « révélations » d'Edward Irving (1792-1834). Pasteur presbytérien d'origine écossaise, Irving dirigeait la paroisse de Regent Square, à Londres. Il était disciple du philosophe Samuel Coleridge. Mystique, gratifié de visions apocalyptiques, le pasteur Irving prophétisait la très prochaine seconde venue du Christ. Il rassembla rapidement quelques fidèles qui, avec lui, attendaient l'apparition des prophètes et des apôtres chargés d'annoncer l'avènement. Certains disciples se mirent eux-mêmes à prophétiser, utilisant parfois des langues inconnues. L'Église d'Angleterre retira sa paroisse à Irving et le condamna comme hérétique en 1833; mais en 1834 il fut réordonné et nommé pasteur-chef de l'Église assemblée de Newman Street. Il mourut l'année d'après.
En 1835, puis en 1842, ses disciples formèrent une confession indépendante, connue sous le nom d'Église catholique apostolique.
Lors de sa fondation, en 1835, l'Église compta douze « apôtres », des « prophètes » et des « évangélistes ». Dans les paroisses, le ministère devait être tricéphale, comprenant l' « ange » (évêque), les « anciens » (prêtres) et les « diacres ». Tous devaient être ordonnés par un des apôtres.
Cependant la majorité de ces derniers furent envoyés en mission à travers le monde pour annoncer aux Églises et aux souverains la venue prochaine du Christ. Des messages furent adressés au roi d'Angleterre, au pape, aux archevêques. On prétend que le séjour des apôtres dans différentes capitales et le contact qu'ils établirent avec les différentes Églises eurent pour résultat, non pas de les faire renoncer à leur foi, mais au moins de leur donner un goût immodéré des liturgies les plus diverses. Il est certain qu'ils empruntèrent beaucoup au catholicisme romain et à l'Église orthodoxe. De nos jours encore, les vêtements sacerdotaux, l'encens, les cierges, l'eau bénite jouent un grand rôle dans le rite irvingien. Du point de vue doctrinal, l'Église apostolique ne peut guère être accusée d'hérésie. Son enseignement est à la fois proche de celui de la High Church d'Angleterre, du catholicisme romain et de l'Église orthodoxe.

Les membres de l'Église étaient autrefois « scellés » par un des apôtres; ces derniers ayant disparu, c'est l'Église d'Angleterre qui, aujourd'hui, confirme la plupart des disciples.
L'Église compterait de nos jours une trentaine de milliers de membres, répartis en quelques paroisses (dont une antenne en France, à Metz). La métropole des irvingiens est l'église de Gordon Square, à Londres.

CATHOLIQUE LIBÉRALE (ÉGLISE) : Communauté chrétienne née d'une réforme de l'Église *vieille-catholique* * et fondée par C. W. Leadbeater, qui en fut le premier évêque. L'Église catholique libérale se considère elle-même comme un schisme de l'Église romaine; elle affirme par là posséder une filiation apostolique régulière. Selon les principes proclamés par cette communauté moderne, Dieu est transcendant dans l'univers mais immanent dans les êtres. L'Église libérale rejette la théorie des anges déchus et admet celle de la réincarnation, qui y joue un rôle important (Leadbeater, un ami de Mme *Blavatsky* *, disait se souvenir de ses existences antérieures). Si l'Église refuse l'existence de Satan, elle pense que les hommes confrontés avec le Mal sont victimes d'esprits désincarnés méchants ou encore des larves et autres esprits élémentaux de l'astral. L'exorcisme tient une grande place dans les activités de la secte. La communauté entretient des liens amicaux, semble-t-il, avec le mouvement théosophique. Le rituel est emprunté au catholicisme romain. Peu nombreuse, l'Église catholique libérale est représentée notamment en France, en Europe et en Afrique.

CAUCAUBARDITES : Hérétiques qui tireraient leur nom du lieu où ils tinrent leurs premières assemblées. Ils firent parler d'eux au VIe siècle. C'étaient des eutichiens, disciples de Sévère d'Antioche et des *acéphales* *. Comme Eutychès, ils ne reconnaissaient qu'une seule nature en Jésus-Christ : ils rejetaient les conclusions du concile de Chalcédoine.

CERDON : Syrien d'origine, Cerdon fut un de ces nombreux hérésiarques gnostiques du IIe siècle de notre ère. Il vint à Rome en 140, sous le pape Hygin. Il fut le premier maître du célèbre *Marcion* * et, a-t-on dit, le regretta.
D'abord disciple de Simon le Magicien, de Ménandre et de Saturnin, il commença par être un fervent émanationniste, faisant tout venir de l'Être suprême, le Mal autant que le Bien. Ensuite, rejetant le système unitaire et panthéiste, il se mit à professer une doctrine franchement dualiste. Il croyait à deux principes : l'un bon,

qu'il appelait l'*inconnu,* producteur des esprits et père de Jésus-Christ; l'autre mauvais, créateur du monde matériel.

La matière étant par définition mauvaise, Jésus n'en avait hérité que l'apparence d'un corps; il n'avait pas été un être de chair, n'était pas né de la Vierge Marie et n'avait pas souffert. Obéissant à la même logique, Cerdon refusait de croire à la résurrection des corps. Il rejetait l'Ancien Testament comme étant inspiré par le mauvais principe et n'admettait du Nouveau Testament que l'évangile de Luc revu et corrigé. On dit qu'il abjura ses erreurs durant son séjour à Rome.

CÉRINTHE : Contemporain des Apôtres, ce juif d'Antioche, un des plus anciens des hérésiarques connus, vécut dans l'entourage de saint Jean. Certains auteurs anciens allèrent jusqu'à affirmer que l'Apocalypse de Jean avait été en réalité écrite par Cérinthe. D'autres pensent qu'il fut seulement l'auteur d'une autre Apocalypse, à caractère plus radicalement millénariste que celle de Jean. D'autres encore professent que Jean a composé son Apocalypse pour réfuter celle de Cérinthe.

Cérinthe enseignait en effet qu'à la fin des temps Jésus-Christ reviendrait sur la terre pour y exercer sur les justes un règne de mille ans, âge d'or pendant lequel les justes jouiraient ici-bas de toutes les voluptés sensuelles. D'autres erreurs, plus doctrinales, sont reprochées à l'hérésiarque d'Antioche. Il enseignait que Dieu n'avait pas créé directement l'Univers; qu'il avait d'abord produit des esprits, des intelligences et des génies, plus ou moins parfaits. L'un d'eux avait été l'auteur de la Création. Les esprits supérieurs s'étaient ensuite partagé le monde et le gouvernaient conjointement. Le Dieu des juifs était un de ces esprits; il avait dicté sa Loi à Moïse. Cette loi n'était pas tout à fait mauvaise et il fallait en conserver certains articles comme, par exemple, l'obligation de la circoncision.

Il professait un grand respect pour Jésus-Christ, mais, disait-il, Jésus était né de Joseph et de Marie comme n'importe quel homme est engendré par son père et sa mère terrestres. Cependant Jésus était doué d'une sagesse et d'une intelligence supérieures à celles des autres hommes et, pour ces raisons, le Christ-Fils de Dieu était descendu sur lui en forme de colombe lors de son baptême. Par la vertu du Fils, Jésus-Christ avait connu le Père et l'avait fait connaître aux hommes. C'était toujours par la vertu du Fils que Jésus avait accompli ses miracles. Mais au moment de la Passion, le Christ avait quitté Jésus pour retourner auprès de son Père. C'était bien le seul Jésus qui avait souffert, était mort sur la croix et était ressuscité. Le Christ, Fils de Dieu, ne pouvait souffrir ni mourir et n'avait pas besoin de ressusciter.

On suppose que c'est à Cérinthe que pensait saint Jean quand il s'élève dans ses Lettres contre l'erreur de ceux qu'il traite d'antéchrists parce qu'ils disent que Jésus n'est pas le Christ (Jean, II, 22), ceux qui divisent Jésus (IV, 3) ou qui ne confessent point que Jésus-Christ est venu en chair (Jean, II, VII, etc.).

La secte des cérinthiens disparut au IIᵉ siècle.

CHALDÉENS : On appelait autrefois chaldéens l'ensemble des *nestoriens* * d'Orient afin de les

Saint Jean l'Évangéliste, gravure d'Israël Sylvestre, d'après Jacques Callot

Callot fec.   Israel excudit.

distinguer de ceux d'Occident. Ces derniers disparurent, au moins nominalement, vers le VIIᵉ siècle. Les chaldéens, pour leur part, se divisaient en plusieurs confessions sans lien entre elles. Loin d'être limités à la seule Chaldée, en Arabie, ces nestoriens d'Orient essaimèrent jusqu'en Chine et en Inde (voir *Chrétiens de saint Thomas*). On a dit qu'à l'époque de leur expansion territoriale la plupart des sectes nestoriennes reconnaissaient l'autorité d'un patriarche universel. Ce patriarcat disparut ensuite avec les invasions, les guerres et les bouleversements qui tant de fois firent changer la carte politique de l'Asie.

Les chaldéens rejetaient l'union hypostatique du Verbe avec la nature humaine et admettaient deux personnes en Jésus-Christ. Ils enseignaient que le Saint-Esprit ne procédait que du Père seul et non, comme précisé au concile de Nicée, du Père *et* du Fils. Les âmes, croyaient-ils, avaient été créées avant les corps, dont elles ne prenaient possession qu'à mesure que ceux-ci se formaient, et ils niaient le péché originel. Ils professaient qu'à la mort, les âmes sont en attente dans le paradis terrestre; au jour du Jugement, celles des élus regagneront le ciel dans des corps glorieux, tandis que celles des réprouvés demeurent sur la terre, revêtues également de leur corps. Au ciel, les élus contempleront l'humanité glorieuse du Christ, hors de toute vision béatifique de l'essence divine. Enfin ils repoussaient la doctrine de l'éternité des peines et des démons. Pour le reste, ils partageaient les croyances de l'Église romaine.

CHALDÉENS, Rites : On désigne de nos jours par ce mot les rites pratiqués par les catholiques placés sous la juridiction du patriarche de Babylone, et qui reconnaissent l'autorité de Rome. Les chaldéens modernes pratiquent le baptême par immersion et utilisent des croix nues; ils exigent la séparation des sexes à l'église.

CHILIASTES : (Voir *Millénaristes, Joachim de Flore...*).

CHRÉTIENS DE SAINT JEAN : (Voir *Mandéens*).

CHRÉTIENS DE SAINT THOMAS : (ou Église syriaque de l'Inde). Membres d'une Église nestorienne et jacobite autonome de l'Inde. Selon la légende, l'apôtre saint Thomas serait venu prêcher le christianisme en Inde, dans le Dekkan; il y serait mort, après avoir subi le martyre, sur l'ordre d'un prince indien. Marco Polo prétendra avoir visité son tombeau dans la province de Malabar. Ce tombeau s'élevait à Mailapour, un des faubourgs actuels de la ville de Madras. Chaque année, à en croire le voyageur vénitien, le jour anniversaire de la mort du saint apôtre, le bras de saint Thomas se tend et, sortant du tombeau, distribue la sainte eucharistie. On retrouve la même légende en Iran à propos de la montagne du Shiz, autre emplacement de la tombe du mystérieux « jumeau » du Christ (en araméen *Taum* : « jumeau »).

Quoi qu'il en soit des légendes, il est certain que des nestoriens vinrent prêcher l'Évangile en Inde dès le VIᵉ siècle. Quand ils explorèrent l'Inde, les navigateurs portugais furent très étonnés d'y découvrir, sur la côte malabare justement, une église chrétienne relativement florissante. Les chrétiens de saint Thomas sont de rite et de liturgie *jacobite* *, leur clergé est célibataire et ils utilisent le syriaque comme langue sacrée. Ils sont administrés par un archevêque indigène et reconnaissaient l'autorité suprême du métropolite d'Ernakulam jusqu'à la révolution iranienne.

CHRISTADELPHES : Nom qui signifie « Frères en Christ » et qui fut donné aux disciples de John Thomas en 1864. Mais la secte fut fondée aux États-Unis vers 1848.

Le Dr. John Thomas était un Anglais, fils d'un pasteur « non conformiste »; il vint en 1832 en Amérique où il ne tarda pas à prêcher sa propre doctrine et réunit ses premiers disciples.

Le Dr. Thomas se réclamait en priorité de l'enseignement de la Bible, Ancien et Nouveau Testaments réunis. Il était *millénariste* *. L'homme, devenu mortel par la chute, recouvrera l'immortalité par la vertu de la Rédemption assurée par le Christ. En attendant la nouvelle venue du Christ, l'âme meurt avec le corps; lors du Jugement elle ressuscitera avec le corps. Quand les temps seront accomplis, le Christ reviendra sur terre et établira son royaume en Palestine, avec Jérusalem pour capitale. Il régnera pendant mille ans avant de remettre enfin son pouvoir au Père. Tout au long de ce millénium, la mort subsistera, mais le péché sera en régulière diminution. Au terme du millénium, les élus posséderont enfin la vie éternelle, tandis que les réprouvés seront anéantis. Les christadelphes se considèrent comme une résurgence de l'Église primitive.

Ils n'ont pas de prêtres et ne reconnaissent aucune autorité supérieure. Tous les fidèles sont égaux. Ils ne pratiquent pas non plus de liturgie compliquée. Le « jour du Seigneur », ils se réunissent dans leurs « chambres », mangent le pain et boivent le vin en mémoire du « Capitaine de Salut »; ensuite ils chantent les « hymnes de Sion ». La secte s'est surtout fixée aux États-Unis, avec des antennes dans d'autres pays d'Amérique.

CHRISTIANS : En anglais, on le sait, le mot signifie tout simplement chrétiens. Cette dénomination fut adoptée par les disciples d'un ministre *baptiste* * du nom de Elias Smith, qui prêchait aux États-Unis, à Portsmouth dans le New-Hampshire, aux environs de 1804.

Les disciples de Smith refusaient toute appartenance à un courant de pensée particulier, se contentant du titre de chrétiens (*christian*) et n'exigeant d'autre engagement qu'une déclaration d'adhésion au christianisme. De même, ils rejetaient la plupart des dogmes, dont la Trinité. Ils n'acceptaient d'autre autorité que celle, officieuse, d'une assemblée générale des membres. Comme les *baptistes* * orthodoxes, ils ne baptisaient que les adultes. La secte était considérée comme étant délibérément rationaliste.

CHRISTIAN SCIENCE ou ÉGLISE DU CHRIST, SCIENTISTE : Religion fondée par Mrs. Mary Baker *Eddy* *, dont le livre *Science and Health with Key to the Scriptures* contient les articles de foi. Mrs. Eddy découvrit la Science chrétienne en 1866 à la suite d'un accident grave. Blessée, elle guérit presque instantanément après avoir lu et médité l'évangile de Matthieu et le récit de la guérison du paralytique par Jésus. Elle rédigea alors son propre évangile, et le publia en 1871.

Sur le plan doctrinal, le *Christian Science* professe que Dieu est le principe de tout ce qui existe. Dieu est bon, est pur esprit infini, omnipotent et omniprésent. Le péché, la mort, la maladie sont des manifestations du mal; or, le mal ne vient pas de Dieu : il n'est qu'apparence, car incompatible avec l'existence divine. Nous souffrons parce que nous sommes pris dans le piège de l'illusion.

Le premier récit de la Genèse nous montre la Création comme spirituelle et parfaite; il décrit ce qu'il y a de vrai dans l'homme et dans tout ce qui existe. C'est une lecture mal comprise du deuxième chapitre de la Genèse qui nous induit en erreur en nous faisant croire à l'existence du mal. Nous devons donc concentrer notre action sur le premier récit et nous laisser pénétrer par l'intuition de la vérité. L'âme alors pourra s'affranchir de la peur et des limitations matérielles. Dès lors se produira en nous une métamorphose qui se traduira non seulement par une spiritualité accrue mais encore par une meilleure santé physique.

Forte de ses certitudes, Mrs. Baker Eddy fonda à Boston son Église mère, la « Première Église du Christ, Scientiste ». Très vite cette métropole eut des ramifications dans le monde entier; des livres, des revues furent publiés et des « missionnaires » envoyés partout. La *Christian Science* compte aujourd'hui plus de 1 500 000 membres. Son principal périodique, *The Christian Science Monitor*, tire à plus de 200 000 exemplaires.

Confession de laïcs, l'Église ne compte pas de prêtres; elle a en revanche ses « praticiens » (guérisseurs) dont la liste est publiée par le *Monitor*. Ces élus ne doivent exercer aucune autre profession. Les services religieux sont assurés par des « lecteurs » élus. Ils officient le dimanche, mais il y a aussi des réunions le mercredi, quand cela est possible. Les membres de la *Christian Science* affirment que leur doctrine est une redécouverte du christianisme primitif.

CHRISTIANISME RATIONNEL : Mouvement déiste rationaliste, aujourd'hui disparu, dont Kipis, Pringle, Hopkins, Enfield, Toulmin furent en Angleterre les initiateurs. On s'efforça de créer une forme de culte à partir de ce déisme pur; s'intitulant « prêtre de la Nature », David Williams ouvrit à Londres sa chapelle publique. Ses sectateurs l'abandonnèrent rapidement, versant naturellement dans un athéisme plus rationnel.

CHRISTOLYTES : Ces hérétiques du VIe siècle soutenaient qu'on devait séparer la divinité de Jésus-Christ d'avec son humanité. Ils pensaient que le Fils de Dieu, en ressuscitant, avait laissé son corps et son âme aux enfers et n'était remonté auprès du Père qu'avec sa divinité.

Saint Jean Damascène est le seul auteur ancien à parler de cette secte.

CHRISTO-SACRUM : Société antiréformiste fondée à Delft (Pays-Bas) en 1797, par Jacob-Hendrik Onderde-Wyngaart-Canzius, ancien bourgmestre. Elle fut formée, on est autorisé à le croire, par des mennonites, ennemis des réformés. Elle ne devint effective qu'en 1801, époque où elle passa de quatre membres à plusieurs milliers. Ensuite le nombre des adhérents se mit à diminuer progressivement jusqu'à sa disparition.

Le but de la société était de rapprocher toutes les confessions chrétiennes. Elle admettait tous ceux qui croyaient à la divinité du Christ et à la rédemption du genre humain par les mérites de la Passion. Tous les dimanches avait lieu le culte dit d'*adoration,* au cours duquel était exposée la grandeur de Dieu et de son œuvre. Tous les quinze jours on se réunissait pour un culte d'*instruction* où l'on développait les principes de la religion révélée. La cène était célébrée seulement six fois par an; les assistants se prosternaient dans le temple pendant la bénédiction et la prière.

CHURCHES OF CHRIST : (Églises du Christ.) Scission américaine des *Disciples du Christ* * apparue après la Guerre de Sécession. Elle est surtout représentée dans les États du sud des États-Unis. Cette confession chrétienne se réclame de l'Église primitive. Elle rejette l'usage de l'orgue dans ses temples et condamne l'action missionnaire comme incompatible avec les Écritures.

CHURCH UNION : Organisation *anglo-catholique* * fondée en 1859. Elle organise des congrès et s'efforce de répandre les doctrines de la *High Church* de l'anglicanisme *.

CHURCH, HIGH : (Voir *Anglicanisme*).

CHURCH, LOW : (Voir *Anglicanisme*).

CHURCH, BROAD : (Voir *Anglicanisme*).

CIRCONCELLIONS ou SCOTOPITES : Disciples africains de Donatus (voir *Donatistes*). Ils vouaient une haine mortelle à leurs frères chrétiens qui, sous la menace de la persécution, avaient soit renié leur foi, soit livré aux autorités romaines leurs livres sacrés. Ils vivaient au IVᵉ siècle. Leur nom leur vient de ce qu'ils rôdaient autour des maisons dans les villes et les villages, recherchant ceux qu'ils considéraient comme relaps et traîtres. Regroupés sous les ordres de Makide et de Faser, leurs chefs indigènes, ils prétendaient rétablir l'égalité parmi les hommes. Ils libéraient les esclaves contre le gré des maîtres, annulaient les dettes des pauvres et rendaient la justice de façon sommaire.
Ils portaient d'abord des bâtons, les « bâtons d'Israël » par allusion aux bâtons que les juifs portaient en mangeant l'agneau pascal; ensuite ils prirent les armes. Donatus les appelait les « chefs des saints ».
Ils ne tardèrent pas à manifester un goût fanatique pour le martyre, allant jusqu'au suicide quand la persécution impériale se relâchait. Les uns s'ouvraient les veines, les autres se jetaient au feu ou se précipitaient du haut des rochers et des montagnes. On cite le cas de femmes enceintes qui ne reculèrent pas devant ce genre de mort violente et volontaire. Les évêques d'Afrique s'inquiétèrent et, s'adressant aux autorités, firent envoyer contre eux les soldats. Un grand nombre périt ainsi. Le reste, avec les autres donatistes, fut confondu avec les chrétiens orthodoxes dans l'extermination opérée par les Vandales au siècle suivant.
Le même nom de « circoncellions » fut donné au XIIIᵉ siècle à des partisans fanatiques de l'empereur Frédéric de Hohenstauffen que le pape Innocent IV avait excommunié et fait déposer au concile de Lyon. Ils prêchaient contre le pape, les évêques et le clergé en général qui, selon eux, avaient perdu leur caractère sacré et leur légitimité par le mauvais usage qu'ils en avaient fait. Ceux du parti de Frédéric, affirmaient-ils, obtiendraient la rémission de leurs péchés tandis que les autres seraient damnés.

CIRCONCIS : (Voir *Passagiens*).

CLANCULAIRES : Petite secte d'*anabaptistes* * qui professaient qu'en matière de religion les opinions personnelles ne doivent être discutées qu'entre gens du même *clan*, c'est-à-dire appartenant au même courant d'idée. En revanche, la doctrine commune devait être prêchée en public.

CLAUDE DE TURIN : Évêque de Turin en 823, par la volonté du roi Louis le Débonnaire. Disciple de Félix d'Urgel, il renouvela l'erreur des iconoclastes, englobant dans sa phobie des images jusqu'à celle de la croix; il rejetait en même temps l'invocation des saints. Le pape, disait-il, n'est pas celui qui occupe le siège de Rome, mais celui qui en remplit les devoirs. Il fut en outre accusé de partager l'hérésie des *nestoriens* *.

CLÉMENT : Prêtre écossais au service de Charlemagne, qu'il aida dans son œuvre de rénovation des lettres. Clément fut accusé de plusieurs erreurs sur la prédestination; il soutenait qu'en descendant aux enfers entre sa mort sur la croix et sa résurrection, Jésus-Christ avait sauvé et délivré tous les damnés. Il fut censuré au concile de Lestines, en l'an 743.

CLÉOBIENS : Disciples gnostiques de Cléobius dans le Iᵉʳ siècle de notre ère. On ne sait rien d'eux.

COCCÉIENS : Disciples hollandais de Jean Cox, ou Coccéius, professeur de théologie à Leyde. Cox était né à Brême en 1603. Il professait que l'Ancien Testament dans ses moindres détails n'avait été qu'une préfiguration de la vie de Jésus-Christ et de l'histoire passée et à venir de l'Église chrétienne. La fin du monde serait précédée d'un règne de Jésus-Christ, qui lui-même aurait succédé au règne de l'Antéchrist. Les Juifs et toutes les nations étaient appelés à se convertir avant la fin des temps. Cox compta de nombreux disciples et autant de détracteurs parmi les réformés des Pays-Bas. Son souvenir serait encore vivace dans certains milieux.

CŒLICOLES : Hérétiques ou relaps du début du IIᵉ siècle (vers l'an 108) qui adoraient le ciel et les astres. L'empereur Honorius ordonna de les compter au nombre des païens. On a toutefois des raisons de croire qu'en réalité ils n'étaient que des apostats revenus au culte hébraïque sans vouloir l'avouer, le judaïsme semblant odieux à leurs proches. Ils avaient des supérieurs qu'ils nommaient les « majeurs » ou anciens, mais ils ne reconnaissaient pas l'autorité supérieure du sanhédrin et des rabbins. On ne connaît pas leur doctrine.

COLARBASIENS : Hérétiques du IIᵉ siècle, disciples de Colarbase, lui-même disciple de *Valentin* *. Aux doctrines valentiniennes qu'il avait adoptées il ajoutait sa propre conception du monde : le Christ, ayant été appelé l'« alpha » et l'« oméga », Colarbase jugeait que la vérité de la Création était contenue dans le symbolisme de l'alphabet grec. Il pensait en outre que la génération et la vie des hommes étaient déterminées par le mouvement des sept planètes traditionnelles.

COLLÉGIENS : Membres d'une secte hollandaise formée à l'origine par des *arminiens* * et des *anabaptistes* *. Ils tiennent réunion le premier dimanche de chaque mois dans les « collèges » où ils prient, chantent et interprètent l'Écriture à leur gré. La communion est donnée deux fois l'an, à Rinsbourg, près de Leyde. Il n'y a pas de ministre particulier; le premier qui prend place à la table se charge ensuite de distribuer la cène. On a accusé les collégiens d'avoir versé dans l'hérésie des *arianistes* * et des *sociniens* *. C'est par immersion que se donne le baptême.

COLLUTHIENS : Disciples de Colluthus, prêtre d'Alexandrie, au IVᵉ siècle. La bienveillance que saint Alexandre, patriarche d'Alexandrie, montra à ses débuts pour Arius, qu'il espérait ramener, provoqua la colère de Colluthus. Il fit un schisme, ordonna des prêtres, entreprit de lutter par tous les moyens contre l'*arianisme* * naissant. Il tomba à son tour dans l'erreur en affirmant que Dieu ne peut être l'auteur des maux dont souffre l'humanité. Osius le fit condamner dans un concile d'Alexandrie tenu en l'an 319.

COLLYRIDIENS : Hérétiques des IVᵉ et Vᵉ siècles dont le nom vient du grec *collyre* : petit pain ou gâteau. Ils furent réfutés et combattus par saint Épiphane. Cet hérésiologue leur reprochait un culte outré de la Vierge Marie. Il raconte que les femmes d'Arabie, attachées au *collyridianisme*, s'assemblaient annuellement pour rendre à la Vierge un culte de lâtrie, qui consistait principalement en l'offrande d'un gâteau avec lequel elles communiaient ensuite en l'honneur de la Mère de Dieu. Ces hérétiques considéraient Marie comme une divinité à l'égal du Père, du Fils et du Saint-Esprit.

COMMON PRAYER, BOOK of : Livre paroissial de l'anglicanisme et des Églises épiscopaliennes d'Angleterre, d'Irlande, d'Écosse et des États-Unis. Équivalent du missel romain, il est écrit en vieil anglais de l'époque Tudor. Il contient des prières et des indications liturgiques.

Le *Prayer Book* provoqua bien des polémiques en Angleterre. Il y en eut successivement plusieurs versions : un premier livre fut rédigé par Cranmer et ses collaborateurs; il était d'inspiration catholique. Il est connu comme le premier *Prayer Book d'Edouard VI*. Quelque temps après parut un second *Prayer Book d'Edouard VI*, inspiré des doctrines des réformateurs radicaux. Le troisième livre de ce nom fut le *Prayer Book d'Elizabeth*, publié en 1559 et marquant un retour à une pratique liturgique proche de celles qui sont en usage chez les catholiques. Quoique remanié à plusieurs reprises depuis, c'est le dernier en date. Supprimé par les presbytériens puritains, il fut remis en vigueur sous la Restauration. Modifié à la Savoy Conference (1661), il ne fut pas pour autant reconnu par de nombreux ecclésiastiques puritains.

En 1928, une nouvelle révision du *Prayer Book* fut adoptée par l'Assemblée nationale de l'Église d'Angleterre, mais la Chambre des Communes rejeta cette nouvelle version qu'elle jugea trop influencée par les *anglo-catholiques* *.

COMMUNICANTS : Petite secte d'*anabaptistes* * qui préconisaient la communauté des femmes et des enfants.

COMTE, Auguste : (Voir *Positivisme*).

CONDORMANTS : On attribua ce nom à deux sectes successives. La première apparut en Allemagne au XIIIᵉ siècle; elle fut fondée par un Espagnol de Tolède dont on n'a pas retenu le nom. Bien des légendes entourent les rites secrets de ces sectaires : ils auraient adoré une image de Lucifer, laquelle se serait brisée en présence de l'Eucharistie, apportée là en secret par un ecclésiastique. Ils auraient pratiqué la magie et reçu des oracles de provenance infernale. Naturellement, rien de tout cela n'a pu être prouvé. Ce qui est sûr, c'est qu'ils s'assemblaient près de Cologne et qu'ils avaient pour usage de coucher en commun dans une même chambre, hommes et femmes réunis. D'où leur nom.

L'autre secte des condormants formait une branche des *anabaptistes* * au XVIᵉ siècle. Eux aussi avaient pour coutume de coucher ensemble, sans distinction de sexe.

CONFESSIONNISTES : Nom donné aux luthériens de la confession d'Augsbourg par les catholiques dans les actes de la paix de Westphalie (1648).

CONGRÉGATIONALISTES : Ce mot fut employé en 1642 pour la première fois et désigne aujourd'hui une des branches principales du protestantisme anglo-saxon. Les congrégationalistes appartiennent au rameau « non conformiste ».
D'abord connus sous le nom d'« Indépendants » parce qu'ils étaient réputés s'opposer aux autorités religieuses constituées – comme le pape, les évêques, l'Église d'Angleterre et le roi en tant que chef de cette Église –, les congrégationalistes se réclament de la pensée de Robert *Browne* * qui est considéré comme le fondateur du mouvement. Entre les années 1578 et 1586, sous le règne d'Elisabeth Iʳᵉ d'Angleterre, Browne prêcha sa doctrine du libre choix de la conscience individuelle en matière de foi, du rejet des ingérences extérieures (y compris celle du pouvoir royal envahissant). Chaque congrégation particulière est sous l'autorité immédiate de Jésus et ne dépend que de lui seul. Elle doit se gouverner elle-même et se donner ses propres règles. À l'opposé des anglicans, des épiscopaliens et des presbytériens eux-mêmes, les « brownistes » refusaient à l'État le droit de fixer la forme de la religion. Browne connut la persécution et finit par rentrer dans l'ordre. Accusés de trahison, les brownistes n'en continuèrent pas moins son œuvre non conformiste, sous le nom d'indépendants d'abord, de congrégationalistes ensuite et jusqu'aujourd'hui.
Ils furent en butte aux tracasseries du pouvoir jusqu'au moment où la guerre civile vit le triomphe de Cromwell et la défaite (provisoire) de l'Église officielle. Certains émigrèrent en Hollande ; d'autres formèrent le contingent des Pilgrim Fathers qui s'embarquèrent pour l'Amérique en 1620. La bienveillance du Lord-Protecteur permit à de nombreux « non-conformistes » d'occuper des sièges ecclésiastiques en Angleterre. Ce fut un répit de courte durée ; sous la Restauration, des centaines de pasteurs indépendants furent exclus des bénéfices de l'Église d'Angleterre et des lois furent votées par le Parlement pour extirper le non-conformisme. Il fallut attendre 1689 et l'avènement de Guillaume III d'Orange pour que les congrégationalistes soient inclus dans l'acte de tolérance. Après avoir participé au mouvement évangélique au XVIIIᵉ siècle, ils finirent par devenir une des branches les plus importantes des Églises protestantes anglaises non conformistes (*Free Churches*). Dès 1833, la Congregational Union of England and Wales avait été fondée pour aider à défendre les intérêts des Églises individuelles dans une organisation unique ; ces Églises furent regroupées en *provinces* en 1919, chacune d'elles ayant à sa tête un *Moderator* doté d'un pouvoir de supervision.
On estime aujourd'hui à plus de trois millions le nombre des membres des Églises congrégationalistes. Ils sont traditionnellement bien représentés aux États-Unis. On leur doit la fondation des universités Yale et Harvard. Les pasteurs sont élus et choisis par les fidèles parmi ceux d'entre eux qui se distinguent par leur science théologique – les femmes ne sont pas exclues. Diacres et diaconesses, élus par les fidèles, se partagent des tâches administratives et sociales. Enfin les prédicateurs laïcs jouent un rôle important dans la vie communautaire.
Du point de vue liturgique, le baptême des enfants est autorisé, sinon obligatoire, et la communion est pratiquée.

CONONITES : Disciples de Conon, évêque de Tarse au VIᵉ siècle. Cet hérétique partageait les erreurs des *trithéistes* * sur la Trinité. Conon, qui se posait en rival d'un autre hérétique du nom de Jean Philoponus, soutenait que lors de la résurrection des corps la matière seule aurait besoin d'être rétablie ; la forme du corps, disait-il, était conservée après la mort. Il n'expliquait ni où ni comment. De son côté, il semble que Philoponus pensait que le jour de la résurrection Dieu devrait rétablir à la fois la forme et la matière du corps. Aucune de ces sectes n'a laissé de trace en tout cas, ni formellement ni matériellement.

CONSTITUTIONNEL, Clergé : Nom donné aux prêtres et aux évêques qui acceptèrent de jurer la Constitution civile du clergé promulguée sous la Révolution française le 12 juillet 1790. La nouvelle législation, qui fut aussitôt appliquée, prévoyait : 1. la redistribution des diocèses, établis non plus par villes mais par départements ; 2. l'élection du clergé par les citoyens ; 3. l'autonomie du bas clergé ; 4. l'élection des évêques et leur confirmation par l'autorité civile, le pape n'étant qu'avisé ; 5. le pouvoir épiscopal limité par un conseil diocésain de vicaires épiscopaux. Telles étaient, avec des nuances, les grandes lignes de la Constitution que prêtres et évêques étaient tenus de respecter et à laquelle ils devaient jurer de rester fidèles.
Dès mars-avril 1791, le pape Pie VI condamna cette constitution comme hérétique et schismatique car elle niait le pouvoir spirituel du pape et son autorité. Nombreux furent alors les prêtres et les évêques qui refusèrent de « jurer » et furent écartés, au moins officiellement, de leurs charges et de

leurs bénéfices. Ils passèrent à la clandestinité mais n'en furent pas moins pourchassés et persécutés.

Quant aux « jureurs », ils rencontrèrent les pires difficultés pour se faire accepter des fidèles. Il fallut pourvoir à la nomination et à la consécration de nouveaux titulaires départementaux. Quelques évêques ralliés à la Révolution se chargèrent des consécrations canoniquement régulières. Ce fut le cas de Talleyrand, évêque d'Autun, qui consacra plusieurs prêtres jureurs.

Le schisme, déjà affaibli par la mort et les défections sous la Terreur, disparut avec le Concordat. Quelques évêques constitutionnels, au nombre de douze, refusèrent cependant de se rétracter autrement qu'en termes généraux. Il fallut attendre le sacre et la présence de Pie VII à Paris pour qu'enfin onze d'entre eux se soumissent. Un seul, Grégoire, évêque de l'Ain sous la Révolution, de Blois (et sénateur) sous l'Empire, refusa de céder et continua de lutter pour les privilèges de ce qu'il considérait comme l'Église gallicane (voir *Grégoire*).

Parallèlement, quelques évêques non jureurs, que le pape et le Concordat n'avaient pas rétablis dans leurs privilèges et leurs sièges perdus, n'acceptèrent pas la situation nouvelle et se regroupèrent (voir *Petite Église*).

Moyen de faire prêter serment aux évêques, caricature de 1791

CONVULTIONNISTES : *Jansénistes* * frappés de convulsions sur le tombeau du diacre *Pâris* * et leurs admirateurs. Promulguée en 1713, la bulle *Unigenitus* * avait provoqué bien des protestations parmi les jansénistes; pour démontrer la justice de leur cause, ils élevèrent le diacre Pâris, mort en 1727 et inhumé au cimetière de Saint-Médard, au rang de saint thaumaturge. Plus de deux cents miracles se seraient produits sur la tombe du saint.

Mais les miracles ne suffisaient pas; bientôt apparurent les convulsions, les secousses violentes, le délire, bref tous les symptômes de l'épilepsie et de l'hystérie. D'abord prosternés autour du tombeau, hommes et femmes se levaient, roulaient par terre, étaient secoués de spasmes tout en proférant des insultes contre la bulle *Unigenitus*. Certains convulsionnaires se mettaient nus et adoptaient des positions obscènes, si on en croit les témoignages du temps. Quelques illuminés, des femmes et des religieuses surtout, se firent crucifier une journée entière. Quoique les anticonvulsionnistes, tout en réprouvant ces exercices violents, aient cru à l'authenticité des miracles, le roi fit fermer le cimetière de Saint-Médard. Rien n'y fit : la frénésie convulsionniste se poursuivit, plus ou moins clandestinement, jusqu'à la fin du XVIIIe siècle.

Des sectes ou plutôt des tendances se firent jour parmi les convulsionnistes et leurs admirateurs. On compta des *augustinistes, vaillantistes, ottinistes, marguillistes, mangeronistes.*

Une branche, celle des *possibilistes,* affirmait que Dieu avait donné à ses membres le privilège de commettre n'importe quelle faute ou crime sans pécher. Ils semblèrent partager une vénération particulière pour le prophète Élie. Quelque temps avant la Révolution française de 1789, un certain Fialin, curé de Marsilly, près de Montbrison, parvint à escroquer quatre-vingts personnes, qui devaient, sous sa conduite, se rendre à Jérusalem à la rencontre du prophète Élie. Fialin empocha leur argent, jeta son froc aux orties et ouvrit un cabaret aux environs de Paris. Il se maria mais finit par être découvert et exilé à Nantes.

En 1787, un autre prêtre, Bonjour, curé de Fareins, près de Trévoux, fit crucifier dans son église une fille qu'on dit avoir été sa maîtresse. En 1792, en pleine Terreur, il proclama qu'un enfant (le sien ?) était né qui incarnait *Élie-Dieu.* Le nouvel Élie devait commencer sa mission en 1813; hélas! il fut arrêté avec Bonjour en 1806.

Autre mouvement qui prit naissance dans les milieux convulsionnistes : les *figuristes.* Toute l'Écriture, selon eux, n'était qu'allégories; tous les événements qui se passaient autour d'eux n'étaient que préfigurations de l'avenir. Les convulsionnaires de Saint-Médard annonçaient, disaient-ils, un renouvellement général dans l'Église.

COPTES : Chrétiens *jacobites* * monophysites d'Égypte et d'Éthiopie, les coptes d'Éthiopie forment aujourd'hui une Église autocéphale que nous décrirons séparément (voir *Éthiopie*).

Les coptes d'Égypte affirment que leur Église a été fondée par l'apôtre saint Marc; ils appartiendraient en réalité à la filiation des anciens chrétiens contestataires de l'Église d'Alexandrie, Dioscore et ses successeurs, qui, après le concile de Chalcédoine (451), rompirent avec l'Église de Byzance. Les coptes égyptiens sont de pure race égyptienne, mais ils ont emprunté aux Arabes leurs mœurs et leurs habitudes. Ils ne s'en distinguent que par la religion. La langue copte utilisée depuis le XIe siècle dans la liturgie est une langue morte issue de l'ancien égyptien. Elle s'écrit en lettres capitales grecques dans la « Liturgie de saint Marc ». L'orthodoxie catholique romaine ne reproche aux coptes qu'une seule « erreur » : celle qui concerne la nature de Jésus-Christ. Les coptes sont en effet monophysites (une seule nature, à la fois divine et humaine, tandis que l'Église romaine reconnaît deux natures, divine et humaine, réunies en une seule personne); ils sont corrélativement *monothélites,* ne reconnaissant au Christ qu'une volonté unique au lieu de deux.

Les coptes d'Égypte observent les sept sacrements. Les jeûnes sont nombreux, ainsi que certaines interdictions alimentaires : on ne mange pas la chair de porc ni celle d'animaux étranglés. Les garçons sont circoncis vers l'âge de sept ans. Si les peintures et les images sont autorisées dans les églises, les statues sont prohibées. Enfin les coptes doivent prier sept fois par jour.

Art copte

L'Église est placée sous l'autorité suprême d'un patriarche d'Alexandrie, qui réside au Caire. Il est élu par les évêques, par le clergé et par certains laïcs. On le choisit d'habitude parmi les moines (célibataires) du monastère de Saint-Antoine ou de Saint-Macaire, situé dans le désert oriental. Le clergé est composé d'évêques, d'archiprêtres, de prêtres et de diacres. Ils peuvent se marier à condition que ce soit avant leur ordination et qu'ils épousent une vierge. Ni les prêtres veufs ni les veuves de prêtres ne peuvent se remarier. Les ordres monastiques sont nombreux, tant masculins que féminins. Leurs membres sont réputés pour leur austérité.

Les coptes d'Égypte seraient aujourd'hui au nombre de treize millions environ. Cette Église a connu bien des persécutions depuis l'arabisation de l'Égypte. Si, plus récemment, la Révolution nassérienne s'est montrée plutôt tolérante à son égard, elle n'a pas échappé aux tracasseries. Les choses semblent néanmoins s'arranger depuis l'avènement du président Moubarak. Le nouveau Raïs a mis fin à la relégation du patriarche Chenouda, exilé pendant plus de quatre ans dans un couvent du désert de Nitrie. Le patriarche a pu célébrer la messe de Noël (copte) le 7 janvier 1985 dans sa cathédrale de Morkoseya, au Caire. En revanche, le pontife s'est désisté de son rôle d'intermédiaire transmettant les doléances des coptes au gouvernement. Il a suggéré la création d'une commission présidentielle pour se charger de cette tâche.

On notera qu'il existe un patriarcat « copte-catholique », relevant de l'autorité romaine, à Alexandrie. La dénomination compte quatre évêques en Égypte et quelques milliers de fidèles.

CORNARISTES : Disciples de Théodore Cornhert, homme politique hollandais du XVIᵉ siècle. Cornhert et ses amis s'en prenaient à la fois au catholicisme de leur temps et à toutes les sectes protestantes. Toutes ces confessions chrétiennes avaient besoin d'être réformées. Mais les cornaristes pensaient que nulle réforme ne serait justifiée si elle n'était pas accomplie par un personnage capable de produire des miracles. Ce nouveau réformateur chrétien ne s'étant pas encore manifesté, les cornaristes ne se réunissaient que par intérim et se contentaient de lire au peuple la parole de Dieu, contenue dans l'Écriture.

La cible principale de Cornhert et de ses disciples était le calvinisme. Il est probable qu'ils auraient été en butte à la vengeance et à la violence des calvinistes sans la protection du prince d'Orange.

CORRUPTICOLES : Disciples de Sévère, faux patriarche d'Alexandrie, en 531. Ils soutenaient que le corps de Jésus-Christ était corruptible, faute de quoi il n'aurait pas souffert sur la croix. Les corrupticoles se montraient ainsi des disciples outranciers de la doctrine d'Eutychès (voir *Eutichisme*). Ils s'opposaient violemment aux *incorruptibles* * ou *phantasiastes,* qui se ralliaient à la théorie de Julien d'Halicarnasse.

Julien prétendait que le corps de Jésus-Christ a été incorruptible de toute éternité. Ses disciples et lui faisaient de la vie terrestre du Christ une extravagante fantasmagorie. Ils furent soutenus par un édit de l'empereur Justinien, promulgué en 564. Le souverain mourut dans leur communion, non sans avoir fait exiler ou emprisonner plusieurs évêques réfractaires à l'hérésie. Les luttes entre corrupticoles et incorruptibles se traduisirent, à Alexandrie, par des troubles et des meurtres.

COVENANT : Deux « covenants » marquent l'histoire des relations religieuses entre la couronne d'Angleterre et l'Écosse. Le mot signifie « pacte » ou « alliance », « convention ».

Un premier *Covenant National*, garantissant la réforme de l'Église en Écosse, fut signé par le roi en 1580 ; il fut plusieurs fois renouvelé jusqu'en 1638. En 1643, un *Solem League and Covenant* le remplaça ; il prévoyait l'assistance mutuelle entre Anglais et Écossais pour la défense du presbytérianisme contre la papauté et l'épiscopat anglican. Les deux covenants furent annulés après la Restauration de 1660.

CRANMER Thomas : (1489-1556). Le premier et le plus célèbre des grands réformateurs de l'Église d'Angleterre. Il fut d'abord ordonné prêtre dans l'Église catholique romaine et enseigna à Cambridge durant vingt-cinq ans. Ayant obtenu la faveur du roi Henri VIII, il fut nommé archevêque de Canterbury en 1533. Lorsque se produisit le schisme anglican, il se montra modéré dans la réforme et dut combattre à la fois les catholiques et les puritains extrémistes. Avec l'avènement d'Edouard VI (1547), il évolua dans un sens plus radicalement protestant et anticatholique. Il inspira de manière décisive la rédaction du nouveau *Prayer Book* *.

La mort du roi et l'accession au trône de Marie Tudor devaient entraîner la perte du prélat. Emprisonné à la Tour de Londres, il fut condamné à mort pour trahison, inculpé d'hérésie et déchu de la prêtrise. Il commença par rétracter ses idées protestantes, puis revint sur sa rétractation et périt courageusement sur le bûcher.

DAMIANISTES : Par la voix du concile de Chalcédoine, l'Église catholique tient pour un dogme qu'il existe *deux natures* en *une seule personne* en Jésus-Christ. Le concile condamnait ainsi, en 451, les *nestoriens* *, qui supposaient *deux personnes*, et les *eutichiens* *, qui ne reconnaissaient qu'*une nature* dans le Sauveur. Beaucoup de chrétiens de l'époque, las de ces abstractions ou n'y comprenant pas grand-chose, estimaient qu'on ne pouvait condamner une de ces hérésies sans tomber dans l'autre. Nombreux furent ceux qui rejetèrent purement et simplement les conclusions du concile de Chalcédoine.

Certains nièrent, comme Sabellius, toute distinction entre les trois personnes de la Trinité, ne voyant dans le Père, le Fils et le Saint-Esprit que de simples dénominations. Comme ils n'avaient pas de chef, on les appela *acéphales* *. Quelque temps après, Sévère, évêque d'Antioche, se mit à leur tête. Ils ne tardèrent pas à se diviser. Un parti suivit Sévère, puis Pierre Monge, évêque usurpateur d'Alexandrie : on les nomma pour cela les *sévériens pétrites*. Un autre parti se donna à l'évêque régulier d'Alexandrie, Damien. Ces damianites se disaient eux-mêmes acéphales et sévériens; ils rejetaient l'autorité des conciles.

DANSEURS : *Convulsionnistes* * avant la lettre. Hommes et femmes, des fanatiques allemands se formèrent en secte en 1373, à Aix-la-Chapelle, puis firent des adeptes dans les Flandres et le Hainaut. Les sectaires affichaient le plus grand mépris pour l'Église romaine et son clergé. Ils se réunissaient en bandes, se tenant par la main et dansant jusqu'à épuisement complet. Ils entraient alors en transe et avaient des visions extraordinaires qu'ils décrivaient à voix haute. Ils disaient voir le ciel avec Jésus et la Vierge Marie à ses côtés, les anges et les saints. Le reste du temps ils allaient de ville en ville, demandant l'aumône.

À Liège, les évêques s'inquiétèrent de cette frénésie et, jugeant ces danseurs en la possession du démon, les firent exorciser. L'Église chrétienne n'a pas échappé à la règle : toutes les communautés religieuses ont eu, à certaines époques troublées, leurs frénétiques et leurs danseurs.

DARBY John Nelson : (1800-1882). Prêtre de l'Église épiscopalienne d'Irlande jusqu'en 1827, Darby abandonna sa charge afin de contribuer à la fondation de la secte des « Frères de Plymouth » (*Plymouth Brethren*).

DAVIDIQUES, DAVIDISTES, ou DAVID-GEORGIENS : Disciples de David George, au XVIᵉ siècle.

Vitrier ou peintre de Gand, David George commença à prêcher sa doctrine vers 1525. Il fut d'abord *anabaptiste* *, puis il se proclama un nouveau Messie descendu sur la terre pour faire le salut des hommes et leur indiquer le chemin du ciel ; celui-ci, disait-il, était dépeuplé faute de gens dignes d'y être admis. Le nouveau Messie rejetait le mariage, niait la résurrection des corps, affirmait que l'âme n'est pas souillée par le péché, ne croyait ni aux œuvres ni à l'abnégation de soi, repoussait tous les exercices de piété, ne croyant qu'à la vertu de la contemplation.

L'hostilité provoquée par ses prédications l'obligea à fuir Gand ; il se retira d'abord en Frise, puis à Bâle. Il y changea de nom, se faisant appeler désormais Jean Bruch. Il mourut en 1556, non sans avoir promis à ses disciples de ressusciter au bout de trois ans. Ce qu'il ne fit pas, mais ce qui n'empêcha pas les autorités de le faire exhumer, une fois les trois années écoulées, et de le faire brûler avec ses écrits par le bourreau. Il laissa quelques disciples dans le Holstein. Ils se seraient ralliés aux *arminiens* *.

DAVID DE DINAN : Disciple d'Amaury de Chartres au XIIIᵉ siècle. David apporta des idées nouvelles, matérialistes, au *panthéisme* * de son maître. Il y introduisit certaines notions aristotéliciennes à propos de la matière première. Dépourvue de toute qualité mais possédant une certaine réalité positive, la *materia prima* est le fond de toutes les autres réalités relatives. Elle est unique et aussi bien l'esprit que le corps tirent d'elle leur substance. En d'autres mots, la matière première est Dieu, substance universelle qui se particularise dans les esprits et les corps.

DÉISME : Le déisme se borne à reconnaître l'existence de Dieu comme terme ultime que la raison peut saisir dans sa recherche des causes premières. C'est la religion de la nature et de la raison. Cette définition est assez élastique et permet de resserrer ou, au contraire, d'illimiter la notion de divinité. Historiquement, le déisme représenta un mouvement de pensée qui fut très influent en Angleterre, puis en France aux XVIIᵉ et XVIIIᵉ siècles. Se limitant à la seule croyance en un Être suprême, les déistes opposaient la *religion naturelle* à la *religion révélée*. Ils niaient l'autorité divine de l'Écriture, rejetaient la doctrine de la mission rédemptrice de Jésus-Christ, qui n'avait été qu'un homme supérieur, et certains rejetaient, comme non prouvée, la doctrine de l'immortalité des âmes. Au XVIIIᵉ siècle, les déistes ne considé-

rèrent plus Dieu autrement qu'un Être personnel, indifférent, créateur désintéressé d'un monde dans les affaires duquel il n'intervient pas. Fidèles à la logique de leur pensée, les doctrinaires ne proposèrent jamais un culte qui pût être tenu pour tel. Quelques-uns prescrivaient le repentir, d'autres le culte intérieur par la prière et la louange, d'autres encore (J.-J. Rousseau) la méditation, la conversation avec Dieu, l'expression de la gratitude, à l'exclusion de la prière : « que lui demanderais-je ? », s'interroge Jean-Jacques. Enfin toute religion se réduit aux devoirs qu'imposent la morale et la loi naturelle.

On citera parmi les déistes anglais : lord Herbert de Cherbury (1583-1648) ; John Toland (1670-1722) ; Anthony Collins (1676-1729) ; Matthew Tindal (1657-1733), Hume, Gibbon... Voltaire, Rousseau et les Encyclopédistes en général furent des déistes convaincus en France. On rappellera pour finir la tentative de culte de l'Être suprême de Robespierre pendant la Terreur et celle de la théophilanthropie que le Directoire essaya en vain d'imposer.

DISCIPLES DU CHRIST : Cette église protestante a été fondée en Amérique par le pasteur presbytérien d'origine irlandaise Alexander *Campbell* vers 1809. Il avait publié la même année une *Declaration and Address* dans laquelle il affirmait que les dogmes, pour respectables qu'ils fussent, devaient passer après les principes du christianisme primitif. Le pasteur Campbell était très attaché à l'unité de l'Église et avait dû abandonner sa charge en Irlande parce qu'il acceptait à la communion de fidèles d'autres communautés.

Les disciples du Christ ou l'Église du Christ forment la plus ancienne communauté chrétienne fondée par des Américains sur le sol américain. Ils ont essaimé partout dans le monde anglo-saxon, en Australie, en Nouvelle Zélande et en Afrique du Sud notamment.

DISSENTERS ou Dissidents : Terme général désignant les différentes confessions protestantes qui, en Angleterre, n'appartiennent pas à l'Église anglicane ou, en Écosse, qui ne forment pas partie de l'Église nationale. Il ne concerne pas les catholiques anglais, qui étaient, eux, désignés autrefois par le nom de « récusants ». Les *dissenters* regroupent principalement les *congrégationalistes* *, les *presbytériens* * et les *baptistes* *. Ces différentes dénominations sont reconnues officiellement et protégées par les lois civiles.

DIVINE FATHER : Il se serait appelé de son vrai nom George Baker. Il était noir et peut-être fils d'anciens esclaves géorgiens. Il prêcha sa doctrine de tendance évangélique à Harlem et y fonda, avec ses disciples, la Divine's Peace Mission, dont le siège général s'élevait sur les rives de l'Hudson. Father Divine aurait été, selon ses fidèles, une incarnation de la Divinité. Par son caractère exalté et son fanatisme religieux, à cause de ses outrances de langage, la secte fit beaucoup parler d'elle entre les deux guerres et jusque dans les années 1950.

DOCÉTISME : Doctrine hérétique selon laquelle le Fils de Dieu, Jésus-Christ, n'avait eu qu'une forme apparente (comme l'indique l'étymologie grecque du mot : « apparaître »); il était né, avait souffert et était mort en apparence seulement. La plupart des gnostiques professèrent le docétisme; les sectaires estimaient en effet que les intelligences du monde supérieur étaient trop pures pour s'unir à la matière. En dehors des gnostiques, de nombreuses sectes tombèrent dans l'erreur docétiste.

Les docètes expliquaient qu'un corps réel doit toujours être visible, palpable et doué d'un poids correspondant à sa masse. Ils ne trouvaient pas ces qualités réunies dans le cas du corps de Jésus et se référaient au témoignage des Apôtres : Luc raconte que Jésus passa inaperçu au milieu de la foule qui avait décidé de le jeter du haut d'un rocher (Luc, IV, 30); qu'il se déroba à la vue des disciples d'Emmaüs (Luc, XXIV, 31); de son côté, Marc racontait comment Jésus marchait sur les eaux sans s'enfoncer, comme si son corps n'était d'aucun poids (Marc, VI, 48). Les pères des conciles ripostaient en citant saint Jean : « Tout esprit qui décompose Jésus-Christ n'est pas de Dieu, c'est l'antéchrist (Jean, IV, 2) et le même apôtre, celui qui se vantait d' " être celui que Jésus aimait ", ne craint pas d'affirmer, dans sa première épître, que les Apôtres ont vu et entendu, que leurs mains ont touché et palpé le Verbe (I, 1). » Les docètes ne formèrent de secte à part que vers le milieu du IIe siècle. Leur erreur fut reprise dans les siècles suivants, jusqu'au VIe siècle; certains milieux *monophysites* * la professent encore aujourd'hui.

DONATISTES : Déposition d'évêques, intrigues politiques, massacres, suicides collectifs, telle fut l'histoire des donatistes. Au moment même où elle accédait au rang de religion d'État, sous le règne de Constantin et de ses successeurs, l'Église se trouva confrontée avec ce schisme tentaculaire, qui faillit lui faire perdre prématurément l'Afrique. La révolte des donatistes et des *circoncellions* * troubla la province africaine pendant plus de deux siècles.

Tout commence vers l'an 310 ou 311. L'évêque de Carthage meurt en revenant de Rome où il avait été convoqué pour se justifier d'avoir donné asile au diacre Félix, auteur d'un libelle contre l'empereur Maxence (280-312). Les fidèles élisent à sa place un nouvel évêque : Cécilien. Cette élection va tourner au drame. Cécilien réclame aux notables de Carthage les vases sacrés que son prédécesseur leur avait confiés sous la persécution précédente. L'évêque se heurte aussitôt à l'hostilité des notables, animés par Botrus et Célestius qui avaient tous deux aspiré à l'épiscopat. Les mécontents se joignent à Lucile, riche patricienne que Cécilien avait accusée autrefois de rendre un culte impie aux reliques d'un prêtre martyr que l'Église n'avait pas reconnu comme tel. Dans ce premier temps, Lucile va organiser le complot contre l'évêque et obtenir sa chute provisoire.

Les conjurés parvinrent en effet à convaincre soixante-dix évêques de Numidie de se réunir en concile restreint à Carthage. Cécilien et Félix sont cités à comparaître et sont déposés. Ancien serviteur de Lucile, Majorin est élu au siège épiscopal de Carthage et sacré par Donatus ou Donat, évêque des Cases noires. Les Églises d'outremer refusent de tenir compte des conclusions du prétendu concile et le schisme va s'étendre à toute l'Afrique.

Cependant, ayant vaincu l'armée de Maxence le tyran, puis ayant succédé en 306 à son père, Constance Chlore, l'empereur Constantin entendait rétablir la paix religieuse en Afrique. L'édit de Milan (313) avait proclamé la liberté des cultes, mais le souverain n'avait eu en vue que l'instauration du christianisme triomphant. Il n'appréciait guère les schismes et la désunion (encore qu'il fût de tendance arianiste); il s'inquiéta dès la même année de prévenir les suites des dissidences religieuses de la province africaine. Il en chargea son proconsul Anulin.

Les donatistes adressèrent aussitôt au souverain leurs doléances contre Cécilien et proposèrent l'arbitrage des évêques des Gaules. Constantin désigna les évêques Maternus de Cologne, Rétitius d'Autun et Marin d'Arles qui, conjointement avec le pape Miltiade, réunirent à Rome un concile composé de quinze évêques. Cécilien et Donatus, accompagnés chacun de dix évêques de leur parti, y comparurent. Le concile se prononça en faveur de Cécilien. Un autre concile, réuni à Arles, en 314, confirma les décisions de celui de Rome. Il était statué que partout où le siège épiscopal était occupé par deux évêques rivaux, le premier ordonné serait maintenu, l'autre pourvu d'un autre siège. Félix d'Aptunge fut ainsi rétabli à la tête de son diocèse. Mais les donatistes ne tardèrent pas à contester de nouveau les décisions des conciles et en appelèrent directement à l'empereur. Sur les conseils d'Osius, un partisan de Cécilien, Constantin se prononça contre les donatistes et les accusa de calomnie. Le schisme reprit de plus belle.

Majorin, évêque des Cases noires, étant mort, Donatus fut élu à sa place par les rebelles. Le nouvel évêque comprit que le schisme ne pourrait se maintenir longtemps s'il n'adoptait pas une doctrine qui lui fût propre. Se conformant aux vœux de ses disciples, il établit que l'Église ne se compose que des *bons* et que les *mauvais* en sont exclus; que ceux qui avaient fui l'épreuve du martyre sous les règnes précédents, ceux aussi qui n'étaient pas prêts à l'accepter le cas échéant, ces mauvais chrétiens n'appartenaient plus à la communauté chrétienne (ce fut l'origine des *circoncellions* *). L'Église romaine et toutes les confessions qui lui étaient rattachées étaient condamnées, ayant participé ou ayant soutenu ces faux chrétiens. En conséquence, les sacrements administrés par eux étaient sans valeur. Les donatistes se mirent donc à rebaptiser les fidèles. De schismatiques, ils passaient à l'hérésie.

Non seulement le fanatisme outrancier, mais la terreur fut aussi à l'ordre du jour dans la province africaine. Les donatistes et les circoncellions pourchassèrent les catholiques romains, les massacrèrent, brûlèrent leurs autels, firent fondre leurs vases sacrés, donnèrent aux chiens leurs hosties consacrées et, par goût du martyre, recoururent au suicide collectif!

Le schisme prit dès lors des proportions extraordinaires; plus de trois cents évêques se rallièrent, plus ou moins volontairement, à Donatus. Rome décida de sévir. L'empereur Constant réduisit provisoirement les circoncellions à l'impuissance et fit déposer des évêques. Donatus fut exilé et mourut obscurément. Maximilien le remplaça au siège des Cases noires. Mais sous le règne de Julien l'Apostat, en 361, les évêques donatistes furent autorisés à revenir et la guerre recommença. Les églises regorgeaient du sang des victimes et toute l'Afrique fut soumise durant des années. Des divisions se firent jour néanmoins parmi les schismatiques qui finirent par s'entretuer. Plusieurs prétendants se disputèrent le siège épiscopal de Carthage, qui finit par échoir à l'évêque Optat. Ce dernier fit alliance avec le comte Gildon, qui fut pendant dix ans le fléau de l'Afrique et il fallut attendre l'avènement au trône romain de l'empereur Honorius pour que la guerre prît fin.

Honorius chargea le tribun Marcellin de la pacification. Une conférence fut réunie à Carthage; elle était composée de 279 donatistes, de 286 catholiques et de 7 évêques, choisis de part et d'autre. Du côté catholique, saint Augustin se distingua et parvint à faire prévaloir la cause romaine. La conférence de Carthage se solda par la condamnation des donatistes et la réhabilitation des catholiques. Honorius entérina ses décisions en 411.

Le schisme était vaincu mais il n'était pas mort pour autant. Il ne disparut qu'avec l'invasion des Vandales, *donatistes* et catholiques romains subissant le même sort tragique (voir *Circoncellions*).

Saint Augustin confond les donatistes
au concile de Carthage

DOSITHÉENS : On sait peu de chose sur les erreurs des dosithéens. Ils auraient été contre les secondes noces et même pour le célibat. Leur respect du jour du sabbat était tel qu'ils demeuraient dans la même position et à la même place où ce jour les surprenait, et y restaient jusqu'au lendemain.

Plusieurs Pères : Origène, Épiphane, saint Jérôme font mention d'un certain Dosithée, qui avait fondé une secte parmi les samaritains. Ils ne précisent pas l'époque exacte où il vivait, au Ier siècle vraisemblablement. On pense qu'il aurait été le maître de Simon le Magicien, ce qui le situe au tout début de notre ère. Juif apostat, il repoussait la plus grande partie de l'Ancien Testament, ne conservant que les écrits de Moïse, qu'il ne se serait pas gêné pour corriger. Il niait la résurrection des corps, le Jugement dernier, l'existence des anges et confondait les démons avec les idoles des païens. Ses disciples et lui s'abstenaient de manger de la viande, quelle qu'elle fût. Ils étaient végétariens.

DOUKHOBORS : Secte d'origine russe, aujourd'hui presque entièrement fixée au Canada. Leur nom leur fut donné par les prêtres orthodoxes qui affirmaient que ces hérétiques « luttaient contre l'Esprit de Dieu » (en russe, *doukhobors* : « lutteurs de l'Esprit »).
La secte fut fondée vers 1740 par un sous-officier prussien en retraite, qui vivait en Ukraine, dans la région de Kharkov. Les doukhobors commencèrent par être installés par le pouvoir tsariste dans la région de la mer d'Azov; ils en furent chassés ensuite et refoulés en Géorgie. Ils y vécurent en paix jusqu'en 1887, année où on commença à les persécuter. Aux cosaques envoyés contre eux ils opposèrent la résistance passive, ce qui leur valut la protection de Tolstoï. Le tsar leur permit d'émigrer en 1898 et ils abandonnèrent en masse la Russie pour aller se fixer au Canada. Ils sont aujourd'hui environ vingt mille fidèles à vivre dans ce pays.
Les doukhobors croient que Dieu est Amour et que l'inspiration de l'Esprit-Saint est accessible à tous. La Bible est, pour eux, la parole de Dieu, mais le « Verbe vivant » est la lumière intérieure qui anime l'esprit des hommes de bonne volonté. Ils rejettent le culte des icônes, le mariage religieux (ils pratiquent l'union libre et estiment que l'union est terminée quand l'amour a cessé d'exister entre les partenaires), réprouvent les impôts, la police, les tribunaux et le service militaire. Ils n'en ont pas moins la réputation de se montrer bons citoyens et travailleurs capables.

DOWIE John Alexander : (1847-1907). Pasteur d'origine écossaise à la vie mouvementée. Né à Édimbourg, il émigra en Australie où il devint pasteur congrégationaliste à Sydney. Quittant cette ville pour Melbourne, il y commença une carrière de « guérisseur spirituel » avant de se rendre aux États-Unis. Il s'établit à Chicago et fonda, vers 1890, l'Église chrétienne catholique et apostolique de Sion. Dowie, très instable, quitta bientôt Chicago pour aller vivre dans la nouvelle ville, créée par lui et ses disciples, de Zion City sur les bords du lac Michigan. Il en fut le « Premier apôtre » sous le nom d' « Élie restaurateur ». Accusé ensuite de polygamie et de concussion, il fut déposé par ses propres disciples.

DUNKERS ou TUNKERS : (de l'allemand *tunken* : « plonger »). Secte *baptiste* * fondée en 1708 par Alexander Mack, de Schwartzenau en Allemagne. Dès 1720, la secte émigra aux États-Unis où sous la conduite de Conrad Beissel ou Peysel, elle établit la communauté d'Ephrata (1724) dans la région de Philadelphie, en Pennsylvanie. À l'origine, cette communauté avait été organisée sur un mode monastique à tendance communiste, les hommes et les femmes vivant séparément. Les « moines » d'Ephrata portaient une longue robe avec ceinture et capuchon. Les hommes se laissaient pousser les cheveux et la barbe. Religieux et religieuses vivaient en célibataires, le mariage étant admis pour ceux qui ne sont pas attachés à la vie monastique mais qui demeurent dans les liens de la communauté spirituelle.
Les dunkers baptisent par triple immersion et seuls les adultes sont admis au baptême. Ils nient la transmission héréditaire du péché originel, n'admettent pas l'éternité des peines de l'enfer et pensent qu'après la mort des âmes des justes sont chargées de prêcher l'Évangile dans le ciel à ceux qui ont péché par ignorance sur la terre. Ils furent anti-esclavagistes, ils refusent aujourd'hui le service militaire et repoussent le recours aux procès dans les cas personnels.
Depuis la seconde moitié du XIXᵉ siècle, les dunkers ont entrepris l'exécution d'un vaste programme missionnaire à travers le monde, en Afrique, en Asie et en Amérique latine. Divisés en pasteurs, diacres, anciens et fidèles ordinaires, ils seraient aujourd'hui au nombre de près de 300 000 dans le monde.

The AUTO-DA-FE.
or Act of Faith.

L'AUTO-DA-FE.
ou l'Acte de Foi.

Gravure de B. Picart, XVIIIe siècle

ÉBIONITES : Hérétiques du Ier siècle. Leur nom leur vient d'un mot hébreu qui signifie « pauvres ». Ils se faisaient appeler ainsi parce qu'ils se considéraient comme ces hommes que Jésus citait dans le Sermon sur la Montagne. Établie en Palestine et en Syrie, la secte était judaïsante et ne reconnaissait du Nouveau Testament que l'évangile tronqué de saint Matthieu. Les ébionites restaient très attachés aux lois mosaïques, ils pratiquaient la circoncision et observaient le sabbat juif en plus du dimanche. Jésus, professaient-ils, n'était que le fils de Joseph et de Marie; seule sa vertu l'avait élevé au titre purement nominal de Fils de Dieu et peut-être qu'en tant que prophète avait-il été le Messie attendu.

Les chrétiens orthodoxes les accusaient de se livrer à la polygamie. La secte disparut en se fondant dans la communauté chrétienne ou dans les premières Églises gnostiques.

ÉCLECTISME : Mouvement philosophique qui admet tous les systèmes et n'en accepte aucun en entier. Les hérésiologues du siècle dernier, affirmaient qu'il avait pris naissance en Allemagne et en Écosse, et l'accusaient d'être à la base de la pensée protestante et du libre examen, qui récuse la religion révélée.

EDDY Mary Baker : (1821-1910). Fondatrice de la *Christian Science* *, Mary Baker était née dans le New Hampshire, aux États-Unis. Congrégationaliste convaincue, elle consacra une partie de sa jeunesse à étudier l'Ancien et le Nouveau Testament. C'est en 1866 qu'elle se sentit réellement chargée de sa mission. Blessée à la suite d'un accident, elle fut presque instantanément guérie après avoir lu dans saint Matthieu le récit de la guérison d'un paralytique par le Christ. Frappée par la nature de ce miracle, Mary Baker se mit à méditer dans la solitude sur l'Écriture. Convaincue enfin de détenir la vérité, elle obtint à son tour, au cours d'expériences, des guérisons spectaculaires. « Le principe de toute action mentale harmonieuse » était Dieu et il fallait le faire comprendre au monde des malades mentaux et physiques. Elle publia en 1871 son livre intitulé *Science and Health with Key to the Scriptures* et fonda en 1879 l'Église de la Science chrétienne. Elle y consacra tout le reste de sa vie.

Elle avait entre-temps épousé, en 1877, A. G.

Eddy. Elle termina son existence à Concord, dans le New Hampshire.

Mary Baker Eddy

EFFRONTÉS : Hérésie assez cocasse du XVIᵉ siècle. Ces hérétiques, qui parurent en 1534, se disaient chrétiens mais rejetaient le baptême. Ils préféraient se marquer le front au fer rouge (la plaie était ensuite pansée à l'aide d'huile), d'où leur nom. Ils refusaient de considérer le Saint-Esprit comme une personne divine, estimant que le culte qu'on lui rendait était une idolâtrie. L'Esprit-Saint, selon eux, n'était que l'image du mouvement de l'âme vers Dieu.

ÉGLISE CATHOLIQUE ALLEMANDE : Schisme qui prit naissance au XIXᵉ siècle en Allemagne. Il eut pour origine la révolte de Ronge, prêtre catholique, qui avait été ordonné en 1841. Suspendu de ses fonctions de chapelain à Grottkan, Ronge fut nommé dans un petit village de haute Silésie où, dit-on, il fut influencé par les idées communistes de l'époque. L'évêque de Trèves ayant fait exposer en grande pompe ce que l'on croit avoir été la robe de Jésus, le curé silésien en profita pour dénoncer ce qu'il considérait comme tout simplement idolâtre. Sa protestation connut un vaste succès dans les milieux anticatholiques germaniques. L'évêque riposta en l'excommuniant et en le dégradant. Dès lors Ronge entra en révolte ouverte.

Il commença par se proclamer chef de l'Église catholique allemande. Il essaya en même temps de s'entendre avec un autre curé apostat de Silésie, un nommé Czerski, qui s'était pour sa part prononcé contre la confession auriculaire et l'autorité de Rome, contre le célibat des prêtres (il épousa sa concubine) et pour l'introduction de la langue vulgaire dans la liturgie. L'entente entre les deux prêtres fut de courte durée, Czerski prenant peur devant les outrances de son collègue.

Ronge continua seul. Il bénéficia un temps de la tolérance du cabinet de Berlin et de l'appui des communautés « évangéliques ». Ses appels au nationalisme allemand lui valurent un certain succès, mais tout aussi rapide qu'avait été son ascension commença la décadence de sa secte. Les fidèles se firent plus rares et les défections de plus en plus nombreuses.

ÉGLISE CATHOLIQUE APOSTOLIQUE : (Voir *Catholique apostolique, Église.*)

ÉGLISE CATHOLIQUE FRANÇAISE : Communauté schismatique fondée en France par l'abbé Chatel en 1831.

Né à Gannat, dans l'Allier, Chatel avait été aumônier d'un régiment de la garde sous la Restauration. La Révolution de Juillet le rendit à la vie civile et sans doute le poussa au schisme. Il commença par proposer ses services *gratuits* aux maires de France, contre l'avis des évêques et des curés en place. Il fut éconduit. Désabusé et ambitieux, Chatel recruta deux acolytes, l'acteur Auzou et l'ancien séminariste Blachère. Avec eux et muni de l'autorisation du futur ministre Odilon Barrot, alors préfet de la Seine, il fonda son Église catholique française, le 23 janvier 1831. La nouvelle communauté se proclamait *catholique* parce qu'elle entendait, à l'origine, conserver intacte la doctrine catholique; *française,* parce que le français y était promu langue liturgique. Le schisme était lancé.

Se prétendant assuré de l'adhésion des catholiques de trente départements, Chatel réussit à éblouir Mᵍʳ Poulard, ancien évêque constitutionnel de Saône-et-Loire, qui consentit à ordonner dans les règles Auzou et Blachère. Il refusa, en revanche, la consécration épiscopale à Chatel, qui eut alors recours à Fabre-Palapat, prêtre exclu du diocèse d'Albi, grand-maître d'un ordre dit des « Templiers », et qui se disait autorisé à consacrer des évêques. Chatel se vêtit dès lors d'habits pontificaux et adopta le titre grandiose de « primat des Gaules ». Il choisit Auzou comme vicaire primatial et en fit un « curé de Clichy ». Son Église catholique française ainsi constituée, il fit afficher sa profession de foi sur la porte d'une ancienne remise transformée en temple.

Une réforme, expliquait cette déclaration, était devenue nécessaire. Un prélat vénérable allait ramener la religion du Christ à sa pureté primitive et sceller la nouvelle alliance de l'humanité avec Dieu. Venaient ensuite les articles concernant la doctrine; ils étaient à la fois schismatiques et hérétiques. La proclamation reconnaissait la primauté de la raison et de la conscience personnelle sur la foi. Elle rejetait l'autorité du pape et des conciles, n'acceptant comme référence suprême que les Écritures. Elle reconnaissait sept sacrements avec des adaptations : celui de la pénitence reposait davantage sur le remords, qui lave les péchés, que sur la confession auriculaire, qui n'était que facultative; l'eucharistie était de nuance calviniste, davantage banquet fraternel que sacrifice du corps et du sang de Jésus-Christ; le mariage était étendu à tous, le célibat et la virginité elle-même apparaissant comme des états contre nature.

Les prédications de Chatel sur ce dernier sujet firent tellement scandale qu'en 1842 le préfet de police fit apposer les scellés sur le local-magasin du boulevard Saint-Martin, dernier asile de l'Église catholique française. Forts de cet exemple, les préfets responsables de ces villes ordonnèrent à leur tour la fermeture des succursales de Langres, de Limoges et de Nantes. Entre-temps, Auzou avait abandonné l'Église de Chatel et formé, sur le boulevard Saint-Denis, l'Église presbytérienne française. On ne parla plus guère de Chatel et de sa communauté.

Signalons cependant une Église catholique française fondée en 1907 par Joseph-René Vilatte (1854-1929), prêtre de l'Église *Vieille-Catholique* * et ordonné évêque à Colombo par Julio Álvarez, lui-même évêque jacobite de l'Église d'Antioche. Avec l'appui d'Aristide Briand et de Des Houx (de son vrai nom Durand-Morimbau) Vilatte profita de l'appui de cent quatre-vingt-quatre « associations cultuelles ». Mais, brouillé avec Des Houx, converti à l'Église vieille-catholique, il est abandonné aussitôt par les associations; il tombe dans la misère et se convertit à son tour au catholicisme en 1925. Il meurt en 1929 à l'abbaye cistercienne de Pont-Colbert, près de Versailles.

Pendant ce temps, les associations s'étaient regroupées; elles formèrent le noyau de l'actuelle Église catholique gallicane dont le siège était, en 1984, à Gazinet, Cestas (Gironde) et le patriarche Mgr Patrick Truchemotte. L'Église comptait en 1985 plus de 36 000 fidèles en France et en Belgique.

ÉGLISE ÉVANGÉLIQUE CHRÉTIENNE :
Alliance ou union regroupant, sans les confondre, les principales dénominations protestantes du monde de la tendance évangéliste, les luthériens et les calvinistes notamment.

Ce regroupement commença dans le duché de Nassau en 1817 et s'étendit à la Prusse quelques années plus tard. Les évangélistes prussiens lui donnèrent une liturgie commune en 1821 et 1822. Le rite était purement cérémoniel : on récitait le symbole des Apôtres, le *Sanctus*, le *Memento* des vivants et le *Pater*. Il n'y était question ni d'offertoire ni de communion ou de consécration.

L'Alliance évangélique mondiale actuelle est caractérisée par son effort missionnaire et humanitaire.

ÉGLISE CATHOLIQUE GALLICANE : (Voir *Église catholique française*).

ÉGLISE CHRÉTIENNE UNIVERSELLE : (ou *Alliance universelle* depuis 1983). Communauté chrétienne fondée en 1953 par Georges Roux (dit le Christ de Montfavet 1903-1981) et ses disciples. L'Alliance pense que Georges Roux fut la forme humaine qui servit à Dieu pour prêcher sa loi et bâtir son royaume sur terre à partir de 1980. L'Église se refuse à compter ses membres et se veut universelle dans le Christ. Elle a eu ses guérisseurs missionnés, Georges Roux ayant été le plus prestigieux de tous.

ÉGLISE DU CHRIST des saints des derniers jours : (Voir *Adventistes*).

ÉGLISE DU CHRIST, SCIENTISTE : (Voir *Christian Science*).

ÉGLISE KIMBANGUISTE : Communauté fondée au Congo belge vers 1910, sous la colonisation, par Simon Kimbangu (1889-1951). L'Église kimbanguiste est aujourd'hui largement répandue au Zaïre et dans les pays voisins (République populaire du Congo, Zambie, Ruanda, Burundi, Centrafrique, Gabon et Angola); elle compte près d'un demi-million de fidèles.

Simon était le fils d'un pasteur protestant. Né dans la religion baptiste, il devint lui-même un grand prédicateur clandestin imbu d'idées nouvelles très marquées par le protestantisme. Arrêté par les autorités coloniales belges, il fut condamné à mort, gracié par le roi Albert Ier et emprisonné pendant trente ans. Il mourut en prison et gagna ainsi l'auréole du martyre auprès de ses fidèles. Reprise en main par son fils, l'Église kimbanguiste est aujourd'hui membre à part entière du Conseil œcuménique des Églises. Elle ne reconnaît que trois sacrements : le baptême (par immersion), la cène et la confession publique. La communion se fait à partir d'un gâteau de maïs et de pommes de terre. Les fidèles s'abstiennent d'alcool, de tabac et fuient les divertissements profanes.

ÉGLISE, PETITE : (Voir *Petite église*).

ÉGLISE RÉNOVÉE : Schisme à l'intérieur de l'Église orthodoxe de Russie. L'Église rénovée (ou « vivante ») a été formée en 1922, au lendemain de la Révolution russe, par l'aile progressiste du concile panrusse. La croyant soutenue par le pouvoir soviétique, le patriarche de l'Église orthodoxe traditionnelle lui remit ses pouvoirs. Des réformes eurent lieu en 1923, dans un sens politiquement progressiste et épiscopalien. En 1924, le patriarcat de Constantinople, autorité morale incontestée, reconnaît l'Église rénovée comme seule autorité religieuse légitime en U.R.S.S. Mais, en 1943, Staline fait son choix et opte pour le système patriarcal traditionnel. L'Église rénovée survivra officiellement quelque temps en U.R.S.S. et sera interdite et supprimée en 1977. Il y aurait pourtant encore plusieurs millions de fidèles sur le territoire soviétique. Le reste, plus d'un million et demi, vit en Europe de l'Ouest. L'Église possède dans ces pays des « Aumôneries des chrétiens orthodoxes de 1923 ».

ÉGLISE SYRIAQUE DE L'INDE : Nom moderne donné aux « chrétiens de saint Thomas », communauté *jacobite* * d'origine *nestorienne* * établie en Inde (voir *Chrétiens de saint Thomas*).

ÉGLISE DE L'UNIFICATION : (Voir *Moon*).

ÉICÈTES : Moines hérétiques du VIIᵉ siècle qui, à l'exemple des juifs après le passage de la mer Rouge, attribuaient une grande valeur liturgique à la danse. À tel point qu'ils estimaient qu'elle constituait la forme la plus exhaustive de la prière, laquelle devenait inutile.

ELCÉSAÏTES ou HELCÉSAÏTES : La secte parut au IIᵉ siècle dans les territoires voisins de la Palestine. Son fondateur était un juif apostat nommé Elcésaï ou Elxaï, qui vivait sous le règne de Trajan. Il se disait inspiré, n'admettait qu'une partie de l'Ancien et du Nouveau Testament, exigeait de ses disciples le mariage. Il proclamait qu'il était légitime de se plier à la persécution, de fuir le martyre en abjurant publiquement sa foi et en faisant le simulacre d'adorer les idoles, pourvu que ce soit de la bouche et non de l'esprit. Il ne suivait pas la loi mosaïque quoiqu'on ait dit que ses disciples, rejoignant les *ébionites* *, pratiquèrent la circoncision et admirent certaines cérémonies de la liturgie judaïque. Elcésaï condamnait les sacrifices, le feu sacré, les autels et la coutume de manger la chair des victimes. Ces rites n'étaient, selon lui, ni conformes à la Loi ni autorisés par l'exemple des patriarches. Il affirmait du Christ qu'il était le « grand roi », sans préciser s'il s'agissait de Jésus ou d'un autre personnage mythique. Le Saint-Esprit était du sexe féminin, concluait-il en se référant au mot hébreu *ruach* : Esprit qui est effectivement féminin.

Ses disciples, qu'on appelait aussi *ossoniens* ou *sampéens*, voyaient en Elcésaï une puissance descendue du ciel et le révérèrent à ce titre. Ses descendants jouirent de la même adoration : on recueillait la poussière touchée par leurs pieds ou mouillée par leur salive et on en faisait des talismans.

ENCRATITES : Gnostiques disciples de Tatien, qui vécut au IIᵉ siècle. Tatien était né en Mésopotamie et fut d'abord un des plus pieux et savants disciples de saint Justin. On lui doit d'ailleurs un traité *Contre les gentils*, qui passait pour fort édifiant par sa science et sa foi chrétienne. La mort de saint Justin le rendit à lui-même et à ses doutes. Tatien ne tarda pas à se familiariser avec les doctrines gnostiques et hérétiques qui pullulaient en ces débuts du christianisme, en Asie Mineure notamment. Il leur emprunta certaines de leurs idées et formula sa propre doctrine. Il paraît s'être particulièrement attaché à la partie morale et pratique de la gnose et il prêchait l'observation d'une vie austère, d'où le nom d'encratites, de *continents* ou d'*abstinents* donné à ses disciples.

Comme tous les docteurs gnostiques, Tatien posait deux principes à la base de tout : un bon, qui était divin, l'autre mauvais qui appartenait à la matière et à l'esprit du mal. Dieu demeurait inconnaissable et ineffable; c'est sa première émanation, *Pneuma* ou l'Esprit, qui « pense » le monde, tandis qu'une seconde émanation, le Logos ou Verbe, réalise le plan conçu par *Pneuma*. Telle aurait été la Trinité de Tatien. Pour ce qui est de l'anthropologie, Tatien partageait la doctrine gnostique de la double nature de l'âme humaine : pneumatique et psychique. La seconde meurt avec le corps, tandis que la première est capable d'assurer son salut par la gnose. De même, comme tant de ses contemporains, le chef des encratites professait une théorie *docétiste* * au sujet de la vraie nature de Jésus-Christ.

L'originalité de la doctrine de Tatien consista surtout dans sa négation du salut d'Adam. Il fut le premier à professer cette théorie que saint Irénée de Lyon traite de blasphème et réfute.

Les encratites condamnaient le mariage, l'usage de la chair et du vin. Ils célébraient la cène avec de l'eau à la place de vin, ce qui leur valut les noms d'*hydropararastes* et d'*aquariens* *. À partir des IIIᵉ et IVᵉ siècles, ils se divisèrent en plusieurs groupes qui se retrouvèrent en Asie Mineure, en Gaule et jusqu'en Espagne. Les principales de ces branches d'encratites furent les *sévériens* *, les *apotactites* *, qui refusaient l'autorité de toute loi, les *apostoliques* * et les *cathares* * primitifs, dont la pureté des mœurs était déjà exemplaire, et enfin les *saccophores* * qui, comme l'indique leur nom, se couvraient d'un sac en signe d'humilité et de pénitence. Toutes ces sectes avaient leurs livres sacrés, les uns canoniques, les autres apocryphes. Ils furent assez nombreux pour que l'empereur Théodose s'en inquiétât et les proscrivît en promulguant trois décrets consécutifs concernant leurs diverses branches.

ÉNERGIQUES ou ÉNERGISTES : On donnait ce nom au XVᵉ siècle à certains disciples de Calvin et de Mélanchthon qui rejetaient la présence du corps et du sang de Jésus-Christ dans l'eucharistie, soutenant que seules y étaient présentes son *énergie* et sa vertu.

ENTHOUSIASTES : Nom péjoratif donné à ceux qui se croient inspirés. On nomma ainsi quelques *messaliens* * et *euchites* * qui auraient été agités du démon tout en se croyant inspirés. C'est Théodoret qui le dit. Des siècles plus tard, le même nom fut quelquefois attribué aux anabaptistes, aux quakers et aux « trembleurs ».

ÉON DE L'ÉTOILE : Ce gentilhomme breton du XIIᵉ siècle était amateur de jeux de mots. Les mots latins *per eum qui venturus*, etc. se prononçant à l'époque *per eon*, l'étonnant Éon de l'Étoile se sentit désigné : il se dit Fils de Dieu et juge des vivants et des morts. Il réussit à se faire des sectateurs, les éoniens, qui provoquèrent des troubles. Certains périrent sur le bûcher. En ce qui concerne Éon de l'Étoile lui-même, il fut condamné par Eugène III à la prison perpétuelle.

EPHRATA : (Voir *Dunkers*).

ÉPIPHANE : (Voir *Carpocratiens*). Ne pas confondre avec saint Épiphane, qui fut un des plus grands hérésiologues de son temps.

ÉPISCOPAUX et ÉPISCOPALIENS : Communautés religieuses comportant une hiérarchie avec des évêques (voir *Anglicanisme*).

ÉRASTIENS : École de pensée qui dénie à l'Église le droit de faire des lois, de juger les citoyens et d'infliger des peines. Suivant cette doctrine, l'Église doit se confiner dans son rôle religieux et ne point intervenir dans la vie de l'État qui reste l'autorité suprême. C'est à Thomas Liebler ou Éraste qu'on doit le premier énoncé de cette théorie. Éraste (1524-1583) était un théologien et un médecin de l'université d'Heidelberg ; il écrivit un livre (qui ne fut publié qu'après sa mort) dans lequel il dénonçait les tribunaux ecclésiastiques calvinistes de Suisse qui osaient châtier ceux qu'ils considéraient comme hérétiques et se substituaient ainsi aux tribunaux civils.

Au siècle suivant on donna le nom d'érastiens aux sectaires anglais qui, pendant les guerres civiles, en 1647, allaient jusqu'à dénier à l'Église l'autonomie complète.

ÉRIGÈNE (SCOT) : (Voir *Scot Érigène*).

ESQUINISTES : *Montanistes* * qui confondaient en une seule les trois personnes de la Trinité.

ÉTERNALS : Hérétiques qui, dans les tout premiers siècles de l'ère chrétienne, croyaient à l'éternité du monde tel qu'il est présentement. La résurrection de la chair et le Jugement dernier, qu'ils ne niaient pas, n'apporteraient aucun changement à l'état du monde et scelleraient, au contraire, son caractère éternel.

ETHICAL MOVEMENT : Mouvement laïque international fondé à New York en 1876, par le Dr. Félix Adler. Le mouvement défend surtout des buts moraux et sociaux, comme la fraternité entre les hommes et le respect de l'éthique morale, qui est supposée innée chez l'homme et n'a point besoin de lui être dictée de l'extérieur. La nature dernière de toutes choses et la vie future ne sont qu'affaire de conceptions personnelles.

Le mouvement est surtout répandu aux États-Unis et en Grande-Bretagne. Ses « sociétés » ou « Églises » sont présidées par des « ministres » ou « lecteurs » qui, avec d'autres conférenciers, se chargent de la prédication et du « service » à connotation purement éthique, à l'exclusion de toute doctrine théologique. Des hymnes sont chantés et certains passages « éthiques » de la Bible sont lus lors des réunions du dimanche matin. Des cérémonies de mariage ou de funérailles sont célébrées.

ÉTHIOPIE, Chrétiens d' : La Nubie, aujourd'hui presque totalement de foi islamique, fut convertie au christianisme auparavant par saint Matthieu – du moins si on en croit la légende. Elle est aujourd'hui partagée entre le Soudan et l'Éthiopie du Nord. Le christianisme y fut plus ou moins florissant jusque vers l'an 1500 au dire des anciens voyageurs, portugais notamment. Mais, faute d'évêques et parce que les chrétiens de la haute Éthiopie s'en désintéressèrent ou manquèrent de moyens, elle passa dans les mains des conquérants musulmans.

Le prêtre Jean,
empereur des Abyssins

En revanche, la haute Éthiopie, celle d'aujourd'hui, est à plus de 50 p. cent de foi chrétienne, jacobite et monophysite. Le christianisme y fut introduit par saint Frumentius, jeune chrétien de Tyr, qui fit naufrage sur les côtes de la mer Rouge et s'établit dans le pays. Il en fut nommé évêque, vers l'an 331, par saint Athanase, patriarche d'Alexandrie. C'est au VIe siècle que les chrétiens d'Éthiopie, qui s'étaient préservés de la vague arianiste, adoptèrent le schisme de Dioscore d'Alexandrie et les idées d'Eutychès; ils alignèrent leur foi sur celle des coptes d'Égypte. Mais l'Église éthiopienne possède ses particularités. Elle a conservé certaines coutumes judaïques comme la circoncision (et parfois l'excision des filles), les prescriptions mosaïques relatives aux aliments, l'observance du sabbat. Par ailleurs, les statues ne sont point tolérées dans les églises, mais les

tableaux et les images des saints sont admis, notamment celles de la Vierge Marie et de la « sainte Sanbat » (le sabbat). Les hommes mariés peuvent accéder à la prêtrise, mais un prêtre n'a pas le droit de se marier après son ordination. L'Église copte d'Éthiopie dépendait autrefois du patriarcat copte d'Alexandrie, qui choisissait et nommait l'*abouna* ou patriarche d'Éthiopie. Ce lien de dépendance a été supprimé en 1954. Les chrétiens sont au nombre d'environ dix-sept millions en Éthiopie.

ETHNOPHRONES : (Du grec *ethnos* : « peuple » [ici « gentils »] et *phrên* : « penser ».) Il s'agit d'hérétiques du VIIe siècle qui voulaient concilier le christianisme avec les pratiques magiques des communautés et peuples non chrétiens. Ils étaient férus d'astrologie judiciaire, de divination à partir d'augures, etc. Ils ont été décrits par saint Jean Damascène.

EUCHITES : (du grec *euche* : « prière »). Mystiques et hérétiques chrétiens du IVe siècle. Ils soutenaient que la prière seule suffisait pour être sauvé et se déclaraient indifférents aux pratiques du culte extérieur. Ils vivaient en Palestine et en Syrie.

EUCKEN Rudolph Christoph : (1846-1926). Philosophe allemand de l'université d'Iéna. Tout en affirmant ses distances avec les différentes communautés chrétiennes, il enseigna une doctrine métaphysique d'inspiration théiste et chrétienne. L'homme atteint le sommet de soi-même par la pratique de la vie spirituelle et la méditation mystique ainsi que par l'effort de la volonté. Eucken est l'auteur de plusieurs ouvrages dont *Le Problème de la vie* et *La Vie de l'Esprit*.

EUDOXIENS : Secte arienne qui suivait Eudoxe, patriarche d'Antioche, puis de Constantinople, sous les règnes de Constance et de Valens. Leur doctrine était proche de celle des aétiens et des *Eunomiens* * (voir *Arianisme* *).

EUNOMIENS : Disciples ariens d'Eunomius au IVe siècle. L'erreur eunomienne fut dénoncée et réfutée par de nombreux Pères : saint Basile, saint Grégoire de Naziance, saint Grégoire de Nysse, saint Jean Chrysostome. Ils ont contribué à faire connaître l'homme et la doctrine. D'abord militaire, Eunomius était originaire de Cappadoce; peu fait pour le métier des armes, il se livra à l'étude de la philosophie et fut bientôt ordonné prêtre. Le pape Eudoxe († 310) le choisit comme évêque de Gyzique. Jusque-là, Eunomius était arien et disciple d'Aetius mais, las de suivre une école qui n'était pas la sienne, il en établit une qui porta son nom.

Il avait adopté la plupart des erreurs reprochées à *l'arianisme* *, il en ajouta une qui lui était propre et qui parut capitale aux yeux de ses adversaires catholiques : il soutenait en effet que l'essence divine peut être comprise et connue en totale lucidité par l'intelligence de l'homme. Bref, il niait l'incompréhensibilité du mystère divin. Pour le reste, il ne fit que préciser, avec toute la subtilité de la dialectique aristotélicienne, les erreurs d'Aetius. Saint Basile consacra cinq livres à l'hérésie eunomienne, dont voici un résumé succinct :

Il n'existe qu'un seul Dieu, qui n'a été fait ni par lui-même ni par un autre, ce qui semble absurde, Dieu ne pouvant être antérieur à lui-même, encore moins postérieur à un autre, ce qui serait le déposséder de sa divinité. Si donc Dieu n'est ni antérieur à lui-même ni précédé par rien, son attribut majeur est *l'ingénération*. L'inengendré ne saurait générer sa nature à un être engendré, pour plusieurs raisons dont le facteur temps est la principale, car supposer un premier qui génère un second c'est établir une succession temporelle et, par définition, Dieu infini et éternel n'est pas soumis à la durée. D'un même point de vue, Dieu infini ne peut se limiter dans une forme appartenant au concept du temps et de l'espace. Il est démontré que Dieu est inengendré et un.

Le Fils est également un, *unigenitus*. Mais il n'était pas préexistant comme le Père. Il est engendré par la seule puissance du Père, comme une créature au-dessus des autres créatures tirées du néant. Le Fils est la créature directe, à partir de la volonté et de la substance divines, de l'inengendré. Et l'Esprit-Saint ou Paraclet a été engendré, sur ordre du Père, par le Fils.

Au fond, toute l'originalité de la métaphysique d'Eunomius consiste dans la différence qu'il établit avec insistance entre les mots « générer » et « engendrer ». Le Père engendre, il ne peut générer, ce qui établit une hiérarchie entre les trois personnes de la Trinité. Dans la liturgie eunomienne, cette hiérarchie est clairement exprimée dans le baptême, qui s'administre, avec une seule immersion, au nom du Père inengendré, du Fils engendré et du Saint-Esprit créé par le Fils. Selon certains auteurs, Eunomius aurait prétendu qu'il suffisait de croire en sa doctrine pour être sauvé. Une scission des eunomiens abandonna Eunomius et se plaça sous l'autorité d'un autre hérétique du nom d'Eupsyche.

EUSÉBIENS : Autre nom des ariens, qui leur fut donné à cause d'Eusèbe de Nicomédie, un de leurs principaux chefs.

EUSTACHIENS : Disciples d'un moine nommé Eustache que certains auteurs ont voulu confondre avec l'évêque Eustache de Sébaste, ce qui n'est pas prouvé. La secte apparut au IVe siècle et fut condamnée en 325-341 par le concile de Gangres en Paphlagonie. Les eustachiens ne croyaient pas au salut hors d'un état semblable à la vie monastique.

Ils condamnaient le mariage et exigeaient la séparation des époux. Ils exigeaient que les enfants et les serviteurs soient séparés de leurs parents et de leurs maîtres afin de mener une existence plus austère. Le concile les accusait de tenir des assemblées particulières, de monopoliser à leur profit les oblations et de refuser les oblations des prêtres mariés, de permettre aux femmes de s'habiller en hommes, de mépriser les jeûnes de l'Église et d'en pratiquer d'autres, à leur guise, même le dimanche, de prohiber en tout temps l'usage de la viande, de mépriser les chapelles bâties à la mémoire des martyrs et de condamner les cérémonies pieuses qui s'y déroulaient, de soutenir enfin qu'on ne peut être sauvé sans renoncer à tous ses biens.

EUTYCHIENS : Disciples d'Eutychès au Ve siècle. L'erreur reprochée à Eutychès et à ses fidèles concernait la nature de Jésus-Christ. Les eutychiens étaient des *monophysites* * modérés : ils professaient qu'il y avait eu un effet *deux* natures dans le Christ *avant l'Incarnation* : l'une divine, l'autre humaine. Mais lors de l'Incarnation, la nature humaine avait été absorbée par la nature divine, comme une goutte de pluie l'est par l'océan. Cette doctrine revenait à nier l'humanité de Jésus-Christ et, indirectement, à faire s'écrouler le mystère de la Rédemption par les souffrances du Christ – une nature aussi totalement divine n'avait en effet pu ni souffrir ni mourir sur la croix. Combattus par les papes et les empereurs, les disciples directs d'Eutychès suscitèrent bien des troubles dans le monde chrétien jusque vers la fin du VIe siècle, comme on le verra ci-dessous. Cependant l'hérésie elle-même ne fut pas extirpée pour autant ; elle s'est perpétuée jusqu'à nos jours dans les diverses Églises jacobites, qui ont su la nuancer au point de ne plus guère provoquer les foudres romaines.

Eutychès (env. 378-454) était abbé d'un puissant monastère des environs de Constantinople dont dépendaient en outre plusieurs communautés de moindre importance. En réaction conte le *nestorianisme* * qu'il détestait, il choisit de mettre l'accent dans son enseignement sur la nature, selon lui à peu près exclusivement divine, de Jésus-Christ. C'était tomber dans l'autre extrême, les nestoriens, eux, confinant le Sauveur dans sa nature humaine. Sans le vouloir expressément, Eutychès retombait dans l'hérésie de *Cérinthe* * et les autorités catholiques orthodoxes s'en émurent.

Eusèbe, évêque de Dorilée en Phrygie, le dénonça au synode tenu à Constantinople par le patriarche saint Flavien (448). Après avoir longtemps hésité, Eutychès se présenta devant le synode et affirma « qu'il confessait avec saint Athanase et saint Cyrille que Notre Seigneur a eu deux natures avant l'Incarnation, mais, depuis l'union, ils ne parlent plus de ces deux natures ». Dans une lettre à saint Flavien, saint Léon accusa aussitôt Eutychès de double hérésie – sur la nature divine exclusive du Christ et sur la préexistence des âmes. L'accusé, ayant refusé de se rétracter, fut excommunié comme hérétique, privé de son sacerdoce et de son monastère. Eutychès n'accepta pas la sentence et fit jouer ses appuis à la cour impériale et dans le peuple.

Le nouvel excommunié ne manquait pas de moyens. Il était assuré du soutien de la plupart des moines grecs et de plusieurs évêques, qui avaient apprécié son zèle dans la lutte contre le nestorianisme. Le patriarche Dioscore d'Alexandrie s'était déclaré pour lui ; il introduisit le monophysisme en Égypte. Dans le peuple, Eutychès avait la réputation d'être un saint. La cour impériale enfin lui était favorable. Favori de l'empereur, l'eunuque Chrysaphe l'avait tenu sur les fonts baptismaux et lui demeurait fidèle ; l'impératrice Eudoxie lui était aveuglément dévouée et, avec l'aide du favori et de courtisans plus ou moins sincères, intercédait en sa faveur auprès de l'empereur Théodose le Jeune (401-450, accession au trône en 408). Le monarque convoqua un concile à Éphèse dans le but de réviser les décisions du synode de Constantinople. Dioscore d'Alexandrie en obtint la présidence.

L'Église catholique se souvient de ce pseudo-concile comme du « brigandage d'Éphèse ». Les partisans d'Eutychès et de Dioscore se montrèrent, paraît-il, d'une violence extrême, appelant à brûler vif ou à mettre en pièce Eusèbe, à égorger ceux qui reconnaissaient deux natures en Jésus-Christ. Ils reléguèrent les envoyés de saint Léon à la dernière place de l'assemblée, en les laissant maltraiter par les soldats que Chrysaphe avait eu soin de faire introduire dans la salle du concile. Ils demandèrent enfin la déposition de saint Flavien du siège de Constantinople. Ce dernier ayant protesté et ayant introduit un acte d'appel, Dioscore le frappa à coups de poing et, le jetant à terre, le piétina, tandis que Barsumas, archimandrite syrien, hurlait : tuez-le, tuez-le! Flavien mourut trois jours après. Eutychès fut réhabilité et la doctrine des deux natures rejetée. Un décret de Théodose II confirma ces décisions (449). Il fallut attendre l'avènement à l'Empire d'Orient de Mar-

cien et le concile œcuménique de Chalcédoine (451) pour que le monophysisme soit solennellement condamné par les légats du siège apostolique.

Un décret doctrinal fut cette fois promulgué. Il proclamait que Jésus-Christ Fils de Dieu est parfait en sa divinité et parfait en même temps dans son humanité, sauf pour le péché. Il est consubstantiel à Dieu par sa divinité et consubstantiel aux hommes par son humanité. Il y a en lui deux natures, unies sans se confondre, dans une seule personne. Jésus-Christ est ainsi engendré de Dieu, lui est égal par sa génération éternelle, mais il est né dans le temps, en tant qu'homme, de la Vierge Marie. Le concile de Chalcédoine renvoyait ainsi dos à dos l'eutychianisme et le nestorianisme.

Eutychès mourut vers l'an 454. Il laissait des disciples et... la discorde. La violence aussi. Les eutychiens de tous bords n'acceptèrent pas de se soumettre, ils se rebellèrent. Dans un premier temps, soutenus par l'impératrice Eudoxie et par l'évêque intrus de Jérusalem, Théodose, ils parcoururent les territoires où ils comptaient des amis, rançonnant, égorgeant ceux qui adhéraient aux décisions du concile. Des évêques furent déposés par la force et remplacés par des hérétiques. En Égypte, à Alexandrie surtout, on massacra l'évêque saint Proter, qui avait remplacé sur le siège patriarcal Dioscore, mort en exil. Timothée Élure fut élu au siège métropolitain. Il avait été l'instigateur du meurtre de son prédécesseur, si on en croit les historiens de l'Église. En Asie, de la Thébaïde jusqu'à l'Euphrate, meurtres, anathèmes, dépositions ou réintégrations d'évêques au fil des victoires et des défaites des factions rivales firent rage. Une amnistie offerte par Marcien ramena un semblant de calme.

L'hérésie n'en faisait pas moins son chemin. À Marcien avait succédé sur le trône d'Orient la nouvelle dynastie de Thrace avec Léon Ier et Léon II (emp. de 457 à 474), puis Zénon l'Isaurien qui régna de 474 à 491. Sans être eutychien, ce dernier souverain était de croyance monophysite. En 482, les trois principaux patriarcats d'Orient se trouvèrent aux mains d'évêques de cette tendance : Acace à Constantinople, Pierre Monge à Alexandrie et Pierre le Foulon à Antioche. Tout en étant favorable à la nouvelle forme de l'eutychianisme professée par les deux autres patriarches, Acace restait nominalement catholique orthodoxe. Pierre Monge et Pierre le Foulon reconnaissaient, pour leur part, deux natures en Jésus-Christ, sans mélange et sans confusion, ce qui était conforme aux décisions du concile de Chalcédoine ; mais les deux natures leur paraissaient tellement unies qu'elles formaient une seule *théandrie.* Cependant, s'ils rejetaient à la fois Eutychès et Nestorius, ils se refusaient à souscrire publiquement aux décrets du concile.

C'est la même année 482 que Zénon, désireux de rétablir l'unité de l'Église sans faire perdre la face aux monophysites, édicta sa fameuse loi connue sous le nom d'*Hénotique*, qui, tout en condamnant formellement l'erreur d'Eutychès, annulait le concile de Chalcédoine. Pierre Monge reçut favorablement l'Hénotique malgré l'opposition de certains monophysites qui firent scission et suivirent Sévère (voir *Sévériens*), nouvellement promu au siège d'Antioche. Par ailleurs, le pape Félix III condamna l'Hénotique comme trop favorable à l'hérésie et les troubles recommencèrent. Ils cessèrent seulement sous les règnes des empereurs Justin Ier et Justinien, dans la seconde moitié du VIᵉ siècle.

La théologie monophysite n'en disparut pas pour autant ; elle retrouva une partie de sa vigueur avec Jacques Baradée (ou Zanzale), évêque d'Édesse de 541 à 578. Cet évêque fit des disciples en Égypte et dans tout l'Orient et doit être considéré comme le premier fondateur de ce qu'on appelle les communautés et dénominations *jacobites* (voir *Jacobites, Monophysisme, Monothélisme...*).

ÉVADISME : (Voir *MAP* et *MAPAH*).

ÉVANGÉLISME : Doctrine qui se réclame en priorité des Évangiles et de la Rédemption par les souffrances de Jésus-Christ. En un sens, toutes les églises chrétiennes sont évangéliques. Mais le terme est réservé dans un sens plus étroit à certaines dénominations protestantes fondées notamment par les deux Wesley et par George Whitefield en Angleterre au XVIIIᵉ siècle.

Il existe depuis 1846 une *Alliance évangélique mondiale*, très active sur le plan de l'aide humanitaire et missionnaire.

L'Antéchrist soutenu par trois diables, chronique de Schedel, Nuremberg, 1493

FAMILLE D'AMOUR ou FAMILISTES : Secte mystique fondée, en 1555, par Henri Nicolas (Heinrick Niclaes), un disciple et compagnon de David George, fondateur lui-même de la secte des *davidiques* *. Nicolas était né en Westphalie, mais c'est en Hollande qu'il prêcha sa doctrine et fonda sa *famille d'amour* ou de charité. Il passa ensuite en Angleterre où la secte connut un certain succès. Elle s'y organisa en société secrète sous le règne d'Édouard VI et, sous Élisabeth, s'adressa au Parlement pour demander la tolérance religieuse. La reine refusa et fit pourchasser les sectaires. Il est certain cependant qu'ils parvinrent à subsister dans la semi-clandestinité ; ils auraient été à l'origine des *Quakers* * au siècle suivant.

Les familistes étaient indifférents aux formes extérieures de la foi, ils leur préféraient l'Amour et la Charité. La pratique sincère de ces deux vertus effaçait le péché – à condition que l'Amour soit vécu comme universel et saisi comme une nouvelle révélation. Ayant reçu mission de la divulgation de cette révélation de l'Amour universel, Nicolas, selon certains auteurs, se serait donné pour un Dieu plus grand que le Christ lui-même.

FÉLIX D'URGEL : Instigateur avec Éliphand, archevêque de Tolède, en Espagne, d'une hérésie de style nestorien au VIIIᵉ siècle. Les deux prélats enseignaient que Jésus-Christ n'avait été le Fils de Dieu que par adoption.

Jésus, disaient-ils, ne saurait avoir été à la fois fils de David – par Marie – et Fils de Dieu. Prenant l'Évangile comme base de référence, les deux évêques faisaient remarquer qu'il est écrit que Jésus opérait ses miracles par la vertu de Dieu ; que Dieu était en lui, etc. Il était donc clair pour eux que Jésus-Christ, homme né de la Vierge Marie, n'avait participé de la nature divine que par adoption. Il avait été le Fils *nuncupatif de* Dieu. C'était une forme déguisée du *nestorianisme* *. Félix prêcha sa doctrine dans la Gaule narbonnaise. Il fut condamné une première fois à Narbonne en 788, puis à Ratisbonne, à Francfort et enfin à Rome sous les papes Adrien et Léon III. Il se rétracta au concile de Ratisbonne, retomba dans l'erreur et se rétracta de nouveau à un synode tenu à Aix-la-Chapelle. Il semble qu'il ne renonça jamais tout à fait à son erreur, au moins dans l'intimité.

Éliphand de son côté répandit la doctrine nuncupative dans les Asturies et la Galice. Il se rétracta à son tour et paraît avoir été plus constant dans sa rétractation. Il mourut dans la foi catholique orthodoxe.

FERRAR Nicholas : (1592-1637). Prêtre de l'Église anglicane et de tendance *arminienne* *. Il fonda en 1625 une communauté religieuse à Little Gidding, dans le Huntingdoneshire. Cette petite Église, qui tenait davantage du couvent que de la secte, ne comptait que quelques membres, tous des parents ou des proches du fondateur. Elle s'adonnait aux exercices spirituels, aux bonnes œuvres et à la prière et consacrait ses loisirs à des travaux de reliure. Elle fut dissoute par les puritains une dizaine d'années après la mort de Ferrar.

FIFTH MONARCHY MEN : (Hommes de la cinquième monarchie). Membres d'une secte de fanatiques anglais qui voulaient précipiter la nouvelle venue du Christ et sa monarchie universelle. Ils furent nombreux et actifs dans l'armée de Cromwell pendant la guerre civile. Ils professaient que les quatre monarchies précédentes, désignées par Daniel dans l'Ancien Testament, avaient été la babylonienne, la perse, la grecque et la romaine, et que la nouvelle et définitive monarchie, la cinquième, serait instaurée personnellement par le Christ dont ils préparaient activement la venue. Ils furent à l'origine de troubles, dont une insurrection, qu'ils complotèrent en 1657 sous la direction de Venner. Cromwell fit emprisonner les meneurs.
Sous la Restauration, Venner tenta un autre soulèvement (1661). Il échoua et fut exécuté avec seize de ses principaux associés.

FIGURISTES : (Voir *Convulsionnistes*).

FILIOQUE : (En latin : « et du Fils ».) Addition apportée aux Ve et VIe siècles au Credo de Nicée. Cette addition d'origine espagnole fut reconnue officiellement par l'Église d'Occident au XIe siècle ; elle concerne la double procession du Saint-Esprit, qui procède du Père *et du Fils*. L'Église d'Orient, pour sa part, a toujours refusé l'addition du *Filioque*.

FLAGELLANTS : Depuis l'Antiquité et dans tous les pays, la flagellation a été pratiquée volontairement à des fins religieuses ou magiques. Si on l'utilisait fréquemment pour chasser les démons, elle était aussi un moyen de pénitence, voire de discipline ascétique.
Le christianisme n'échappa pas à la règle et très tôt la flagellation fut introduite dans certains cercles, dans les communautés de moines notamment. Elle est d'ailleurs encore en usage dans certains ordres religieux contemporains. Ce ne fut toutefois qu'au XIe siècle et surtout au XIIIe qu'elle déborda les murs des couvents pour occuper la place publique. Dans les époques troublées, elle devenait une pratique superstitieuse à laquelle on attribuait un pouvoir supérieur à celui de la prière et des sacrements eux-mêmes.

Flagellant, gravure par A. Dürer

Vers le milieu du XIIIe siècle, l'Italie, tourmentée par la séculaire querelle des guelfes et des gibelins, connut une véritable épidémie de flagellants. À Rome, à Pérouse, on vit des processions de flagellants, disciples du dominicain Reiner, qui, sans distinction de sexe, se dénudaient et se frappaient mutuellement jusqu'au sang. L'hystérie collective s'en mêlant, il y eut bientôt des scènes d'orgie frénétique. Les papes durent intervenir. Au siècle suivant, vers l'an 1348, la « peste noire », qui ravagea l'Europe entière, provoqua une nouvelle floraison de sectes de flagellants, en Allemagne surtout. Le roi de France Philippe de Valois fit fermer ses frontières, les princes et les évêques allemands unirent leurs forces afin de lutter contre les sectaires qui proclamaient les vertus du « baptême du sang » et s'élevaient contre l'autorité féodale. Gerson écrivit contre la secte et le pape Clément VI la condamna. L'Inquisition s'en mêla et de nombreux sectaires moururent dans les flammes du bûcher.

Nouveaux bûchers en 1414 pour une centaine de sectaires de Thuringe et de Basse-Saxe dont le chef était un nommé Conrad. Ce dernier affirmait que le pape et les évêques avaient perdu leur droit à la légitimité, que les sacrements étaient sans vertu et que seul le baptême du sang conféré par la flagellation avait le pouvoir d'assurer le salut des pécheurs.

La flagellation publique n'a pas tout à fait disparu ; des communautés catholiques d'Amérique latine la pratiquent encore à certaines époques. Et, bien entendu, quelques sectes contemporaines se sont emparées de cette discipline qui, utilisée collectivement, constitue un puissant moyen de suggestion à l'extase hystérique.

FONDAMENTALISME : Mouvement de renaissance religieuse qui apparut aux États-Unis pendant la guerre mondiale de 1914-1918 et qui culmina vers les années 1920-1930 avec le procès, en 1925, de J. T. Scopes, un maître d'école du Tennessee. Ce dernier était poursuivi en justice pour avoir enseigné dans une école d'État la doctrine de l'évolution.

L'Immaculée Conception, la résurrection physique des morts, la Rédemption et la seconde venue du Christ, le caractère sacré de la Bible, tels étaient *grosso modo* les fondements de la foi chrétienne que l'école fondamentaliste entendait défendre. Ils auraient été inspirés par – ou auraient inspiré – une série de brochures intitulées : *The Fundamentals : a Testimony of the Truth*, parues entre 1910 et 1912.

Le mouvement prit de l'extension et donna prétexte à de nombreuses polémiques aussi bien aux États-Unis qu'en Grande-Bretagne.

FOUR SQUARE GOSPEL : Dénomination protestante évangélique et fondamentaliste fondée en Grande-Bretagne par le pasteur George Jeffreys sous l'appellation primitive de *Elim Foursquare Gospel Movement*. La secte croit à l'inspiration prioritaire du Saint-Esprit, au don des langues, à la guérison des malades par onction d'huile, à la seconde venue imminente du Christ et à son règne millénaire. Elle pratique le baptême des adultes par immersion.

FOX George : (1624-1691). Fondateur des *Quakers* * ou *Société des amis*. Ce fils de tisserand naquit à Fenny Drayton, dans le Leicestershire ; à l'âge de dix-neuf ans, alors qu'il était en apprentissage chez un cordonnier de Nottingham, George Fox se sentit appelé par Dieu pour aller prêcher la Bible dans les villes et les campagnes. Il professait avec une certaine virulence de langage que toute religion était affaire d'illumination intérieure ; que les autorités, magistrats, soldats, prêtres des différentes communautés devaient être condamnés pour abus de pouvoir. Il refusait de porter les armes, de prêter serment et de se découvrir devant quiconque. Il fut pourchassé et plusieurs fois emprisonné jusqu'en 1655, année où Cromwell jugea sa conduite sans reproche et sa doctrine légitime.

Dès lors, Fox entreprit de longs voyages. Il visita tour à tour le Pays de Galles, l'Écosse, la Hollande, l'Allemagne. Après son mariage avec la veuve du juge Fell, il se rendit en Amérique. Dans tous ces pays, George Fox prêchait sa doctrine et se faisait des disciples.

Il mourut à Londres en 1691, laissant un *Journal* qui est devenu un classique du genre.

FRATICELLES ou FRÉROTS : Les *fraticelli* (en italien : « petits frères ») eurent pour origine des moines franciscains en rupture de monastère. On les nomma aussi les *bisoches* ou *besaciers* à cause des besaces qu'ils emportaient avec eux dans leurs quêtes vagabondes. Ils s'apparentèrent en France aux *béguins* et en Allemagne aux *begghars*. Boniface VIII lança une bulle contre eux dès 1296.

Ils n'en subsistèrent pas moins jusqu'au XVe siècle en Italie, malgré les condamnations lancées contre eux à plusieurs reprises.

Les *frérots* ne manquaient pas d'arguments, en effet. Leurs *spirituels*, ou chefs, se réclamaient des bulles de Nicolas III, puis de Célestin V, de 1279 et de 1295, qui avaient semblé les favoriser, et rejetaient celles de Boniface et de Jean XXII, de 1296 et de 1322, qui les condamnaient. Un pape, disaient-ils, ne peut détruire ce qui a été établi par son prédécesseur. Ils rejetèrent franchement l'autorité du pape Jean XXII et se répandirent dans toute l'Italie et au-delà.

Ils enseignaient qu'il fallait distinguer entre cette Église extérieure, qui a le pape et les évêques pour chefs, qui possède des biens et en profite, qui s'arroge le droit d'excommunier, et la vraie Église, celle des pauvres, qui n'a que Jésus-Christ pour chef et les frérots pour membres. Ils en concluaient qu'il n'y avait point de sacrements hors de leur Église, renouvelant ainsi l'erreur reprochée aux *donatistes* * et aux *vaudois* *.

À l'origine simple communauté de moines mendiants persuadés d'accomplir la mission que leur avait assignée leur patron saint François d'Assise, la secte se grossit rapidement de troupes entières de fainéants et de brigands. Des monastères furent pris d'assaut, des voyageurs pillés. Pourchassés par les autorités religieuses, auxquelles s'étaient joints les membres conventuels et les plus hautes instances de l'ordre de saint François, les frérots refluèrent vers l'Allemagne et se mirent sous la protection de Louis de Bavière. Cependant, un chapitre général de l'ordre ayant solennellement adopté la constitution de Jean XXII, le schisme fut coupé de sa source franciscaine. Les « petits frères » disparurent bientôt en se fondant dans les nombreuses sectes errantes de ces temps troublés.

FREYTAG Alexandre : (1870-1947). Membre dissident d'une branche de ce qui allait devenir les *Témoins de Jéhovah* *, il fonda, en 1920, la communauté suisse des Amis de l'homme. D'abord de tendance évangélique, et presque exclusivement religieuse, la communauté, après la mort de son fondateur et sous l'impulsion de Bernard Sayence (1904-1963), de Lydie Sartre (la « Maman », 1898-1972) et de Joseph Neyrand (1927-1981) a opté pour des buts et des activités nettement philanthropiques. Elle s'intéresse tout particulièrement aux besoins des petits agriculteurs.

FUSIONISME : (Voir *MAP et MAPAH*).

GALLICANISME : Droits et coutumes qui régissaient l'organisation et les usages du clergé français sous l'ancienne monarchie. Tout en demeurant fidèle aux dogmes de la foi et à l'autorité suprême du Saint-Siège, l'Église de France se réservait ainsi une certaine autonomie administrative et cultuelle. Durant plus des trois siècles qui précédèrent la Révolution française, les anciens rois défendirent fermement les prérogatives du gallicanisme.

L'origine de ce droit coutumier remonterait au concile (acéphale) de Constance (1415) et à la proclamation, sous le roi Charles VII, de la *pragmatique sanction*. Enfin, la doctrine gallicane fut entérinée et officialisée par l'Assemblée du clergé de France de 1682; Bossuet la résuma alors dans sa *Déclaration des Quatre Articles*. Les prélats réunis en 1682 se réclamaient plus ou moins du caractère œcuménique du concile de Constance, que le Saint-Siège ne reconnaissait pas. De son côté la *pragmatique sanction*, inacceptable pour l'autorité romaine, avait été tacitement reconnue au cinquième concile de Latran avec le concordat passé entre le pape Léon X et le roi François Ier, en 1516. Cependant les guerres de religion en France contribuèrent en définitive à affermir l'autorité du pouvoir royal sur le clergé catholique, pouvoir qui culmina sous Louis XIV et qui provoqua la fameuse Assemblée de 1682.

La Révolution de 1789, puis le Concordat de Bonaparte amorcèrent la disparition du gallicanisme officiel. Sous la Restauration un effort est fait pour en faire une loi de l'État (3 décembre 1825), mais la querelle entre gallicans et ultramontains s'avive. Rome entend reprendre ses droits. Enfin, sous le Second Empire et à l'instigation pressante du pape Pie IX (encyclique du 21 mars 1853), les évêques français, réunis en assemblée à Amiens, réprouvent le gallicanisme comme contraire à la sainte doctrine, ou du moins comme opposé à l'esprit de l'Église et injurieux pour le Saint-Siège – et d'une certaine façon parce qu'il contient en germe une amorce de presbytérianisme.

Ce triomphe final de l'ultramontanisme obligea les derniers gallicans à se réfugier au sein de quelques cercles de l'Église vieille-catholique.

GATES Theophilus Ransom : (1787-1846). Pasteur protestant de Philadelphie, fondateur de la « Vallée de l'amour libre ». Gates, qui avait eu des ennuis de ménage, prêchait la dissolution du mariage et le libre choix de partenaires amoureux. Sa Vallée n'eut qu'une existence éphémère.

GILBERT DE LA PORRÉE : (Voir *Porrétains*).

GIRLING Mary Anne : (1827-1886). Fondatrice britannique des « Enfants de Dieu », secte qui disparut avec elle, à sa mort. C'est vers 1864 qu'elle eut la révélation qu'elle était l'incarnation finale de la divinité et s'aperçut qu'elle portait des stigmates. Après avoir séjourné à Londres, la communauté qu'elle fonda se retira au sud de l'Angleterre. Les disciples furent accusés de pratiquer le nudisme absolu lors de leurs danses rituelles.

GNOSIMAQUES : « Ennemis des connaissances. » Ces hérétiques du VIIᵉ siècle se situaient pour ainsi dire à l'opposé absolu des *gnostiques* et n'en furent pas moins condamnés par les Pères. Ils blâmaient le mysticisme, la contemplation et généralement tous les exercices de la vie spirituelle. L'étude, la réflexion et la recherche sur les mystères du christianisme étaient bannis au profit exclusif des bonnes œuvres. On les a comme de coutume accusés de mœurs dépravées.

GNOSTICISME : Au sens profond et étymologique du mot, la gnose (du grec *gnôsis* : « connaissance ») est le plus antique héritage de la tradition ésotérique et métaphysique du bassin méditerranéen. Cette connaissance ou plutôt ces bribes de connaissance forment un tout qui embrasse à la fois la genèse, la nature et l'organisation du cercle divin, de l'hypercosmos et du cosmos en général, de l'homme enfin. On en trouve des traces chez les orphistes et les religions de « mystères » de la région. Pythagore et les pythagoriciens, Platon et les néo-platoniciens de l'École d'Alexandrie s'en sont inspirés ; elle a marqué de son sceau les spéculations de la kabbale hébraïque, rejoignant à la source le zoroastrisme iranien et l'ésotérisme égyptien. D'autres traces encore sont décelables dans les mythologies celtiques et nordiques. En réalité, la gnose, dans son acceptation la plus large, est proprement universelle.
Simultanément mystique et métaphysique, elle s'assimile à ce que mystiques et métaphysiciens ont entendu désigner par Révélation primordiale. La nouvelle Dispensation, la Révélation rédemptrice de Jésus-Christ n'échappe pas à la règle. La gnose antique s'est coulée dans le moule nouveau du message chrétien. Les Pères de l'Église, les Apôtres s'en sont réclamés en lui donnant son vrai

sens. Toutefois la gnose dont parlèrent les Apôtres ne doit pas être confondue avec le *gnosticisme historique*. Certes, les hérétiques gnostiques firent référence à une connaissance supérieure, à une *gnôsis* de l'au-delà. Ils en firent étalage. Et nombreux furent ceux qui, pour des raisons pas aussi intéressées que les hérésiologues ont voulu le faire croire, firent place dans leurs spéculations à la personne du Christ ; mais il paraît évident que l'influence orientale joua un rôle majeur dans les « révélations » des doctrines rivales. Il convient cependant, et nous y insistons, de tracer une frontière entre ce gnosticisme historique et la gnose non datée. Saint Irénée de Lyon ne s'y trompe pas, dans la présentation de son livre *Contre les hérésies*, en le sous-titrant : *Dénonciation et réfutation de la gnose au nom menteur*. Nom menteur parce que justement le gnosticisme n'est pas la gnose. Il en est une déformation, une dérive tout au moins.
Jusqu'à la seconde moitié du XXᵉ siècle, on ne disposait guère d'écrits gnostiques originaux sinon quelques fragments épars découverts de-ci, de-là. Il s'agit d'écrits en langue copte, dont le plus célèbre fut longtemps celui que l'on connaît sous le titre de *Pistis Sophia*, comprenant une partie des *Livres du Sauveur* ou *Livres de Jéou*. Pour plus ample information, on devait se référer aux exposés des Pères de l'Église : les *Philosoumena* ou l'*Elenchos* du pseudo-Hippolyte de Rome ; le *Syntagma* de Justin (vers 140) ; les dénonciations très étoffées de saint Irénée de Lyon (*Adversus Haereses* – entre 180 et 185) ; le *Contre Celse* d'Origène et les œuvres de saint Éphiphane († 403), dont le *Panarion*, les écrits de Tertullien et les *Stromates* de Clément d'Alexandrie. Ces exposés, qui étaient plutôt des réfutations, pouvaient passer pour suspectes quant à leur objectivité. Un événement est venu apporter à la fois un complément de lumière et une confirmation de la justesse des exposés patristiques : la découverte récente de la « bibliothèque » gnostique de Nag Hammadi, en Égypte. Une cinquantaine de livres gnostiques, rédigés en copte et concernant surtout le groupe *ophite* *, ont été mis à jour et sont en cours de traduction. Une grande lacune a ainsi été comblée quant à l'étude du gnosticisme.
Les gnostiques des premiers siècles appartinrent à diverses communautés, formant des groupes et des sous-groupes. Carpocratiens, disciples de Simon le Magicien ou de Ménandre, basilidiens, valentiniens, marcosiens, ophites, naassènes, etc., donnèrent du fil à retordre aux Pères. Nous décrirons et analyserons séparément et dans l'ordre alphabétique, chacune de ces écoles dans les pages de ce Dictionnaire. Il reste qu'il est possible de dégager un fil commun dans les spéculations gnostiques.

En tout premier lieu les déblaiements passionnants effectués récemment par les théoriciens et les praticiens de l'actuelle « psychologie des profondeurs », les travaux de C. G. Jung et de ses disciples en particulier, ont permis d'éclairer d'un jour nouveau les récits et les descriptions fantastiques des grands gnostiques. Leurs affirmations quant à la genèse et à la géographie des mondes invisibles ne seraient – et ne sont probablement – que la transcription plus ou moins adroite et fidèle d'un parcours phénoménologique associé à des spéculations métaphysiques préétablies, l'interprétation des Écritures (souvent apocryphes et au sens élargi du mot) servant de support pratique, sinon de base réelle. Il est légitime de penser que l'hermétisme gréco-égyptien de l'époque y joua un rôle majeur. Les supputations et les fantasmagories ultérieures des futurs alchimistes du Moyen Âge et de la Renaissance obéirent sans doute à la même règle. En fin de compte, le gnosticisme n'aurait été qu'une spéculation de visionnaires, de psychopathes, diront certains, de mystiques en état d'ivresse spirituelle, affirmeront d'autres.

Les premières sectes gnostiques firent leur apparition dès les temps apostoliques. On connaît le récit légendaire du défi lancé par Simon le Magicien aux apôtres Pierre et Paul et qui se termina par la mort violente du mystagogue. Simon aurait par ailleurs reçu le baptême des mains de Jean-Baptiste. Les deux premiers siècles de l'ère chrétienne furent marqués par la prolifération, en Syrie et en Égypte, des sectes les plus importantes ; aussitôt, comme une épidémie, la pensée gnostique se répand et gagne tout le reste de l'Empire. On signale l'existence de communautés gnostiques en Gaule, à Lyon notamment, dans la première moitié du IIe siècle. Le gnosticisme organisé se maintint jusqu'au VIe siècle au moins, se fondant peu à peu dans le manichéisme en expansion.

L'idéal gnostique n'a pas tout à fait disparu ensuite. Si les sectes historiques se sont dissoutes, le message s'est transmis ; il a passé dans l'islam par le biais du chiisme et du soufisme et on le retrouve en Europe chrétienne avec les théosophes de la Renaissance et de la Réforme. *Jacob Boehme* * semble s'en être largement inspiré. Enfin il existe de nos jours un mouvement néo-gnostique à caractère paramaçonnique. Durant l'occupation allemande en France, les nazis s'efforcèrent en vain de le décapiter par la violence et la persécution, il a resurgi dès les premières années qui suivirent la Libération.

Hérétique aux yeux de l'Église parce qu'il professe des thèses *docétistes* *, parce qu'il est plus ou moins dualiste, parce qu'il rejette l'autorité de l'Écriture, parce qu'il est émanationniste, pour bien des raisons encore, le gnosticisme ne fut pas une religion parallèle. Il végète à l'ombre du christianisme, à partir du IIe siècle surtout. Outre son côté « visionnaire », il s'efforce de répondre à des questions d'une importance capitale à cette époque quelque peu obscurantiste. La première de ces interrogations, celle qui constitue la clé de tout le système, est relative à l'origine du Mal.

Le caractère foncièrement mauvais de la création, évident pour les gnostiques, pose en effet le problème du Bien et du Mal. Comment l'Être parfait, infiniment bon et tout-puissant, comment Dieu a-t-il pu créer un monde dont le moins qu'on puisse dire est qu'il est imparfait et semé d'embûches ? Pourquoi la guerre, la souffrance, la maladie et la mort ? Les sectaires n'entrevoyaient que deux réponses possibles à cette problématique de l'origine du Mal : ou bien le Dieu bon n'a pas créé ce monde réputé mauvais, qui provient d'une chute généralement provisoire ; ou enfin, à côté du Dieu bon coexiste un Dieu mauvais, et l'univers est issu du mélange intime de leur double création. Dans ce dernier cas on aboutit au dualisme des manichéens ; dans le premier, celui que préférèrent les gnostiques classiques, c'est un démiurge ignorant sinon méchant qui est responsable de la création proprement dite. Pour l'animer il s'est contenté de voler un peu de la lumière divine. Dieu a été piégé.

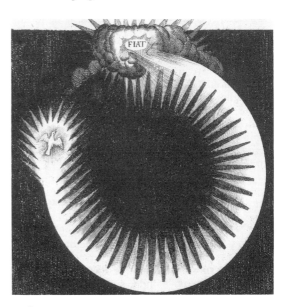

La séparation de la lumière et des ténèbres

C'est par la chute que la lumière divine est tombée dans le piège. Si pour le chrétien le péché est introduit dans le monde par la faute d'Adam en terre d'Éden, pour le gnostique la faute adamique

157

n'est qu'une conséquence d'une chute antérieure qui se produit au niveau des émanations du cercle divin. Adam n'est pas à l'origine de la chute, il en est une simple conséquence. Nous verrons plus loin comment les différentes écoles gnostiques décrivirent la chute originelle.

Un autre sérieux sujet de conflit avec les Pères de l'Église résultait de l'attitude des sectaires quant à l'autorité qu'il convenait de reconnaître aux Écritures. Il y avait une profonde discordance entre le Nouveau et l'Ancien Testament, estimaient les hérétiques. À l'exception des sectes judaïsantes, les docteurs gnostiques rejetaient presque tout de l'Ancien Testament, jugé comme n'étant que l'œuvre fallacieuse de prophètes inspirés par le méchant « Dieu des juifs ». Iahvé n'avait été, à les en croire, qu'une simple divinité secondaire qui avait fait alliance avec le peuple juif, ou bien il n'était que le démiurge soi-même. Ce « Dieu » qui se laissait berner par le serpent, qui « se repentait de sa création », ce Dieu-là était mauvais, borné ; c'était le « deuxième archonte », le « fils du chaos », *Ialdabaoth.*

Les gnostiques se disaient certains que les Apôtres n'avaient pas tout dit, gardant secrète une partie, la plus importante, de la Révélation du Christ. Ils citaient saint Paul : « Je connais un homme dans le Christ qui, il y a quatorze années, fut ravi jusqu'au troisième ciel (si ce fut dans son corps, je ne le sais ; si ce fut hors de son corps, je ne le sais, Dieu seul le sait) et je sais que cet homme [...] fut enlevé dans le Paradis et qu'il a entendu des paroles ineffables qu'il n'est pas permis à un homme de révéler. » (Cor., XIII, 2-4.) Un ésotérisme chrétien existait donc. Ils faisaient état d'évangiles apocryphes attribués à saint Jacques, à Marie, à Thomas, le « jumeau » de Jésus. Mais, en dépit de ces références chrétiennes, le gnosticisme reste païen ; sa vraie filiation est pythagoricienne, néo-platonicienne et surtout orientale et teintée d'hermétisme.

La théogonie, la cosmogonie et l'anthropologie gnostiques sont extraordinairement colorées. Indéterminé, indifférent et insaisissable par définition, existe avant tout l'Être suprême. Il est inengendré. C'est le *Propatôr* ou l'Abîme (*Bythos*). Ce « Dieu qui n'est pas » (Basilide) possède néanmoins une vie non pas personnelle mais universelle. *Il ne crée pas.* De sa substance émane le Plérôme, ou cercle divin, qui est le monde supérieur des pures intelligences, ce sont les *éons,* qui sont à la fois des esprits immortels et des « âges » ou des « ères », dans le sens qu'on entend en disant que le Christ est l'éon de l'ère chrétienne. Pour Basilide, ces éons sont une triple filialité ; pour Simon le Magicien, avant lui, ce sont des principes et des puissances, dont la première est la *Dynamis* qui

est « un feu inengendré, la Puissance infinie et le Principe de tout ». Mais Dieu, le Dieu infini, est comme une sorte de néant à qui l'homme n'aura jamais affaire directement. C'est seulement par son Fils émané, l'Anthropos ou Homme céleste primordial, qu'on connaît le Père.

Basile Valentin

Dans le système de Valentin, tous les éons réunis sont au nombre de trente et forment la *triacontade,* ces émanations allant par paires composées d'un éon mâle et de sa parèdre féminine. Ce sont les fameuses *syzygies,* qu'on retrouve d'ailleurs dans d'autres écoles. Les syzygies font naturellement penser au vieux mythe de l'androgyne primordial et au shaktisme hindouiste. L'éontologie ophite est moins compliquée, alors que le livre du pseudo-Baruch contient un tissu d'invraisemblables fan-

158

tasmagories. L'astrologie et la science des nombres sont toujours présentes de manière plus ou moins implicite dans toutes les descriptions des mondes spirituels invisibles. Le Père est au loin, tout à fait au-dessus, par-delà le firmament, les éons se partagent le ciel des étoiles fixes qui est soit celui de la *dodécade* (douze éons), soit celui de la *décade* (dix éons) ou encore le cercle de l'*ogdoade,* qui contient les deux tétrades du Fils et de l'Esprit ou *pneuma.* En dessous, entre le monde spirituel et le monde matériel, le cercle *psychique* de l'*hebdomade* correspond aux sept planètes traditionnelles; sur ce monde intermédiaire règne le démiurge. On fera remarquer que les *tétrades* (quatre éléments) du Fils et de l'Esprit constituent, numériquement, un retour à l'unité. Ces quaternaires ne sont qu'une transposition de l'antique *tétraktys* pythagoricienne : $1 + 2 + 3 + 4 = 10 = 1 + 0 = 1$.

La matière est mauvaise. C'est le monde du chaos que le ou les démiurges a ou ont façonné à sa ou à leur guise. Sottement, aveuglément. Le mode de création n'est pas toujours identique dans tous les systèmes. Pour certains, le démiurge et ses anges, comme d'ailleurs les âmes rationnelles, constituent des émanations lointaines du Propâtor et la matière inanimée débute là où n'atteint pas le rayon lumineux de l'émanation primitive. Elle est comme le détritus de la création divine, la partie trop lourde qui est tombée trop bas. Dieu n'y est pas directement présent.

Quant à la question de savoir d'où vient réellement cet élément matériel, les réponses varient. Dualiste convaincu, *Satornil* * croyait à l'existence d'un principe matériel coéternel à Dieu. Un esprit éternel parallèle au Dieu bon domine sur elle; il est mauvais par nature. L'esprit du Mal a fabriqué du limon de la terre des hommes à qui le Dieu bon a insufflé une âme rationnelle. Ou bien Dieu a émané sept esprits qui ont à leur tour créé des hommes, tandis que le démiurge en faisait autant. Pour Basilide, le *sperma* divin, sous forme d'une troisième filialité trop lourde, est tombé dans le chaos primordial et l'a organisé. Ce qui constitue implicitement une tétrade principielle : le Père inconnu, « qui n'est pas », le Fils et l'Esprit (*Saint Pneuma*), première et deuxième filialités, et le monde visible, troisième filialité. Pour Valentin et d'autres, c'est la chute d'un éon (*Sophia*) qui fait démarrer la création matérielle. Les ophites et de nombreux « adorateurs du serpent » voyaient dans la matière en voie d'organisation une « matrice » à l'intérieur de laquelle se rencontraient et se combattaient les deux principes de la lumière d'en haut et de la ténèbre d'en bas, tous deux symbolisés par le serpent.

Quoi qu'il en soit, le monde matériel, tel que nous le connaissons, est foncièrement mauvais et maléfique. Que cette matière ait été un principe coéternel à Dieu, qu'elle n'ait été à l'origine qu'un chaos informel, son émergence en tant que monde organisé ne commence qu'avec la *chute*. Chute authentique d'un éon du Plérôme divin ou rapt commis par l'esprit du Mal, il fallait à la matière l'infusion d'une parcelle tombée de la lumière divine pour assurer son existence et sa survie.

Pour les dualistes convaincus comme les manichéens et quelques autres sectaires, l'infusion de la lumière divine est vécue comme le résultat d'un larcin commis au cours d'une véritable agression du cercle divin par les forces des ténèbres. Basilide imagine une création en deux étapes parcourues respectivement par les deux archontes de l'ogdoade et de l'hebdomade, démiurges issus de l'union de la semence cosmique et de la semence universelle. Leur apparition, positive en fin de compte, est une conséquence de l'émission du *sperma* et de la chute de la troisième filialité. Ce sont les valentiniens, les ophites, les séthiens et la majorité des autres sectes qui décriront la chute sous sa forme la plus connue. Elle est conçue comme un récit dramatique et haut en couleur :

C'est l'ardeur de l'éon *Sophia* (la Sagesse) qui la provoque. Jalouse de l'éon *premier-né* directement issu du *Propâtor*, animée du désir ardent de contempler l'essence impénétrable du Père, Sophia s'élance avec impétuosité en direction de la tétrade préexistante. Mais, emportée par son élan, elle sort des limites du Plérôme et risque ainsi de se perdre et de se résorber dans la substance universelle. Seule dans l'espace sans frontières, elle engendre, sans semence mâle, un fœtus informe, à l'image incohérente qu'elle se faisait du Père suprême : c'est *Achamoth* ou *Enthymésis*. Sophia réintègre ensuite le sein du Plérôme par les soins de l'éon solitaire *Horos* (le Terme); mais elle a laissé Achamoth dans le monde. Ému de pitié et à la prière des autres éons, le Père envoie alors Jésus-Christ dans le monde afin de consoler la semence de Sophia. Dans sa « Lettre à Flora », Ptolémée précise, pour sa part, que c'est le Paraclet qui, avec sa légion d'anges, visita Achamoth. Quoi qu'il en soit, c'est de l'union de Jésus et d'Achamoth qu'est issue l'étincelle de lumière qui anime la création du démiurge né des œuvres de *Sophia-Achamoth*.

Telle serait, succinctement résumée, la version de Valentin. Les ophites et ceux qui leur furent proches y apporteront leurs propres détails. Irénée de Lyon, en les réfutant, précise que les Ophites croyaient à l'existence d'un « Père de tout » de qui procède un Fils, qui est sa pensée, puis un principe féminin qu'ils appelaient *Pneuma-Zoé,* qui est l'Esprit-Saint et la Mère des *vivants.* Exactement à l'inverse de ces êtres spirituels existaient le monde d'en bas et le chaos. L'Esprit de Dieu planait sur les eaux et les ténèbres d'en bas, et de Pneuma-Zoé jaillit une « rosée » androgyne, une lumière fulgurante qui est désignée du nom de *Sophia-Prounikos* (la Sagesse et la Lascive). Sophia a regagné le Plérôme, laissant dans le monde un premier archonte, Ialdabaoth, qui à son tour a produit six autres archontes. Une autre version révèle que Ialdabaoth créa d'abord le serpent (*Ophis*) et six démons. Ce n'est qu'ensuite que fut formé le couple adamique. Gagné par *Prounikos,* le serpent Ophis incita Adam et Ève à manger du fruit défendu qui leur transmit l'étincelle de lumière spirituelle. Adam et Ève seront dès lors en butte à la jalousie du démiurge et de ses archontes; Ophis, vexé d'avoir été puni par Ialdabaoth à cause du couple adamique, se retournera contre eux. Quant à Sophia-Prounikos, elle se lamente et adresse de durs reproches à son fils le démiurge. On connaît bien d'autres versions de la chute originelle, que nous rencontrerons dans les articles séparés consacrés aux diverses communautés gnostiques. Nous y renvoyons le lecteur.

Si la chute est à l'origine dramatique des diverses cosmogonies, elle prélude aussi à l'anthropologie. Les hommes se départagent en trois catégories : les *pneumatiques* (spirituels), les *psychiques,* qui sont attachés à leur identité individuelle, et les *hyliques,* esclaves de la matière. Les premiers sont assurés du salut et seront réintégrés dans la Lumière qui prédomine chez eux; les deuxièmes ne seront sauvés, s'ils le sont, qu'après bien des épreuves et des réincarnations; les derniers enfin, matérialistes endurcis, « mourront comme des hommes », c'est-à-dire comme des animaux dépourvus d'âme. Les pneumatiques étaient souvent décrits comme des élus, des « descendants du Grand Seth », le seul représentant de la généalogie d'Adam à qui la Genèse n'attribue aucune faute. Ils étaient ces *hyperpneumatoï* ou même ces *trihyperpneumatoï,* ces justes « hyperspiritualisés » ou « trois fois hyperspiritualisés ». Ceux-là restaient à l'abri du péché, ils étaient justifiés quoi qu'ils fissent. Et, bien entendu, ils étaient en possession de la gnose. On ne s'étonnera pas si les Pères les ont si souvent dénoncés, s'attaquant à la liberté de leurs mœurs. On les accusa d'abuser de toutes les jouissances de la vie d'ici-bas, de s'enivrer, de forniquer sans retenue. L'érotisme joua d'ailleurs un rôle important dans l'éthique gnostique. Les sectaires se prononçaient contre la procréation et contre le mariage. Procréer des enfants c'est perpétuer la matière, qui est mauvaise, qui retient prisonnière l'étincelle de lumière de la vie éternelle. Certaines sectes s'adonnaient à la masturbation rituelle et à l'offrande à *Barbélo* (autre nom de Prounikos) de sperme et de menstrues. La sodomie aurait été

d'usage courant dans les cercles d'initiés. En revanche, certains auteurs de la littérature patristique du temps se virent contraints de souligner la vie exemplaire de quelques fondateurs de sectes. Quelques écoles, les basilidiens notamment, se rallièrent à la doctrine, d'origine pythagoricienne et orientale, de la transmigration des âmes. Celle-ci, après la mort, pouvait être condamnée à renaître jusque dans le corps de certains animaux. Le salut n'était assuré qu'aux âmes qui étaient parvenues à dépouiller l'homme psychique aussi bien que l'homme hylique. Ceux qui seront sauvés remonteront les échelons des différentes sphères célestes, celles de l'hebdomade et de l'ogdoade et pénétreront dans le Plérôme où elles deviendront « les épouses des anges ». Jésus est descendu en terre pour nous montrer la voie. La plupart des gnostiques « chrétiens » professaient des idées *docétistes* * quant à la nature de Jésus-Christ. Marie n'avait été que le « canal » par lequel le Sauveur s'était incarné provisoirement. Le Christ avait été un être fantastique, qui n'avait jamais souffert et n'était pas mort sur la croix. Certes, le démiurge, ou bien le « Dieu des juifs » lui-même, avait prévu l'Incarnation; il avait semé d'embûches les voies du Seigneur. Il avait inspiré à Hérode le massacre des Innocents, comploté le drame de la Passion. En vain. Ce n'était pas le Christ qui était mort sur la croix : il avait échangé sa propre apparence contre celle de Simon de Cyrène, qui fut ainsi crucifié par erreur.

Le Christ enfin était venu libérer les hommes pneumatiques de la domination des astres. Il avait rompu le fil implacable de l'*Heirmarménê,* du Destin, qui est lié au mouvement des étoiles et des planètes. Du point de vue de l'eschatologie, la plupart des sectes pensaient que la fin des temps coïnciderait avec la libération et la réintégration dans le cercle divin de la dernière parcelle de lumière emprisonnée dans le monde. Alors la matière restée dans le monde s'enflammera et les âmes hyliques se consumeront avec elle – ou bien elles formeraient un écran protecteur entre ce *bolos* (boule) de cendre impure et les mondes supérieurs. Les âmes psychiques iront dans un monde intermédiaire sur lequel régnera paisiblement le démiurge, tandis que les pneumatiques jouiront dans le ciel supérieur en compagnie des anges de la contemplation du Père et de ses éons. L'œuvre de salut était préparée, sinon assurée, par la pratique de rites initiatiques compliqués. Des mots de passe pour le voyage de l'Au-delà étaient donnés aux initiés d'un grade supérieur. Enfin, outre le legs de la bibliothèque de Nag Hammadi et de quelques rares manuscrits, les sectes nous ont laissé le témoignage de nombreux talismans, les fameux *Abrasax* dont ils furent si friands (voir *Basilide*).

GOMARISTES : (Voir *Arminianisme*).

GOTESCALC : Moine bénédictin du IXe siècle dont l'enseignement souleva de longues polémiques parmi le clergé français de l'époque. Gotescalc était attaché au monastère d'Orbais, dans le diocèse de Châlons-sur-Marne. Ses erreurs portent sur la grâce et la prédestination ; il se disait disciple de saint Augustin. Il enseignait que de toute éternité Dieu a prédestiné les uns à la vie éternelle, les autres à la damnation, les mérites et les fautes des uns et des autres ne comptant pour rien dans l'œuvre du salut ou de la condamnation éternelle ; les élus de Dieu ne peuvent périr tandis que les prédestinés à la mort éternelle ne peuvent être sauvés. Jésus n'est mort que pour assurer le salut des élus. Enfin, depuis la faute adamique l'homme n'est plus libre pour faire le bien, mais seulement pour faire le mal. Se réclamant de la doctrine augustinienne (moins les nuances), de nombreux moines et membres du clergé se rallièrent à l'enseignement de Gotescalc.

Ce dernier fut condamné par Raban-Maur, archevêque de Mayence, lors d'un concile tenu en 848 ; par Hincmar, archevêque de Reims, au concile de Quierzy-sur-Oise en 849, puis en 853, dans quatre articles nommés les *Capitula carisiaca*. Plusieurs théologiens se dressèrent alors contre Hincmar : Ratramne, moine de Corbie, Loup, abbé de Ferrières, Amolon, archevêque de Lyon, saint Rémi enfin. En revanche, saint Prudence, évêque de Troyes défendit les thèses d'Hincmar. De son côté, Jean Scot Érigène prit part à la polémique, opposant à la doctrine de Gotescalc des idées semi-pélagiennes, qui augmentèrent la con-

fusion. La contestation fut vive durant plusieurs années mais elle prit fin avec le siècle faute de combattants.

GRECS : (Voir *Orthodoxe, Église*).

GRÉGOIRE Henri : (1750-1831). Prêtre, puis évêque constitutionnel de Blois, il était né à Vého, près de Lunéville. D'esprit généreux, il se rallia à la Révolution et fut élu à la Convention en 1792. Il contribua à l'abolition de l'esclavage et à la fondation du Conservatoire national des arts et métiers, ainsi qu'à la création de l'Institut. Il fut enfin le vrai chef de file des évêques *constitutionnalistes* * ». Dès 1795 et 1797, Grégoire avait organisé avec d'autres prélats constitutionnels un comité dit des « évêques réunis ». Il mit tout en œuvre pour s'opposer aux mesures, à ses yeux vexatoires pour les évêques « jureurs », prévues dans le Concordat signé par Bonaparte avec le Saint-Siège en 1801. Les évêques réunis se réunirent en concile en juin 1801. Protégé par Fouché, Grégoire était l'inspirateur de ce pseudo-concile, qui ne se sépara que le 16 août, après la signature du Concordat. Contestataire impénitent, Grégoire fut amené à faire semblant de se soumettre sur ordre de Napoléon devenu empereur en 1804. Il devint membre du Sénat et lutta, dit-on, contre le despotisme impérial.

La révolution de 1830 et l'accession au trône du roi Louis-Philippe lui parut enfin une occasion favorable pour ressusciter le schisme constitutionnaliste. Il en fut empêché par l'intervention de M. de Quélen, archevêque de Paris. Il mourut un an plus tard.

GUYON Mme : (1648-1717). Née à Montargis (France), Jeanne-Marie Bouvier de La Mothe avait épousé, en 1664, Jacques Guyon. Elle devint veuve en 1676 et se mit à voyager dans le sud-est de la France et en Italie du Nord. Avec son directeur de conscience, le père Lacombe, elle se convertit, semble-t-il, aux idées *quiétistes* * et en prêcha la doctrine. Arrêtée comme hérétique, elle fut emprisonnée en 1688. Ses amis la firent libérer et elle fut dès lors aux prises avec les attaques de Bossuet tandis qu'elle était défendue par Fénelon avec qui elle était en correspondance. Arrêtée de nouveau, elle fut emprisonnée à la Bastille de 1695 à 1703. Elle aurait correspondu durant toutes ces années avec le quiétiste espagnol Molinos.

Libérée définitivement en 1703, Mme Guyon se retira à Dizier, près de Blois, dans une propriété de famille. Elle y vécut dans le calme et la méditation. Ses ouvrages mystiques, *Le Sens mystique de l'écriture sainte*, *Les Torrents spirituels* (une autobiographie) eurent une grande influence sur les quiétistes français, anglais et hollandais.

Madame Guyon

HARMONISTES : Secte communiste chrétienne fondée par Geo Rapp au début du XIXe siècle (voir *Rapp*).

HARNACK Adolf von : (1851-1930). Historien et théologien luthérien allemand, né à Dorpat. Il enseigna à Berlin à partir de 1888 et écrivit de nombreux ouvrages consacrés à la théologie et à l'histoire du christianisme primitif.

HARRIS Thomas Lake : (1823-1906). Pasteur américain né en Angleterre. Au cours d'un séjour dans son pays natal, il fonda, en 1850, la Société de la fraternité de la Vie nouvelle, qui devait se développer ensuite aux États-Unis, dans l'État de New York. T. L. Harris se passionna pour le spiritisme et s'intéressa notamment à la nature sexuelle des anges.

HARTMANN Karl Robert Eduard von : (1842-1906). Philosophe allemand, disciple tardif de Schopenhauer. Il s'en prit à la religion chrétienne, agonisante, selon lui, depuis la fin du Moyen Âge. La morale chrétienne lui paraissait entachée par l'idée de récompense ou de punition qui la sous-tend. Il souhaitait l'avènement d'une religion qui serait à la fois « négative » comme l'hindouisme et « positive » comme le zoroastrisme. Le conflit éternel entre les forces du bien et du mal n'était à son avis qu'une lutte entre l'idée rationnelle et la volonté irrationnelle de l'instinct inconscient. On lui doit, entre autres une *Philosophie de l'inconscient.*

HATTÉMISTES : Disciples de Pontien Van Hattem au XVIIe siècle, en Zélande. Ministre calviniste, Van Hattem avait été influencé par l'*Éthique* de Spinoza et professait une doctrine qui niait la morale chrétienne, la différence entre le bien et le mal et la corruption de la nature humaine. Il fut désavoué par ses pairs et dégradé. Les hattémistes croyaient au caractère absolu des décrets divins et en déduisaient que le monde et l'homme sont soumis à une nécessité fatale et à une prédestination collective insurmontable. Dans ce contexte, l'homme n'est pas obligé de se faire violence pour corriger ses mauvaises inclinations. Il n'a point à agir mais à se soumettre au destin et à la nature. La finalité de la religion est de nous apprendre à tout souffrir sans jamais nous départir de notre sérénité. Jésus-Christ n'a pas souffert pour la rédemption de nos péchés ; il n'a été que le médiateur qui nous enseigne qu'aucune de nos actions n'est en mesure d'offenser la divinité. Nous ne serons pas punis pour nos péchés, nous le sommes par eux. C'est ainsi que nous devrons souffrir par nos péchés dans ce monde ou dans un autre.

HELCÉSAÏTES : (Voir *Élcésaïtes*).

HÉLICITES : Membres d'une secte du VIIᵉ siècle qui offre des points de ressemblance avec les « derviches tourneurs » de certains *turuq* (voies, congrégations) soufis de l'Islam. Ils tournaient en rond dans leurs danses, ce qui leur valut leur nom. Chanter et danser leur apparaissaient comme la plus haute forme de prière. À l'exemple de Moïse et de Marie, disaient-ils, les moines et les religieuses de la secte dansaient ainsi en chantant des cantiques.

HÉMATITES : « Mangeurs ou buveurs de sang », ces hérétiques, dont saint Clément d'Alexandrie parle dans ses *Stromates,* pourraient avoir appartenu à une branche de *montanistes* *. Clément dit seulement qu'ils avaient des dogmes qui leur étaient propres, sans décrire ces dogmes. Certains auteurs, forts de ce que rapporte Philastrius, supposent qu'ils auraient été accoutumés, à l'exemple de quelques montanistes, de boire le sang d'un enfant sacrifié lors de la fête de Pâques. Cette accusation fut reprise au Moyen Âge, contre les juifs cette fois ! D'autres historiens suggèrent que les hématites ne devaient leur nom qu'au seul fait qu'ils consommaient le sang et la viande suffoquée, ce qui avait été interdit par le concile de Jérusalem.

HENRICIENS : Disciples français d'un moine du nom de Henri, né en Italie au XIIᵉ siècle. Ces hérétiques rejetaient le baptême des enfants, les fêtes et les cérémonies de l'Église, et dénonçaient la corruption et la débauche du clergé de leur époque. Ils conservaient jalousement le secret de leurs réunions mais se munissaient de croix quand ils entraient dans les villes – ce qui exclut de les confondre avec les disciples de Pierre de Bruys qui excécraient et détruisaient les croix partout où ils en trouvaient. Henri prêcha à Lausanne, au Mans, à Poitiers, à Bordeaux et à Toulouse, où il fut dénoncé et réfuté par saint Bernard. Arrêté, il fut condamné et jugé par le concile de Reims, réuni sous la présidence du pape Eugène III. Convaincu d'hérésie, de débauche et d'adultère commis avec les femmes qui le suivaient, il fut emprisonné à Toulouse où il mourut en 1145.

HÉRACLÉONITES : Gnostiques valentiniens qui avaient pour chef Héracléon (vers l'an 140). Valentinien convaincu, Héracléon se livra à de nombreux commentaires très subtils dans le but d'adapter l'Écriture à la gnose selon Valentin. Il interpréta dans ce sens les évangiles de saint Jean et de saint Luc. Ses allégories et ses allusions concernant les choses les plus simples apparurent tellement mystérieuses à Origène que ce théoricien, lui-même allégoriste réputé, l'accusa d'en abuser. Héracléon n'en fit pas moins de nombreux disciples en Sicile où il prêcha.

HERBERT DE CHERBURY, lord : (1583-1648). Fervent de « religion naturelle », ce déiste anglais croyait à l'existence d'un Être suprême ; au culte qui devait lui être rendu ; à la piété et à la vertu dont devait témoigner ce culte. Il professait que les hommes avaient pour devoir de se défendre contre le péché et de se repentir de ceux qu'ils avaient commis ; les bons seraient récompensés et les méchants punis dans une vie future. Tels étaient les « cinq piliers » de la religion idéale décrite par Herbert de Cherbury dans son *De Veritate* et son *Autobiographie* ainsi que dans d'autres livres dont il fut l'auteur.

HERMÉSIANISME : Doctrine de Georges Hermès, théologien allemand, qui fut successivement professeur de théologie à Münster et à Bonn. Hermès mourut en 1831. Ses livres, parus entre 1819 et 1834, furent l'objet de violentes polémiques jusque vers la moitié du XIXᵉ siècle. L'originalité du théologien allemand consista à appliquer le « doute méthodique » de Descartes aux vérités et à l'enseignement de l'Église catholique.
Catholique pratiquant, Hermès s'efforça de « prouver » le catholicisme en en donnant une démonstration philosophique et en remettant en cause tous les articles de foi. Ses ouvrages, l'*Introduction philosophique à la religion chrétienne* (1819), puis l'*Introduction positive* (1829) et enfin une *Dogmatique chrétienne,* parue après sa mort, en 1834, firent la part belle à la seule raison humaine au détriment de la foi révélée.
Hermès fut contesté. Des théologiens allemands le dénoncèrent et ses ouvrages furent soumis au jugement de Rome. Hermès n'était plus là pour se défendre et, malgré l'appui de Mᵍʳ de Spiegel, archevêque de Cologne, ses ouvrages furent condamnés par un décret du Saint-Siège en date du 26 septembre 1835. La lecture de ses livres fut prohibée.
Mᵍʳ Droste de Wischering, successeur de Mᵍʳ de Spiegel, s'efforça avec zèle de faire appliquer le décret romain en faisant obligation aux professeurs et pasteurs de son diocèse de signer dix-huit

propositions condamnant les erreurs de l'hermésianisme. Les professeurs refusèrent. La polémique se poursuivit, les hermésianistes étant tour à tour soutenus ou abandonnés par le gouvernement prussien ; elle était encore vive en 1848.

HERMIATITES ou HERMIENS : Disciples d'Hermias, au IIᵉ siècle. Lui-même disciple d'Hermogène, Hermias enseignait que la matière est éternelle et que Dieu en est l'âme universelle. Comme les stoïciens, il professait que le monde est le corps de Dieu. À partir de ce principe, Hermias concevait une sorte de hiérarchie des âmes individuelles et des corps. L'astrologie y jouait un rôle. C'est ainsi que l'âme de Jésus-Christ lui avait préexisté dans le Soleil où il l'avait prise en venant sur terre et où il l'avait laissée après la Résurrection. L'âme humaine est composée de feu et d'air subtil, et la naissance n'est autre qu'une forme de résurrection dans ce monde infernal qui est le nôtre.

HERMOGÉNIENS : Sectateurs et disciples d'Hermogène, philosophe stoïcien du IIᵉ siècle. Les principaux disciples d'Hermogène furent Hermias et Seleucus, qui donnèrent leur nom aux *hermiatites* ou *hermiens*, aux *séleuciens, matériaires...* Comme les gnostiques, et beaucoup d'hérétiques des premiers siècles du christianisme, Hermogène se trouva confronté avec le problème de l'existence du mal. Dieu en était-il l'auteur ? S'il ne l'était pas, comment et pourquoi le permettait-il ? Enfin, si c'était un autre, quelque démiurge, qui avait été responsable du mal, Dieu ne partageait-il pas indirectement cette terrible responsabilité du fait même que ce démiurge imparfait tenait d'une façon ou d'une autre son existence du créateur suprême ?
Croyant résoudre le problème, Hermogène s'en tint à l'existence d'une matière éternelle et incréée, parallèle à Dieu. C'est dans le principe matériel que se trouve l'origine et la perpétuation du mal. Dieu n'a pas créé le monde à partir du néant, mais bien à partir de ce matériau imparfait qui était le principe coéternel de la matière. Hermogène traduisait à sa manière le premier verset de la Genèse ; il le lisait ainsi : *Du principe* ou *dans le principe, Dieu fit le ciel et la terre.* Le « principe » était donc là avant la création. Le principe et non pas, comme on traduit plus communément, le « commencement ».
Hermogène fut réfuté par Tertullien qui démontra qu'il ne pouvait exister deux principes et deux substances coéternelles, deux essences infinies. Dieu infini ne saurait connaître une borne, une limite qui serait la matière coéternelle. L'hypothèse de la coéternité ne résout en outre nullement

la difficulté de l'origine du mal : « Si Dieu, écrit Tertullien, a vu qu'il ne pouvait pas corriger les défauts de la matière, il [aurait] dû plutôt s'abstenir de former des êtres qui devaient nécessairement participer à ces défauts. » Ou bien Dieu est impuissant ou bien il est complice! Or, Hermogène admet une matière tantôt bonne, tantôt mauvaise ; il la suppose infinie et cependant soumise à Dieu. Pour Tertullien, le mal n'est contraire ni à la bonté ni à la toute-puissance de Dieu, puisqu'il y aura un temps où tout rentrera dans l'ordre – ce qui pourrait bien impliquer une négation de l'éternité des peines des damnés.

HERNHUTES ou HERNHUTERS : (Voir *Moraves, Frères*).

HÉSITANTS : Nom donné aux eutychiens acéphales qui hésitaient à recevoir ou à rejeter les décisions du concile de Chalcédoine (voir *Eutychiens*).

HÉSYCHASTES : Du grec *hésychos* : « tranquille ». On donna ce nom à des moines grecs, quiétistes du XIᵉ et du XIVᵉ siècle. Ils étaient particulièrement nombreux dans les monastères du mont Athos, mais on en rencontrait ailleurs sur le territoire de l'Empire byzantin et jusqu'à Constantinople. C'étaient des contemplatifs dont la technique était assez proche de celle de certains yogis hindouistes. Elle consistait dans la fixation d'un point du corps (généralement le nombril, d'où leur surnom populaire d'*ombilicaires*), dans la répétition mécanique et rythmée sur la respiration de formules rituelles : le *Kyrie Eleison* ou le *Christe Eleison*. Le but poursuivi était l'illumination par la lumière thaborique, celle-là même que les Apôtres avaient contemplée sur le mont Thabor lors de la Transfiguration du Sauveur.
Les pratiques des hésychastes provoquèrent de graves polémiques dans l'Église d'Orient. Barlaam, prêtre d'origine calabraise, les traita de fanatiques, de *massaliens* * et d'*euchytes* *. En revanche, Grégoire Palamas, archevêque de Thessalonique, prit leur défense et fit condamner Barlaam dans un concile régional de Constantinople (1341). Il soutenait que Dieu est dans une lumière éternelle distincte de son essence, que les Apôtres virent cette lumière sur le mont Thabor et que toute créature est à son tour susceptible de la contempler le cas échéant.
Un autre moine, Grégoire Acyndinus, qui affirmait que les attributs de la divinité n'étaient pas distingués de son essence, combattit Grégoire Palamas, se ralliant aux thèses de Barlaam. Il fallut attendre dix ans pour qu'en 1251 un nouveau concile donnât raison à Grégoire Palamas.

HÉTÉROUSIENS : Secte d'*ariens* *, disciples d'*Aetius** (voir *Arianisme)*. Ils soutenaient que, dans la Trinité, le Fils est d'une autre substance que le Père. Ils s'opposaient aux autres catholiques, qu'ils appelaient *homoousiens*.

HICKS Elias : (1748-1830). Fondateur de la branche américaine des Quakers *hickistes,* par opposition aux *orthodoxes*. Il professait des idées unitariennes. Elias Hicks fut un ardent anti-esclavagiste.

HIÉRACITES : Disciples et sectateurs de Hiérax ou Hiéracas au IIIe siècle. Hiérax était un médecin né à Léontium en Égypte; il niait la résurrection de la chair, n'admettant que celle de l'âme; il rejetait le mariage qui, disait-il, n'avait été licite que sous l'ancienne Loi, mais que Jésus-Christ était venu réformer. Il faisait sa société des seuls célibataires des deux sexes, veufs et veuves inclus. Saint Épiphane raconte en outre que Hiérax refusait le paradis aux enfants morts avant l'âge de raison car ils n'avaient point accompli d'œuvres. Il croyait le Fils engendré par le Père comme d'ailleurs le Saint-Esprit; mais, utilisant un livre apocryphe intitulé *l'Ascension d'Isaïe*, il professait que le Saint-Esprit avait revêtu le corps de Melchisédech. Les hiéracites s'abstenaient de vin et de viande. Certains hérésiologues pensent que Hiérax fut disciple de Mani.

HIGH CHURCH : (Voir *Anglicanisme)*.

HOFMANISTES : Disciples et sectateurs de Daniel Hofmann, au début du XVIIe siècle. Hofmann était luthérien et professait la théologie à l'université d'Helmstadt. Interprétant à sa manière la pensée de Luther, il soutint que la philosophie était opposée à la théologie. Certains dogmes, enseignait-il, sont contraires à la raison et on doit les accepter comme tels. Il aurait aussi enseigné que Jésus-Christ s'était incarné sans passer par le sein de Marie; il avait donc été une sorte d'être fantastique, comme l'avaient cru certains gnostiques. Les théories d'Hofmann provoquèrent tant de confusion parmi les luthériens que le duc de Brunswick contraignit le théologien à se rétracter.

HOLINESS CHURCHES : (Voir *Perfectionnistes)*.

HOLY ROLLERS : Pentecôtistes et évangélistes américains. Aux moments d'extase, ils tombent en transe et se roulent sur le sol. Ils accordent une grande importance au « don des langues ».

HOMMES DE LA CINQUIÈME MONARCHIE : (Voir *Fifth Monarchy)*.

HOMMES D'INTELLIGENCE : Tel fut le titre dont se parèrent, vers 1411, quelques hérétiques de Flandre et de Belgique wallone. Ils avaient pour chefs le moine allemand Guillaume de Hildernissen et un certain Charles le Chantre. Tous deux se disaient inspirés du Saint-Esprit, visités de visions célestes et par là particulièrement aptes à interpréter les Écritures. Ils annonçaient une nouvelle révélation et le règne du Paraclet, le Père ayant régné sous la Loi ancienne et le Fils sous celle de l'Évangile.
Seul Jésus avait reçu le pouvoir de ressusciter dans sa chair; les hommes ne vivraient après la mort que dans des corps spirituels et, au Jugement, tout le monde serait sauvé, y compris les démons. Seul le corps pouvait pécher et les fautes de l'homme extérieur ne souillaient pas l'homme intérieur. La secte proliféra et reçut d'assez nombreux adeptes à Bruxelles à la faveur des troubles et des guerres qui ravageaient l'Europe. Elle disparut avec la conquête du duché de Bourgogne par Louis XI (1477).

HOOKER Richard : (1554-1600). Auteur anglais des *Laws of Ecclesiastical Polity*, ouvrage dans lequel il s'éleva en défenseur de l'Église anglicane élisabéthaine, qu'il opposa au puritanisme et au catholicisme romain à la fois.

HOPKINS Samuel : (1724-1803). Né à Waterbury dans le Connecticut (États-Unis), il fut pasteur de la première Église *congrégationaliste** de Newport. Il devint ensuite le fondateur d'une secte qui porte son nom (*hopkinsians*) et dont il établit le siège au collège d'Andover.
Hopkins ne croyait pas à la transmissibilité héréditaire du péché originel. En péchant, Adam n'avait fait que nous donner un exemple. Il ne croyait pas non plus que la justice de Jésus-Christ fût transférée aux hommes par voie héréditaire, sinon l'homme égalerait le Christ en sainteté. Toute vertu, toute sainteté est liée à l'amour désintéressé de Dieu et du prochain. L'origine du mal est l'égoïsme et l'amour-propre. Le péché est effacé par le repentir qui, normalement, précède la foi. Comme les *calvinistes** , les hopkinsians croyaient à la prédestination mitigée, à la justification par la foi et à l'accord de la liberté avec l'inévitable nécessité. Ils rejetaient cependant la doctrine de l'*imputation*.

HOUTIN Albert : (1867-1926). Prêtre catholique français qui rejeta les dogmes traditionnels tout en demeurant un fervent croyant. Il écrivit de nombreux ouvrages dont une *Courte Histoire du christianisme* et *Mon Expérience*, etc.

HUGUENOTS : Nom par lequel on désignait les protestants français du XVIᵉ et du XVIIᵉ siècle. L'étymologie du mot est douteuse : on a proposé à ce propos l'allemand *eidgenossen* : « confédéré ». Les Réformés de France appartenaient et appartiennent à différentes communautés, étant entendu que les *calvinistes* * formèrent toujours la grande majorité – encore que près de 250 000 protestants de France appartiennent aujourd'hui à la Confession d'Augsbourg. En comparaison, les calvinistes sont pour leur part à peu près 410 000, les diverses autres communautés se partageant environ 100 000 fidèles.

À partir de la Renaissance, toute l'histoire de France (comme d'ailleurs celle de l'Europe) est liée à la compétition, souvent sanglante, entre catholiques et protestants, huguenots en France. Les *vaudois* * n'étaient pas encore ralliés que le *groupe des bibliens de Meaux*, contestataires placés sous l'influence de Briçonnet (1472-1534) et de Lefèvre d'Étaples (1450-1537), attiraient l'attention des autorités ecclésiastiques. Théologien et humaniste de talent, Lefèvre d'Étaples trouvait dans ses *Commentaires* sur les *épîtres de Paul* matière à proclamer la justification par la foi. En 1521, la Sorbonne avait condamné la doctrine de Luther et, en 1523, le moine Jean Vallière (de Falaise), accusé de luthérianisme, fut brûlé vif à Paris ; Jean Leclerc subit le même sort à Meaux (1526) sous la même inculpation. Dès lors, exécutions et répression donnèrent le branle au mouvement réformiste en France. Calvin fulminait de Bâle puis de Genève, après que le roi François Iᵉʳ se fut déclaré contre la Réforme à la suite de l' « affaire des placards » (1534) : il en avait découvert jusqu'aux portes de sa chambre à coucher.

Les abus de l'Église romaine et du clergé de France, le manque de souplesse de la Sorbonne, une certaine ferveur aussi furent cause de la rapide extension du calvinisme dans le royaume. Une Église réformée fut formée dans la clandestinité en 1555 à Paris. Synode national en 1559, « colloque de Poissy », en 1561, la Réforme s'installait. Elle allait être soumise à dure épreuve.

Le droit de se réunir, celui de pratiquer le culte à leur manière, l'accès aux cimetières, la plupart des privilèges réservés aux catholiques étaient refusés aux « religionnaires », comme on les nommait. Ils passèrent outre aux interdictions, et la violence s'instaura. Telle fut l'origine des « guerres de religion » (huit en tout) qui ensanglantèrent la France du XVIᵉ au XVIIᵉ siècle. La première guerre débuta sous le roi Henri II ; elle se poursuivit après sa mort (1559) jusqu'en 1580 et fut marquée par le massacre de la Saint-Barthélemy (1572). La fragile trêve conclue par Charles IX fut rompue en 1584, sous le règne d'Henri III, et la guerre ne prit fin qu'en 1598 avec l'édit de Nantes promulgué par Henri IV, neuf ans après sa conversion au catholicisme et son accession au trône. Les huguenots obtenaient des garanties religieuses, la liberté du culte dans des lieux précis et surtout des places de sûreté militaires, La Rochelle notamment. La guerre reprit cependant sous Louis XIII et à l'instigation de Richelieu qui ne pouvait tolérer « un État dans l'État ». La Rochelle fut reprise par les troupes royales (dans lesquelles servaient d'ailleurs de nombreux seigneurs réformés) en 1629 ; les protestants perdirent toutes leurs places de sûreté et durent renoncer aux garanties militaires qui leur avaient été octroyées. Ils ne conservaient que la liberté religieuse (avec nombre de restrictions).

Persécution des huguenots

Ils n'en étaient pas moins souvent écartés des postes de responsabilité du royaume et suspectés de former des coteries qui devinrent intolérables aux yeux soupçonneux du roi Louis XIV. Ce monarque, jaloux de son autorité, dévôt en dépit de sa vie licencieuse, se résolut à les convertir de force. L'édit de Nantes fut révoqué en 1685, des « dragonnades » organisées et la troupe lancée contre les protestants. La guerre des camisards fut particulièrement sanglante; elle ne prit fin qu'en 1706 (voir *Camisards*). La répression coïncida avec un exode massif des huguenots vers des pays plus hospitaliers. Des familles entières, des personnages de marque parfois émigrèrent ainsi à l'étranger. D'importantes colonies se fixèrent aux Pays-Bas et en Afrique du Sud, dans le territoire néerlandais du Cap, en Amérique et, de l'autre côté de la frontière, en Allemagne.

L'émigration des huguenots en Afrique australe fut particulièrement réussie, l'intégration des familles françaises dans la communauté s'étant faite rapidement. Bon nombre de politiciens et de cadres administratifs ou économiques de l'actuelle République d'Afrique du Sud sont d'origine française et portent des noms français. L'épouse du fondateur de la colonie du Cap, Jan Van Riebecck, était la huguenote Marie de La Queillerie. En Amérique, l'immigré Jean Minuit se rendit acquéreur de la presqu'île de Manhattan qu'il racheta à une tribu indienne. En Allemagne, l'immigration française a laissé des traces indélébiles; si la monarchie prussienne accueillit chaleureusement les huguenots, l'électeur Charles de Hesse fit encore mieux: il fit construire à leur intention une ville entière, Karlhafen (*Le Monde*, 3-4 mars 1985).

En France même, les huguenots affaiblis, mais non pas vaincus, ne furent plus sérieusement inquiétés sous les règnes suivants jusqu'à la Révolution et l'avènement de Napoléon qui leur reconnut l'égalité complète avec les catholiques. Les lois républicaines de 1905, qui aboutirent à la séparation de l'Église et de l'État, firent de cette égalité une réalité.

HUME David : (1717-1776). Philosophe écossais auteur de plusieurs ouvrages célèbres : *Histoire naturelle de la religion* (1757); *Dialogues sur la religion naturelle*, etc. Quoique de tendance déiste, ces ouvrages sont fortement marqués par une attitude empiriste et un scepticisme profond, notamment sur l'authenticité des miracles.

HUNTINGDON Selina, comtesse de : (1707-1791). Fondatrice britannique d'une communauté protestante non conformiste connue sous le nom de *Huntingdon's Connexion*. De tendance *métho-*

diste *, la secte se sépara de l'Église d'Angleterre en 1781. Arguant de son titre de pairesse du royaume, la comtesse de Huntingdon fonda un grand nombre de chapelles ayant à leur tête des chapelains nommés par elle. Elle créa un séminaire à Trevecca, dans le Breconshire.

HUSSITES : Disciples et sectateurs de Jean Hus et de Jérôme de Prague. Après le supplice subi par ces deux personnages, le nom fut attribué non seulement à leurs disciples authentiques mais encore à des groupes de sectaires qui combattirent sous la même bannière au XVe siècle.

Jean Hus

De modeste origine paysanne, Jean Hus, ou Huss (1369-1415), devint professeur de théologie puis recteur de l'université de Prague. C'était une époque troublée où les abus d'autorité, la corruption et les mœurs dissolues du clergé catholique étaient un objet de scandale constant. Bien qu'encore informulées, les idées d'une réforme profonde des structures ecclésiastiques, sinon des dogmes, se répandaient partout en Europe, trouvant un écho favorable dans les couches populaires et souvent au sein même du clergé. Prêtre lui-même, Jean Hus appelait cette réforme de tous ses vœux ; il avait lu avec attention les livres de l'Anglais Wicliffe et résolut de s'en faire une arme pour étayer les critiques sévères qu'il élevait lui-même contre les dérèglements du clergé et l'abus d'autorité des évêques. Réformateur et non pas hérétique, il avait souscrit à la condamnation par son université des propositions jugées erronées de Wicliffe, mais soutenait que les livres des hérétiques ne devaient point être brûlés, les chrétiens étant en droit de les lire et, guidés sans doute par leurs pasteurs, de s'en faire juges. Ses sermons et ses dénonciations publiques attiraient des foules nombreuses et enthousiastes. Un laïque, puissant théologien néanmoins, Jérôme de Prague, se fit son plus proche disciple – il devait l'accompagner jusque sur le bûcher.

On était à l'époque du Grand Schisme, le pape de Pise, Jean XXIII, avait fait prêcher une croisade contre Ladislas, roi de Naples, qui soutenait l'antipape Grégoire XII ; Jean Hus s'empressa de condamner le principe même de la croisade, soutenant que Jésus-Christ en personne avait interdit à Pierre de se servir de l'épée. Il lui paraissait injustifiable d'autre part que l'Église entreprît une action profane contre un prince chrétien. Quant aux anathèmes dont il était menacé, il estimait qu'ils n'étaient pas fondés et que c'était aux fidèles de juger par eux-mêmes de leur bien-fondé.

Le temps était venu pour le théologien de formuler l'ensemble de son système. L'Église, soutenait-il, est un corps mystique dont Jésus-Christ est le chef et dont les justes et les prédestinés sont les membres exclusifs. Les pécheurs et les réprouvés n'en font point partie. Les justes ne peuvent être séparés de l'Église et l'excommunication ne prévaut pas contre eux. Enfin, quand il n'y aurait ni pape ni évêques, l'Église n'en subsisterait pas moins par ses élus. Ces prémisses posées, Hus en venait au problème de l'autorité civile et ecclésiastique que le péché mortel annule. Quand, par le péché, cette autorité est perdue, la révolte des fidèles est licite. Car, en réalité, seul le Christ a le droit de lier ou de délier ; seul il a le pouvoir d'absoudre, la responsabilité de l'autorité ecclésiastique se limitant à entériner le pardon.

L'Écriture enfin est l'unique règle de foi et de conduite. Tout ce qui va à l'encontre de l'Écriture est condamnable et ne mérite ni respect ni obéissance. Tout prêtre chrétien est habilité à prêcher l'Évangile partout, sans restriction de diocèse ou de paroisse.

Les propositions de Hus furent jugées insoutenables par ce qui restait d'Église en ces temps de Grand Schisme. Elles remettaient en cause le libre arbitre et portaient un coup sévère à l'autorité du pape et des évêques. Le théologien de Prague fut excommunié et menacé d'être privé de sa chaire. En revanche, elles lui valurent un surcroît de popularité en Bohême et dans les provinces voisines. La masse des chrétiens de ces régions soutenaient la cause de celui en qui elle voyait le réformateur tant attendu. Les autorités civiles et religieuses prirent peur : les évêques et les magistrats de Bohême dénoncèrent Hus au concile de Constance (1414-1418), réuni justement pour tenter de remettre de l'ordre dans les affaires de l'Église. Il fut cité à comparaître devant cette assemblée.

Sur l'insistance du roi Wenceslas de Bohême et munis d'un sauf-conduit de l'empereur Sigismond, Hus et son fidèle disciple Jérôme de Prague se rendirent sans méfiance à Constance. Ils entendaient présenter et défendre leurs propositions et faire reconnaître leur légitimité. Ils se montrèrent imprudents ; Hus ne tarda pas, semble-t-il, à se montrer plus ou moins arrogant à l'égard du concile, affichant son sauf-conduit aux portes de l'église et prêchant publiquement sa doctrine, alors même qu'elle était en discussion devant les pères conciliaires. On l'arrêta et il fut emprisonné. Il aurait été sur le point de se rétracter, mais au moment de signer sa rétractation il se reprit et s'y refusa. Son sort était scellé : il fut condamné en vertu d'une sentence conciliaire en date du 6 juillet 1414, dégradé du sacerdoce et livré au bras séculier. Il périt sur le bûcher le 6 juillet 1415. « Rétractez-vous », lui aurait dit le duc de Bavière. « Il vaut mieux obéir à Dieu qu'aux hommes », répondit le théologien récalcitrant.

Jérôme de Prague subit le même sort. Il avait un moment abjuré ses erreurs, mais, honteux de sa trahison, il retira son abjuration et suivit son maître dans les flammes du bûcher. Les cendres des deux martyrs furent jetées dans le Rhin.

Comme on aurait dû s'y attendre, le tragique événement de Constance fut le signal qui déclencha une épouvantable guerre civile qui embrasa la Bohême, la Moravie et une partie de la Pologne. Les hussites étaient alors divisés en deux groupes principaux, dont le plus modéré était celui des *calixtins* * ou *utraquistes*, disciples du curé Jacobel qui s'était prononcé pour l'usage de la communion sous les deux espèces. Le groupe des *taborites* était plus intransigeant ; il rejetait la doctrine catholique du purgatoire et proscrivait le culte des saints et des images. Réunies sous les ordres de Jean Ziska de Trenow (1370-1424), ces deux branches des hussites formèrent une armée puissante. Les troupes envoyées contre elle par l'empereur Sigismond furent partout vaincues. Brillant et implacable stratège, Ziska avait établi le quartier général des insurgés à l'abri des murs d'une forteresse construite sur la montagne du Thabor, près de Prague. D'autres villes s'étaient soulevées et le pays était tout entier ravagé par la guerre. Ziska mit les troupes impériales en déroute au siège de Plissen et tenait la victoire définitive quand il devint aveugle et mourut de la peste en 1424.

Après sa mort, l'armée rebelle se scinda en trois corps séparés : les *orphelins,* qui refusaient de se donner un chef; les *orébites,* qui en avaient plusieurs, et le reste de l'armée qui se plaça sous le commandement de Procope Raze le « Grand ». Il avait été le meilleur lieutenant de Ziska. Trois croisades furent lancées contre les hérétiques. En vain. Les hussites étaient partout victorieux tandis qu'un camp comme l'autre mettait les villes et la campagne, les monastères et les églises au pillage.

Enfin le pape et l'empereur Sigismond (qui avait accédé au trône de Bohême à la mort du roi Wenceslas l' « Ivrogne ») se lassèrent et finirent par s'entendre pour proposer des négociations aux insurgés. Les chefs hussites furent invités à se rendre au concile réuni à cet effet à Bâle. Les discussions se heurtèrent dans un premier temps à l'intransigeance des deux parties et se traduisirent par un échec. La guerre reprit, mais les rebelles avaient eu un avant-goût de la paix, leur volonté était émoussée; ils subirent cette fois plusieurs défaites. La division se mit dans leurs rangs et les calixtins se résolurent à composer avec les catholiques. De son côté, le concile fit des concessions. On parvint à s'entendre. Le concile accorda provisoirement aux hussites l'usage de la communion sous les deux espèces. C'était la principale revendication des calixtins; ils se retirèrent de la lutte, abandonnant les taborites, qui furent sauvagement massacrés en 1434.

Désunis, atomisés, les derniers récalcitrants se fondirent dans les sectes nouvelles, dont la plus importante fut celle des frères *Moraves* *.

Certains auteurs et historiens ecclésiastiques estiment que la « guerre des hussites » fit plus de 40 000 morts.

HUTTÉRITES : Membres d'une secte fondée en Allemagne vers 1528 et qui, sous la menace de la persécution, essaima dans divers pays d'Europe. Vers la fin du XIXᵉ siècle, les huttérites émigrèrent aux États-Unis (Dakota du Sud) et au Canada occidental. Ils y fondèrent des communautés religieuses agricoles. Ils sont de stricte confession protestante, prônent la vie en commun et s'affirment comme des pacifistes.

HYDROPRASTES : (Voir *Encratites*).

Jérôme de Prague

ICONOCLASTES : (du grec *eikôn :* « images » ; et *klan :* « briser »). Ce nom fut donné déjà au VIIᵉ siècle aux sectaires qui, se déclarant contre la vénération des catholiques pour les images, n'en souffraient point dans les églises et les brisaient partout où ils en trouvaient. En Orient, les iconoclastes furent soutenus par les musulmans et par certains empereurs grecs, tels que Léon l'Isaurien et Constantin Copronyme. Constantin réunit à Constantinople un concile composé de plus de trois cents évêques orientaux et fit condamner solennellement le culte des images, arguant que le culte de *dulie* et celui de *lâtrie* n'étaient qu'une seule et même chose. Les images étaient assimilées à des idoles. Les évêques de Constantinople se réclamaient de l'Écriture. En 726, le pape Étienne III et un concile de Rome avaient contredit les décisions de l'Église d'Orient. Sans résultat.

L'impératrice régente Irène (pendant la minorité de Constantin Porphyrogénète) et le pape Adrien II organisèrent un second concile de Nicée (787), qui décida que l'iconoclasme était contraire à la tradition chrétienne. Certes, la lâtrie, l'adoration des images était condamnée, mais la dulie était définie comme simple vénération et honneur

rendu à la personne représentée. Quant à la référence à l'Écriture, due à Grégoire de Césarée, elle était rejetée. Grégoire citait notamment Jean (IV, 24) : « Dieu est esprit, et ceux qui l'adorent doivent l'adorer en esprit et en vérité » ; le Deutéronome (V, 8) : « Vous ne vous ferez ni idole ni image de ce qui est au ciel et sur la terre, pour les adorer. » Le concile expliquait que « ces passages défendaient seulement d'attribuer aux images une sorte de vie, et d'en faire des idoles » (abbé T. H. Guyot, *Dictionnaire des hérésies*).

Cependant, soit par interprétation malicieuse, soit faute d'une traduction adéquate des textes du concile de Nicée, trois cents évêques d'Occident, réunis en concile à Francfort (794), rejetèrent les conclusions adoptées à Nicée par le pape Adrien II. D'autres évêques gallo-romains repoussèrent le culte des images des saints, ne tolérant que celles représentant la croix et les reliques. Un peu plus tard, Claude de Turin reprit à son compte l'hérésie des iconoclastes en supprimant l'adoration de la croix et en détruisant partout ses effigies. Ses excès contribuèrent à ramener les évêques dissidents à l'unité de la foi et l'iconoclasme disparut en Occident vers la fin du

171

IXe siècle. En Orient, l'hérésie se perpétua avec le soutien actif des empereurs et ne fut étouffée que sous la régence de l'impératrice Théodora. Le feu n'en couvait pas moins sous la cendre et durant tout le Moyen Âge et jusqu'au XXIe siècle, les iconoclastes firent parler d'eux. *Wicliffe* *, les *Hussites* * *taborites* reprirent l'hérésie à leur compte. *Carlostad* * puis, après des hésitations, et de façon mitigée, Luther et enfin Calvin en firent un dogme de la Réforme (voir *Calvinisme* * *et Luthéranisme* *). Les *jansénistes* * à leur tour adoptèrent une position mitigée, ne professant pas clairement l'iconoclasme, mais mettant en garde les fidèles contre les dangers du culte des images. Sans doute leur prudence tenait-elle compte du triste souvenir resté dans l'histoire par les déprédations, les statues brisées ou décapitées et autres profanations accomplies au nom de l'iconoclasme par les fanatiques des guerres de religion du XVIe siècle.

L'hérésie iconoclaste fut définitivement condamnée par l'Église catholique au concile de Trente (1545-1563).

ILLUMINÉS : Membres d'une secte qui apparut en Espagne vers 1575 et que les Espagnols appelaient *alumbrados*. Leurs chefs étaient Jean de Villalpando, né à Ténériffe, et une religieuse carmélite connue sous le nom de Catherine de Jésus.

Ces illuminés soutenaient qu'au moyen de la prière on pouvait parvenir à un état si parfait que le secours des sacrements et des bonnes œuvres devenait inutile; les actes les plus condamnables pouvaient être commis sans qu'il y ait péché. Plus tard, Molinos et ses disciples obéirent à des principes analogues. Bon nombre d'illuminés espagnols périrent sur le bûcher de l'Inquisition. Les illuminés reparurent en France en 1634 en association avec les *guérinets* (disciples de Pierre Guérin). Ils eurent pour chef spirituel le frère Antoine Bocquet, à qui Dieu s'était complu à donner une foi et une vertu inconnues jusqu'alors dans la chrétienté. Ils récusaient la sainteté ou tout au moins la spiritualité des Apôtres Pierre et Paul, dénonçaient l'incrédulité de l'Église et prédisaient qu'avant dix ans ils auraient converti à leur doctrine tout le monde chrétien, qui pourrait alors se passer de pape, d'évêques et de prêtres. Quant à la morale, ils enseignaient que seule la conscience est en mesure de juger de ce qui est permis et de ce qui est interdit. Illuminés et guérinets furent durement réprimés par les ordres du roi Louis XIII et disparurent en peu de temps.

Il ne faut pas confondre ces hérétiques avec les *illuminés d'Avignon*, de dom Pernéty, et les *illuminés de Bavière*, de Weishaupt. Ces deux sociétés

d'illuminés eurent en effet un caractère maçonnique. La première s'inspirait de l'occultisme et de la pensée altérée de Swedenborg; elle s'inscrit dans la filiation de la réforme maçonnique de Jean-Baptiste Willermoz, de Lyon. La seconde eut surtout des desseins sociaux et politiques.

Hérétique condamné au feu

IMMORTALITÉ CONDITIONNELLE : Doctrine selon laquelle la vie éternelle ne sera donnée qu'à certains, qui seuls l'auront méritée, soit par prédestination, soit par leur spiritualité, soit enfin par les mérites de leurs bonnes œuvres. La même doctrine ne prévoit pas de peines éternelles pour les damnés; ils seront annihilés au Jugement dernier. L'Église romaine tient cette doctrine pour erronée.

IMPANATION : Hérésie de ceux qui soutiennent que par la consécration le corps de Jésus-Christ se trouve dans l'eucharistie avec (*cum*), dans (*in*) ou sous (*sub*) la substance du pain et que celle-ci n'est point détruite. Les *impanateurs* rejettent ainsi le dogme de la transsubstantiation. Pour leur part, les *jacobites* * apportent une nuance à cette doctrine : ils admettent la présence réelle de Jésus-

Christ dans l'eucharistie en supposant une union hypostatique entre le Verbe divin et le pain et le vin. D'autres enfin expliquent la présence réelle par l'*ubiquité* de la substance divine représentée par Jésus-Christ.

INCORRUPTIBLES, INCORRUPTICOLES :

Hérétiques qui croyaient que lors de son incarnation la nature divine de Jésus-Christ avait absorbé la nature humaine. De cette façon, le corps du Christ était incorruptible, et cela dès qu'il fut formé dans le sein de Marie. Le Sauveur ne mangeait pas par besoin mais par convention ; il ne souffrait pas de la soif ni n'était soumis aux nécessités du corps humain. Il était impassible et incapable de douleur. Il n'avait ainsi souffert ni avant ni après la Résurrection. C'était l'hérésie des *eutychiens* * et des *docétistes* *.

Ces incorrupticoles étaient connus en Grèce sous le nom d'*aphthartodocètes* *.

INDÉPENDANTS : (Voir *Congrégationalistes*).

INFERNAUX : Partisans de Nicolas Gallus et de Jacques Simidelin, au XVIe siècle. Ils étaient d'opinion que durant les trois jours qui s'écoulèrent entre sa mort et sa résurrection, l'âme de Jésus-Christ descendit en enfer et souffrit la torture des damnés. Ces hérétiques appuyaient leur opinion sur le passage des Actes où saint Pierre dit que Dieu a ressuscité Jésus-Christ en le délivrant des douleurs de l'enfer (II, 24).

INFRALAPSAIRES : Hérétiques de diverses époques, qui soutiennent que Dieu a créé un certain nombre d'hommes pour être sauvés et d'autres pour être damnés. Dieu accorde ainsi gratuitement sa grâce à ses élus et la refuse à ses réprouvés. Les infralapsaires indiquent que cette décision divine est intervenue *après* la faute d'Adam et comme sanction du péché originel.

Plus intransigeants, les *supralapsaires* professent que la décision divine avait été prise *avant* la faute.

IRVING : (Voir *Catholique apostolique, Église*).

ISLÉBIENS : *Antinomiens* *, disciples d'Agricola, d'Eisleben.

ISOCHRISTES : D'un mot qui signifie : « égal à Christ ». On donna ce nom aux disciples de Nonnus, moine, lui-même disciple d'Origène. Après la mort de Nonnus, ses partisans se divisèrent en *protoctistes* *, en *tétradites* * et en isochristes.

Ces derniers, sur ce point étrangers à l'enseignement d'*Origène* *, disaient que les Apôtres et les saints ayant fait tant de miracles et reçu tant d'honneur, ils ne pourraient obtenir d'autre récompense à la Résurrection que d'être rendus égaux à Jésus-Christ.

Cette curieuse proposition fut très sérieusement condamnée au concile de Constantinople, en l'an 553.

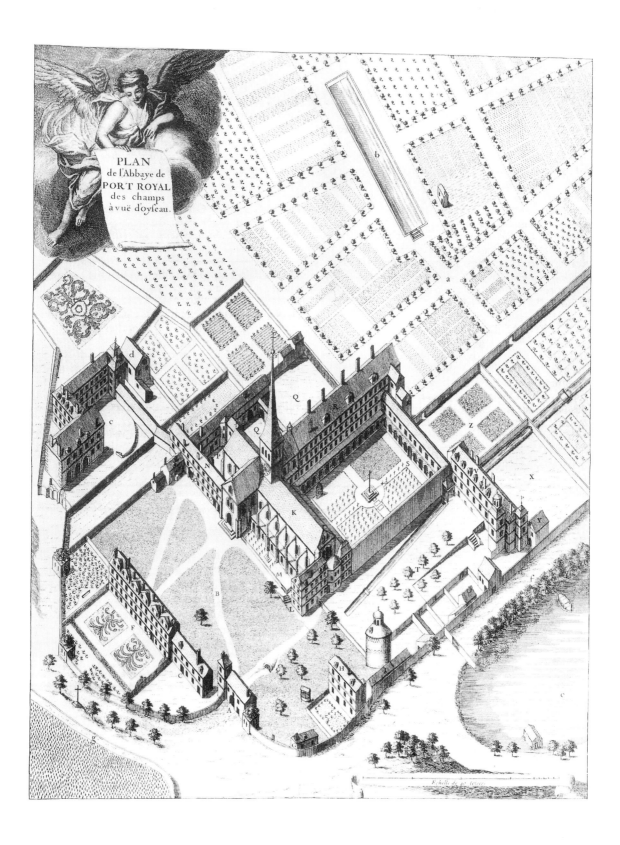

PLAN
de l'Abbaye de
PORT ROYAL
des champs
à vuë d'oyseau.

JACOBITES : Fidèles de plusieurs communautés d'Orient (Église syrienne, coptes, etc.) qui professent des idées monophysites. Ils n'admettent en effet qu'*une* seule nature en Jésus-Christ, à la fois divine et humaine (le dogme catholique reconnaît *deux* natures en une substance unique). Les jacobites furent un moment confondus avec les *eutychiens* *, de qui ils se sont depuis longtemps volontairement démarqués.

L'hérésie eutychienne avait été condamnée par le concile de Chalcédoine (451) et ses partisans s'étaient divisés en plusieurs sectes et communautés. Parmi celles-ci, les *acéphales* ne reconnaissaient aucune hiérarchie, ne se rattachaient à aucune Église. Ils manquaient d'unité et de cohésion au sein d'un monde chrétien qui, à cette époque, s'étendait à tout l'Orient, jusqu'aux frontières de la Perse. Influencés par Sévère, les acéphales élirent, en 541, le moine Jacques Baradée ou Baradeus ou encore Zanzale, évêque d'Édesse. D'abord sous l'impulsion du nouvel évêque et avec la protection des Perses et des Sarasins, la nouvelle Église jacobite (du nom de l'apôtre Jacques, évêque de Jérusalem qu'ils se donnèrent pour patron légendaire ; ou, plus probablement, de celui de Jacques Baradée lui-même) s'étendit en Orient, grignotant peu à peu les anciens diocèses catholiques romains de Syrie et d'Iraq. La tentative romaine de rétablir le patriarcat catholique d'Antioche pendant les croisades se solda par un échec : il n'en demeure aujourd'hui que l'Église *maronite* ou *melchite* au Liban. Le siège – symbolique – d'Antioche lui-même est passé à la hiérarchie jacobite. (Voir *Chrétiens de saint Thomas ; Coptes ; Syriaque, Église*).

JACOPINI DA TODA : (Env. 1230-1306). Franciscain italien né à Todi, près de Spolète. Célèbre pour son mysticisme et pour les hymnes dont il fut l'auteur. Le pape Boniface VIII, qu'il avait brocardé, le fit emprisonner.

JANSÉNISME : Doctrine litigieuse concernant la prédestination, la grâce et le libre arbitre, le mérite des bonnes œuvres et les bienfaits de la rédemption. Les jansénistes se réclamaient de la pensée de saint Augustin telle qu'elle fut présentée par Cornélius Jansen ou Jansénius, évêque d'Ypres, dans son célèbre ouvrage intitulé *Augustinus*, publié deux ans après la mort de l'auteur.

175

Jansénius (1585-1638) naquit à Laerdam, en Hollande. Il appartenait à une famille catholique et fit ses études à Utrecht, à Louvain, puis à Paris. Durant son séjour en France, il se lia d'amitié avec Jean de Hauranne, abbé de Saint-Cyran, qui lui procura la place de principal du collège de Bayonne où il demeura pendant douze ans. L'influence de l'abbé de Saint-Cyran et de Jacques Janson, disciple et successeur de Baius (voir *Baïanisme* *), fut déterminante sur Jansénius. C'est à Bayonne qu'il ébaucha l'*Augustinus,* ouvrage dans lequel il reprenait à son compte certaines des idées de Baius. Il n'ignorait pas que ce dernier avait été condamné par le Saint-Siège et devinait qu'un sort identique lui était réservé : « Je n'ose dire ce que je pense touchant la prédestination et la grâce, de peur qu'il ne m'arrive ce qui est arrivé à d'autres [...] », écrivait-il à l'abbé de Saint-Cyran. C'est sans doute ce qui explique qu'il remît sans cesse à plus tard et qu'il mourût avant la publication de son livre.

1709 : fermeture de Port-Royal

Rentré à Louvain quelque temps avant sa mort, Jansénius occupa une chaire d'Écriture sainte avant d'être nommé évêque d'Ypres. Il fut emporté peu de temps après par la peste.
Ce n'est qu'en 1640 que parut l'*Augustinus*, à

Louvain. Le livre contenait diverses protestations de soumission au Saint-Siège, précaution inutile! Le traité se composait de plusieurs parties qui peuvent se résumer à trois : 1. exposé et réfutation tendancieuse des pélagiens et semi-pélagiens (voir *Pélagianisme* *); 2. éloge de saint Augustin et critique sévère des Pères qui n'auraient rien compris au problème de la grâce et auraient contribué à l'obscurcissement de cette doctrine essentielle de l'enseignement augustinien; 3. les dix derniers « livres » de l'ouvrage sont justement consacrés à la grâce. L'œuvre posthume de Jansénius prêtait terriblement à controverses et celles-ci ne manquèrent pas de s'élever. Dès 1642, le pape Urbain VIII le condamna comme renouvelant les erreurs du baïanisme. En France, Cornet, syndic de la faculté de théologie de Paris, porta l'affaire devant la Sorbonne. Une vive polémique s'ensuivit. Le docteur de Saint-Amour, l'abbé Bourzeys et quelques autres théologiens défendirent avec ardeur les thèses jansénistes. Rome se décida à faire connaître son jugement en 1653. Les propositions suivantes furent condamnées :
1. « Quelques commandements de Dieu sont impossibles à des hommes justes qui veulent les accomplir, et qui font à cet effet des efforts selon les forces présentes qu'ils ont; la grâce qui les leur rendrait possible leur manque. » Cette proposition de Jansénius fut condamnée, frappée d'anathème comme contraire au jugement du concile de Trente, qui l'avait proscrite.
2. « Dans l'état de nature tombée, on ne résiste jamais à la grâce intérieure. » Proposition jugée hérétique et contraire à la lettre du Nouveau Testament.
3. « Dans l'état de nature tombée, pour mériter ou démériter, on n'a pas besoin d'une liberté exempte de nécessité : il suffit d'avoir une liberté exempte de coaction ou de contrainte. » Jugée hérétique car s'opposant au concile de Trente qui décide que la grâce, même efficace, n'impose aucune contrainte.
4. « Les semi-pélagiens admettaient la nécessité d'une grâce prévenante pour toutes les bonnes œuvres, même pour le commencement de la foi; mais ils étaient hérétiques en ce qu'ils pensaient que la volonté de l'homme pouvait s'y soumettre ou y résister. » Article condamné pour la même raison que celui qui précède.
5. « C'est une erreur semi-pélagienne de dire que Jésus-Christ est mort et a répandu son sang pour tous les hommes. » Jansénius était d'opinion que le sentiment de saint Augustin à ce sujet était que Jésus-Christ n'était mort que pour les prédestinés et qu'il n'avait pas prié son Père pour le salut des réprouvés et des démons. La proposition fut déclarée hérétique et blasphématoire.

Le système de Jansénius est connu sous le nom de « système de la délectation relativement victorieuse »; il repose sur l'idée qu'avec le péché originel les successeurs d'Adam ont perdu le pouvoir de choisir librement entre la vertu et le péché. L'homme, qui a perdu son véritable libre arbitre, est soumis à deux impulsions opposées : l'une pure et céleste, l'autre terrestre et vicieuse. L'homme est tiraillé entre ces deux « délectations » et selon qu'il cède à l'une ou à l'autre la délectation prédominante n'est que « relativement victorieuse ». C'est la grâce qui fait pencher la balance du bon côté et, par ce fait, cette grâce est toujours *efficace*. Il n'y a pas de grâce suffisante qui puisse être inefficace. Ne sont donc sauvés que les justes qui ont bénéficié de la grâce divine et damnés les réprouvés à qui Dieu a refusé le don de sa grâce.

Jansénius avait été davantage un penseur qu'un homme d'action. Il avait été tellement prudent qu'il était mort avant que l'*Augustinus* ne fût édité et sa doctrine divulguée en public. Ce fut à Jean du Verger de Hauranne, abbé de Saint-Cyran, qu'il revint d'accomplir ce premier pas dans la diffusion. Né à Bayonne en 1581, cet homme aux manières douces et insinuantes, déjà acquis aux idées de Baius, s'enflamma pour la doctrine bien plus cohérente de Jansénius, son ami. Il recruta. Il gagna à la cause du jansénisme naissant des prêtres, des laïques, des religieux et surtout des religieuses. Il s'entoura de personnages prestigieux : Arnauld, Nicole, Pascal, etc. On avait besoin d'argent, les jansénistes disposèrent d'une caisse alimentée par l'entregent de Nicole; cette caisse était connue des fidèles sous le nom de « boîte à Pérette ». Le monastère de Port-Royal fut « contaminé » et, par le biais des ragots de parloir, les religieuses influencèrent bien des grandes dames de la Cour et de la ville. À la mort de l'abbé de Saint-Cyran, survenue en 1643, le jansénisme avait acquis droit de cité.

Arnauld succéda à Saint-Cyran à la tête du mouvement. À la suite de la promulgation de la bulle *Cum occasione*, qui condamnait les cinq propositions, une assemblée générale fut tenue à Paris par les jansénistes. Il y fut décidé que la bulle pontificale avait raison de condamner les cinq propositions prises dans le sens qu'elle leur attribuait, mais que ce sens n'était point celui du livre de Jansénius. Le jansénisme, affirmaient les membres de l'assemblée, était une chimère et l'Église avait pris un fantôme pour une réalité. Cette astucieuse dialectique permit au mouvement de s'étendre encore. Les jésuites ayant pris parti contre les propositions apportèrent indirectement de l'eau au moulin du jansénisme par la haine et la suspicion qu'ils soulevaient dans l'opinion. À la suite de sa nouvelle bulle, *Ad sacram*, le pape

Alexandre prescrivit la publication d'un *formulaire* (1661) condamnant explicitement les cinq propositions. Le clergé était tenu de le signer. Dans une déclaration enregistrée par le Parlement, le roi Louis XIV ordonna à son tour l'application à la lettre de cette obligation, sous peine de graves condamnations corporelles. Des prêtres et des prélats, Pavillon, évêque d'Aleth, Coulet de Pamiers, Choart de Buzenval et Arnauld d'Angers refusèrent de se soumettre tout à fait. D'autres narguèrent le pouvoir royal en refusant carrément de signer le formulaire. Les récalcitrants continuaient à faire la distinction entre le fait et le droit, et donnaient ainsi des arguments aux réfractaires. Il fallut que le pape Clément IX, fermant les yeux sur les infractions, consentît à une trêve connue sous le nom de « paix de Clément ».

Réduits au silence (officiel) en France, de nombreux jansénistes rejoignirent Arnauld aux Pays-Bas où il s'était réfugié. Mais d'au-delà des frontières, les libelles et les affirmations de foi alimentaient la querelle dans le royaume. Les dernières années du Roi-Soleil en furent sans cesse tourmentées.

C'est ainsi qu'en 1702 apparut ce qu'on appela le « cas de conscience ». Quarante docteurs de la Sorbonne signèrent une déclaration qui revenait à dire que ceux qui, tout en persistant dans l'erreur janséniste, observaient un silence respectueux quant aux décisions du Saint-Siège, pouvaient recevoir l'absolution. C'était, rétorquaient les jésuites et la Cour, encourager la fourberie en confession. L'incendie se ralluma et le nouveau pape, Clément XI lança une énième bulle : *Vincam Domini Sabaoth* (1705), condamnant le « silence respectueux » et le « cas de conscience ».

Antoine Arnauld mourut en 1694, mais le jansénisme avait trouvé d'autres défenseurs dont le plus célèbre fut Pasquier *Quesnel* *, né à Paris en 1634, prêtre oratorien réfugié à Mons, puis à Amsterdam où il mourut en 1719. Les *Réflexions morales* et les cent une propositions de Quesnel furent réfutées et condamnées avec éclat par la fameuse bulle *Unigenitus* (1713). Ce fut l'apparent coup final.

Après cent cinquante ans d'une vie mouvementée qui, ébranlant l'autorité de Louis XIV, avait miné jusque dans ses racines la monarchie française, le jansénisme quittait le devant de la scène. Il n'était pas mort pour autant : une Église janséniste fut fondée aux Pays-Bas et placée sous l'autorité du nouvel évêque d'Utrecht. Elle s'est maintenue du XVIIIe siècle au début du XIXe siècle et a fini par se fondre administrativement dans le giron hospitalier de l'Église *vieille-catholique* *.

Le jansénisme historique eut ses grands noms : Pascal, Antoine et Angélique Arnauld, d'Andilly,

Le Maistre, Nicole, de Saci, Singlin, Lancelot... Il est inséparable du siècle de Louis XIV. En revanche, de nombreux excès, des erreurs adventices sont liés historiquement au mouvement janséniste, les débordements des *convulsionnistes* * et des *figuristes* * notamment. L'austérité des mœurs, le rigorisme et le fanatisme étaient parfois poussés si loin que le diacre Pâris resta volontairement et par humilité deux ans sans faire ses Pâques. Hamon et ses amis conseillaient la « confession à Dieu seul ». Il alla jusqu'à proposer de se confesser aux laïques ou encore de se limiter à la « communion en Dieu », dédaignant ainsi le sacrement de l'eucharistie. Il se référait à ce qu'avait écrit Arnauld dans son livre *De la fréquente communion* : « L'eucharistie est la même viande que celle qui se mange au ciel. » Les ennemis du jansénisme s'emparèrent de toutes ces folies et les montèrent en épingle.

JEANNE, papesse : Personnage légendaire qui suscita bien des polémiques au temps de la Renaissance en Italie. À en croire la légende, une femme aurait en effet occupé le trône pontifical entre 855 et 858, succédant ainsi au pape Léon IV (mort en 847) et au pape Benoît III. La « papesse » aurait régné sous le nom de Jean VIII (l'annuaire pontifical officiel précise au contraire que le pape Jean VIII, le vrai celui-là, régna de 872 à 882). L'étrange papesse aurait été d'origine anglaise mais née en Allemagne, à Mayence ; devenue la maîtresse d'un moine bénédictin, elle aurait vécu avec lui à Athènes et ne serait venue à Rome qu'après la mort de son amant. Sous un déguisement masculin, elle se serait très vite introduite dans les milieux de la cour pontificale et aurait été élue au siège de saint Pierre après la mort de saint Léon, disent les uns, de Benoît III ou même d'Adrien II, en 867, selon les autres. La papesse serait morte sur la *sedia,* pendant une procession à Rome, en accouchant prématurément d'un enfant mort-né.
La légende n'est qu'une... légende pour la plupart des historiens.

JEAN DE PARIS : Théologien dominicain de l'université de Paris, au XIVe siècle. Il crut expliquer le mystère de l'eucharistie en disant que Jésus-Christ adopte la substance du pain de telle sorte que le Verbe de Dieu est uni au pain. Cette opinion fut condamné par l'évêque de Paris comme étant en contradiction avec la doctrine de transsubstantiation.

JEAN DE POILLI : Théologien de la faculté de Paris, au XIVe siècle. Il soutenait que ni les évêques, ni le pape, ni Dieu même n'étaient en droit de permettre à un religieux de confesser les paroissiens d'un curé. Tous les paroissiens d'une ville devaient se confesser à leur curé exclusivement. Au terme de longues discussions, cette théorie fut condamnée par le pape.

JEFFREYS George : Né en 1889 en Angleterre, George Jeffreys fut successivement fondateur de l'Elim Foursquare Gospel Movement, qui se répandit en Grande-Bretagne et dans d'autres pays, et de la Bible Pattern Fellowship.

JÉHOVAH, Témoins de : Secte ou plutôt grande communauté chrétienne et biblique fondée aux États-Unis en 1874 par le pasteur Charles Taze Russell (1852-1916), qui en demeura le chef jusqu'à sa mort. À ses débuts, la communauté prit d'abord l'appellation de Zion's Watch Tower Society (1881) et ce ne fut qu'à partir des années 1930 qu'elle fut connue sous son nom actuel et plus familier de Témoins de Jéhovah. Elle est flanquée de deux associations connexes : la International Bible Students Association (1914) et la Watchtower Bible and Tracts Society (1939), organisations de diffusion et de direction. Les publications officielles de la communauté sont éditées sous la responsabilité commune de ces deux organismes.
Comme leur nom l'indique, les Témoins de Jéhovah se sont donné pour mission de porter témoignage. Ils se disent les *témoins* actuels d'une longue lignée de témoins, dont les plus importants furent Abel, Énoch, Noé, Abraham, Moïse, Jean-Baptiste et enfin Jésus. Ils révèrent particulièrement la Bible, Parole de Dieu-Jéhovah, créateur du ciel et de la terre. Sur le plan doctrinal, ils rejettent le dogme de la Trinité, croyant toutefois que Jésus-Christ fut la première création de Dieu et devint le maître d'œuvre de la création ultérieure durant des millénaires. Il s'incarna à l'époque fixée depuis longtemps par Dieu, il porta témoignage et mourut sur la croix ; il ressuscita, monta au ciel où Jéhovah l'a choisi pour être la tête et le roi du monde nouveau. Ce royaume céleste est invisible et composé de 14 400 élus seulement (les âmes des justes). Son avènement sur la terre, pour une période de mille ans, sera précédé dans le ciel par une grande guerre entre les forces du Bien et du Mal, au terme de laquelle les troupes de Jéhovah vaincront celles de Satan à Armageddon. Jésus lui-même a parlé de « sept temps » de 360 années chacun, soit en tout d'une période de 2 520 ans ; le premier temps a commencé en 607 av. J.-C. avec la prise de Jérusalem par Nabuchodonosor, le dernier s'est terminé en 1914 de notre ère. Le triomphe d'Armageddon est donc imminent. Les Témoins de Jéhovah ne croient pas aux peines éternelles pas plus qu'au

purgatoire. Lors de l'avènement du millénaire de la Résurrection, les réprouvés et les impies seront annihilés; seuls survivront les vrais chrétiens.

Les Témoins de Jéhovah ne consomment pas de sang, ils ne mangent ni boudin ni gibier non-saigné auparavant; dans le même contexte, ils refusent le principe des transfusions sanguines. L'usage du tabac et des drogues est prohibé, celui des boissons alcoolisées autorisé, à condition de n'en point abuser. Les quêtes publiques sont interdites.

Il n'existe pas de hiérarchie. L'Église est composée de *pionniers* et de *proclamateurs* selon le temps consacré par chacun au « témoignage ». La communauté compterait plus de 2 700 000 membres actifs, répartis dans deux cents cinq pays, la majorité, près de 700 000, vivant aux États-Unis. L'Église diffuse deux grandes publications : *La Tour de garde* (plus de 10 millions d'exemplaires en cent deux langues) et *Réveillez-vous!* (plus de 9 millions en cinquante et une langues).

Le siège central des Témoins de Jéhovah est à Brooklyn, New York.

JEZRÉEL James Jershom : (1840-1885). De son vrai nom James White, fondateur de la secte des *jezréelites*. Soldat, il avait connu en garnison des membres de la secte d'origine anglaise des *johanners* ou *southcotters* de la *Nouvelle Maison d'Israël* (voir *Southcott Joanna* *); libéré du service militaire, il créa sa propre communauté *millénariste* *: la *Dernière Maison d'Israël*. Il avait épousé entre-temps une belle jeune fille de dix-neuf ans, Clarissa Rogers, à qui il donna le titre de « reine Esther ».

Le couple prêcha sa doctrine millénariste et divulgua les visions extraordinaires de Jezréel à travers toute l'Amérique, réunissant des foules et se faisant des disciples. On finit par se fixer à Gillingham où on envisagea et commença la construction d'un temple capable d'abriter plusieurs milliers de personnes. Cette « maison d'Israël » était destinée aux 144 000 élus des derniers jours. Hélas! Jezréel ne devait pas voir l'avènement imminent du millénium : il mourut trop tôt et la reine Esther le suivit dans la tombe trois ans plus tard. La construction du temple fut abandonnée.

JOACHIM DE FLORE : (env. 1145-1202). Le plus célèbre de tous les *millénaristes* *. Moine cistercien, il fonda et devint abbé de l'abbaye de Flore à laquelle son nom est lié historiquement. Les auteurs profanes aiment à souligner que ses thèses millénaristes n'ont jamais figuré à l'*index* des ouvrages condamnés par Rome. Ce qui est sûr,

en tout cas, c'est que sa doctrine trithéiste d'une part, son livre l'*Évangile éternel* d'autre part furent condamnés respectivement par le concile général de Latran (1215) et par un concile d'Arles (1260). Joachim écrivit d'abord contre le *Livre des sentences* et accusa Pierre Lombard de distinguer numériquement et séparément la substance divine des trois personnes de la Trinité, ce qui faisait, disait-il, quatre dieux. Pour sa part, il pensait que les trois personnes ne faisaient qu'un seul être, étant à peine distinctes les unes des autres. C'était une hérésie, la Trinité n'étant composée ni de trois dieux ni de trois personnes qui ne seraient distinctes que nominalement; elle se définit, par-delà toutes les contradictions, comme « un seul Dieu en trois Personnes ». Le trithéisme de Joachim de Flore est aujourd'hui bien oublié; en revanche, le nom du moine cistercien est resté attaché à la tradition millénariste. S'il ne fut nullement le fondateur de cette doctrine, il en fut certainement l'initiateur le plus populaire. C'est dans son livre l'*Évangile éternel* (condamné en partie au concile d'Arles, en 1260), que ses disciples puisèrent l'argumentation structurée de leur futur « règne du Paraclet ».

Ils y découvrent quatre ternaires, c'est-à-dire trois états de l'homme, du temps, de la doctrine et enfin du mode de vie. Le premier ternaire, celui de l'homme, comprend trois états : celui des gens mariés qui correspond au règne du Père éternel ou de l'Ancien Testament; celui des clercs dont la correspondance est dans le Fils et la plénitude de sa grâce; celui des moines qui vivront l'esprit insufflé par la grâce du Saint-Esprit. Le temps et la doctrine se partagent l'Ancien Testament (le Père), le Nouveau (le Fils) et l'Évangile éternel (l'Esprit). Sous le règne du Père, disaient les *joachimites*, les hommes ont vécu selon la chair; sous le signe du Fils, ils ont vécu entre la chair et l'esprit; sous le troisième règne, celui du Paraclet, ils vivront entièrement selon l'esprit. Alors la vérité se montrera à découvert, les sacrements et tous les signes sensibles du culte cesseront d'exister. Les quatre ternaires s'imbriquent les uns dans les autres et expriment leur unité les uns par les autres.

Les thèses joachimites avaient pour prétention d'étayer philosophiquement les anciennes traditions millénaristes des premiers siècles de l'Église (voir *Millénarisme*).

JOVINIANISTES : Partisans de Jovinien (fin IVe, début Ve siècle). Jovinien avait mené longtemps une vie austère derrière les murs d'un cloître dirigé par saint Ambroise dont il avait été le disciple; rêvant de liberté et de plaisirs, il abandonna la vie monastique et se rendit à Rome où il se fit de nombreux sectateurs.

Il enseignait que l'abstinence et la sensualité étaient choses dépourvues d'importance réelle, que l'on pouvait en conséquence user en toute liberté des joies de la table ou du sexe, pourvu qu'on le fît avec action de grâces ; que la virginité n'était pas plus parfaite que le mariage. Il était faux, disait-il, que Marie fût demeurée vierge après l'enfantement car cela aurait fait de Jésus un être fantastique comme le croyaient les *manichéens* * et la plupart des gnostiques. Tous les péchés étaient égaux et le sacrement du baptême, s'il était conservé, les effaçait tous et prémunissait ceux qui l'avaient reçu contre les embûches du démon.

Prononcée par le pape Sirice, la condamnation de Jovinien fut confirmée par un concile que réunit saint Ambroise à Milan en 390.

JULIANA DE NORWICH : (1343-1443). Mystique anglaise hostile au dogme de la damnation éternelle tenue pour indigne de la miséricorde divine. Son livre : *Seize Révélations de l'Amour divin*, ne fut publié que deux siècles après sa mort (1670).

JUMPERS : Méthodistes gallois qui manifestaient leur allégresse mystique en sautant et en trépignant à la manière des *shakers* *, leurs homologues américains.

La Conception de l'Antéchrist, bois gravé de 1475

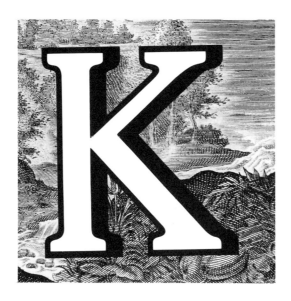

KANTIENS : Gnostiques orientaux décrits par T. Bar-Konaï. Ils disaient tenir leur doctrine d'Abel. Le plus connu de leurs prophètes, Battaï (Ve siècle), professait des idées manichéennes. Selon lui, deux principes se partagent le monde, mais, ayant attaqué les forces de la Lumière, celles des Ténèbres parvinrent à voler au Père de la Grandeur l'étincelle de vie. Ils en fabriquèrent un premier Adam qui fut aussitôt détruit et créé de nouveau par le Dieu bon.

KHLYSTIS : (Voir *Skoptsis*).

KOUKÉENS : Membres d'une autre secte gnostique du Proche-Orient (IVe siècle). Ils enseignaient que la « Mer de lumière » et la Terre étaient contemporaines à l'origine et plus anciennes que Dieu. Ce dernier naquit de la « Mer éveillée »; il tomba amoureux de son reflet dans l'eau et, lui donnant la vie, en fit sa compagne. Le couple engendra alors une multitude de dieux et de déesses, la « Mère de la vie » donnant ainsi naissance à soixante-dix mondes et douze éons. Dieu vit ensuite une statue inerte, sans vie et sans intelligence, et, avec l'aide de ses mondes, il l'anima. Or ce « grand Gourha » entra immédiatement en guerre contre le parti du Bien à qui il livra quarante-deux combats. Au cours de ces guerres apparurent tous les animaux et reptiles qui se multiplièrent sur la terre. Puis, toujours impénitent, le Gourha souilla la Mère de la vie en soufflant sur le sexe divin. Devenue impure durant sept jours, la Mère jeta dans la gueule du démon les sept vierges qui l'accompagnaient. Alors les dieux descendirent afin de sauver leurs compagnes. C'est ainsi que le Sauveur ne serait venu au monde que pour sauver sa fiancée (Sophia ?) engloutie par Gourha et livrée aux forces du Mal.

La secte n'eut que peu d'adhérents.

Luther prêchant contre les indulgences

LABADISTES : Membres d'une secte fondée au XVIIᵉ siècle par l'ancien jésuite Jean de Labadie (1610-1674). Labadie fut tour à tour jésuite, carme, ministre protestant à Montauban, puis en Hollande. Il mourut dans le Holstein en Allemagne. Sa doctrine était un amalgame d'idées *piétistes* *, *anabaptistes* *et *calvinistes* *, avec en plus un zeste de communisme religieux.

Les labadistes croyaient que Dieu peut et veut parfois tromper les hommes, les piégeant comme dans le cas, cité par l'Ancien Testament, d'Achab, à qui Dieu envoya un esprit de mensonge pour le séduire. Ils enseignaient que le Saint-Esprit agit directement sur les hommes et les guide dans les voies du salut sans qu'il soit nécessaire de recourir aux dogmes des Églises établies. Le baptême, qui est signe de régénération en Dieu, doit être de préférence administré aux adultes. Ils distinguaient deux Églises, celle, corrompue, qui avait existé jusqu'alors et celle des élus spirituels, la seule authentique, sur laquelle Jésus viendra régner pour une période de mille ans. L'Église labadiste attendait et préfigurait celle du millénium. Ils rejetaient l'observation du repos du dimanche, qui est facultatif et ne s'applique point à un jour particulier de la semaine. Ils niaient la présence réelle dans l'eucharistie, n'y voyant qu'une simple commémoration spirituelle. Enfin ils prônaient la vie contemplative, capable, selon eux, de remplacer les pratiques religieuses extérieures et les sacrements. Certains sectateurs· auraient en outre pratiqué la chasteté absolue, condamnant toutes les formes de relations sexuelles.

D'abord assez nombreux en France, les labadistes pourchassés par l'autorité royale s'enfuirent en Hollande, puis se fixèrent en grand nombre dans la région de Clèves. Après la mort de Labadie, beaucoup émigrèrent en Amérique, dans le Maryland, sous la conduite de Peter Sluyter, qui fut leur chef spirituel jusqu'à sa mort survenue en 1722.

LAMBETH, conférences de : Réunions organisées en son palais de Lambeth par l'archevêque de Canterbury et auxquelles participent des délégations d'évêques anglicans du monde entier.

LAMENNAIS Félicité Robert de : (1782-1854) et **LAMENNAISIANISME**. Théologien humaniste et socialisant français du XIXᵉ siècle, dont les idées et les livres firent scandale dans les milieux bien-pensants et cléricaux de la monarchie de Juillet et du Second Empire. Il naquit à Saint-Malo, en Bretagne, d'une famille profondément catholique (son frère fut prêtre comme lui). Félicité, « Féli » comme on l'appelait familièrement, devint prêtre en 1816. Caractère passionné et fougueux, il se fit d'abord remarquer par son orthodoxie et son ultramontanisme. Il n'en professait pas moins des idées très libérales et un certain socialisme. De 1817 à 1823 il avait rédigé puis publié son *Essai sur l'indifférence en matière de religion*, il avait ensuite fondé et animé le périodique *L'Avenir*, rassemblant autour de lui la jeunesse catholique libérale de l'époque.

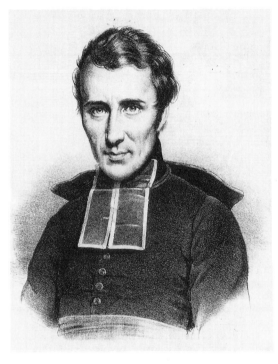

L'abbé de Lamennais

Dans son désir de convaincre, Lamennais commit l'erreur d'en appeler au sens commun pour essayer de prouver l'authenticité du message contenu dans la doctrine romaine. *Vox populi, vox dei,* tel était le fond de sa pensée. Une pensée trop pure et qui allait causer sa perte. Déjà dans l'*Essai* il avait tenté de démontrer la primauté de la raison collective ou du sens commun sur la raison individuelle, source d'erreur. « Le christianisme, écrivait-il, n'apporta point au monde une révélation nouvelle; il ne fit que développer la foi existante dans l'univers. » « Il ne naissait pas, il croissait. »

(Essai.) Ces idées furent développées dans *L'Avenir*. L'Église de France, imbue de gallicanisme, et la bourgeoisie au pouvoir, toutes deux plus ou moins muselées sous la Restauration, profitèrent de l'avènement de Louis-Philippe pour attaquer avec une vigueur accrue le prêtre « socialisant »; on multiplia contre lui les arguments spécieux, l'accusant de rejeter le principe même de la Révélation, de vouloir subordonner l'autorité de l'Église, qu'il prétendait défendre, à celle, ô combien dangereuse! du genre humain. On l'accusa de tous les péchés, on s'avisa de dénoncer ses prétendues intrigues amoureuses avec des femmes (dont George Sand) et, pourquoi pas, avec des homosexuels. Le pouvoir royal se fit à son tour le complice des détracteurs cléricaux, Lamennais fut pris en filature par la police. Ces tracasseries n'ayant point eu le résultat escompté, on se décida enfin à exercer des pressions sur le Saint-Siège auprès duquel on le dénonça; le pape Grégoire XVI le désavoua officiellement une première fois en 1832. La désillusion était de taille...

Félicité pourtant ne se tint pas pour battu, bien au contraire. Sa profonde déception et sans doute son orgueil blessé se conjuguèrent pour l'aider à relever le défi. Il se défendit et, pour mieux se défendre, il attaqua. Ni l'ultime et définitive condamnation pontificale (1834), ni l'emprisonnement à Sainte-Pélagie (dont il fera des « souvenirs »), rien ne put le réduire au silence. Les écrits succédèrent aux écrits : *Affaires de Rome, Le Livre du peuple,* les *Paroles d'un croyant,* etc. vinrent affirmer haut et clair sa conviction que la voix populaire, celle du genre humain, se confond avec celle de Dieu.

Ses livres proclament l'existence de Dieu, les lois de la Providence, la distinction entre le Bien et le Mal, l'immortalité de l'âme et la nécessité d'une récompense ou d'un châtiment sanctionnant par-delà la mort les œuvres accomplies ici-bas. Jusqu'ici rien que de très orthodoxe, mais Lamennais a désormais coupé les ponts avec l'Église. Il entrevoit une nouvelle forme de christianisme « ni catholique ni protestant », un christianisme du « genre humain ». Il est perdu pour l'Église, villipendé par ses amis d'autrefois, dénoncé. Lacordaire lui-même se met de la partie...

Parallèlement à ses recherches d'ordre théologique, Lamennais se livra à des activités politiques. Il fut élu représentant du peuple en 1848 et 1849. Il admira Proudhon et inspira plus d'un texte constitutionnel hors de France. L'Empire autoritaire de Napoléon III ne lui fut pas plus clément que ne l'avait été la royauté bourgeoise : lors de son enterrement au Père-Lachaise, les deux bataillons de soldats qui lui servirent de cortège funèbre ne furent pas détachés pour lui rendre les derniers honneurs, mais bien pour prévenir toute tentative de manifestation populaire. Il n'avait pas reçu les derniers sacrements, ses amis ayant interdit l'accès de sa chambre aux ecclésiastiques éventuels. Sa mort solitaire fut saluée par ses détracteurs comme le signe de la réprobation divine ; on s'en réjouit, pudiquement, comme il convient.

LAMPÉTIENS : Disciples de Lampétius au IVe siècle. Ils professaient une forme d'*arianisme* * mitigé et se distinguaient en répudiant tous les vœux religieux, et d'abord celui de l'obéissance.

LATITUDINAIRES : Théologiens anglais du XVIIe siècle dont la tolérance religieuse inspira au siècle suivant les animateurs de la Broad Church (voir *Anglicanisme* *). Les latitudinaires, parmi lesquels brillaient Cudworth, Henry More et Tillotson, cherchaient, par la grande latitude religieuse qu'ils admettaient chez les autres, à rétablir l'unité du christianisme, catholiques exclus. Ils souhaitaient pour l'Angleterre une seule Église nationale qui ne reconnaîtrait d'autorité absolue qu'à l'Écriture.

LAUD William : (1573-1645). Évêque de Londres, puis archevêque de Canterbury (1633), ce partisan de la High Church (voir *Anglicanisme* *) voua son existence à préserver l'héritage catholique de l'Église anglicane contre la fureur des puritains. Quand il tenta de rallier les Écossais à l'autorité épiscopale, il fut accusé par le Parlement de vouloir rétablir le catholicisme. Condamné, il mourut décapité à la Tour de Londres le 10 janvier 1645.

LEAD ou LEADE Jane : (1623-1704). Mystique anglaise née dans le Norfolk. Jeune fille, elle avait eu déjà des visions avant d'épouser son parent William Lead ; devenue veuve assez jeune, ses visions redoublèrent. Lectrice passionnée des œuvres de Jacob *Boehme* *, elle fut l'une des grandes animatrices de la Société philadelphienne, qui réunissait les *boehmistes* de Londres. Jane Lead publia plusieurs ouvrages dans lesquels elle relata ses visions.

LEE Ann : (1736-1784). (Voir *Shakers*).

LEGATE Bartholomew : (1575-1612). Ce marchand de tissus de l'Essex, en Angleterre, se fit prédicateur libre. Ayant émis des doutes sur la divinité de Jésus-Christ, il fut condamné et brûlé vif pour hérésie sous le règne du roi Jacques Ier.

LEVELLERS : (« niveleurs », en français). Partisans de John Lilburne pendant la guerre civile en Angleterre. Ils demandaient la séparation de l'Église et de l'État, et la tolérance et l'égalité pour toutes les tendances.

LIBERTINS : *Antinomistes* * du XVIe siècle, à qui on donna ce nom à cause de l'extrême liberté de leurs mœurs et de leurs croyances. Ils soutenaient qu'il n'y a qu'un seul esprit de Dieu répandu dans toutes les créatures ; telle est l'âme, qui meurt avec le corps. Le bien et le mal n'existent que par l'idée que l'on s'en fait, le paradis et l'enfer n'étant en conséquence qu'illusions. La religion n'est qu'une invention du pouvoir politique et n'a d'autre but que de maintenir les peuples dans l'obéissance. Le remords et la contrition empêchent la régénération spirituelle et sont attentatoires à la liberté.
Les sectaires avaient pour chefs un tailleur picard, nommé Quintin, et un certain Coffin, de Lille. Ils se répandirent en Hollande et dans le Brabant où ils furent pourchassés par les autorités religieuses et civiles.
On signale, dans ce même XVIe siècle, l'existence d'autres « libertins » qui se donnaient à eux-mêmes le titre enviable d'*hommes divinisés*. Ils refusaient tout gouvernement, soit religieux, soit séculier. *Anabaptistes* *, ils estimaient qu'ils devenaient impeccables sitôt le baptême reçu ; seule la chair péchait. Ils pratiquaient la communauté des femmes et défendaient à ces dernières d'obéir aux hommes étrangers à la secte. Ils se constituaient enfin, dans certains cas, en *unions spirituelles*, au terme de mariages contractés entre frère et sœur.
Enfin le nom de libertins était attribué par les théologiens du XVIIe siècle aux incroyants et à ceux que nous désignons aujourd'hui par le mot « libres penseurs ».

LOISY Alfred : (1857-1940). Prêtre et exégète français, né à Ambrières (Marne). Professeur de langues et d'exégèse biblique à l'Institut catholique de Paris, puis à la Sorbonne, ses théories modernistes le firent excommunier en 1908. Ses ouvrages eurent un grand retentissement, notamment son livre *L'Évangile et l'Église*, qui fut à l'origine de polémiques passionnées. Il enseigna au Collège de France de 1909 à 1927.

LOLLARDS : Hérétiques du XIVe et du XVe siècle, qui surgirent d'abord en Hollande et en Allemagne, puis en Angleterre. Ils formaient une branche des *beggards* * et des *fratricelles* * ou *frérots*. On a dit que leur nom leur venait d'un vieux mot hollandais signifiant « chanteur de psaumes », mais il a bien existé un nommé Walter Lollard ou Gauthier Lollard, qui commença à prêcher en 1315 et fut brûlé vif à Cologne en 1322.

Peut-être s'agissait-il d'un pseudonyme ? Il se fit un grand nombre de disciples en Bohême et en Autriche.

Lollard aurait été influencé par certaines des doctrines professées par les sectes qui prirent part à la guerre des Albigeois. Il enseignait que les démons, qui avaient été injustement chassés du ciel, y retrouveraient un jour leur place tandis que saint Michel et les autres anges, coupables de cette injustice, en seraient à leur tour chassés pour l'éternité. Ses disciples rejetaient la plupart des sacrements et des cérémonies de l'Église. Le baptême n'avait aucun effet, ni la justification par la confession ; la justification par Jésus-Christ était suffisante. Ils condamnaient les richesses de l'Église et dénonçaient la corruption des mœurs du clergé.

Dès la seconde moitié du XIVe siècle on retrouve des lollards en Angleterre où ils se confondent avec les partisans de *Wicliffe* *. Ils prennent part à la grande révolte paysanne de 1381. En 1396, puis en 1408, ils sont condamnés successivement par les conciles de Londres et d'Oxford présidés par l'archevêque de Canterbury, Thomas Arundel. Un grand nombre d'entre eux furent brûlés vifs sous les règnes des rois Henri IV et Henri V. Contraints au silence et à la clandestinité, les lollards anglais refirent surface sous la Réforme.

LOW CHURCH : (Voir *Anglicanisme*).

LOYSON CHARLES : (1827-1912). Prêtre et théologien français né à Orléans. Il fut tour à tour sulpicien, dominicain et carme, avant de rompre avec l'Église. Plus connu sous le nom de père Hyacinthe, ses homélies à la Madeleine et à Notre-Dame de Paris attiraient des foules venues l'entendre dénoncer les abus du clergé. Ses critiques lui valurent l'opposition des jésuites et il fut interdit de prédication en 1869. Indigné, le père Hyacinthe publia une lettre ouverte exigeant des réformes radicales dans l'Église. Il fut par la suite excommunié.

En 1872, Loyson épousa une Américaine et sept ans plus tard fonda une Église indépendante qui rejoignit ultérieurement l'Église *vieille-catholique* *.

LUCIANISTES : 1. Disciples de Lucianus ou Lucanus, hérétique du IIe siècle, lui-même disciple scissionniste de *Marcion* *. Il niait l'immortalité de l'âme, qu'il croyait matérielle.
2. Nom qu'adoptèrent les *ariens* *, qui prêtaient à saint Lucien, prêtre d'Antioche et martyr, des sentiments analogues aux leurs, touchant à la divinité du Verbe.

LUCIFÉRIENS et LUCIFÉRISTES : On donna le nom de lucifériens aux partisans de Lucifer, évêque de Cagliari en Sardaigne, au IVe siècle. On n'a reproché à cet évêque aucune erreur en matière de dogme ; il fut schismatique par haine des *ariens* *. Lucifer rejetait la décision du concile d'Alexandrie concernant le pardon des évêques qui s'étaient rétractés après s'être prononcés pour l'arianisme à Rimini. Enfin, offensé du refus que fit saint Eusèbe de Verceil d'approuver la nomination de Paulin, un « luciférien », au siège d'Antioche, Lucifer se sépara de l'Église. Il mourut dans son schisme. Un de ses successeurs, Hilaire, diacre de Rome, soutint que les ariens, ainsi que les autres hérétiques ou schismatiques, devaient être rebaptisés lorsqu'ils rentraient dans le sein de l'Église catholique.

Par ailleurs, on appelle *luciférisme* la doctrine selon laquelle Lucifer ne serait pas un ange déchu mais une sorte d'émissaire mandaté par Dieu, le « porteur de Lumière », comme son nom l'indique. Ce Lucifer personnifierait la lumière, la connaissance et la liberté retrouvée de l'âme jusque-là soumise aux embûches d'Adonaï ; le démiurge malfaisant.

Certaines sectes occultistes modernes se réclament du luciférisme.

LULLE : (Voir *Raymond Lulle*).

LUTHÉRANISME et LUTHER Martin : (1483-1546). Avec le *calvinisme* *, le luthéranisme est l'un des deux plus importants systèmes hérétiques qui se soient maintenus en progressant jusqu'à nos jours, et Martin Luther, son fondateur, fut sans contredit le plus considérable des hérésiarques de son temps. Il se dressa comme le promoteur exalté et inégalé de la Réforme qui allait rompre les digues qui, jusqu'à la fin du XVe siècle, avaient protégé l'Église de Rome contre le déferlement menaçant du raz de marée de la contestation. Placée dans le droit fil des tentatives antérieures des disciples fanatiques des Hus et des Savonarole, la révolte de Luther marque le prélude de la grande révolution qui, faute de parvenir à balayer totalement l'autorité romaine, ne l'en ébranla pas moins. Son exemple et le succès de sa démarche suscitèrent des hommes éminents comme Calvin, Cranmer ou Mélanchthon.

L'Allemagne était encore troublée par le flux des réfugiés de la guerre des hussites et par le prosélytisme ardent des *anabaptistes* * et des *Frères moraves* *, quand naquit à Eisleben, en Saxe, Martin Luther, dans une famille modeste de mineurs. Le jeune Martin était pauvre et l'on raconte que c'est grâce à la générosité d'une dame de qualité qu'il put poursuivre ses études et décrocher une licence à l'université d'Erfurt (1505). Sa voie était désormais tracée et il fut ordonné prêtre en 1507, puis devint moine augustin. Sans doute protégé déjà par l'électeur de Saxe, il accéda tout aussitôt au poste de professeur de théologie et de prédicateur à l'université de Wittenberg, dont ce prince était le fondateur. Il est certain que dès cette époque l'opposition entre la gratuité de la grâce divine et la pratique des œuvres hantait les pensées du jeune théologien. Il n'en gagna pas moins son titre de docteur en théologie en 1512 – le jury qui lui décerna ce titre était présidé par Carlostad, qui ensuite devint un de ses pires ennemis.

Auparavant, en 1511, le moine Luther avait été envoyé en mission à Rome. Les beautés architecturales de la Ville éternelle frappèrent moins son imagination que la dépravation, la corruption et la cupidité des milieux ecclésiastiques romains. C'est profondément indigné et le cœur ulcéré qu'il était rentré en Allemagne et avait repris ses activités de professeur et de prédicateur. L'éhonté trafic des indulgences l'avait particulièrement scandalisé. Justement, dans ces années-là, une véritable campagne avait été lancée par le pape pour obtenir de l'argent contre la remise des péchés. La publication des indulgences de Léon X pour l'achèvement de Saint-Pierre souleva un orage de protestations. L'archevêque de Mayence, commissaire apostolique, avait chargé de cette publication un dominicain du nom de Tetzel. Ce dernier étant venu prêcher à Wittenberg, Luther le prit violemment à partie, le traitant de « principal vendeur » du rachat des péchés. Une vive polémique s'ensuivit entre les deux hommes et Luther, provoqué à l'épreuve de l'eau et du feu, répondit à Tetzel : « Je me moque de tes braiements d'âne. Au lieu d'eau, je te conseille le jus de la treille, et, en place de feu, la fumée d'une oie rôtie ! » On savait parler en ces temps-là...

La querelle s'envenima. Luther ne connut plus de bornes et se laissa aller à ces truculents écarts de langage dont il avait le secret : il traita l'indulgence de « mômerie », ses contradicteurs ecclésiastiques de « minotaures », de « rhadamantaures » et de « cacotaures ». Enfin, le 31 octobre 1517, il fit placarder sur les murs de l'église de Tous-les-Saints de Wittenberg les quatre-vingt-quinze articles qui résumaient ses thèses contre la papauté. Le cardinal Cajetan, théologien de renom, le nonce Miltilz, d'autres prêtres ou prélats s'efforcèrent de lui faire signer une rétractation. Ce fut en vain. Luther discourait, prêchait, écrivait plus que jamais. Il s'attaqua aux dogmes après s'en être pris au scandale des indulgences.

La sanction ne se fit pas attendre, le pape publia une bulle (*Exurge*, 1520), qui condamnait comme hérétiques quarante et une propositions de Luther et ordonnait de brûler publiquement ses livres. On avait allumé à ces fins un bûcher à l'une des portes de Wittenberg; Luther s'y rendit. Il était vêtu avec solennité et portait la bulle qui le condamnait. Des disciples le suivaient, brandissant les décrétales des papes et les écrits des adversaires de Luther. Bulle, décrétales, écrits et réfutations furent jetés au feu tandis que le rebelle s'écriait : « Puisque tu t'es opposé au saint du Seigneur, deviens la proie du feu éternel ! » Le luthéranisme venait de naître et, dans la foulée, la Réforme...

Martin Luther, par Cranach

Toute l'Allemagne était en ébullition, la France, les Pays-Bas, l'Angleterre s'interrogeaient. L'empereur Charles Quint réunit la diète des princes à Worms, en Rhénanie, et somma Luther à comparaître (1521). Le moine rebelle s'y rendit et y fit sa célèbre profession de foi, refusa ensuite de se rétracter et, menacé de prise de corps, s'enfuit. Il fut mis au ban de l'Empire. Il trouva refuge en Saxe. Hors de danger, il reprit ses travaux et traduisit notamment la Bible en allemand. L'électeur, ne voulant rompre ni avec l'empereur ni avec le pape, avait fait « emprisonner » pour la forme Luther au vieux château de Wartburg où l'on montre encore la tache d'encre faite sur le mur de son cabinet par l'encrier que le solitaire aurait lancé à la tête du diable. À en croire ses biographes, Luther fut constamment hanté par des apparitions diaboliques.

Libéré et de retour enfin à Wittenberg, l'ancien moine y épousa en 1525 une ancienne religieuse : Katarina von Bora. Les vingt et un ans qui lui restaient à vivre furent consacrés au travail, à la tâche surtout de défendre et de compléter sa doctrine tout en réfutant ses ennemis catholiques et protestants. Il se prit de querelle avec plusieurs de ces derniers, parmi lesquels *Zwingle* * et *Carlostad* *.

Katarina von Bora

Ses ennemis ont beaucoup critiqué Luther au sujet de son mariage, lui prêtre, avec une religieuse. On a cru tout naturellement y découvrir la raison inavouée de ses affirmations contre le célibat du clergé et les vœux monastiques. Il est indéniable historiquement que l'exemple du maître incita prêtres, moines et nonnes à reprendre leur liberté et à rompre les vœux de célibat et de chasteté qu'ils avaient souscrits au sein de l'Église catholique. La querelle sur la question n'était-elle pas ouverte depuis des siècles ? Cependant les laïcs à leur tour se crurent autorisés parfois à rompre les liens matrimoniaux qui leur semblaient absurdes.

Le landgrave Philippe de Hesse obtint, dit-on, l'autorisation signée de Luther de prendre deux femmes. Les guerres et les troubles civils engendrèrent d'inévitables désordres. Mais il est juste de dire que Martin Luther lui-même se sentit souvent débordé par le raz de marée qu'il avait suscité ; il se désespère : « Moi qui ai donné le salut à tant d'autres, je ne puis me le donner à moi-même. » Il écrit à Mélanchthon : « J'ai presque perdu le Christ dans ces grandes vagues de désespoir où je suis comme enseveli. »

Encore qu'il se prétendît réprouvé, Luther ne jouit d'une relative tranquillité d'esprit qu'après la diète d'Augsbourg où ses amis, réunis, avaient présenté en 1530 une confession de foi dressée par Mélanchthon, avec l'accord du maître. La *Confession d'Augsbourg* était divisée en deux parties dont la première contenait vingt et un articles relatifs aux principaux points de la doctrine luthérienne. Hérétique aux yeux de Rome, elle faisait néanmoins la part belle à la tradition allemande. Il y était précisé que la nouvelle Église reconnaissait et approuvait les conclusions doctrinales des quatre principaux conciles concernant l'unité de Dieu et le mystère de la Trinité. Le péché originel était reconnu, il était dû à la concupiscence et au défaut de crainte de Dieu, au manque de confiance aussi en sa bonté. Les articles concernant la vie, la passion, la mort et la résurrection de Jésus-Christ étaient ceux contenus dans le symbole des Apôtres. Le thème de la justification portait bien la marque de la pensée luthérienne : l'homme ne peut être justifié par ses seules forces, ni par ses bonnes œuvres seulement, il ne l'est que par la foi et par les mérites de Jésus-Christ. De la même façon, il faut aux sacrements l'adjuvant décisif de la foi dans l'accomplissement des opérations du Saint-Esprit. Les sacrements n'en sont pas moins efficaces, même si ceux qui les administrent sont méchants. Toujours en matière de sacrements, et à l'opposé des anabaptistes si actifs en ces temps de feu et de sang, la *Confession d'Augsbourg* admettait la nécessité du baptême des enfants, l'absolution des péchés – mais pas l'usage de la confession privée – et repoussait la doctrine de la rémission des péchés par la seule pénitence et la pratique des bonnes œuvres ; elle reconnaissait la présence réelle de Jésus-Christ dans l'eucharistie, mais retenait la théorie de la *consubstantiation*, à l'inverse des catholiques qui tenaient pour celle de la *transsubstantiation*. D'autres articles insistaient sur la primauté de la foi et de la grâce, commandaient l'observation des fêtes et des cérémonies religieuses, la légitimité des autorités et des lois civiles, les liens (dissolubles pourtant) du mariage, la protection et le respect de la propriété privée, etc. La résurrection future, le jugement général, le paradis et l'enfer étaient reconnus et les erreurs des anabaptistes condamnées. Enfin la *Confession* défendait d'invoquer les saints parce que cette pratique tendait à déroger à la médiation du Christ. De même ne devait-on pas, théoriquement, prier pour le salut des morts; mais ces défenses furent loin d'être respectées par tous.

La deuxième partie de la *Confession* traitait seulement des règles liturgiques et des cérémonies en usage dans l'Église luthérienne. La communion sous les deux espèces était recommandée; les processions du saint sacrement interdites; l'utilisation de la langue vulgaire remplaçait celle du latin. L'obligation du célibat pour le clergé était abolie et les vœux monastiques dénoncés. Enfin, la suprématie du pouvoir civil sur la puissance ecclésiastique était implicitement affirmée.

La *Confession d'Augsbourg* fut mal reçue par l'empereur et les autorités catholiques. Elle fit l'objet de controverses et de réfutations de la part des théologiens les plus en renom. Aussitôt Mélanchthon la défendit et la commenta. Ces deux pièces capitales, la *Confession* et le commentaire de Mélanchthon, modifient quelque peu le système primitif établi par Luther, sur la question du libre arbitre, du mérite des œuvres, de la justification par la foi, sur l'absolution et la rémission des péchés et, implicitement, sur le purgatoire. Elles n'en furent pas moins adoptées par la majorité des luthériens de l'époque. Avec le *Petit Catéchisme* de Luther, ces livres restent fondamentaux.

*Cabinet de travail
de Martin Luther*

L'Europe était en plein bouleversement en ce XVIe siècle. La Renaissance, qui avait succédé au Moyen Âge obscurantiste et féodal, était à la fois gonflée de promesses et de menaces. Les anciennes valeurs s'écroulaient, qu'il fallait remplacer par de nouvelles. L'Église dont les abus étaient notoires, de plus en plus contestée, sentait le besoin de procéder à une profonde réforme intérieure. Elle sentait bien le poids négatif des privilèges exorbitants qu'elle s'était appropriés au fil des siècles; ses papes, ses prélats, ses abbés n'avaient pas eu encore le courage de procéder eux-mêmes à la réforme qui eût pu prévenir la révolution qu'on voyait venir. Et ce qui était vrai du pouvoir religieux l'était aussi du pouvoir séculier. Les peuples, jusqu'alors aveuglés par la superstition et les structures féodales de l'État, commençaient à découvrir une autre valeur : celle du nationalisme et de l'entité linguistique et géographique. En Allemagne, du temps de Luther, le pouvoir de l'empereur, roi d'Espagne, maître d'une partie de l'Italie, des Flandres et des Pays-Bas, était contestable et contesté. Il apparaissait comme étranger aux peuples, qu'ils fussent allemands, espagnols, italiens ou hollandais. Pour ce qui le concernait, l'Empire germanique n'était qu'une convention. Les peuples courbaient la tête sans réagir, les princes et les principicules ne subissaient plus le pouvoir impérial qu'avec impatience. Ce fut le génie de ces derniers de sentir dans la réforme luthérienne le levier qui allait permettre de libérer la vieille Allemagne, de secouer le joug latin et catholique et de le remplacer par l'autorité paternaliste des électeurs et landgraves du terroir. L'usage de la langue allemande à la place du latin dans la liturgie constituait en soi une révolution des mœurs. On était enfin allemand en pays allemand; la dictature morale, sociale et politique de la tradition « latine » était renversée, elle cédait la place à la tradition germanique. Les princes furent les premiers à comprendre l'importance de cette révolution et à la soutenir plus ou moins au grand jour.

Par tous les moyens, fussent-ils les plus détournés, électeurs et landgraves se dressaient contre l'autorité de Charles Quint et de ses successeurs « méridionaux ». La Réforme prêchée par Luther et ses disciples fut une victoire du Nord sur le Sud; elle fit la fortune des princes réfractaires du Nord. Elle renforça de même l'autorité des vieilles dynasties scandinaves. La Prusse, la Saxe, la majorité des États de l'Allemagne du Nord, le Danemark, la Norvège, la Suède, la Finlande et les pays Baltes devinrent des puissances protestantes.

Certes, dès avant la mort de Martin Luther, l'Église luthérienne s'était plus ou moins fractionnée, elle avait connu des scissions sous la direction de disciples désirant voler de leurs propres ailes. Mais en gros, soit que ces chapelles aient tout simplement disparu, soit que, sous l'impulsion de Mélanchthon et de certains autres dirigeants du mouvement, des adaptations nécessaires lui aient été apportées, le luthéranisme a vaincu l'obstacle de la division. Il est religion d'État dans plusieurs pays nordiques, religion majoritaire dans d'autres. Il a traversé les mers et, après les États-Unis, s'est fait une place dans les cinq continents. Fidèles, pasteurs et évêques luthériens sont aujourd'hui présents dans le monde entier. L'Église compterait près de 70 000 000 de membres, dont 53 000 000 en Europe, 9 000 000 en Amérique du Nord, 3 500 000 en Afrique, 3 500 000 en Asie, le reste se partageant entre pays d'Amérique latine et d'Océanie.

Le congrès de la Fédération luthérienne mondiale (L.W.F.) réunit les délégués d'une centaine de pays.

Hommes et femmes pneumatomaques au Caucase

MACÉDONIENS : Disciples de Macédonius au IVe siècle. Les macédoniens niaient la divinité du Saint-Esprit ; les Grecs les appelaient pour leur part *pneumatomaques* (ennemis de l'esprit) et *marathoniens,* à cause de Marathone, évêque de Nicomédie et l'un des membres éminents de la secte.

Macédonius avait été élu au siège de Constantinople avec l'aide des ariens (voir *Arianisme* *) en 342 ; las de ses violences contre les catholiques et les *novatiens* *, l'empereur Constance le fit déposer par un concile en 359. Constance passait pour favorable aux ariens et Macédonius se sentit trahi par ces derniers au même titre que par les catholiques. Il choisit de s'opposer aux deux tendances rivales : contre les ariens, il défendit le dogme de la divinité du Verbe ; contre les seconds, il enseigna que le Saint-Esprit n'est pas une personne divine, mais une créature plus parfaite que les autres. Il utilisa les arguments des catholiques contre les ariens et ceux des ariens contre les catholiques. Le Saint-Esprit des macédoniens ressemble à s'y méprendre au Fils des ariens.

Les sectateurs de Macédonius se répandirent assez rapidement dans les provinces de Thrace, de Bythinie et de l'Hellespont. Ils affichaient une grande austérité de mœurs et vivaient comme des moines. Ils eurent une grande influence dans les monastères. Pourchassés par Constance, ils retrouvèrent la liberté de prêcher publiquement sous Julien l'Apostat (empereur de 337 à 363). Jovien, catholique attaché aux dogmes proclamés à Nicée (325), leur refusa toute concession et Valens, son successeur, les poursuivit. Ils firent semblant de renoncer à leur hérésie, refusèrent soigneusement la discussion. Ils furent contraints néanmoins de prendre position lors du concile œcuménique de Constantinople, en 381, où ils avaient été convoqués par les soins de l'empereur Théodose le Grand (empereur de 379 à 395). Ils y refusèrent de signer le symbole de Nicée et furent condamnés comme hérétiques. Bannis de Constantinople, frappés de l'interdiction impériale de s'assembler, ils disparurent de la scène de l'histoire.

MALABARES : (Voir *Chrétiens de Saint-Thomas*).

MAMMILLAIRES : Petite secte qui apparut à Harlem, en Hollande, à une époque indéterminée, probablement vers la fin du XVe siècle, et disparut presque aussitôt. Elle prit son origine chez les *anabaptistes* * de la région. Un jeune homme, fort amoureux d'une jeune fille, entreprit de lui déclarer son amour en lui touchant les seins. Ce geste fit l'objet des graves délibérations du consistoire des anabaptistes d'Harlem et provoqua une division entre ceux qui condamnèrent l'audacieux jeune homme et ceux qui ne virent pas matière à excommunication dans une trop tendre caresse. La discussion dégénéra en querelle et les plus sévères des censeurs donnèrent aux plus tolérants le nom cocasse de mammillaires.

MANDÉENS : (de *mandaya* : « gnose »). Membres d'une petite communauté gnostique extra-chrétienne du Moyen-Orient. On les appelle aussi parfois *nazoréens, sabéens* ou encore, de façon erronée, *chrétiens de saint Jean*. L'intérêt que présente la secte, c'est qu'elle existe encore de nos jours. Fondée à une époque très reculée, elle se réclame de la prédication de Jean-Baptiste – quoique, selon toute probabilité, elle doit plutôt remonter au IIIe siècle de notre ère, ce qui n'est pas mal. Les mandéens possèdent une abondante littérature sacrée dont l'importance pour l'histoire des religions est considérable. Les plus connus de ces textes sont le *Ginzâ* (« Trésor »), le *Qolastâ* (« Quintessence »), le *Livre de Jean-Baptiste*. Les textes de ces gnostiques d'Iraq et d'Iran recoupent souvent les livres manichéens sans qu'on puisse dire laquelle des deux doctrines a influencé l'autre ou si, on est tenté de le croire, ils expriment une pensée commune puisée aux sources mazdéennes et babyloniennes. L'opposition du Bien et du Mal reste la clé de voûte du système mandéen ; elle est nettement tranchée. Les Ténèbres et la Lumière sont en lutte constante. *Malkâ denhûrâ rabba* est le roi de Lumière, qui connaît « la fin et le principe », et dont émanent plusieurs éons parmi lesquels *Manda d'Hayyé*, qui n'est rien d'autre que la gnose (*mandaya*) personnifiée (hypostasiée) et salvatrice.
À l'opposé du royaume de la Lumière, le livre *Ginzâ* énumère les forces des Ténèbres, qui sont *en bas, en dehors de la terre de Tibil, vers le sud*. Le maître des Ténèbres, sorte d'archidémon, règne sur « ces hurlantes ténèbres, sur cette opacité solitaire, qui ne connaît ni le principe ni la fin ». Il a sous ses ordres toute la turbulente et stupide gent des dews, démons, génies, esprits, liliths, esprits des temples, des chapelles, des latrines, des démons de l'apoplexie, des vampires et autres ombres malfaisantes. L'archidémon possède, très traditionnellement, un corps de serpent, des ailes d'aigle, des flancs de tortue et des « mains et des pieds de démon ». Il « va, rampe, glisse », comme son homologue manichéen.
Les mandéens se réclament de Jean-Baptiste,

comme on a dit ; peut-être à l'origine ont-ils fait le lien entre le Précurseur et la secte des esséniens ? Comme ces derniers, ils baptisent par immersion. Les femmes, en tout cas, peuvent accéder à la prêtrise.

MANGERONISTES : (Voir *Convulsionnistes*).

MANI et les MANICHÉENS : Nombreux sont les auteurs qui se refusent à inclure le manichéisme dans la vaste fresque du gnosticisme historique. On le traite séparément, comme une religion à part entière, une hérésie qui serait plus qu'une hérésie : un système religieux indépendant, parallèle au christianisme en train de s'édifier. Cette position peut sembler légitime en ce sens que le manichéisme primitif a beaucoup emprunté au mazdéisme, religion antique qui n'a de rapport avec la pensée chrétienne que très indirectement, par l'influence qu'elle a sans doute exercée sur le judaïsme au temps de la captivité de Babylone. Mani pourtant n'a jamais renié absolument ses anciennes attaches chrétiennes et il fait place à Jésus dans son système. Il y a du christianisme dans le manichéisme et les Pères ne s'y sont pas trompés qui ont vu dans cette doctrine si populaire une hérésie, la plus dangereuse de toutes celles que l'Église dut affronter avant la grande Réforme du XVIe siècle. Gnostique enfin, le manichéisme l'est bien par sa vision apocalyptique, nettement théosophique, du combat entre les forces de la Lumière et celles des Ténèbres. Une gnose à part, d'où la chute coupable d'un des éons du Plérôme divin est absente, où par contre l'opposition du Bien et du Mal est radicalement tranchée.
Par bien des aspects, le système de Mani rappelle la spéculation sans nuance des gnostiques de l'École syriaque, Satornil par exemple. Le récit de la Chute primordiale prémondaine est remplacée par celui de l'assaut mené par les forces des Ténèbres contre le cercle de la Lumière et par le rapt des nécessaires parcelles de lumière. Il est notable que le résultat sur le plan de l'anthropologie est le même, puisque ce viol a pour conséquence la création de l'homme doté d'une âme trine : pneumatique, psychique et hylique, comme dans tous les systèmes gnostiques. Le rôle attribué au Sauveur est ambigu et, pour ainsi dire, de caractère protohistorique. Jésus mythique est le serpent de la Genèse qui tenta Adam et, en lui révélant la connaissance du Bien et du Mal, le prémunit contre les embûches du dieu du Mal. En revanche, Jésus de Nazareth ne jouit pas d'une situation centrale comme dans les autres gnoses chrétiennes ; il n'est qu'un de ces « grands messagers », un avatar comme Mani lui-même déclarait

192

l'être. Mais l'eschatologie s'inscrit tout à fait dans la tradition gnostique.

Que le manichéisme ait perpétué vigoureusement le dualisme radical des mazdéens tardifs (Zoroastre était monothéiste) et des esséniens est un fait. Que par là il se soit distingué des autres systèmes gnostiques plus timides est tout aussi indéniable. Que la pensée manichéenne n'ait jamais cessé d'inquiéter l'Église jusque dans la seconde moitié du Moyen Âge, c'est ce que le catharisme et la croisade des albigeois nous démontre historiquement. Le manichéisme ne craignait pas d'attaquer le christianisme primitif et médiéval à visage découvert; il s'établit comme une Église parallèle et organisée qui, faute de parvenir à supplanter sa grande rivale catholique, parvint à absorber la plupart de ses rivales gnostiques, au point que, vers les VIᵉ et VIIᵉ siècles, au moment où le manichéisme va à son tour perdre de sa puissance et se perpétuer sous d'autres noms (pauliciens, baanites, bogomiles, etc.), les écoles gnostiques ont toutes disparu. Affaibli, remodelé, le dualisme manichéen, quant à lui, n'est pas tout à fait mort à Montségur, il s'est maintenu jusqu'à nos jours. Dans l'ombre des cercles initiatiques et de la maçonnerie occultiste notamment.

Le personnage de Mani est parvenu jusqu'à nous entouré de légende. Il a bien existé historiquement, il a bien prêché sa doctrine dualiste, il est bien mort de la main du bourreau en Perse, mais ses origines restent floues. Mani (ou Manès) serait né en l'an 240 à Ctésiphon, en Mésopotamie. Sa famille? Ses admirateurs le disaient Perse issu d'une famille de rois. Comme pour Jésus, fils de Marie, descendant de David, un ange se serait chargé d'annoncer sa naissance. D'autres, plus crédibles, le donnaient pour un esclave qu'aurait adopté une riche veuve chrétienne. La légende veut qu'il ait puisé sa doctrine dualiste dans les écrits d'un nommé Scythien et de son disciple Térébinthe ou Bouddhas (il eut toutefois un disciple de ce dernier nom). Lorsque le jeune Mani eut atteint sa douzième année, un ange (encore un), du nom de At-Taum (« le jumeau » : saint Thomas?) envoyé par le Roi de Lumière, l'initia à sa mission prophétique. Jusqu'au nom de Mani lui-même (le « joyau ») qui serait symbolique.

Mani était un savant. Il était à la fois astrologue, mathématicien, peintre et médecin. Selon certaines sources, il aurait été d'abord prêtre chrétien à Ahvaz, en Huzitide, et aurait défendu farouchement la religion chrétienne contre les juifs et les mages; ensuite, fortement influencé par la doctrine dualiste, il aurait commencé à prêcher sa propre doctrine. Banni de la communauté chrétienne, Mani aurait alors entrepris de nombreux voyages en Asie centrale, en Inde et jusqu'aux confins de la Chine. Il ne se fixa dans aucun de ces pays et revint en Perse à la Cour du roi Shâpûr Iᵉʳ (Sapor Iᵉʳ). Menacé de mort par ce monarque, le prophète s'enfuit et ne rentra en Perse qu'à la mort du roi Shâpûr et à l'avènement d'Hormidas, qui le protégeait. Mais Hormidas mourut à son tour et le roi Brahma Iᵉʳ (Varanes) le remplaça. À l'instigation des mages, le roi fit arrêter et condamner Mani. Ce dernier mourut en 277, crucifié, disent les uns, écorché vif et découpé en deux tronçons symboliques, affirment les autres. De ces faits légendaires les historiens chrétiens de l'époque ne reconnaissent que l'emprisonnement de Mani pour n'être point parvenu à guérir un fils de Shâpûr Iᵉʳ, sa fuite sur le territoire de l'Empire romain, son retour en Perse et sa condamnation à mort.

La disparition physique de Mani ne coupa pas les ailes au manichéisme, bien au contraire. Dès avant sa mort, le maître avait délégué ses disciples Thomas en Égypte et Addas (ou Bouddhas) dans le nord de la Perse. Lui-même avait tenté d'infiltrer les milieux chrétiens. Lors de la conférence des docteurs chrétiens à Cascar, en Mésopotamie, Mani adresse une lettre à Marcel et se pare du titre d'apôtre de Jésus-Christ. Mais il se donnait aussi pour le « Paraclet promis, mais non encore donné » à cause de la carence des douze Apôtres. Considéré par ses disciples comme cet « homme spirituel de saint Paul qui juge de tout et n'est jugé par personne » (I, Cor., II), il avait assuré la diffusion de sa doctrine en composant plusieurs livres : le *Traité de la vie,* le *Traité des mystères,* un *Abrégé de la doctrine,* un *Évangile* et peut-être cet *Épître du Fondement* que réfuta saint Augustin. Mais ne dit-on pas que ce Père lui-même appartint quelque temps, dans sa jeunesse, à la secte, plus de cent ans après la mort de Mani, ce qui démontre l'extraordinaire expansion du manichéisme?

Comme beaucoup d'hérétiques des premiers siècles, les gnostiques tout particulièrement, les manichéens rejetaient en bloc l'Ancien Testament, jugé indigne de Dieu et dont la morale était équivoque, et n'acceptaient du Nouveau que ce qui leur convenait. Ils rejetaient notamment le livre des Actes, la seconde épître de Pierre, celles de Jean, ainsi que l'Apocalypse. Même l'authenticité des Évangiles leur paraissait douteuse dans certains cas. En revanche, ils ne dédaignaient pas de s'inspirer de bribes philosophiques attribuées à des auteurs païens, pourvu que leurs idées cadrassent avec celles du maître Mani.

Nous l'avons dit, leur doctrine était résolument dualiste. Il est probable qu'avec le temps les successeurs de Mani et fondateurs de branches parallèles du manichéisme apportèrent des précisions, des retouches, voire des déviations à l'enseignement originel. Pour la vaincre et la conquérir, il fallait composer avec l'Église romaine. Le fondement dualiste de la pensée manichéenne n'en resta pas moins la base du système. Deux principes, l'un bon, l'autre mauvais, coéternels sinon tout à fait égaux en puissance, se partagent le monde. L'un est Lumière, l'autre est Ténèbre. L'un est principe spirituel, l'autre principe matériel. C'est le mouvement de la Ténèbre en direction de la Lumière, qu'elle veut absorber (appropriation des valeurs spirituelles par le matérialisme), qui sera à l'origine du déséquilibre opposant violemment les deux principes.

Dans son séjour éternel, le Dieu bon vit entouré de ses nombreux éons, émanés de sa propre substance lumineuse, issus sans doute des « douze membres de la Lumière ». Et chacun des éons est à la tête d'une myriade de puissances. S'agissant de la Trinité, saint Augustin rend témoignage à Fortunat, reconnaissant qu'ils ont l'un et l'autre la même croyance sur la consubstantialité des trois personnes divines. Pourtant Fortunat limitait au moment de la création la sortie du Verbe du sein du Père ; mais cette « première » création était prémondaine et sans doute coéternelle au Père. Le Père est au ciel, le Fils dans le soleil et la lune conjointement (sa vertu réside dans le premier et sa sagesse dans la seconde) et le Saint-Esprit est dans l'air. Jouxtant le royaume céleste de la Lumière, sur lequel règne donc en toute sérénité le Père de la grandeur, par-delà ses frontières, existe le royaume des Ténèbres. Prince et grand archonte des Ténèbres, un archidémon est le maître de ces régions ténébreuses. Le dieu du Mal est à la tête d'une multitude de démons émanés de sa propre essence ; ils se partagent, sous le gouvernement anarchique de cinq archontes principaux, les cinq sphères concentriques des ténèbres, des eaux fangeuses, des vents violents, du feu et de la sombre fumée. Ces démons, grands et petits, sont rusés mais stupides ; ils « ne connaissent ni le principe ni la fin » et ne savent s'exprimer entre eux qu'au moyen dérisoire de clignements d'yeux. Ce monde hostile du Mal n'a pas été créé par le Dieu bon. Il tient sa substance mauvaise de lui-même et reste totalement opposé au monde de la Lumière. La création du monde sensible, le nôtre, sera la conséquence de la lutte qui a opposé et qui continue d'opposer les deux royaumes.

Trois moments, trois époques ou étapes caractérisent la cosmogonie manichéenne : le *passé*, qui est l'origine de tout ; le *présent*, qui est l'état actuel et provisoire du monde ; l'*avenir* enfin, qui marquera la fin du monde. Nous portons le poids écrasant du passé, mais nous sommes riches, grâce à l'enseignement de Mani, des promesses de l'avenir. Dans le passé, le grand archonte des Ténèbres et ses hiérarchies archontiques, en perpétuelle guerre intestine, s'unirent enfin dès qu'ils eurent découvert l'existence du royaume de la Lumière. Ils furent emplis de cupidité et décidèrent d'en faire la conquête. Ils s'élancèrent et atteignirent ses frontières dans un assaut furieux. Le Dieu bon, qui dans son omniscience connaissait l'existence du royaume adverse, était trop pur pour combattre directement les démons. Il dut se couvrir au moyen d'émanations successives. Tout d'abord il émana la « Mère de la vie », qu'il porta sur les limites des cieux, mais, trop pure elle-même, cette « Vertu » procréa le Premier Homme, sorte d'*Anthropos* gnostique qu'elle enveloppa du voile des cinq éléments *purs* : l'air, le bon vent, la lumière, l'eau et le feu, antitypes des cinq éléments *impurs* du monde des Ténèbres.

Dès qu'il leur apparut, les démons se jetèrent sur l'Homme primordial et parvinrent à lui voler des parcelles de lumière. Cet Anthropos, ce Fils allait succomber quand le Père lui envoya l'Esprit vivant. L'Homme céleste parvint, grâce à cette aide, à échapper aux forces des Ténèbres. Cependant, une partie de la substance lumineuse des cinq éléments purs est restée engagée dans la matière. Elle constitue la part spirituelle et pneumatique de notre monde du mélange. Mais la majeure partie de la lumière descendue dans le monde a été récupérée ; elle a servi à fabriquer le Soleil et la Lune, territoires où l'Homme primordial s'est retiré, prêt à porter secours aux âmes restées prisonnières ici-bas. C'est à la suite de ces péripéties qu'est apparu le temps présent, ce « temps suspendu » dans lequel nous vivons.

Le Soleil attire à lui les âmes lumineuses restées dans la matière. Il convenait de les retenir et c'est pourquoi les archontes entreprirent de les prendre au piège en formant Adam à l'image même du Premier Homme. Ils animèrent ce corps avec la lumière qu'ils avaient dérobée. Ainsi Adam eut une âme pneumatique, mais il ne le savait pas. Le fruit de l'arbre du jardin aurait pu lui révéler sa vraie nature, mais l'archidémon lui avait défendu d'en manger. L'Homme dans le Soleil suscita alors Jésus, qui, sous l'aspect du serpent, incita Adam à goûter du fruit défendu, dissipant ainsi son aveuglement. Furieux, l'archidémon créa Ève et l'envoya à Adam afin de le tenter dans sa chair. Et depuis cette époque l'homme terrestre procrée et perpétue ainsi l'emprisonnement de la lumière dans les rets de la chair.

La faute d'Adam ne mit pas un frein à la méchanceté des démons. Le roi des Ténèbres et ses archontes se sentirent à leur tour épris d'un grand désir charnel pour Ève ; ils en abusèrent aussitôt et

Caïn et Abel furent les fruits de leurs amours démoniaques – seul Seth fut le fils authentique d'Adam. C'est ainsi qu'à travers les millénaires et les siècles deux généalogies d'hommes coexistent sur la terre : celle, hylique et démoniaque, des descendants de Caïn (Abel est mort sans postérité) et celle, élue, des petits-enfants de Seth. Mais ces deux postérités se sont mêlées, et la tâche des hommes justes consiste à récupérer pour le compte de l'Homme primordial les parcelles de lumière éparses dans le monde.

Les manichéens croyaient à la présence dans l'homme de deux âmes : pneumatique et hylique. Opposées, elles ne se réconcilient que pour former une troisième entité : l'âme psychique. Cela pour les hommes ordinaires. Mais le Christ, quant à lui, échappa à la dualité esprit-matière. Mani était franchement *docétiste** au début : « À Dieu ne plaise, répond-il à Archelaüs, que je confesse que Notre-Seigneur a passé par le sein d'une femme. » Le « corps » du Christ n'avait été qu'une « ombre » qui n'avait jamais souffert et n'avait été crucifiée qu'en apparence. Plus tard, le prophète semble avoir adopté une autre conception de la nature de Jésus : comme Noé, Abraham, Bouddha, Jésus avait succédé à d'autres « messagers » et précédé Mani lui-même.

Le rôle de ces grands messagers (et des élus) consiste à aider les âmes à se libérer des liens de la matière opaque. Cette libération obtenue sur la terre, les âmes (les particules de lumière éparpillées dans le monde) gagnent les régions du Soleil et de la Lune où elles sont définitivement purifiées. Cette dernière étape accomplie, elles rejoignent enfin la « Colonne de gloire », qui correspond à la voie lactée.

L'eschatologie manichéenne n'a rien à envier à celle des gnostiques d'Égypte et de Syrie. Lorsque toute la lumière éparse dans la matière aura été réintégrée en haut, alors surviendra la fin du monde. Ce sera l'avènement du troisième moment. Durant mille quatre cent soixante-huit ans, un terrible incendie embrasera la Terre, sans la consumer toutefois. Au terme de cette conflagration cosmique, la Terre, complètement dépourvue de lumière, de spiritualité et de vie, sera réduite à l'état de *bôlos* mort. Et autour de ce bôlos desséché, les âmes non purifiées formeront un écran éternel destiné à séparer hermétiquement les deux royaumes de la Lumière et des Ténèbres. L'équilibre primordial ainsi restitué et renforcé permettra au Dieu bon de régner en paix dans sa gloire et toute sa puissance.

Les manichéens n'avaient ni églises, ni autels, ni

Adam et Ève, Le Livre des merveilles *de Marco Polo*

sacrifices. Ils pratiquaient une sorte de culte au Soleil, à la Lune et aux astres, soit parce que ces corps cosmiques étaient formés de la substance divine, soit plutôt parce qu'ils étaient le séjour de Jésus-Christ (l'Homme primordial) et des âmes purifiées. Saint Augustin dit qu'ils priaient le visage tourné vers le Soleil, qu'ils jeûnaient le dimanche en l'honneur de cet astre, et le lundi afin d'honorer la Lune à son tour. Le baptême avait un caractère initiatique et l'eucharistie était célébrée sous la seule espèce du pain, particularité qui les fit découvrir à Rome, lors des persécutions orga-

Saint Augustin

nisées contre eux. Saint Augustin prétend que leurs élus utilisaient pour la communion une figue *semi humano conspersam...*

L'Église manichéenne était hiérarchisée : elle avait à sa tête douze maîtres, choisis parmi les élus. Un chef suprême présidait l'assemblée des douze. Venaient ensuite soixante-douze évêques, des prêtres et des diacres. Il semble cependant que l'existence et la composition de cette hiérarchie n'aient pas été très clairement établies. Comme toutes les sociétés initiatiques, le manichéisme historique a vraisemblablement possédé son « cercle intérieur » et sa doctrine ésotérique réservée aux seuls élus. L'Église comportait en effet deux classes de membres : les élus et les auditeurs. Les premiers vivaient en véritables ascètes, prati-

quaient la chasteté, étaient végétariens et s'engageaient à renoncer à la propriété des biens matériels. Ces élus étaient aussi appelés *cathartistes* purifiés. Pour leur part, les auditeurs restaient dans le monde, pouvaient se marier et vivre à peu près à leur guise (bien qu'ils fussent tenus à ne point manger de viande). Ils subvenaient aux besoins des élus.

Dès son apparition, le manichéisme fut en butte aux persécutions. On supplicia ses fidèles, on les dépouilla de leurs biens. Ils furent bannis officiellement de l'Empire romain de 285 à 491. Ils n'en essaimèrent pas moins en Afrique et dans tout l'Orient, profitant de-ci, de-là de rémissions : en 491, la mère de l'empereur Anastase, qui était manichéenne, obtint pour eux la liberté religieuse en Orient ; au VIIᵉ siècle, sous le nom de *pauliciens**, ils connurent un nouveau sursis. Mais en l'an 841 l'impératrice Théodora en fit périr plus de cent mille dans les supplices. Des schismes et des divisions minaient le manichéisme en tant que tel. Les *bogomiles**, les *cathares** prirent la suite, avec les conséquences historiques que l'on sait.

MANIFESTAIRES : Membres d'une petite secte d'*anabaptistes** prussiens du XVᵉ-XVIᵉ siècle. Ils professaient que c'était un crime de nier leur appartenance au mouvement anabaptiste, quand ils étaient interrogés à ce sujet. Ceux qui, au contraire, entendaient cacher leurs opinions religieuses étaient désignés du nom de *clanculaires**.

MAP et MAPAH : L'apparition de sectes parareligieuses nouvelles n'est nullement l'apanage de ce XXᵉ siècle finissant ; le phénomène est cyclique, chaque époque historique troublée n'a pas ménagé à la société sa provende de chapelles et d'églises, d'associations mystico-politiques aux destinées plus ou moins longues, plus ou moins assurées. Et chacune de ces formations aux allures étranges exprime la préoccupation dominante du moment historique qui l'a vu apparaître. Tant en Amérique qu'en Europe, la première moitié du XIXᵉ siècle fut le temps chaud du socialisme humaniste et idéaliste. La France postrévolutionnaire et prérépublicaine des années 1830-1870 n'échappe pas à la règle. On entreprend de définir les contours d'un monde plus juste, mais on s'efforce en même temps d'y ménager la place de Dieu et de l'idéal mystique. P.J.B. Buchez jette les bases du socialisme chrétien et Lamennais proclame le caractère divin de la *vox populi*. Dieu, la liberté, l'égalité et la fraternité se tiennent par la main et les sectes abondent. Ce nouvel engouement a suscité, un siècle plus tard, l'intérêt des historiens et c'est en nous inspirant de l'excellente étude qu'Auguste Viatte a consacrée aux illuminés de ces années généreuses que nous avons résumé l'étrange doctrine des *fusionnistes* du MAP et du MAPAH (cf. A. Viatte, *Victor Hugo et les illuminés de son temps*, Paris).

Mère, Amour, Père : les initiales de ces trois mots clés sont réunies pour donner le nom mystérieux de MAP. Le fondateur de la « religion fusionnienne », vers 1845-1864, l'ancien marin Louis de Tourreil fait remarquer que ce curieux MAP est d'ailleurs inscrit dans les lignes de la main. Ça n'est pas pour rien ! De Tourreil se donnait modestement pour un nouveau Messie (après Moïse, Jésus et Mahomet) chargé d'annoncer l'ère nouvelle et le *fusionnisme*. Cette doctrine rénovée n'était rien d'autre que la « religion du Saint-Esprit », dont l'année 1845 devint l'an I. Vieille doctrine que celle de la « fusion »; elle avait existé depuis toujours, sous un autre vocable; elle consiste dans l'interpénétration intime de l'esprit et de la matière, avec l'Amour pour terme médiateur. La fusion existe du haut en bas de l'échelle des êtres. La Trinité divine en est le parfait prototype : elle s'exprime par les noms du Père (esprit), du Fils (amour médiateur) et de la Mère (matière). Ce MAP suprême engendre un démiurge androgyne : le « grand Èvadam » (Ève-Adam).

Les fusionnistes croyaient à la transmigration des âmes, chaque renaissance constituant une étape vers la réintégration finale. Mais les âmes pouvaient aussi bien, selon leurs mérites, renaître dans des corps humains ou dans des corps animaux; c'est pourquoi les sectaires s'abstenaient de manger de la viande. En revanche, à l'inverse des gnostiques et de *manichéens* *, ils préconisaient l'amour libre et la procréation. L'union sexuelle, disaient-ils, avait pour effet de reconstituer l'androgyne èvadamique. Quant à l'Église, elle prendra avec son triomphe final une forme théocratique. Les nations seront remplacées par des « cercles », divisés en « polyâmes ». Enfin, à la fin des temps, le grand Èvadam reconstitué régnera sur la « société des dieux », composée sans doute des âmes des justes.

Le fondateur de la Nouvelle Alliance, Ganneau, était moins timoré que de Tourreil. Il ne se donne pas pour un simple envoyé de Dieu, voire un messie : il est le MAPAH (MAman-PApa) soi-même. En l'an I de l'ère Èvadam (1838), il proclame qu'il est le Christ-Époux et Marie-Épouse réunis. En lui « Marie-Ève, unité génésiaque femelle, et Christ-Adam, unité génésiaque mâle se réunissent sous le nom androgyne Èvadam ». La proclamation de son glorieux avènement est datée « de notre grabat, en notre ville de Paris, la grande Éda de la terre, le premier jour de l'an Ier de l'ère Èvadam, de notre âge la 33e année, le MAPAH ».

Avec l'aide de son disciple Caillaux, Ganneau met au point un théocosmogonie exaltante. Au commencement tous les hommes n'étaient qu'un seul Adam et toutes les femmes une seule Ève et le couple Évadam régnait sur l'Univers. Tout cela était assez monotone, c'est pourquoi se produisit une chute, par laquelle l'homme est contraint aujourd'hui de reconstituer le modèle primitif. Dieu cependant a désigné la femme pour être le moteur de la réintégration et c'est pourquoi le temps est proche où elle devra enfanter le Messie promis. La femme incarne la Liberté à venir comme elle a incarné autrefois Ève et Marie. Nous devons épouser la Liberté pour accomplir la réintégration de l'Évadam primitif. Tout d'ailleurs est symbole dans le mouvement libérateur des peuples; l'arbre de l'Éden se retrouve dans ces « arbres de la Liberté » que la Révolution a mis en terre un peu partout sur le sol de France. Symboles encore que Jésus et... Napoléon : ils s'identifient à Abel et à Caïn. Jésus est le Christ-Abel, Napoléon le Christ-Caïn. Et depuis Waterloo, le branle est donné : on revient à l'unité primordiale. Il fallait y penser !

Les disciples du MAPAH étaient féministes et socialistes. Ils entendaient lutter pour la libéralisation de la condition féminine et pour celle de tous les « parias », ces forçats, ces prostituées, ces misérables opprimés par la société bourgeoise. Ils rejetaient la notion injuste et inégalitaire de l'élitisme, car, disaient-ils, « tous sont appelés et tous sont élus ». L'épouse du peintre Chazal, la grand-mère maternelle de Paul Gauguin, la célèbre Flora Tristan, compta parmi les plus connus des disciples de Ganneau.

Flora Tristan

MARATHONIENS : (Voir *Macédoniens*).

MARCIONITES : Gnostiques dualistes du IIᵉ siècle, disciples de Marcion. Marcion naquit vers l'an 100 à Sinope ; son père était le saint évêque de la province de Pont (en Turquie actuelle). Au début de sa vie, Marcion mena une existence ascétique et pieuse et aurait sans doute succédé à son père s'il n'avait été ensuite excommunié par ce dernier et chassé de la province. Il se serait rendu coupable, selon certains, d'avoir débauché une vierge, plus probablement d'avoir commis l'erreur de professer publiquement une doctrine incompatible avec celle de l'Église chrétienne.

Il voyagea en Asie avant de se rendre à Rome en 145. Il avait rencontré auparavant un autre docteur gnostique du nom de *Cerdon* *, qui d'ailleurs le renia. De graves démêlés avec l'Église romaine ne tardèrent pas à éclater. Marcion s'appuyait sur les paroles du Christ : « on ne met pas une pièce neuve dans une vieille étoffe, ni du vin nouveau dans une outre usée » (Luc, V, 36) ou encore « un bon arbre ne donne pas de mauvais fruits, pas plus qu'un mauvais arbre un bon fruit » (Luc, VI, 43). Or il existait de bons arbres et bon nombre de mauvais fruits. Il y avait donc deux dieux : un Dieu de rigueur, cruel et jaloux, celui de l'Ancien Testament ; et un Dieu bon, celui de l'Évangile qu'avait annoncé Jésus. Marcion refusait de confondre ces deux principes, selon lui opposés radicalement.

Marcion était un savant. Il se livra à une étude approfondie de l'Ancien Testament, entendant le citer dans son sens littéral. Il tenait pour tendancieuses les interprétations que donnait l'Église de ces textes hébraïques. Il s'acharna à démontrer que la Bible est farcie de cruautés, d'actes immoraux, de vengeances, de crimes accomplis au nom d'un Dieu qui n'était que rigueur et jalousie. En revanche, il se complut à montrer combien le Dieu révélé par Jésus était miséricordieux, bon et paternel. Il était évident, prêchait Marcion, qu'il ne pouvait en aucun cas s'agir du même Dieu ; il n'y avait aucune identité de personne entre le cruel Jéhovah des Hébreux et le Dieu du Christ. La doctrine marcionite consistait donc à annoncer l'avènement du Dieu bon manifesté par Jésus-Christ.

Cette prédication connut un grand succès dans le monde chrétien, l'hostilité de l'Église romaine n'y pouvant guère. Du temps d'Épiphane, au début du Vᵉ siècle, elle était répandue dans l'Italie, l'Égypte, la Palestine, l'Arabie et jusqu'en Perse où elle finit par se confondre avec le *manichéisme* *. Tout permet de croire toutefois qu'entre le IIᵉ siècle durant lequel Marcion vécut et le Vᵉ où l'hérésie fut réfutée par Épiphane, Tertullien et d'autres, la doctrine avait considérablement évolué, passant du simple dualisme au gnosticisme le plus caractéristique. L'Arménien Eznik de Kolb en parle comme d'une gnose assez compliquée.

À l'en croire, les marcionites ne se contentaient pas d'opposer les deux Dieux et les deux Testaments, ils faisaient évoluer les deux personnages divins dans un univers agrandi comprenant trois « cieux » et trois principes. Reprenant l'affirmation du fondateur de la secte, ils expliquaient que le Dieu bon était resté tout à fait inconnu avant la révélation de Jésus. Ce Dieu mystérieux siège dans le « troisième ciel », tandis que le Dieu « juste » de l'Ancien Testament occupe le « second ciel ». Ces deux personnages divins constituent les deux premiers principes ; le troisième principe, la matière, s'est associé avec le Dieu « juste » pour créer notre monde imparfait. C'est donc par le biais de la matière qu'Adam et sa généalogie (nous-mêmes) connaissent l'existence du Dieu de l'Ancienne Loi. Mais la matière est un principe de mensonge, elle a suscité de faux dieux que les descendants d'Adam ont adoré, péchant ainsi contre le Dieu de rigueur. C'est pourquoi toute la généalogie fut précipitée en enfer. Alors le Dieu inconnu, le Dieu bon, apitoyé, envoya son Fils qui descendit aux enfers, délivra les âmes des justes et les conduisit au troisième ciel. Il laissa néanmoins en enfer ceux des élus de l'Ancienne Loi qui avaient servi le Dieu de la Genèse. Par contre, Caïn et ses descendants les sodomites, les Égyptiens que le Créateur Jéhovah avait si sévèrement punis, tous les ennemis du Dieu « juste » furent emmenés au ciel. On retrouve dans cette circonstance la doctrine des premiers gnostiques *caïnites* *.

Exaspéré par ce camouflet, le Dieu « juste » déchira en deux morceaux le voile du Temple et « cacha le Soleil dans les ténèbres ». C'est à cause de cette calamité que Jésus dut descendre de nouveau. Il se fit connaître du Dieu juste, le créateur de cette forme humaine que le Christ avait dû emprunter. Un partage fut conclu : le Dieu bon a pris sous sa juridiction les chrétiens, le Créateur (Jéhovah) reste le dieu des juifs et le Méchant (la matière) règne sur les païens. Quant à Jésus, il instruisit Paul et l'envoya prêcher le salut sur toute la terre.

Les marcionites disposaient de précisions sur la création : il y en avait eu deux. C'était le Dieu bon qui avait été l'auteur du monde céleste invisible, immatériel et pur. Le Dieu juste, l'Élohim de la Genèse, avait fabriqué le monde sensible inférieur. Après avoir vaincu le Méchant (la matière), il créa son propre ciel avec les parcelles les plus subtiles de la matière ; puis il fit le paradis terrestre et d'une partie de cette terre privilégiée il fabriqua Adam qu'il dota ensuite d'une âme empruntée à sa propre substance. Ces choses accomplies, le Dieu de la Genèse partagea ce qui restait de matière en deux parts ; de la première il modela le monde visible ; de l'autre, le résidu le plus lourd, il fit l'enfer et y exila le Méchant. Quant au brûlant problème de l'incarnation de Jésus-Christ, il ne se posait pas pour les disciples de Marcion. Ils étaient radicalement *docétistes* * ; Jésus, pour eux, n'avait été qu'une sorte de fantôme – et c'est pourquoi ils rejetaient le sacrement de l'eucharistie. Il n'y avait jamais eu ni chair ni sang du Sauveur.

Les marcionites pratiquaient tous les autres sacrements. Toutefois, par haine de l'Ancienne Loi, ils jeûnaient le jour du sabbat, condamnaient le mariage, l'usage de la viande dans leur alimentation, etc. Leur mépris de la chair (la matière) était tel qu'on dit qu'ils s'offraient d'eux-mêmes au martyre afin d'être libérés de la prison du corps. Quant au baptême, ils n'y voyaient qu'un moyen de purification et s'y soumettaient plusieurs fois au cours de leur vie.

Les marcionites disparurent en tant que secte autonome vers la fin du Ve siècle ; ils se réunirent aux *manichéens* *.

MARCOSIENS : Sectateurs du système gnostique de Marcos (ou Marc), au IIe siècle. Marcos était sans doute d'origine orientale et enseigna surtout en Asie Mineure – mais saint Irénée de Lyon a connu des marcosiens en Gaule. Marcos aurait commencé par être l'un des disciples de Valentin (voir *Valentiniens*), puis il enseigna sa propre doctrine, très influencée par l'alphabet grec. Il aurait reçu une révélation directe lorsque la *tétraktys* primordiale lui apparut sous la forme de *Sigé* (le silence). Il lui fut alors donné d'entendre et de voir *Alêtheia* (la vérité) toute nue, en personne. C'est de la bouche d'Alêthéia qu'il apprit la puissance du Verbe.

Le Verbe et, par ricochet, l'alphabet grec et les nombres correspondants furent érigés en clés pour le décryptage des Écritures et de la gnose. C'est ainsi que Marcos expliquait l'origine de Jésus : « Quant à Jésus, voici son origine ineffable : de la première Tétrade, Mère de tout, est sortie à la manière d'une fille une deuxième Tétrade ; ainsi fut formée l'Ogdoade, de laquelle sortit la Décade. Ce fut l'origine du nombre dix-huit. La Décade donc, étant venue se joindre à l'Ogdoade et l'ayant multipliée par dix, engendra le nombre quatre-vingts ; et le nombre quatre-vingts multiplié à nouveau par dix, produisit le nombre huit cents, en sorte que le total des lettres en allant de l'Ogdoade à la Décade est de 8, 80, 800, ce qui est Jésus, car le nom de Jésus a pour valeur numérique 888. L'alphabet grec, également, a huit unités, huit dizaines et huit centaines, c'est-à-dire qu'il est Jésus, qui se compose de tous les nombres. » Ce goût des lettres de l'alphabet et des nombres était d'ailleurs commun à beaucoup de docteurs gnostiques, qui en outre les amalgamaient avec les chiffres et les rythmes de l'astrologie traditionnelle.

Valentinien d'origine, Marcos est résolument gnostique, sa théogonie et sa cosmogonie en font foi. À l'origine de tout, l'*Apatôr,* le Père inengendré, prononça un mot et ce mot devint le Logos. Ensuite apparut la cascade des éons, la chute du dernier d'entre eux et le surgissement du démiurge qui fabrique le monde à l'image erronée qu'il se fait du monde supérieur. Créature issue du mélange, l'homme était doté d'une âme triple : pneumatique, psychique et hylique.

La rédemption et la réintégration en haut de l'âme pneumatique étaient à la base des rites initiatiques des marcosiens. Saint Irénée s'efforce de les décrire *(Adv. Heres.)* comme des parodies de sacrements. Le baptême d'eau apparaissait comme insuffisant et n'ayant qu'un effet psychique ; il devait être complété par le baptême dans l'esprit. Ce rite était administré au nom du « Père inconnaissable du Tout, dans la vérité de la Mère du Tout, dans celui qui est descendu en Jésus, dans l'union, la rédemption et la communion des puissances » (Irénée, I, XXI, 3). Une « chambre nuptiale » était utilisée et des formules de « consommation » étaient prononcées afin d'accomplir le « mariage pneumatique », censé répéter l'union des *syzygies* de l'éontologie gnostique. Le nom sacré de *Iao* était invoqué et le parfait oint d'huile de baume, parce que « cette onction était censée émettre une odeur semblable à celle qui flotte sur l'univers ».

Un autre rite, sorte d'eucharistie initiatique, était donné aux hommes comme aux femmes. Du vin coupé était placé dans trois coupes de verre blanc. La mixture était ensuite versée dans un calice dans lequel, par quelque subterfuge, le vin renouvelé se mettait à bouillir, puis à déborder sous l'aspect du sang dès que les paroles sacramentales avaient été prononcées. Ce « miracle » provoquait le don de prophétie.

Au moment de la mort enfin, l'adepte recevait une sorte d'extrême-onction d'huile, de baume et d'eau. Par ce rite, l'âme du mort échappait aux pièges des archontes et des puissances. Des invocations spéciales étaient récitées, qui étaient destinées à frapper d'épouvante le démiurge et ses anges. Le corps restait sur la terre, l'âme psychique était abandonnée au démiurge et l'âme pneumatique poursuivait son ascension vers Sophia, la Mère-Sagesse.

MARGUILLISTES : (Voir *Convulsionnistes*).

MARIAVITES : (Voir *Vieille-Catholique, Église*).

MARTINISTES : Disciples du théosophe français Louis Claude de *Saint-Martin* *. Contrairement à ce qui a été souvent écrit, Saint-Martin ne fonda jamais ni secte ni ordre initiatique. Par la puissance de sa pensée, il se fit de nombreux disciples parmi les maçons occultistes de son temps et contribua à faire connaître le système de Jacob Boehme, qu'il traduisit. Au siècle dernier cependant, plus de quatre-vingts ans après la mort du théosophe, un groupe d'« hommes de désir », comme aimait à dire le maître, réunis autour du célèbre Papus, créa un « ordre martiniste » à caractère initiatique et secret. L'ordre s'allia intimement avec une résurgence du *martinésisme* et des élus-cohens fondés au XVIIIe siècle par Martines de Pasqually. Ces deux cercles initiatiques existent toujours. Ils n'ont rien de religieux, encore moins d'hérétique.

La confusion entre martinistes et martinésistes provient du fait que Louis Claude de Saint-Martin fut en effet initié par Martines de Pasqually dans l'ordre des élus-cohens. Une autre cause de confusion fut l'existence, durant la vie même de Saint-Martin, d'une secte russe connue sous le nom de *martiniste*. Joseph de Maistre a fréquenté à Saint-Pétersbourg des membres de cette secte.

La secte des martinistes fut fondée sous le règne de Catherine II par des élèves du professeur d'université Schwartz. Peut-être s'inspirait-elle des rites de magie cérémonielle et de théurgie révélés par Martines de Pasqually en France ? Toujours est-il que ses membres étaient férus d'occultisme. Ils professaient en outre un grand respect pour la Bible qui, selon eux, contient les secrets de la nature.

MAXIMIANISTES : Petite branche de *donatistes* * qui se sépara du groupe principal en 373. Ces sectaires suivaient Maximien, qu'ils avaient élu évêque de Carthage à la place de Primien. Mais Maximien ne fut pas reconnu par la majorité des donatistes de la ville.

MELCHISÉDÉCIENS : Ce Melchisédeq de l'Ancien Testament, « qui est sans père, sans mère, sans généalogie, sans commencement en cette vie et sans fin, assimilé au Fils de Dieu et prêtre éternel », selon saint Paul, ne pouvait qu'inspirer plusieurs sectes, à différentes époques. La première fut fondée par Thomas le Banquier, au début du IIIe siècle. Elle plaçait Melchisédeq au-dessus de Jésus-Christ et en faisait le vrai médiateur entre le Père et sa créature. Vers la fin du

même siècle, un nommé Hiérax prétendit à son tour que Melchisédeq était le Saint-Esprit.

Plus tard une branche des *manichéens* * afficha une vénération particulière pour Melchisédeq, sans doute un des « messagers » du Dieu bon. D'autres ont cru qu'il était le Fils de Dieu apparu à Abraham sous forme humaine. Origène et Didyme en firent un ange. Enfin, la messe selon le rite de Melchisédeq joua un rôle important dans la liturgie de *Vintras* * et de ses disciples.

MÉLANCHTHON Philippe : (1497-1560). Philosophe, réformiste et théologien allemand. Il enseigna à Wittenberg et aida Luther à traduire le Nouveau Testament du grec en allemand. Il rédigea en 1521 une somme systématique des croyances luthériennes et promulga en 1530 le texte fameux connu sous le nom de *Confession d'Augsbourg*. (Voir *Luthéranisme*.)

Philippe Mélanchthon

MELCHITES : Nom donné aux chrétiens orientaux orthodoxes (calchédoniens et anti-*monophysites* *) des patriarcats d'Alexandrie, de Jérusalem et d'Antioche. (Voir *Orthodoxe, Église*.)

MÉLÉCIENS : Partisans de Mélèce, évêque déposé de Lycopolis en Égypte, vers le début du

IVᵉ siècle. Mélèce avait consenti à sacrifier aux idoles sous la persécution de Dioclétien, ce qui lui avait valu sa déposition par un synode d'Alexandrie en l'an 306, mais l'ancien évêque s'était obstiné à conserver son siège et s'était fait des adeptes. Sans doute avait-il péché par lâcheté, mais on n'avait par ailleurs rien à lui reprocher sur le plan de la foi. Soucieux de restaurer l'unité, le patriarche saint Alexandre d'Alexandrie réunit un autre synode en 325 et obtint la réintégration des méléciens dans la communion de l'Église. Mélèce et les siens se soumirent en apparence et tout sembla pacifié jusqu'à la mort de l'ancien évêque. Cependant les méléciens avaient noué des alliances avec les *ariens* * d'Alexandrie et furent de nouveau condamnés par saint Athanase, le nouveau patriarche. Malgré la soumission, loyale, d'Arsène, son chef, le schisme ne cessa de faire des progrès ; il ne disparut qu'au début du Vᵉ siècle.

MÉNANDRIENS : Gnostiques du Iᵉʳ siècle, disciples de Ménandre. Ce dernier était originaire de Cappadoce, en Samarie, et il enseigna à Antioche. On l'a dit disciple de Simon le Magicien (voir *Simoniens*) mais il se garda, pour sa part, de se donner pour une incarnation divine ; il se contenta de se dire mandaté par les éons pour opérer le salut des hommes. Il était le Sauveur que les puissances supérieures avaient suscité. Il enseignait que la Pensée (*Ennoia*) avait créé un grand nombre de génies et d'anges, lesquels auraient formé ensuite le monde et les hommes. Mais les anges nous sont hostiles et Ménandre connaissait

la gnose capable de déjouer leurs ruses et leur malignité. Le « Sauveur » avait institué à cette fin le sacrement du baptême, qui constituait une véritable œuvre de résurrection. Baptisé, l'homme devait jouir de l'immortalité et d'une perpétuelle jeunesse.

MENNONITES : À l'origine, *baptistes* * ou *anabaptistes* *, disciples de Menno Simmonsz (1496-1561 ou 1559). La secte primitive exista d'abord à Zurich, en Suisse, où elle fut persécutée et d'où elle émigra dès les années 1523 aux Pays-Bas. Ces « baptistes pacifiques » avaient été persécutés en Helvétie par les catholiques et les protestants réunis dans la même haine pour ces pacifistes qui refusaient de porter les armes, d'être fonctionnaires et de prêter serment. C'est en 1537, à Groningue, que la secte se donna pour chef un prêtre catholique du nom de Menno. Dirigés de main de maître, les mennonites firent des progrès rapides en Hollande et jusqu'en Allemagne, en butte d'ailleurs à l'hostilité générale des autorités civiles et religieuses à cause de leur militantisme pacifiste et à tendance anarchisante. Ils furent persécutés. C'est en 1683 qu'un fort contingent de mennonites émigra en Amérique où ils s'établirent à Germantown, en Pennsylvanie. De là ils essaimèrent dans toute l'Amérique du Nord, jusqu'au Canada, divisés d'ailleurs en plusieurs groupes rivaux. Il n'en reste pas moins aujourd'hui quelques églises mennonites en Europe et en Amérique du Sud (Brésil et Paraguay).

Les mennonites sont fondamentalistes, baptistes et

Le baptême des mennonites, gravure de B. Picart, 1736

pacifistes. Ils filent eux-mêmes, en principe, le tissu de leurs vêtements, qui n'ont ni boutons ni boutonnières mais des agrafes et des crochets.

MÉTAMORPHISTES : (ou « transformateurs »). Hérétiques du XIIᵉ siècle qui croyaient qu'au moment de l'Ascension le corps de Jésus-Christ s'était transformé ou changé en Dieu. Certains luthériens auraient repris cette idée aux XVIᵉ et XVIIᵉ siècles.

MÉTANGISMONITES : Hérétiques décrits par saint Augustin. Ils professaient que le Verbe était dans son Père comme un vase (vaisseau) dans un autre. Une substance dans une autre substance. Ces hérétiques, dont on ne connaît rien d'autre que ce qu'en a dit saint Augustin, semblent avoir appartenu à une des nombreuses branches de *l'arianisme* *.

MÉTHODISME : Vaste mouvement religieux chrétien issu de l'Église anglicane dont il fut séparé, un peu malgré lui, après la mort de son principal fondateur, John *Wesley* *. Le nom de « méthodiste » fut donné en 1729 à la secte naissante, par dérision, à cause de la « méthode » rigoriste dont faisaient preuve ses fondateurs dans l'exercice de leurs devoirs religieux. Ces devoirs consistaient prioritairement en la lecture et le commentaire de l'Écriture, les visites régulières aux prisonniers, l'éducation des enfants, etc. Wesley et les méthodistes s'honorèrent du qualificatif qu'on leur avait attribué par moquerie.

Le mouvement prit naissance à Oxford, en Angleterre, avec un groupe de professeurs et d'étudiants de l'Université que présidaient John Wesley, son frère Charles et George *Whitefield* *. Tous, membres actifs de l'Église d'Angleterre, appartenaient à la tendance *High Church* (voir *Anglicanisme*). La doctrine prêchée par Wesley et ses amis ne s'écartait donc pas de celle que professaient les anglicans ; elle mettait cependant l'accent sur la réforme des mœurs, la charité, l'évangélisation des classes pauvres, le salut instantané et la réconciliation par la foi seule et non plus par le rituel.

Le courant de pensée novateur prit rapidement de l'extension en Angleterre et Wesley s'en alla prêcher en Amérique et aux Indes Occidentales, où il fonda des congrégations.

De retour de Georgie en 1738, John Wesley se trouva confronté avec ce qu'on a appelé le « réveil méthodiste du XVIIIᵉ siècle », une immense vogue du wesleyisme à l'intérieur même de l'Église anglicane. Il s'était installé à Londres, Aldersgate street, et sous l'influence des Frères *moraves* * y vécut une expérience religieuse telle qu'il se sentit plus que jamais ancré dans ses idées rénovatrices.

Il divisa ses plus fidèles prédicateurs en pasteurs (dûment ordonnés) itinérants et en prédicateurs laïques chargés de répandre la bonne parole dans les réunions locales. Les laïcs jouent un rôle important dans la diffusion de la foi méthodiste et les femmes sont admises.

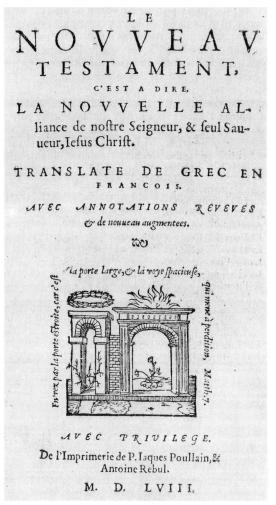

LE NOVVEAV TESTAMENT, C'EST A DIRE, LA NOVVELLE ALliance de noftre Seigneur, & feul Sauueur, Iefus Chrift.

TRANSLATE DE GREC EN FRANCOIS.

AVEC ANNOTATIONS REVEVES & de nouueau augmentees.

la porte large, & la voye fpacieufe,

Entrez par la porte eftroite, car c'eft

qui mene à perdition, Matth.7.

AVEC PRIVILEGE.

De l'Imprimerie de P. Iaques Poullain, & Antoine Rebul.

M. D. LVIII.

Le Nouveau Testament traduit en français par Calvin

Mais les rivalités avec l'Église d'Angleterre officielle s'aggravèrent. Tout en s'affirmant membre fidèle de l'Église anglicane, Wesley fut contraint de créer, en 1742, une Methodist Society et de convoquer une conférence représentant toutes les chapelles et groupements méthodistes (il avait lui-même donné l'exemple des prédications en plein air, quand les locaux religieux faisaient défaut). À partir de 1763, seuls les prédicateurs appointés par la Conférence étaient habilités à officier et on commença à ordonner des pasteurs. En 1791, année de la mort de John Wesley, des *districts* et des *circuits* furent créés en Grande-Bretagne, tandis qu'en Amérique l'Église avait ses évêques, ses presbytères et ses pasteurs locaux, organisés dans un système épiscopalien.

L'Église méthodiste s'est divisée. Dès 1791 un groupe avait fait scission, s'inspirant de George Whitefield (dont le *calvinisme* * étroit s'opposait à l'*arminianisme* * de Wesley), d'Alexander Kilham, de Howell Harris et du révérend Thomas Charles. D'autres scissions se produisirent tout au long du XIXᵉ siècle. Cependant, en 1932, les méthodistes wesleyens, les méthodistes primitifs et l'Église unifiée, trois groupes importants, s'unirent et formèrent l'Église méthodiste. Sont demeurés indépendants : les *méthodistes calvinistes gallois* (presbytériens et attachés à la doctrine de la prédestination) et les *méthodistes indépendants* (congrégationnalistes). Toutes confessions réunies, le mouvement méthodiste compte environ vingt-cinq millions de membres dans le monde, dont plus de quinze millions en Amérique du Nord.

Il n'existe pas de profession de foi particulière, sinon la référence aux *Notes sur le Nouveau Testament* de John Wesley et aux quatre premiers volumes de ses *Sermons*. La liturgie pratiquée est essentiellement celle de l'*anglicanisme* *, à laquelle se sont ajoutées quelques cérémonies particulières : pasteurs ordonnés par imposition des mains; reconnaissance publique des prédicateurs laïcs et des nouveaux fidèles. Les femmes sont admises à la prédication, mais ne peuvent recevoir l'ordination.

MILLÉNAIRES, MILLÉNARISTES :

On nomme ainsi ceux qui attendent la nouvelle venue du Christ et le règne de mille ans qui le précédera ou le suivra (*prémillénaristes* ou *postmillénaristes*). On leur donne aussi le nom de *chiliastes* (du grec *chilioi* : « mille ». L'attente du millénium se rattache à une très vieille tradition juive liée aux prophéties d'Isaïe et d'Ézéchiel sur le règne futur – et temporel – du Messie. Selon cette doctrine, la fin du monde sera marquée par l'instauration d'un royaume temporel de mille ans dans lequel les justes jouiront d'une félicité et d'un bonheur parfaits en attendant le Jugement par lequel les justes seront réunis avec leurs prédécesseurs et jouiront enfin de l'immortalité. La *Parousie* ou seconde venue du Christ aura lieu au début de cette ère ou, au contraire, tout à la fin et à la suite d'une guerre féroce entre les forces du Mal et celles du Bien, commandées respectivement par l'Antéchrist et par le Christ. D'autres prédisent aussi que le millénium sera marqué par l'avènement du Paraclet.

Les chiliastes furent assez nombreux aux IIᵉ et IIIᵉ siècles. Le plus connu d'entre eux fut Papias, évêque d'Hiéraple en Phrygie (env. 130-150). S'inspirant de l'Apocalypse et du passage où Jean dit que « les justes ressusciteront et régneront mille ans avec Jésus-Christ », il conclut à la venue d'un royaume terrestre, dégagé des plaisirs des sens et accompagné de jouissances purement spirituelles. Sa doctrine reçut un bon accueil des Pères, alors qu'un concile, présidé par le pape Damase, aurait condamné cette même doctrine en 373.

La tradition millénariste ne fut pourtant jamais complètement abandonnée. On la retrouve, vivante, au fil des siècles. *Joachim de Flore* * et ses disciples s'y référent implicitement. À l'époque de la Réforme, les *anabaptistes* * la rééditent. En France, en Angleterre, en Allemagne, aux Pays-Bas, les millénaristes seront nombreux. Quiétistes et Fifth Monarchy Men s'en inspirent à leur tour. Isaac Newton, Charles Wesley, Edward Irving y crurent. Plusieurs Églises contemporaines prêchent le règne de mille ans et la seconde venue : *adventistes* *, *frères de Plymouth* *, *mormons* *, *témoins de Jéhovah* *...

Pour Emmanuel de *Swedenborg* *, le Jugement et la seconde venue sont non seulement des réalités, mais encore des faits qui se sont accomplis dans le monde spirituel en 1757.

La tradition chrétienne du millénium n'est pas sans rapport avec celle, plus large et plus antique, des « quatre âges » du monde...

MILLER William :

(1782-1849). Fermier américain du Massachusetts, fondateur de la secte des *adventistes* *. Il était millénariste et avait prédit la seconde venue du Christ pour 1843, puis pour 1844. Le jour fatidique était un 22 octobre. Forts de cette prédiction, ses disciples se vêtirent de robes blanches et se groupèrent sur les collines et... sur les toits. Les actuels *adventistes du septième jour* * (secte fondée par des disciples de Miller en 1862, après sa mort) reculent le moment de la venue du Christ à la date, non précisée mais proche, où le nombre des élus aura été atteint.

MISÉRICORDE (Œuvre de la) :

(Voir *Vintras*).

MODALISTES :

(Voir *Monarchiens*).

MODERNISME :

Mouvement qui prit naissance au sein du christianisme dès la seconde moitié du XIXᵉ siècle. Il ne s'agit pas d'hérésie, ni même de doctrine religieuse, les tenants du mouvement moderniste entendant respecter l'intégralité des dogmes et de la liturgie; le but poursuivi est de proposer des explications scientifiques aux affirmations du christianisme. Il s'agit d'étayer la « vérité révélée » sur des bases puisées dans l'histoire et l'exégèse modernes, dans les découvertes récentes de la biologie, de la physique, de l'archéologie et de la paléontologie, etc., bref, de proposer une synthèse acceptable de la foi et de la science.

Les théories modernistes n'ont pas toujours été bien reçues au sein des différentes Églises chrétiennes. En Angleterre, le modernisme s'oppose, semble-t-il, au traditionalisme; aux États-Unis, il se heurte au fondamentalisme. En France, l'un des promoteurs du mouvement, l'abbé Loisy, fut excommunié en 1908. Promulguée en 1907, la bulle *Pascendi*, du pape Pie X, condamna le modernisme. Depuis la Seconde Guerre mondiale, l'Église paraît avoir adopté une position plus souple, se contentant de signaler les risques d'interprétation abusive. L'hypothèse évolutionniste du P. Teilhard de Chardin n'a jamais été explicitement condamnée; le « psychologisme » de certains disciples de C. G. Jung n'a reçu d'autre sanction officielle qu'une mise en garde de différentes conférences épiscopales. Ce ne sont que des exemples parmi d'autres. Cependant, les condamnations répétées des papes Paul VI et Jean-Paul II en ce qui concerne l'usage des contraceptifs démontre que l'Église catholique ne tient aucun compte des découvertes modernes des lois de la génétique.

MOLINISME et MOLINA Luis : (1536-1600). Jésuite espagnol, Molina est l'auteur de plusieurs ouvrages de théologie dans lesquels il fait une tentative pour réconcilier les doctrines opposées du libre arbitre et de la prédestination. Il y estime que la prescience divine n'entrave en rien la libre volonté de l'homme dans son choix entre le bien et le mal.

Molina eut de nombreux disciples. Il importe toutefois de ne pas confondre entre le molinisme, doctrine de Molina, et le molinosisme, doctrine quiétiste de Molinos.

MOLINOSISME et MOLINOS Miguel de : (1640?-1697). Molinos était un prêtre espagnol, né aux environs de Saragosse et établi ensuite à Rome. Il y acquit une grande réputation de sainteté et il fut pendant une vingtaine d'années le directeur de conscience le mieux accrédité, surtout dans les milieux aristocratiques. Il avait publié un *Guide spirituel, destiné à conduire l'âme à la parfaite contemplation et au riche trésor de la paix du cœur*, plus connu à Rome sous le titre simplifié de *Guida spirituale* (1675). Cet ouvrage de mystique avait été très bien accueilli au début; il avait paru simultanément à Rome, à Madrid, à Saragosse et à Séville et fut lu dans toute l'Europe catholique, en France notamment. Cependant le *Guide* développait des idées *quiétistes* * et fut dénoncé pour ces raisons auprès du Saint-Siège; soixante-huit propositions de la doctrine de Molinos furent condamnées en 1679 par le pape Innocent XI, à l'instigation du cardinal Caraccioli, archevêque de Naples. Jugé à son tour par les instances pontificales, au titre de la constitution *Coelestis Pastor*, Molinos fut jeté dans les prisons du Saint-Office où il mourut, dit-on, dans des sentiments de vif repentir et de piété.

Les soixante-huit propositions incriminées du *Guida spirituale* se résument à la définition fondamentale du quiétisme : l'homme doit s'efforcer de refouler et d'abolir toutes les facultés de son corps et de son âme, de les tenir dans une inaction absolue afin de laisser Dieu s'exprimer sans obstacle en lui. Il doit rester uni à Dieu comme un corps sans vie et une âme totalement inactive. L'activité naturelle est ennemie de la grâce; dans cette inaction, l'âme individuelle s'anéantit, retourne à son principe et à son origine, qui est l'essence divine. Dans la contemplation idéale, le sujet et l'objet se confondent, Dieu seul étant présent. Cette méthode de contemplation mystique rejoint la discipline intérieure de certains yogis hindous.

Aux yeux des juges du Saint-Siège, le quiétisme molinosien impliquait plusieurs conséquences dangereuses : inutilité de l'attachement aux dogmes de la foi et aux enseignements de l'Église; inutilité des vœux religieux, de la morale, de la pratique des vertus et des œuvres; rejet de la prière, de l'usage des sacrements, de la dévotion envers la Vierge Marie et les saints. Autre conséquence : parvenu à un tel état de contemplation, la tentation et le péché ne sont d'aucune importance, le corps et l'âme individuelle étant disjoints et pour ainsi dire mis entre parenthèses.

Molinos n'était pas inconscient et il avait bien aperçu les *conséquences* et les *avantages* de sa doctrine. Il les énumère et les mesure avec une certaine dilection. Sans doute était-il capable de surmonter lui-même ces contradictions. Il ne pouvait en être de même pour ses disciples. L'« oraison passive » fit des ravages à Rome et à Naples surtout. Les quiétistes affectaient de ne faire ni prière ni méditation; certains d'entre eux ne pouvaient se résoudre à réciter le rosaire ou à faire le signe de la croix. Ils étaient morts en présence de Dieu, disaient-ils. La moindre des pensées involontaires qui effleurait leur esprit durant la contemplation leur semblait d'inspiration divine directe; ils la retenait comme étant supérieure aux lois et se livraient ainsi sans frein à leurs plus folles inspirations. Ils rejetaient la confession, et s'ils exigeaient de communier tous les jours, ils affectaient de ne pas voir les saintes espèces et d'oublier la présence de Jésus-Christ dans l'hostie pour ne penser uniquement qu'à la divinité. On peut penser que ce sont les excès et les provocations de ses disciples qui attirèrent à Molinos les foudres de l'Église. (Voir *Quiétisme*).

MOMIERS : Nom donné par dérision aux ministres calvinistes de Genève qui, ne tenant pas compte du principe du libre examen, refusaient d'adapter la doctrine calviniste aux idées nouvelles issues de la Révolution française et des guerres de l'Empire. L'expression fut employée pour la première fois en 1818.

MONARCHIE : (Voir *Fifth Monarchy*).

MONARCHIENS et MODALISTES : Hérétiques du IIᵉ et du IIIᵉ siècle, qui soutenaient qu'il n'y avait eu qu'une seule nature en Jésus-Christ, soit humaine, soit, au contraire, seulement divine. Les monarchiens dynamistes soutenaient la première proposition : Jésus était né un simple homme et n'avait accédé au rang de Fils de Dieu qu'ultérieurement, quand il avait reçu l'influx du Saint-Esprit. Les modalistes se refusaient à faire une différence entre le Père et le Fils dans Jésus-Christ, qui n'avait eu qu'une nature, la divine. La doctrine modaliste évolua et fut à la base de l'hérésie patripassienne (voir *Patripassiens*) par laquelle le Père aurait ainsi souffert dans la personne de Jésus-Christ.

MONOPHYSISME : Hérésie des Vᵉ et VIᵉ siècles, qui ne reconnaissait à Jésus-Christ qu'*une seule* nature, à la fois divine et humaine. Elle fut condamnée par le concile de Chalcédoine (451), qui précise qu'il y a *deux* natures, la divine et l'humaine, en Jésus-Christ.
Les actuelles Églises non chalcédoniennes (coptes, jacobites, arméniens...) professent une doctrine monophysite atténuée.

MONOTHÉLISME : Hérésie qui découle logiquement de la doctrine monophysite ; elle ne reconnaît qu'une seule volonté en Jésus-Christ. La théorie monothélite ne fut condamnée que tardivement, en 680, par le concile de Constantinople. Pour l'Église il existe deux volontés et deux opérations en Jésus-Christ, la volonté humaine fonctionnant en accord parfait avec la divine, à qui elle est soumise.
Le mouvement monothélite n'occupe historiquement qu'une portion de temps relativement courte, un siècle tout au plus. Il reflète une double préoccupation : celle des monophysites, dont la doctrine avait été proscrite dans l'Empire après le concile de Chalcédoine ; celle enfin des empereurs désireux de promouvoir un moyen terme capable de rétablir la paix religieuse sur l'ensemble du territoire et à Constantinople en particulier. Héraclius espérait trouver dans le monothélisme un terrain neutre sur lequel des concessions seraient faites aux catholiques, aux *nestoriens* * et aux *eutychiens* *. Il s'adressa à Sergius, élu patriarche de Constantinople en 610. Sergius ne présenta à un concile d'Alexandrie une théologie monothélite souple, acceptable pour tous, jugeait-il, qu'en 633. Il reçut l'appui de plusieurs évêques orientaux et Héraclius imposa la nouvelle doctrine par un édit. Un instant abusé, le pape Honorius lui-même approuva Sergius, mais il revint sur sa décision à l'instigation de saint Sophrone, évêque de Jérusalem. La querelle rebondit. Pyrrhus, puis Paul s'étaient succédé au siège de Constantinople, tandis que Jean IV accédait au siège pontifical. En 639, Héraclius, croyant faire cesser les disputes, avait publié un nouvel édit, l'*ecthésis* ; son successeur Constant en exhiba un troisième, nommé *type,* supprimant l'*ecthésis* et ordonnant le silence sur la question. Un concile, présidé par le nouveau pape, saint Martin Iᵉʳ, condamna, à Rome, l'*ecthésis*, le *type* et le monothélisme en général. L'empereur Constant s'en prit au pape, le fit reléguer dans la Chersonèse Taurique et l'y laissa mourir de souffrances et de misère (655). Les choses ne firent que s'envenimer.
Cependant, Constantin III Pogonat était devenu empereur ; en accord avec le pape Agathon, il convoqua un concile œcuménique à Constantinople en 680. Le monothélisme y fut confondu et condamné. Mais il fallut attendre la grande querelle des *iconoclastes* *, sous le règne de Léon l'Isaurien pour que l'hérésie monothélite disparaisse dans la tourmente.

MONTANISTES : Anciens hérétiques du IIᵉ et du IIIᵉ siècle, disciples de Montanus. Ce dernier était un ennuque né en Phrygie, atteint, disent ses ennemis, d'épilepsie. C'était en tout cas un illuminé, qui déclarait prophétiser et se donnait pour un envoyé de Dieu. Certains de ses disciples, parmi lesquels le prestigieux Tertullien lui-même, croyaient qu'il était le Paraclet promis par le Christ. C'est Montanus lui-même qui se serait attribué ce titre.
Le Christ, expliquait-il, n'a pas tout révélé aux hommes. Il avait souvent dit à ses disciples qu'il avait encore beaucoup de choses à leur enseigner, mais qu'ils n'étaient pas encore en état de le comprendre. La tâche de compléter cet enseignement était dévolu à Montanus. Le Christ avait envoyé le Saint-Esprit à ses apôtres le jour de la Pentecôte, mais il avait aussi promis un Paraclet,

un Consolateur ; c'était ce messager du Christ qu'incarnait Montanus.

Les premiers montanistes ne changèrent rien à la doctrine catholique elle-même ; ils mirent davantage l'accent sur la réforme des mœurs des chrétiens de l'époque. Leur morale était rigide et leur vie très austère. Ils refusaient l'absolution à ceux qui s'étaient rendus coupables de crimes graves, tenaient pour adultères les secondes noces, condamnaient comme diabolique la parure des femmes, la philosophie, les arts et les lettres. Les sectateurs s'imposaient des jeûnes sévères et des abstinences extraordinaires : trois carêmes et deux semaines de *xérophagie* au cours desquelles on s'abstenait non seulement de viande mais encore de tout ce qui a du jus. Ils refusaient en bloc la fuite devant la persécution et le rachat par de l'argent.

Aidé de deux prophétesses, Priscilla et Maximilla, Montanus se fit de nombreux disciples. Condamnés avec les *théodotiens* * par le concile d'Hiéraple, les montanistes se constituèrent en secte. Ils se dotèrent d'une hiérarchie et établirent leur capitale dans la ville de Pépuze en Phrygie. De là ils rayonnèrent dans toute la Galatie et la Lydie et gagnèrent Constantinople. On dit même qu'ils parvinrent à rentrer à Rome et, selon Tertullien, qu'ils réussirent à circonvenir un instant le pape Éleuthère. Les catholiques étaient chassés des territoires occupés en force par les montanistes, notamment à Carthage et en Phrygie d'où l'Église de Rome demeura absente durant plus de cent ans.

On croit que Tertullien se sépara de la secte avant sa mort, mais il est certain qu'il n'a jamais condamné ses erreurs. Les montanistes furent réfutés par Apollinaire, évêque d'Hiéraple, et par Miltiade, apologiste chrétien. Persécutés par les autorités impériales, les montanistes se séparèrent en plusieurs sectes : *artatyrites, ascites* *, *passalorinchites*. Ils disparurent complètement vers la fin du IVᵉ siècle.

MOON (Secte) ou ÉGLISE DE L'UNIFICATION : Secte fondée en 1954 par Sun Myung Moon (né en 1920, en Corée) et dont le nom complet est : Association du Saint-Esprit pour l'unification du christianisme mondial. La doctrine de la dénomination est contenue dans l'ouvrage du fondateur intitulé : *Les Principes divins*. Elle vise à l'édification du Royaume de Dieu sur terre dans la perspective du retour du Christ parmi les hommes. Le prélude à cette seconde venue sera l'unification de toutes les cultures et de toutes les religions sous forme de christianisme intégral. Les membres de la secte doivent se livrer à la prière et accepter le don total de soi.

Moon, qui avait déjà été emprisonné de 1948 à 1950 à Séoul, a été de nouveau condamné à la prison aux États-Unis en 1985, pour fraude fiscale. Mais de sa prison coréenne, en 1950, Moon avait envoyé des missionnaires au Japon, puis dans le monde entier. La secte compte aujourd'hui environ deux millions de membres répartis dans cent vingt pays. Ses chefs, Moon lui-même, seraient très riches, la secte ayant surtout investi dans l'armement maritime.

Reconnue comme ayant un « caractère de bonne foi » par la Cour suprême des États-Unis, comme « chrétienne » par la Commission de contrôle des institutions charitables d'Angleterre et du pays de Galles, la secte s'est vu refuser le qualificatif de « chrétienne » par le Conseil œcuménique américain (vingt-six membres dont des catholiques, des orthodoxes et des protestants).

MORAVES (Frères) : Branche et survivance des *hussites* * du XVᵉ siècle. Déjà constituée en chapelle autonome du temps de Hus, dont elle reconnaissait alors l'autorité, la communauté des Frères moraves fit scission après la mort et le martyre du grand prédicateur pragois. Elle se sépara des *utraquistes* et des disciples de Hus qui affectaient de reconnaître la suprématie du pape. Devenus indépendants, les Frères n'en prirent pas moins part à la guerre aux côtés de Ziska contre les troupes impériales catholiques. En 1467, la secte avait adopté le nom d'Union des Frères et rejeté tout lien avec Rome. Observateurs stricts de la parole du Christ et des Écritures, les Frères s'étaient dotés de leur propre hiérarchie comprenant des prêtres et un évêque (régulièrement consacré par un évêque vaudois, a-t-on écrit) ; leur organisation contrastait fortement avec le désordre qui régnait parmi les sectes alliées. Ils furent ainsi un pôle d'attraction pour les âmes sincères que la défaite militaire et l'anarchie désemparaient. Dans les années qui suivirent la fin de la guerre des hussites, ceux des *calixtins* (voir *Hussites*) qui formaient le dernier carré des anciens rebelles se fondirent dans la communauté des Frères moraves, tandis que la Bohême retournait officiellement au catholicisme romain.

La Réforme trouva un écho favorable chez les anciens hussites, les Frères moraves notamment qui, très vite et grâce à l'existence d'une hiérarchie autonome, formèrent avec les nouveaux prosélytes, plus de la moitié de la communauté protestante de la Bohême-Moravie. Il est d'ailleurs permis de penser que la contestation hussite n'avait elle-même pas été sans influence sur les réformateurs allemands. Il est à noter que bien avant que Luther ne traduisît la Bible en allemand, les Moraves avaient procédé à leur propre traduction en tchèque de la « Bible de Kralitz »; ils avaient en outre leur propre liturgie, leurs hymnes, leurs temples et leurs écoles. Bref, ils avaient l'avantage d'avoir tracé la voie aux idées réformatrices et d'offrir un encadrement tout prêt aux futurs réformateurs.

Mais, paradoxalement, l'avenir pour eux n'était pas en Bohême. Forte de l'appui des troupes impériales, la répression catholique dans tout le territoire du royaume de Bohême avait connu une telle recrudescence pendant la guerre de Trente Ans (1618-1648) que nombreux furent les Frères qui n'avaient dû leur salut qu'à l'exil. Ils s'étaient enfuis en Pologne et en Saxe, ne laissant derrière eux qu'une infime antenne composée d'irréductibles vivant en quasi-clandestinité. Pour leur part, les exilés d'Allemagne et de Pologne n'en avaient pas moins conservé leurs traditions; ils s'étaient donnés pour chef et pour guide l'évêque J. A. Commenius (1592-1672).

Les quelques Frères restés en Moravie formaient cette « semence cachée » de la secte, noyau dur dont se réclameront vers 1727 les fidèles réfugiés à Hernhutt (Saxe), chez le comte Zinzendorf*. Devenu évêque en 1737, Zinzendorf œuvra de tout son pouvoir au rétablissement de l'Église morave dans sa puissance et s'efforça de réaliser son impossible rêve de retour à l'unité de toutes les fraternités chrétiennes. C'est grâce à ses efforts que les Frères entreprirent une vaste campagne missionnaire qui les mena dans tous les pays d'Europe et se poursuivit jusqu'en Amérique. Il mourut en 1760. Sous son épiscopat, les Frères avaient réussi des conversions retentissantes, celle de J. Wesley* par exemple (voir Méthodistes). Goethe les fréquenta.

En matière de doctrine, l'Église morave reconnaît le Credo des Apôtres et en général les articles de foi formulés par les principales Églises réformées. Hussite d'origine, elle souligne la primauté des textes de l'Écriture. Il n'existe pas d'autres règles de foi. Le culte est simple, il inclut le sacrement du baptême (celui des enfants est d'usage) et celui de l'eucharistie. Un service particulier d'Agapê est observé et, semble-t-il, fort apprécié.

La hiérarchie est composée d'évêques, de presbytères et de diacres, mais les évêques ne jouissent d'aucun privilège particulier à l'exception du pouvoir sacramentel de l'ordination. L'Église est gouvernée démocratiquement par des élus dont l'autorité reste soumise à celle du Synode général suprême. Les îles Britanniques, l'Europe continentale, la Tchécoslovaquie (berceau historique de l'Église) et les États-Unis constituent autant de provinces dotées de leur synode particulier. Il existe des missions en Alaska et au Labrador, en Amérique latine, dans les Indes Occidentales, en Afrique orientale et méridionale, à Jérusalem et en Inde (au Cachemire notamment).

MORMONS : Nom donné familièrement aux membres de l'Église de Jésus-Christ des saints du dernier jour. Le nom vient du Livre de Mormon, découvert et publié par Joseph Smith, le fondateur de l'Église mormone en 1830.

Tout commença avec une vision de Joseph Smith *. L'ange Moroni lui apparut et lui révéla l'existence, dans une cachette de la colline de Cumorah, près de Palmyra (État de New York, États-Unis), de plaques d'or comportant des hiéroglyphes égyptiens d'une importance historique et religieuse capitale. Guidé par l'ange, le visionnaire aurait ainsi découvert le mystérieux dépôt sacré le 22 septembre 1827 (Cumorah est devenu un lieu saint de l'Église mormone). Le trésor comprenait aussi (et heureusement) les deux pierres Urim et Thummim dont parle la Bible (Esdras, 2-62), au moyen desquelles les plaques antiques purent être déchiffrées. Mais, le décryptage accompli, l'ange reprit les plaques d'or et les pierres sacrées, et nul depuis ne les a revues. Cependant Joseph Smith avait reçu la mission d'en faire connaître le contenu; il se mit aussitôt à la rédaction du Livre de Mormon, auteur présumé des hiéroglyphes de Cumorah, mais n'en attendit pas la parution définitive pour en diffuser le message et commencer la prédication de sa doctrine.

Le livre contenait en effet d'étranges et merveilleuses révélations. Il établissait tout bonnement le lien antique entre l'histoire biblique selon l'Ancien Testament et l'histoire, jusqu'alors méconnue, de l'Amérique. On y apprenait que déjà, deux mille deux cents ans avant Jésus-Christ, un premier groupe de peuplement sémitique, originaire de Babylonie, s'était établi en terre américaine; une deuxième et une troisième vague avaient suivi plus récemment, vers 600 et 590 avant J.-C. Ce nouveau peuplement était parti de Palestine et avait abordé sur les côtes du Chili actuel. À en croire les hiéroglyphes sacrés, dont Smith n'avait été que le traducteur fidèle et inspiré, quatre grandes civilisations s'étaient succédé en Amérique : les Jarédites s'entretuèrent; les Néphites avaient été anéantis en 421 après Jésus-Christ – un de leurs prophètes, Mormon, avait été l'inspirateur du Livre du même nom, que son fils Moroni avait rédigé avant de devenir un ange –; les Lamanites avaient survécu et les Indiens étaient leurs descendants. Les Mulekites enfin étaient des immigrés métissés d'Indiens. De tous ces peuples, seuls les Néphites avaient été la race élue; après sa mort et sa résurrection, Jésus-Christ était venu parmi les Néphites afin de les instruire et de les guider dans la vraie foi. Mais vers 385 de notre ère des guerres éclatèrent avec les Lamanites. Elles se terminèrent avec la défaite et la destruction des Néphites près de la colline de Cumorah. Le rôle échu à Joseph Smith était maintenant de relever l'Église du Christ menacée aujourd'hui comme elle l'avait été du temps des anciens Néphites. La seconde venue du Christ était imminente et il convenait aux vrais chrétiens de la préparer.

Smith se proclama « Ancien et Apôtre », Interprète divin, etc, et commença à baptiser des disciples dans l'État de New York. Le succès ne se fit pas attendre et des cellules mormones apparurent dans divers États de l'Est. En 1831, le fondateur de l'Église annonça que la Nouvelle-Jérusalem devait être édifiée à Kirtland, dans l'Ohio, dans l'attente de la venue du Christ; en 1835, des

Joseph Smith prêchant parmi les Indiens

« apôtres » catéchisèrent les îles Britanniques, mais les quelques milliers de nouveaux convertis choisirent d'émigrer aux États-Unis, terre promise puisque le Christ lui-même songeait à s'y établir. Tout semblait aller pour le mieux.

Pourtant, le temps des épreuves s'annonçait et des nuages menaçants s'amoncelaient à l'horizon. La banque fondée à Kirtland fit faillite. On parla d'imprudences graves, sinon d'escroquerie consciente. Décidément, le Christ se refusait à jeter un regard compatissant sur Kirtland ! On émigra dans le Missouri, puis en Illinois, où fut édifiée la ville de Nauvoo. C'est à cette époque que Smith révéla en grand secret à ses plus proches disciples que Dieu était favorable à la polygamie dans certains cas spécifiques. Accueillie d'abord avec répugnance par les initiés, cette pratique – qui devait être abolie ultérieurement – devint un excellent moyen de pression entre les mains du chef de l'Église.

La communauté dans son ensemble vivait en bonne entente et, partout où ils s'établissaient, les mormons prospéraient en dépit des catastrophes. Mais, simultanément, les exactions et les entreprises financières de leurs chefs, le mode de vie et l'arrogance religieuse des nouveaux convertis, le succès des implantations coopératives suscitaient partout l'hostilité et la jalousie des « gentils » étrangers à la secte. Les mormons avaient mauvaise réputation. Ces circonstances ne semblent guère avoir ému Joseph Smith : il se porta candidat à la présidence des États-Unis en 1844. Il venait de signer sans le savoir son arrêt de mort. Accusés par le gouverneur de l'Illinois de prêcher et de pratiquer la polygamie, Smith et son frère Hiram furent arrêtés et incarcérés à la prison de Carthage. Une émeute s'ensuivit, au cours de laquelle une bande de forcenés enfoncèrent les portes de la prison (avec le consentement des autorités ?) et se saisirent des frères Smith. Ils furent tous deux lynchés à mort le 27 juin 1844. Brigham Young fut choisi pour remplacer Joseph Smith à la tête de l'Église. La haine des « gentils » ne connaissait plus de bornes, une fois encore les mormons prirent le chemin de l'exode. Ils furent des milliers à partir. À pied ou à cheval, les femmes et les enfants à l'abri dans les fameuses charrettes bâchées de l'émigration vers l'Ouest, suivis de leurs troupeaux, les « saints » parcoururent plus de 1 500 kilomètres à la recherche de l'Éden promis. Ils parvinrent ainsi en Utah où ils fondèrent leur capitale définitive de Salt Lake City. Ils s'installèrent et Brigham Young entreprit de les organiser en État autonome, en attendant la reconnaissance par le gouvernement fédéral de Washington. Les tractations se révélèrent difficiles, l'ensemble du peuple américain ne pardonnant pas aux mormons l'usage de la polygamie. En attendant, Salt Lake City devint la capitale de l'État mormon de Désereth (mot qui signifie « abeille » selon le *Livre de Mormon*). Les relations avec le gouvernement fédéral n'aboutirent et ne furent normalisées qu'en 1895, l'Utah devenant un État de l'Union et les « saints » s'étant engagés à ne plus ni pratiquer ni prêcher la polygamie. De 15 000 à 20 000 qu'ils avaient été au moment de l'exode, les mormons sont aujourd'hui 5 000 000, dont plus de 2 700 000 vivent aux États-Unis.

L'Église est dirigée par un président élu (prophète, voyant, révélateur), mais il y a compétition à ce sujet avec les descendants de Smith, qui s'arrogent indûment un droit héréditaire à la succession. Le président est assisté par deux conseillers et douze apôtres. La hiérarchie compte des prêtres, se répartissant en deux degrés : les « prêtres d'Aaron » (de 12 à 18 ans) et les « prêtres de Melchisédeq » (de 19 à 27 ans) ; elle dispose en outre d'un nombre important de prédicateurs des deux sexes. Le siège central est naturellement à Salt Lake City. L'Église est riche, chacun de ses membres doit lui verser le dixième de ses revenus annuels. Elle possède ses propres compagnies d'assurances, ses grands magasins, ses immeubles de rapport, ses coopératives. Elle possède en outre ses stations radiophoniques et sa propre chaîne de télévision.

La doctrine professée par l'Église des saints du dernier jour a été codifiée par Joseph Smith. Elle fait référence à la Bible (pourvu qu'elle soit correctement traduite) et au *Livre de Mormon*, ces Écritures étant la parole de Dieu. Les Mormons croient au Père, au Fils et au Saint-Esprit sous une forme plus ou moins ésotérique et théosophique. Il existe une relation étroite entre Dieu et la Nature, le monde étant conçu comme le fruit de l'union des éléments masculin et féminin de la Divinité. Il n'y a pas de coupure réelle entre

l'homme et Dieu ; l'homme peut devenir Dieu dès cette vie, sinon il accédera au rang d'ange, à moins qu'il ne soit condamné à se réincarner dans le but de se purifier encore. En fait, l'Au-Delà est peuplé d'une foule de dieux, de déesses, d'anges et d'esprits de toutes sortes. Le péché originel est nié et le baptême (par immersion) est administré dans un but plus initiatique que de purification. Se référant à saint Paul (Cor, 15-29), les « saints » tiennent pour effectif le « baptême » (le salut) rétroactif des ancêtres, et les recherches généalogiques sont très encouragées. L'Église possède à Salt Lake City un fichier généalogique portant sur quatorze milliards d'individus !

La polygamie, « naguère prônée comme un rappel de l'ordre patriarcal du mariage, n'est plus pratiquée depuis 1895. Il convient d'ailleurs de signaler qu'au temps où elle était « légale », seuls 2 p. 100 des fidèles les plus riches y avaient eu recours – Brigham Young eut à lui tout seul dix-sept épouses et cinquante-six enfants !

Une branche de mormons la pratique encore. Elle a fait scission d'avec l'Église de Salt Lake City et s'est surtout établie au Mexique.

MUCKERS : Nom donné au siècle dernier aux partisans et aux amis, surtout féminins, du pasteur luthérien Johann Wilhem Ebel (1784-1861). Ebel avait été lui-même disciple du pasteur Johann Heinrich Schönherr, qui professait des idées plus ou moins théosophiques et qui était mort en 1826. Assisté d'un autre pasteur du nom de Diestel, Ebel avait succédé à son maître dans la faveur des dames de la haute société de Koenigsberg. Il en était devenu le confesseur et le directeur de conscience attitré. Mais les idées des deux pasteurs en matière de relations conjugales finirent par provoquer le scandale et ils furent relevés de leur charge.

MUGGLETONIENS : Membres de la secte fondée en 1651 par Ludovick Muggleton (1609-1698) et John Reeve (1608-1658), son cousin. C'était une de ces nombreuses communautés contestataires apparues au temps de Cromwell – qui n'hésita pas à faire emprisonner les deux cousins. Mais à l'inverse de tant d'autres sectes d'illuminés de l'époque, celle des muggletoniens a survécu jusqu'à la fin du XIXe siècle au moins, les ouvrages de Muggleton et de Reeve ayant été réimprimés à plusieurs reprises.

Les deux cousins prétendaient être des personnages de l'Apocalypse, les « témoins » dont parle saint Jean au chapitre XI. À la fois illuminés et matérialistes, unitairiens convaincus, ils professaient une étrange doctrine : Dieu, assuraient-ils, avait un corps humain, il s'était incarné et était mort en croix, laissant à Élie le soin d'occuper l'intérim du Ciel en son absence. Ensuite, ayant repris sa place au Ciel, Dieu avait abandonné le monde d'ici-bas à son sort, soumis aux seules lois de la nature. Le Diable, pour sa part, s'était incarné au commencement des temps dans le ventre d'Ève, et depuis cette époque reculée l'humanité était partagée en deux races d'hommes : les élus, dont le salut était assuré, et les damnés, condamnés par avance. La fin du monde enfin sera caractérisée par une séparation radicale de la lumière et des ténèbres. Le moment venu, le Soleil cessera d'éclairer la Terre et les damnés restés en totalité sur notre planète seront ainsi condamnés à la nuit éternelle.

NATURALISME : Philosophie qui oppose la métaphysique des lois naturelles à la métaphysique se réclamant d'une Révélation préalable. Déiste ou, au contraire, athéiste, le naturalisme rejette toute intervention surnaturelle en matière de philosophie ou de morale.

C'est surtout sur le plan de l'histoire que s'est exercée la pensée naturaliste. L'Église du XIXᵉ siècle a dénoncé Michelet comme son principal propagateur.

NAUNDORF Carl Wilhelm : (1785-1845). Cet horloger d'origine allemande indécise se fit passer pour Louis XVII miraculeusement évadé de la prison du Temple. Conduit ensuite par ses ravisseurs en Allemagne ou aux Pays-Bas, il y aurait été élevé et n'aurait connu sa royale origine que tardivement.

Naundorf se fit connaître notamment par son livre *La Doctrine céleste* (1839), ouvrage dans lequel le prétendant expose la doctrine et les pratiques de *l'Église catholique évangélique* dont il fut le fondateur. L'Église avait des tendances théosophiques plus ou moins illuministes; elle professait l'unicité de Dieu, la réincarnation des âmes et leur salut final. Le prétendant lui-même avait été spéciale-

ment envoyé par Dieu. Les « révélations » de Naundorf eurent une influence directe sur *Vintras* * et sur les cercles spirites de l'époque.

La secte ne fut jamais très nombreuse, le gouvernement de Louis-Philippe la contrôlant étroitement pour des raisons politiques.

NAYLOR James : († 1660). Illuministe anglais du temps de Cromwell. Naylor servait dans l'armée du Lord-Protecteur avant de se convertir au quakerisme (voir *Quakers*) en 1651. Sans doute inspiré par l'Esprit-Saint, il se convainquit qu'il était lui-même une nouvelle incarnation du Christ. Il réunit autour de lui quelques disciples fanatisés et défila en grand apparat dans les rues de Bristol, la troupe de ses fidèles chantant des hosannas triomphateurs. C'était en 1655. Il fut arrêté, poursuivi pour blasphème et condamné en 1656 à être fouetté publiquement, à avoir la langue percée au fer rouge et le front marqué de la lettre B (blasphémateur). Et, pour faire bonne mesure, on lui infligea en outre deux ans de prison.

NAZARÉENS : Le mot a d'abord servi à désigner un mouvement particulièrement intégriste et légaliste à l'intérieur du judaïsme, au temps même de

Jésus-Christ. Il a ensuite servi à l'ensemble de la communauté judéo-romaine pour désigner les disciples de Jésus de Nazareth. Ce fut enfin le nom donné à une secte de chrétiens judaïsants. C'est cette dernière qui nous intéresse ici.

La secte des nazaréens est née avec le christianisme lui-même. Son nom ne lui vient pas, comme on pourrait le croire, de Nazareth, mais de l'hébreu *nazar* = séparer. Ils faisaient en effet « bande à part », se distinguant des autres chrétiens par leur fidélité aux observances de l'ancienne loi mosaïque. Tenu par les apôtres, le concile de Jérusalem avait décrété l'inutilité des rites et des cérémonies juives, mais il avait été convenu que les chrétiens de Jérusalem, juifs pour la plupart, continueraient à observer ces anciennes pratiques comme une sorte d'hommage rendu à l'Ancienne Loi. Cette survivance prit fin lors des persécutions de l'empereur Adrien contre les juifs. Ceux qu'on appela désormais les nazaréens la maintinrent, au risque de leur vie.

Les nazaréens, qu'il ne faut pas confondre avec les *ébionites* *, reconnaissaient Jésus pour le Fils de Dieu, né d'une vierge; ils rejetaient toutes les additions que les pharisiens et les docteurs de la Loi avaient faites aux institutions purement mosaïques. Mais ils associaient la circoncision au baptême par l'eau et ils respectaient les interdictions alimentaires du judaïsme.

NÉCESSARIENS :
Sectateurs de Joseph *Priestley* *, pasteur unitairien anglais, réfugié et mort aux États-Unis en 1804. Priestley croyait à la primauté des lois naturelles et du déterminisme dans les activités humaines. La pensée n'est qu'un effet de la nature matérielle du corps. Elle se développe avec le corps, périra avec lui et ressuscitera avec lui au jour du Jugement. Ainsi l'homme est soumis à la nécessité naturelle et n'est pas responsable de ses actes. Dans le même esprit, Priestley croyait à une sorte de justice immanente qui entraîne les châtiments de la vie future. Il ne croyait ni au péché originel, ni à la grâce divine, ni enfin au bénéfice du repentir.

Il semble que Priestley, pour sa part, ne se soit pas enfermé dans les conséquences de sa doctrine assez floue.

NESTORIANISME et NESTORIUS :
L'hérésie nestorienne a ceci de remarquable qu'avec elle est apparue la plus ancienne des dénominations hérétiques qui subsiste encore de nos jours. La petite Église nestorienne indépendante est encore plus ancienne que la communauté *jacobite* * et l'Église copte. En outre, elle a délibérément tourné le dos à l'Occident, se développant exclusivement au cœur du monde oriental. Elle n'est pas innocente, la légende qui veut que ce soit justement un moine nestorien qui fit connaître le christianisme à Mahomet – ce qui explique le caractère « nestorien » de la doctrine du Coran sur le personnage incarné par Jésus.

Nestorius, qui a donné son nom à l'hérésie, était un moine chrétien né en Syrie. Ses détracteurs racontent qu'il manquait d'érudition et cachait sous un extérieur modeste et mortifié beaucoup d'orgueil et d'ambition. Il n'en est pas moins certain qu'il pouvait déployer une grande éloquence dans ses sermons et qu'il manifestait un goût marqué pour l'exégèse et la discussion philosophique. Quoi qu'il en ait été de ses défauts et de ses qualités, il accéda au siège épiscopal de Constantinople en 428, sous le règne de l'empereur Théodose le Jeune. Constantinople était alors le deuxième siège en importance, juste après Rome et devant Alexandrie. Nestorius était donc un personnage important, quelqu'un avec qui l'empereur et le pape devaient compter. Mais le nouveau patriarche se créa immédiatement des ennemis irréconciliables en faisant chasser de Constantinople les *ariens* * et les *macédoniens* *. Il obtint de Théodose des édits rigoureux afin de les exterminer. Ce chrétien sévère ne tolérait pas la présence d'hérétiques présumés sur le territoire sous sa juridiction. Pourtant lui-même professait une doctrine suspecte, qui allait dégénérer bientôt, avec une rapidité extrême, en hérésie virulente.

Influencé par les écrits de Théodore de Mopsueste, par les sermons du prêtre Anastase, ignorant ou refusant de tenir compte des réfutations des autres théologiens, Nestorius avait puisé à des sources douteuses une doctrine erronée sur le mystère de l'Incarnation. Saint Jean avait dit : « le Verbe s'est fait chair » (I, 1 et 14) et saint Paul avait précisé : « le Fils de Dieu a été fait ou est né du sang de David selon la chair » (Rom. I, 3), mais, plus récemment, Anastase avait averti « que personne n'appelle Marie Mère de Dieu. Dieu ne peut naître d'une femme ». Nestorius avait emboîté le pas et renchéri : « Je n'appellerai jamais Dieu un enfant de deux ou trois mois! » Décidément, le Verbe n'était pas né avec Jésus, du sein de Marie; son union avec le Fils de Marie n'en avait été qu'une de participation, « d'habitation ».

Proférés par le deuxième personnage de la chrétienté, de tels propos ne pouvaient laisser indifférent. Ils étaient destinés à réveiller les échos mal assoupis de la vieille rivalité qui avait toujours existé entre Constantinople et Alexandrie. Cyrille, patriarche d'Alexandrie, était déterminé à relever le gant. Une violente polémique s'éleva, mettant aux prises les deux patriarches. Nestorius adressa à Cyrille la copie d'un de ses sermons : « on ne doit pas, y précisait-il, dire que Dieu le Verbe soit né de la Vierge, ni qu'il soit mort, mais seulement qu'il était étroitement uni à celui qui est né et qui est mort ». Il écrivit dans le même sens au pape Célestin, que les deux évêques avaient pris pour arbitre. Nestorius insistait, expliquant que Jésus-Christ est appelé Fils unique du Père par participation de Jésus avec le Fils unique. Il s'agissait bien d'une union d'habitation, de puissance et de majesté, mais pas d'une union hypostatique.

La position des antagonistes était désormais claire : Cyrille et ses partisans (Alexandrie n'allait d'ailleurs guère tarder à verser à son tour dans l'hérésie *monophysite* *) mettaient avec force l'accent sur la nature divine de Jésus-Christ, tandis que Nestorius et ses disciples exaltaient l'humanité du Christ. Pour ces derniers, l'union en Jésus du divin et de l'humain avait été postérieure à la naissance charnelle du fils de Marie, elle s'était produite comme « l'union d'un époux et d'une épouse ». Il y avait eu donc en Jésus-Christ *deux natures, deux personnes* distinctes réunies en *une seule chair*. L'Église romaine professe pour sa part qu'il y a en Jésus-Christ *deux natures*, divine et humaine, hypostasiées en *une seule personne*

*La mission du Saint-Esprit,
bois gravé allemand, XVᵉ siècle*

La polémique avait tout de suite pris des proportions alarmantes, les deux évêques se renvoyant la balle et s'accusant mutuellement de provoquer des troubles. Cependant, à l'instigation de saint Cyrille, le pape Célestin convoqua un concile à Rome en 430. La doctrine de Nestorius fut condamnée. Aussitôt le patriarche d'Alexandrie convoqua un autre concile en Égypte. Il en profita pour promulguer douze anathèmes contre Nestorius; celui-ci répondit en fulminant un nombre égal d'anathèmes contre Cyrille. La querelle rebondissait et risquait de mettre l'Empire à feu et à sang. L'empereur obtint du pape qu'un troisième concile se réunisse à Éphèse (431). Saint Cyrille s'y fit critiquer par le patriarche Jean d'Antioche, qui lui reprochait l'agressivité de ses procédés, mais Nestorius n'en fut pas moins de nouveau solennellement condamné et déposé. L'empereur le fit emprisonner, puis le relégua d'abord à Patra en Arabie, ensuite dans un monastère du désert en Égypte. Il y mourut, misérable, sans avoir néanmoins consenti à abjurer son erreur.

Le nestorianisme avait été banni de l'Empire et les hérétiques sévèrement proscrits. Ils s'enfuirent en Mésopotamie et en Iran. Un certain Barsumas, évêque du Nisibe, parvint à se concilier les faveurs du roi de Perse et établit des églises dans plusieurs provinces de ce royaume. Les ouvrages de Théodore de Mopsueste furent traduits en syriaque, en persan et en arménien. Une école célèbre fut créée à Édesse, une autre à Nisibe. Les nestoriens s'étaient donné un patriarche « catholique »; leurs communautés essaimèrent partout en Orient, de Samarcande et de Tartarie jusqu'en Inde voir *chrétiens du Malabar* *). Ils auraient atteint la Chine. Il est remarquable de voir combien l'apôtre saint Thomas joue un rôle important, presque central dans leurs traditions; on le retrouve à leur suite partout dans le lointain Orient. Saint Thomas, par son nom même qui signifie « jumeau » et qui aurait été effectivement le jumeau de Jésus, symbolise en effet l'aspect purement humain du Christ et le caractère bien « terrestre » de la Vierge. Les chrétiens du Malabar en firent leur saint fondateur; le mystérieux Prêtre Jean du Moyen Âge se réclame de sa filiation apostolique. Lors de la conquête du Mexique par les Espagnols, les moines franciscains auront vite fait d'identifier l'apôtre « des Indes » avec le dieu Quetzalcoatl, le dieu bon. Mais cela est une autre affaire et nous ne nous étendrons pas ici.

Leur dispersion était destinée à affaiblir les nestoriens et leur Église. Un schisme se produisit au XVIᵉ siècle : dès 1308, le patriarche Jaballah avait rétabli les contacts avec le pape Benoît XI; ces contacts furent repris au XVIᵉ siècle par Jean Salaka et son successeur Abdissi, sous le pontificat des papes Jules III et Pie IV. Un accord fut conclu, reconnaissant la suprématie spirituelle du siège de Rome. Cette branche de nestoriens est aujourd'hui connue sous le nom d'Église chaldéenne. Ceux des nestoriens qui ne furent pas impliqués dans cette reconnaissance continuent aujourd'hui à constituer de petites églises indépendantes. On les trouve au Kurdistan ou dans les provinces limitrophes depuis la guerre de libération. Elles reconnaissent l'autorité d'un patriarche, qui porte obligatoirement le nom de Siméon. Leurs évêques sont célibataires, mais leurs prêtres peuvent se marier.

L'Église nestorienne enseigne, comme les Grecs schismatiques, que le Saint-Esprit procède du Père seulement et non point du Fils aussi; que les âmes ont été créées avant les corps; que le péché originel n'existe pas; que la récompense des justes ou la punition des méchants sont différées jusqu'au jour du Jugement, les âmes demeurant en attendant dans un état d'insensibilité; que les tourments des damnés auront une fin.

Les rites et la liturgie se pratiquent en langue syriaque (la liturgie est dite «liturgie des apôtres»), ils sont anciens, peut-être ceux qui étaient pratiqués autrefois à Constantinople. Les nestoriens administrent tous les sacrements et reconnaissent le même nombre de livres de l'Écriture sainte que les catholiques.

NEW THOUGHT : (Voir *Pensée nouvelle*).

NICOLAÏTES : Membres d'une des plus anciennes sectes hérétiques de l'Église primitive. Ils étaient contemporains des Apôtres. Saint Jean en fait mention, pour les dénoncer, dans son Apocalypse (II, 6 et 15). Et saint Irénée de Lyon, près de deux siècles plus tard, leur donne pour fondateur un des sept diacres de l'Église de Jérusalem, qui avait été établie par les Apôtres (Act., VI, 5-6). Sans preuve, car les Actes ne font pas le rapport entre le diacre Nicolas et les *nicolaïtes*. À vrai dire, on ne sait à peu près rien de Nicolas. Il paraît que sa femme, fort belle, aurait été pour lui un constant objet de jalousie, ce qui ne l'aurait pas empêché pourtant de l'offrir en mariage aux Apôtres qui, selon saint Clément d'Alexandrie (Stromates, III, IV), lui reprochaient l'amour excessif qu'il portait à cette trop désirable épouse. Très paradoxalement, il aurait vécu néanmoins dans une grande chasteté, incitant ses filles à choisir de vivre dans le célibat et la continence totale.

On attribue à Nicolas la maxime ambiguë par laquelle il aurait affirmé «qu'il faut exercer la chair», le tendre diacre voulant dire par là «dompter la chair», tandis que ses disciples éventuels comprenaient : «l'utiliser au point de l'affaiblir». Les nicolaïtes dénoncés par saint Jean enseignaient que «la fornication et la manducation des viandes offertes aux idoles sont choses indifférentes» (Irénée, *Adv. Her.*, I, XXVI, 3) ils auraient été en tout cas réputés pour leur lubricité. La doctrine qu'ils professaient aurait été semblable à celle des *cérinthiens* *.

NOÉTIENS : Hérétiques du début du IIIᵉ siècle, disciples de Noët de Smyrne. Cette secte de *patripassiens* * professait que la même personne divine était appelée tantôt le Père, tantôt le Fils, selon le besoin et selon les circonstances. Noët précisait que c'était le Père qui s'était incarné en Jésus-Christ, qui avait souffert et était mort avec lui. Les noétiens ne firent pas de grands progrès et se confondirent avec les autres patripassiens.

NOMINALISTES : Philosophes du Moyen Âge qui refusaient toute réalité substantielle aux idées générales ou «universaux». Ils soutenaient que les universaux n'étaient que des *noms* abstraits utilisés pour ranger des êtres particuliers dans des catégories générales. L'école nominaliste eut pour principal théologien le franciscain Guillaume d'Ockham, célèbre scolastique du XIIIᵉ ou XIVᵉ siècle, et pour adversaires principaux les réalistes. (Voir *Universaux*).

NON-CONFORMISTES : Dissidents (ou *dissenters*), parmi les protestants anglais, qui rejetèrent l'organisation ecclésiastique anglicane. Ils furent traditionnellement deux mille ecclésiastiques qui refusèrent en 1622 de se conformer à l'Acte d'uniformité promulgué par le pouvoir et choisirent de perdre de ce fait leurs privilèges et leurs bénéfices. Ils furent persécutés jusqu'à la fin du XVIIᵉ siècle et sont à l'origine de plusieurs tendances religieuses : *puritains* *, *presbytériens* *, *mennonites* *...

NON-JUREURS : Connus en Angleterre sous le nom de *Nonjurors*, plusieurs ecclésiastiques britanniques (dont Sancroft, archevêque de Canterbury, huit évêques et quatre cents prêtres) refusèrent de reconnaître le roi Guillaume d'Orange et de lui prêter serment d'allégeance. Ils furent déposés et privés de leurs bénéfices. Ils se groupèrent dans une association épiscopale qui ne disparut qu'à la fin du XVIIIᵉ siècle.

NOUVELLE ÉGLISE : Plus connue du public comme l'«Église swendenborgienne». Cette dénomination chrétienne s'inspire de la pensée et de la doctrine du grand visionnaire suédois Emmanuel de *Swendenborg* * qui, s'il ne chercha pas lui-même à fonder une Église, n'en avait pas moins annoncé une Nouvelle Dispensation et l'avènement, en 1757, de la Nouvelle-Jérusalem prophétisée dans l'Apocalypse. Swedenborg appartenait à l'Église luthérienne de Suède et il n'avait jamais rompu ses liens avec elle.

Parmi ses disciples anglais, beaucoup demeurèrent dans l'obédience de l'Église anglicane, se contentant d'embrasser les idées swedenborgiennes; d'autres, en revanche, s'organisèrent en communauté distincte et fondèrent ainsi la Nouvelle Église. Parmi ces derniers, Robert Hindmarsh (1759-1835) et le pasteur John Clowes (1743-1831), de Manchester, furent les plus éminents. Hindmarsh, un imprimeur londonien, créa la première congrégation swedenborgienne dès 1787. Cette petite communauté se réunit pour la première fois à Londres en 1788, tandis que des églises s'établissaient dans d'autres villes, aux États-Unis, en France (XIXe siècle), en Suède, en Australie, en Afrique du Sud... En France, c'est Jean-François-Étienne Le Boys des Guays (1794-1864), juge au tribunal civil de Saint-Amand, qui traduisit du latin en français l'œuvre théologique du voyant suédois et se fit le propagateur de la Nouvelle-Jérusalem ou Nouvelle Église du Seigneur Jésus-Christ. La Swendenborg Society possède des centres à Londres et à New York. Les swendenborgiens ne sont guère plus de trente mille dans le monde entier; ils constituent une sorte d'élite religieuse.

Plusieurs traits essentiels caractérisent l'enseignement de la Nouvelle Église : 1. L'unité de Dieu : il n'y a pas trois personnes (qui seraient trois dieux), mais trois opérations dans une Personne unique qui nous a été révélée en Jésus-Christ. 2. Le refus d'admettre le salut par l'imputation des mérites du Christ, mais seulement par les œuvres. 3. L'imbrication étroite des mondes matériel et spirituel.

Swendenborg a révélé tout un système complexe et détaillé des représentations et des correspondances entre l'Homme interne et l'Homme externe, entre l'homme-microcosme et le « Très Grand Homme ».

Il a décrit le monde des esprits dans ses moindres détails, la place et la vie future des âmes désincarnées dans cet univers spirituel qui, loin d'être un au-delà effrayant, ressemblerait davantage à un prolongement de l'existence terrestre. L'amour et le mariage lui-même existeraient dans le monde spirituel. Ce monde spirituel, le seul digne d'intérêt, envelopperait en quelque sorte le monde matériel.

Il n'existe pas de Credo rigide des doctrines professées par les différentes communautés de la Nouvelle Église; toutes puisent leur inspiration dans les écrits de Swedenborg mais laissent à leurs fidèles une marge assez grande d'interprétation.

NOVATIENS : Hérétiques du IIIe siècle, partisans de Novatien, prêtre de Rome, et de Novat, prêtre de Carthage.

Novatien était en lutte contre saint Corneille, qui lui avait été préféré pour le siège de Rome. Il reprochait au pape d'admettre à la confession et à la communion les chrétiens qui s'étaient rendus coupables d'apostasie pendant les persécutions impériales. Il prétendait que l'Église n'avait pas le pouvoir de remettre les grands crimes par l'absolution. Novatien paya, dit-on, trois évêques d'Italie afin d'être élevé par eux à l'épiscopat et fut ainsi le premier évêque de sa secte. Il eut des successeurs. Saint Corneille, inquiet devant l'extension du schisme, convoqua un concile de soixante évêques à Rome en 251. Novatien y fut condamné, les évêques qui l'avaient ordonné déposés et les anciens canons de l'Église confirmés. Pourvu qu'ils fassent pénitence publiquement, ceux qui avaient apostasié recevaient l'absolution; les prêtres et les évêques coupables du même crime étaient réduits à l'état laïque.

En dépit de leurs divisions intestines, les novatiens ne cessèrent d'étendre leur influence. Ils soutenaient maintenant que l'Église s'était corrompue par trop d'indulgence envers les pécheurs. Ils se donnèrent le nom de *cathares* * (les « purs ») et se mirent à rebaptiser les pécheurs. Ils condamnaient les secondes noces et se montraient en tout point d'une sévérité rigide. On raconte que l'empereur Constantin, impatienté par les arguments d'un de leurs évêques nommé Acésius, lui aurait dit : « Acésius, dressez une échelle, et montez au ciel tout seul! »

Novat, prêtre carthaginois, avait d'abord défendu des thèses tout à fait opposées à celles des novatiens de Rome; il avait reproché à saint Cyprien, son évêque, son attitude trop rigoureuse à l'égard de ceux qui demandaient leur réinsertion dans le sein de l'Église. Menacé d'excommunication, il s'était alors enfui à Rome où, renonçant à ses opinions antérieures, il avait rejoint les rangs des disciples de Novatien.

Il fut question des novatiens au concile de Nicée, en 325. La secte subsista en Orient jusqu'au VIe siècle et en Occident jusqu'au VIIIe siècle.

NU-PIEDS SPIRITUELS : Membres d'une petite branche d'*anabaptistes* * de Moravie au XVIe siècle. Ils cherchaient à imiter la simplicité de l'Église primitive des apôtres, allaient nu-pieds, méprisaient les gens d'armes et les gens de lettres. Ils affirmaient dédaigner l'estime des peuples.

Évangéliaire orthodoxe grec, 1761

OCCAM ou OCKHAM Guillaume d' : (vers 1270 ou 1300-1349). Théologien et scolastique anglais né à Ockham, dans le Surrey. Il appartenait à l'ordre des franciscains, dont il devint peut-être le général vers la fin de sa vie. Disciple de Duns Scot, *nominaliste* * convaincu, il s'attaqua aux idées de l'école réaliste. Sa fougue se révéla dangereuse pour le dogme. Celui qu'on surnomma le *Doctor singularis et invincibilis* mourut sans doute à Munich, à une époque où la chrétienté ne se connaissait pas de frontières.

OLCOTT Henry Steel : (1830-1907). Savant agronome et colonel américain, H. S. Olcott fut un théosophe distingué; il fonda, avec Hélène *Blavatsky* *, la *Société théosophique* (1875).

OMPHALOPHYSIQUES : Nom donné à tort aux *bogomiles* * et *pauliciens* * de Bulgarie. Il semble que le mot convienne davantage aux *hésichastes* * du XIᵉ et du XIVᵉ siècle.

OPHITES : Hérétiques du IIᵉ siècle dont le nom vient du grec *ophis* : « serpent ». Ces *gnostiques* *, dont on ne sait s'ils furent antérieurs ou postérieurs à Valentin, professaient une doctrine assez proche de celle des *valentiniens* *. Ils adoraient le serpent qui, en incitant Ève à manger du fruit défendu de l'arbre de la science (la gnose), avait permis aux hommes d'accéder à la connaissance. Comme les autres gnostiques, les ophites établissaient une différence entre l'Être suprême inaccessible et inconnaissable et le créateur de ce monde imparfait, sinon franchement mauvais. Le Créateur, le démiurge *Jaldabaoth* n'était autre que le « cruel dieu des juifs » avec qui il avait fait alliance. Dualistes, les ophites croyaient à l'existence d'un principe matériel, le chaos, parallèle à l'Être divin et implicitement coéternel. De *Bythos,* le Dieu ineffable, émanent plusieurs éons : *Ennoia-Charis,* sa pensée et l'*Anthropos* (l'Homme primordial); *Pneuma-Zoé,* la « mère des vivants »; *Christos* enfin et *Sophia-Achamoth.* Mais Sophia n'appartient pas tout à fait au Plérôme, elle s'en est exclue par l'effet de son désir. Elle est intermédiaire entre les intelligences divines et le monde matériel. C'est elle qui de sa propre substance a engendré Jaldabaoth.

Cependant, issus de Jaldabaoth ou conçus parallèlement, six autres génies se partagent la royauté de ce monde distribué entre eux par régions. Ces génies ou archontes de l'hebdomade (les sept cieux

217

planétaires du *Kénôme* [vide] intermédiaire), à savoir : *Jao*, *Sabaoth*, *Adonaï*, *Astaphal*, *Eloï* et *Oraï*, fabriquèrent un homme de stature colossale, sans doute sur le modèle de ce qu'ils imaginaient être l'Anthropos. Jaldabaoth lui insuffla la vie. Mais le souffle de Jaldabaoth contenait un peu de cette substance divine que lui avait transmise sa mère Sophia et cette étincelle de lumière passa ainsi dans l'homme primitif (et cette étincelle s'est transmise jusqu'à nous, descendants d'Adam). Mais, inspiré par Sophia, le premier couple humain avait tendance à s'élever au-dessus du monde des esprits, jusqu'à l'Être suprême. Le démiurge leur avait interdit de manger du fruit d'un arbre, mais, de connivence avec Sophia, le serpent (*Ophis*) les convainquit d'en goûter ; aussitôt Adam et Ève furent en possession de la connaissance des mondes supérieurs.

La nature réelle d'Ophis est ambiguë. Il est né d'un regard de colère de Jaldabaoth, jaillissant du chaos avec *Michel* et six autres *démons* chargés d'inspirer aux hommes les passions les plus déréglées. Ces six démons ont pour image symbolique le lion, l'aigle, le serpent, l'ours, le chien et le taureau. Ophis est un démon, mais il semble que c'est Sophia qui lui inspira le désir (provisoire) d'aider le premier homme ; par la suite, il fut pris de haine pour son ancien protégé, dont l'alliance lui avait attiré la colère de Jaldabaoth. Ophis se dressera comme un des pires ennemis de l'homme.

Il serait trop long de raconter par le détail les aventures burlesques de nos premiers parents tiraillés entre le Bien et le Mal, se perpétuant et se divisant entre race de Caïn et race de Seth. Querelles et déviations trouvèrent un terme dans l'incarnation de l'éon Christos dans l'homme Jésus, fils de la Vierge Marie, incarnation divine qui ne se produisit qu'au jour du baptême dans le Jourdain. Mais Jaldabaoth était aux aguets : il avait inspiré à Hérode le massacre des Innocents, il livra Jésus aux Juifs, son peuple élu. Mais à la crucifixion, Christos abandonna le corps de Jésus et rentra dans le Plérôme. En revanche, Jésus ressuscita et, pourvu d'un corps subtil, il passa dix-huit mois sur la terre à instruire ses disciples (notamment l'apôtre Thomas) ; après quoi il s'éleva dans la région supérieure de l'hebdomade et parvint à la droite de Jaldabaoth, à l'insu de ce dernier. Il y reçoit les âmes purifiées par les mérites de Christos et les guide dans leur ascension vers les régions supérieures. Enfin la consommation des temps se fera par l'absorption de Sophia dans le sein du Plérôme et la chute de Jaldabaoth dans l'abîme du chaos. Quant aux âmes des justes, elles doivent présenter aux différents gardiens des régions célestes un signe secret

qui leur tient lieu de passeport dans le voyage ascensionnel. Ce signe est obtenu par la gnose.

Les ophites se divisèrent en plusieurs branches dont les deux principales furent les *caïnites* et les *séthiens*.

OPTIMISME : Système philosophique qui soutient que Dieu, infiniment bon et parfait, n'a pu créer qu'un monde parfait à son image. Le cosmos comme notre propre monde terrestre sont ce qui existe de plus parfait possible et le mal n'est qu'une fiction toute relative. C'est à peu de chose près la doctrine soutenue principalement par Nicolas Malebranche (1638-1715) et par C. W. Leibniz (1646-1716). C'est cette même utopie que Voltaire a ridiculisée dans son *Candide*.

La doctrine de l'« optimisme » apparaît comme erronée aux yeux de l'Église en ce sens qu'elle limite implicitement la puissance et la volonté divines. Il n'y a pas d'*optimum* que la volonté de Dieu ne puisse surpasser. Le monde, bien que créé par Dieu, est fini dans le temps et dans l'espace ; s'il jouissait de la perfection absolue il épuiserait le caractère infini de Dieu.

ORBIBARIENS : Hérétiques du XIIe siècle ainsi nommés du latin *orbis* parce qu'ils vagabondaient sans avoir de demeure fixe. Ils auraient été une branche des premiers *vaudois* *.

Ils niaient la sainte Trinité, la Résurrection, le Jugement dernier, rejetaient les sacrements et professaient que Jésus-Christ n'avait été qu'un simple homme. Ils furent condamnés par le pape Innocent III.

ORIGÈNE et ORIGÉNISTES : Nul nom de théologien n'a autant prêté à confusion que celui d'Origène, Père de l'Église dont saint Pamphile et saint Grégoire le Thaumaturge furent, à sa mort, respectivement l'apologiste et le panégyriste. Le drapeau de l'origénisme fut brandi par maintes sectes hérétiques du vivant même du grand théologien et longtemps encore après sa mort.

Origène naquit à Alexandrie en 185, dans une famille chrétienne. Il se consacra à l'étude des Écritures ainsi que des idées de l'école d'Alexandrie, le néo-platonisme en particulier. Il vécut à Alexandrie jusqu'en 232, enseignant des disciples et rédigeant ses principaux ouvrages – on lui attribue 6 000 livres dont presque rien n'est parvenu jusqu'à nous sinon le *Contra Celse* (réfutation de la doctrine de cet auteur païen), des passages de l'*Hexapla* et quelques autres textes tronqués.

Ordonné presbytre vers 231, Origène se rendit en Palestine où il fonda une école à Césarée d'où il visita de nombreuses églises chrétiennes du monde méditerranéen. Il mourut à Tyr en 285. Célèbre pour son exégèse de la Bible, il le fut tout autant pour ses idées néo-platoniciennes et ses erreurs concernant la coéternité de la matière et la nature des peines et des récompenses promises à l'homme après la mort. La doctrine erronée d'Origène est exposée dans son *Periarchon,* ou *Traité des principes,* dont il ne reste qu'une traduction latine faite par Ruffin, qui dit avoir expurgé l'original. En butte à la haine de Démétrius, évêque d'Alexandrie, Origène adressa une lettre justificative à ses amis de la ville, dans laquelle il s'explique d'une manière orthodoxe sur les peines des démons et demande qu'on ne le rende pas responsable des interpolations apportées à ses écrits. Pour tout dire, Origène ne se voulait pas responsable de l'origénisme.

Il n'empêche; tout l'Orient fut bientôt agité par des novateurs qui se réclamaient d'Origène. Ils niaient la divinité de Jésus-Christ, l'éternité des peines, ils soutenaient que les âmes avaient été créées avant le monde, dans une égalité complète et parfaite, dotées d'un corps subtil, qu'elles ne furent contraintes qu'ensuite, à cause de leurs fautes, à être reléguées dans la nature angélique, dans le corps humain et jusque dans les astres et le Soleil. Se référant au *Pariarchon,* ils croyaient que les bienheureux conservaient leur libre arbitre après la mort et pouvaient être expulsés du ciel en punition d'une nouvelle faute. Enfin la matière étant éternelle, plusieurs mondes avaient sans doute précédé le nôtre et plusieurs autres lui succéderaient. Dieu n'était jamais oisif et ne pouvait se passer de monde.

Un siècle après le décès d'Origène, saint Jérôme, Ruffin, saint Épiphane, saint Augustin lui-même entrèrent dans une longue discussion à propos de la doctrine prêtée à Origène. Ruffin s'était fait le défenseur passionné du père contesté, saint Jérôme se posait en accusateur. L'Église officielle ne se prononçait pas encore, quoique, croit-on, Ruffin encourût l'excommunication – ce qui aurait constitué un blâme indirect pour Origène. En tout cas, la polémique raviva l'hérésie qui fit des ravages parmi les moines de Palestine et d'Égypte. À tel point qu'au second concile œcuménique de Constantinople (553) l'origénisme fut condamné et la personne d'Origène censurée.

Les origénistes s'étaient alors divisés en deux sectes : les *isochrites* qui soutenaient que Jésus-Christ n'était Fils de Dieu que par adoption et qu'à la résurrection générale les Apôtres seraient rendus égaux au Sauveur; les *protoctistes* (dits aussi *tétradites*) qui professaient la préexistence des âmes.

Ces sectes ne doivent pas être confondues avec une autre communauté d'origéniens ou d'origénistes qui avait pour chef un nommé Origène sans aucun lien avec le père du même nom. Ces sectateurs condamnaient le mariage et prônaient la liberté des relations sexuelles. Saint Augustin et saint Épiphane parlent de cette secte en la désignant du nom d'*origénisme impur.* Ils conviennent tous deux que ses mœurs licencieuses n'ont rien à voir avec le grand Origène, dont la chasteté était célèbre.

ORTHODOXE (Église) ou ÉGLISE ORIENTALE : Cette Église, le schisme le plus important auquel doit faire face l'Église catholique, se décompose elle-même en plusieurs dénominations autocéphales. Elle est communément appelée « grecque » parce qu'elle tire historiquement son origine du schisme du siège patriarcal de Constantinople et de la plupart des métropoles épiscopales de l'Empire byzantin. Ses membres lui attribuent le titre d'« orthodoxe » car elle se réclame de la seule tradition des Apôtres et de l'Église primitive, dont elle entend conserver intacts la doctrine et le rituel. Elle est « orientale » enfin, puisqu'elle perpétue la foi traditionnelle des diverses Églises d'Europe orientale, d'Asie Mineure et d'Égypte. Sont « grecs orthodoxes » dans leur écrasante majorité les chrétiens de Russie et des pays balkaniques, de Grèce, de Turquie et du Caucase. Aujourd'hui, après la Révolution russe et l'établissement du pouvoir soviétique, à la suite enfin de l'implantation du communisme en Europe de l'Est, nombreux sont les « orthodoxes » qui vivent en Europe occidentale, aux États-Unis et ailleurs. Ils ne se sont pas pour autant ralliés à l'Église romaine.

À l'origine, le schisme naquit en Grèce, dans le patriarcat de Constantinople. Il est lié à l'histoire interne de l'Empire romain. Quand la capitale de l'Empire se déplaça de Rome à Constantinople, en 330, l'évêque de Rome réclama et obtint la reconnaissance de la suprématie spirituelle et morale sur tous les autres évêques de la chrétienté, étant implicitement admis que le siège de Constantinople occupait *de facto* la deuxième place.

Au début, le siège épiscopal de Constantinople avait dépendu du métropolite d'Héraclée, en Thrace, mais le premier concile œcuménique de Constantinople (381) lui décerna nommément le second rang après le siège de Rome, et son évêque fut élevé au titre et prérogatives de patriarche. Le nouveau patriarcat voulut aussitôt étendre son influence et sa compétence juridictionnelle. Saint Jean Chrisostome et ses successeurs s'efforcèrent de s'arroger la suprématie, plus ou moins tacitement respectée par les papes de Rome, sur les grands diocèses de Thrace et d'Asie, ceux-là au moins qui n'avaient pas été élevés au rang patriarcal. Le concile de Chalcédoine (451) confirma cette autorité juridictionnelle de Constantinople, l'étendant au diocèse de Pont et aux peuples barbares (Bulgares, Daces, Valaques, Scythes, entre autres). Mais le pape Léon et le primat d'Éphèse tentèrent, en vain, de s'opposer à cette expansion. La polémique avec Rome ne faisait que commencer.

Elle se concentra d'abord sur un titre, injurieux pour la primauté du pape romain, que s'attribua unilatéralement, en 588, Jean le Jeûneur, celui de *patriarche œcuménique.* Jean le conserva malgré les objurgations du pape Pélage et de saint Grégoire le Grand. Désireux de faire entériner officiellement ce titre contesté, l'empereur Justinien II le Rhinotmète (669-711) convoqua un concile, dit « quinsexte », qui confirma le second rang du patriarcat de Constantinople dans l'Église (692). Le pape Sergius en refusa les conclusions et la querelle demeura ouverte. Elle s'envenima avec la dévolution sans heurts des pouvoirs politiques en Italie aux papes, principaux bénéficiaires de la carence de l'autorité impériale. En même temps, l'hérésie et la guerre des iconoclastes, qui sévissaient en territoire byzantin, affaiblissaient le prestige de Constantinople. Ce fut le moment que choisirent les Grecs pour accuser les Romains de professer une erreur fondamentale touchant la procession du Saint-Esprit par les précisions novatrices interpolées dans le texte du symbole de Nicée.

On en était à ce stade de la discussion et de la récrimination hargneuse réciproque, quand l'empereur Michel III l'Ivrogne déposa de sa seule autorité le patriarche Ignace, l'exila et le remplaça par Photius (857). Ce dernier, homme intelligent et ambitieux, reçut tous les degrés de l'ordination et de la consécration dans un temps record. En six jours il fut fait moine, lecteur, sous-diacre, diacre, prêtre, évêque et enfin patriarche. Son ordination et son élévation au patriarcat furent légitimés par un concile de Constantinople en 861.

Mais le pape Nicolas Ier avait pris fait et cause pour Ignace; il excommunia Photius dans un concile réuni à Rome (862). Le nouveau patriarche répliqua en excommuniant à son tour le pontife, le déclarant en outre déposé, dans un conciliabule rassemblé à Constantinople en 866. Il en profita pour reprendre à son compte le titre suprême et contesté de *patriarche œcuménique.* Il renouvela en outre ses accusations d'hérésie contre la communion romaine, dénonçant notamment le mot litigieux de *filioque* (et du Fils) ajouté par l'Église romaine au texte du symbole de Nicée, approuvé à Constantinople. Le mot exprime clairement que, pour Rome, le Saint-Esprit procède du Père *et du Fils,* doctrine que les Grecs n'ont

jamais admise. Mais le trône byzantin était un trône fragile, l'empereur Michel fut assassiné et Basile Ier, le Macédonien, son assassin, revêtit la pourpre impériale. Il s'empressa de faire emprisonner Photius et de rappeler Ignace. On était en 867. Le pape Adrien II assembla un concile de trois cents évêques à Constantinople et fit condamner de nouveau Photius. Pas pour longtemps : Ignace étant mort dix ans plus tard, Basile et Photius se réconcilièrent; le pape Jean VIII y prêta la main et accepta de convoquer un nouveau concile qui reconnut Photius pour patriarche légitime. Le bouillant prélat reprit sa place... ainsi que son titre œcuménique. Le schisme grec s'approfondit.

Saint Jean Chrysostome

Cependant la position de Photius n'était décidément pas solide; Basile mourut en 886 et son successeur Léon le Philosophe s'empressa de remplacer le patriarche. Il l'exila en Arménie où il mourut en 891, après une vie bien remplie. L'habitude était prise toutefois et durant cent cinquante ans les papes durent s'accommoder du *patriarcat œcuménique* de Constantinople. En l'an 1043 cependant, sous le règne de Constantin Monomaque et le pontificat de Léon IX, le patriarche Michel Cérularius entreprit de consommer le schisme. Il fit publier en Italie quatre griefs contre l'Église latine : 1. l'usage du pain azyme dans l'eucharistie; 2. l'usage de laitage en carême et la coutume de manger des viandes suffoquées; 3. le jeûne du samedi; 4. le crime de ne point chanter *alleluia* pendant le carême. C'était tout et c'était futile. Le pape voulut s'en expliquer, mais le patriarche refusa de recevoir ses légats. En 1054, année cruciale, les deux Églises s'excommunièrent mutuellement et solennellement. Disons tout de suite, quoique cela n'y ait rien changé, qu'un nouvel empereur, Isaac Comnène, fit déposer Michel Cérularius et l'envoya en exil où l'ex-patriarche périt de chagrin en 1059.

Les croisades qui suivirent n'arrangèrent pas les choses, elles ne firent que rendre plus irréversible le schisme. Après la prise de Constantinople par les croisés (1204), des Latins furent placés sur le siège patriarcal; les Grecs réagirent en élisant des patriarches indigènes qui siégèrent à Nicée. Les légats du pape Honorius III ne purent s'entendre avec le patriarche grec Germain et les choses restèrent en l'état. Pourtant, les discordes qui divisaient les croisés permirent à l'empereur Michel Paléologue de reprendre Constantinople et d'en chasser les Latins en 1260, mais, bien avisé et conciliant, le souverain chercha à rétablir l'union avec l'Église romaine. Munis d'une lettre cosignée par vingt-six métropolites d'Asie, ses ambassadeurs au concile général de Lyon (1274) présentèrent une profession de foi rédigée dans le sens exigé par le pape. La réconciliation devenait possible. Hélas! ni le clergé grec ni les moines d'Orient ne se laissèrent subjuguer; et de son côté, le pape Innocent IV manqua de souplesse, exigeant que les Grecs ajoutassent le *filioque* à leur symbole. Le concile de Lyon n'avait rien ordonné de la sorte et l'empereur Michel Paléologue refusa de se soumettre à l'injonction pontificale. Il fut brutalement excommunié.

Une autre et tout aussi vaine tentative fut faite en 1437-1439. Inquiets devant les conquêtes foudroyantes des Turcs, l'empereur Jean Paléologue et le patriarche Joseph, accompagnés de plusieurs évêques, se rendirent au concile général de Florence, sous le pontificat d'Eugène IV; ils signèrent une profession de foi commune avec les Latins. Une fois encore ce fut inutile, le reste du clergé, les moines, le peuple même se soulevèrent et la plupart des évêques signataires s'empressèrent de se rétracter.

Il n'était plus temps désormais de revenir en arrière. En effet, la menace turque s'était réalisée. Mehmet II prit Constantinople et détruisit l'Empire d'Orient en 1453 dans la quasi-indifférence des monarques d'Occident, trop occupés à leurs propres querelles dynastiques. La partie était définitivement jouée – et perdue pour l'Église latine. Le pouvoir ottoman reconnut certes la liberté religieuse des Grecs, mais il exerça un contrôle sourcilleux sur la nomination du patriarche et des évêques. Avec le temps, la plupart des grandes Églises orientales, qui jusqu'alors avaient été dans la mouvance de Constantinople, s'en détachèrent et devinrent autocéphales, l'Église russe notamment – Moscou fut érigé en patriarcat en 1589. D'autres rentrèrent dans la juridiction romaine – ce furent les « uniates ». Quoi qu'il en soit, même sous une autorité fragmentée, le puissant schisme orthodoxe a perduré jusqu'à nos jours.

Sans doute, dans le cadre du mouvement œcuménique contemporain, de nouvelles tentatives d'union ont été ébauchées. Le pape Paul VI rencontra le patriarche œcuménique Athénagoras Ier à Jérusalem en 1963; en décembre 1965, à l'issue du concile de Vatican II, les deux pontifes levèrent conjointement et réciproquement les excommunications prononcées en 1054; le pape engageait ainsi toute l'Église romaine, le patriarche ne représentant pour sa part qu'une fraction réduite de l'Église orthodoxe. Le 5 septembre 1978, ce fut au tour du métropolite Nikodim de Leningrad de visiter Rome; il y mourut dans les bras du pape Jean-Paul Ier, qui devait lui-même vivre si peu de temps. Enfin un autre pape, Jean-Paul II devait chanter le *Pater* en latin à la messe du patriarche grec Dimitrios Ier, lors d'une visite en Turquie. Il est permis de croire que d'autres pas seront accomplis dans le sens d'une réconciliation, mais le dogme catholique de l'infaillibilité pontificale semble devoir offrir un obstacle de taille sur la voie de l'union, sinon de la fusion.

Pourtant, à l'exception du dogme de l'infaillibilité, seules des nuances séparent les deux Églises sur le plan doctrinal. La Bible (Ancien et Nouveau Testaments, Actes et Épîtres), interprétée par les Pères constitue la *Sainte Tradition* de l'Église orthodoxe; elle est complétée par les conclusions doctrinales des sept premiers conciles généraux de l'Église. Ces vérités de base ont été commentées par les « trois hiérarques » de l'Église d'Orient : Jean Chrysostome, Basile le Grand et Grégoire de Nazianze. En conséquence de cette *Sainte Tradition* : 1. il est convenu que dans la Trinité divine, telle qu'elle a été décrite par les conciles de Chalcédoine et de Jérusalem, le Saint-Esprit procède du Père seulement. Le *filioque* (et du Fils) de la doctrine romaine n'est pas admis; 2. la primauté du pape de Rome et sa juridiction sur toute l'Église n'est pas reconnue; 3. l'eucharistie ne doit point être consacrée avec du pain azyme, mais avec du pain levé, et la communion doit s'administrer sous les deux espèces du pain et du vin; 4. il est juste de prier pour le repos de l'âme des morts afin de fléchir la miséricorde divine; mais la doctrine du purgatoire n'est pas enseignée, le sort des défunts ne devant être décidé qu'au Jugement dernier; 5. le baptême est administré dès l'enfance par triple immersion; tous les autres sacrements sont les mêmes que ceux qui existent dans l'Église romaine; 6. le chant joue un rôle important dans les cérémonies religieuses, mais aucune musique instrumentale n'est tolérée; dans le même ordre d'idées, les sculptures sont rigoureusement bannies des lieux du culte; en revanche, les églises accueillent un nombre important de peintures et d'icônes; 7. le signe de la croix se fait de droite à gauche, en souvenir, pense-t-on, de ce qu'on crucifia d'abord la main droite du Sauveur; 8. la liturgie, les prières et les offices sont en général très longs, les jeûnes nombreux et rigoureux.

Les prêtres du clergé séculier peuvent se marier, mais les secondes noces leur sont interdites. Les évêques et le patriarche sont traditionnellement choisis parmi les moines et sont célibataires.

Églises et organisation
L'Église orthodoxe n'est pas hiérarchiquement unifiée. Elle comprend différentes organisations relevant d'Églises nationales qui ne gardent de commun que les liens d'une même foi et d'une liturgie presque en tout point analogue.

Le patriarcat œcuménique
C'est, historiquement, l'Église mère. Le siège en est à Constantinople dont dépendent quatre métropoles en Turquie, les îles grecques, la Grèce du Nord et la « république » des moines du Mont-Athos. Des diocèses ont en outre été créés en Suisse, en Europe occidentale, en Amérique, en Australie et en Nouvelle-Zélande. Enfin d'autres Églises, autocéphales, reconnaissent au patriarcat œcuménique une sorte de suprématie morale.

L'Église a à sa tête le patriarche œcuménique élu et assisté par un synode de douze métropolites. Tous sont de nationalité turque et sortent du collège d'Haiki (qui a été fermé depuis par les autorités turques). Ils résident au palais du Phanar, à Constantinople. On a envisagé toutefois dans les milieux concernés de réviser cette organisation, compte tenu des millions de fidèles de l'étranger qui, souvent coupés de Constantinople, finissent par se confondre avec d'autres communautés orthodoxes. L'ordre monastique de saint Basile, parmi les membres duquel sont choisis les évêques, possède maintenant des monastères en Occident.

La petite *république monastique du mont Athos* est formée par la fédération d'une vingtaine de monastères grecs orthodoxes et de trois couvents slaves. Elle s'administre elle-même sous l'autorité du patriarche de Constantinople.

222

Patriarche grec de Constantinople, gravure du XVIe siècle

Le *patriarcat d'Alexandrie* (qu'il ne faut pas confondre avec l'Église *copte* *, séparée depuis plus de mille cinquante ans) reconnaît lui aussi la suprématie morale de Constantinople ou plus exactement du patriarche œcuménique. Il est dirigé localement par un patriarche élu sur une liste de trois noms par une assemblée de trente-six ecclésiastiques et de soixante-douze laïcs. En dépendent huit métropoles : Tripoli, Ismaïlia, Port-Saïd, Tantah, Addis-Abéba, Johannesburg, Khartoum, Tunis et des sièges africains nouvellement créés.

Le *patriarcat d'Antioche,* lui aussi dans la mouvance du patriarcat œcuménique, est dirigé par un patriarche élu, siégeant à Damas. Il a juridiction sur onze métropoles (Alep, Cheikh, Tabba, Beyrouth, Homs, Hama, Lattaquié, Zahlé, Tripoli, Tyr, Sidon et Bagdad) et des évêchés en Amérique.

Le *patriarcat de Jérusalem* est administré par les Grecs de la conférence du Saint-Sépulcre, au nombre d'une centaine. Ils se partagent les titres épiscopaux (Sébaste, Mont-Thabor, Diocésarée, Philadelphie, Éleuthéropolis, Tibériade), qui ne sont qu'honorifiques. Il existe un patriarche élu et des prêtres d'origine arabe. Ce sont traditionnellement les gardiens des lieux saints.

Églises complètement autocéphales

L'Église orthodoxe en U.R.S.S.

La Russie a été christianisée relativement tôt et dès le Xᵉ siècle le culte orthodoxe est devenu la religion officielle. Moscou a été érigé en patriarcat en 1589, mais vers 1650, après la réforme du patriarche Nikon, une scission s'est produite, les « vieux croyants » se séparant de l'Église mère. Pourchassés par les autorités, ces vieux croyants aux mœurs austères ont reflué vers le sud du pays, s'établissant dans certaines régions du Caucase notamment (Tolstoï les y a connus). Le patriarcat de Moscou fut aboli une première fois par Pierre le Grand qui le remplaça (1721) par un Saint-Synode. Jaloux de leur pouvoir, les tsars conservèrent l'administration synodiale jusqu'à la Révolution. Rétabli en 1917 par le concile panrusse, le patriarcat disparut de nouveau avec la mort du patriarche Tikhon, le gouvernement soviétique s'opposant alors à une élection de remplacement (1925). L'Église connut avant-guerre bien des persécutions et dut faire face à bien des embarras. La législation et l'instauration d'une Église officielle en 1927 n'a pas résolu le problème. Une certaine libéralisation est cependant apparue après la guerre, en 1945.

L'Église, en U.R.S.S., compte aujourd'hui environ cinquante millions de fidèles recensés (sans compter les clandestins) ; elle est dirigée par un patriarche assisté d'un synode de six évêques. Elle comprend soixante-treize diocèses. Le Conseil aux affaires religieuses près le Conseil des ministres exerce un contrôle étroit sur l'Église.

Hors de l'U.R.S.S.

Des diocèses orthodoxes russes « blancs » existent en Amérique (Saint-Synode à New York) et en Europe occidentale. Cette Église, qui se réclame d'un oukase du patriarche Tikhon, se considère souveraine ; elle compte environ vingt évêques, possède ses paroisses, ses chapelles et ses monastères. Elle n'entretient aucun lien avec le patriarcat de Moscou ou celui de Constantinople, ne reconnaissant que l'Église serbe.

Patriarcat de Bucarest

Dépendant naguère de Constantinople, le siège primatial de Bucarest a été élevé au rang patriarcal en 1925, sous la dynastie des Hohenzollern. Le patriarche est assisté d'un Saint-Synode. Il est autocéphale mais est étroitement contrôlé par l'actuel ministère des Cultes de Roumanie. La majorité (15 000 000) de la population roumaine est de foi grecque orthodoxe.

Patriarcat de Yougoslavie

La Yougoslavie a été érigée en patriarcat autocéphale en 1920.

Celui-ci réunit trente et un diocèses dont plusieurs sièges autocéphales : Monténégro, Serbie, Herzégovine. Les orthodoxes yougoslaves sont plus de huit millions.

Bulgarie

Église dirigée par un exarque et un Saint-Synode ; onze diocèses pour six millions de fidèles.

Grèce

Il existe quatre-vingt-un diocèses orthodoxes en Grèce ; quarante-neuf d'entre eux sont rattachés au patriarcat œcuménique de Constantinople ; les trente-deux autres sont groupés sous l'autorité d'un Saint-Synode dont le président est l'archevêque d'Athènes. Environ huit millions de fidèles.

Divers

Il existe d'autres Églises autonomes ou autocéphales orthodoxes dans le monde : Pologne (un métropolite) ; Esthonie, Lettonie, Lituanie ; Tchécoslovaquie (un archevêque, quatre diocèses ; la population est en majorité catholique comme en Pologne) ; Finlande (primat de Carélie, trois diocèses, dont un à Oslo) ; Chypre (un archevêque autonome, trois métropolites, 470 000 fidèles) ; Sinaï (monastère de Sainte-Catherine, un archevêque élu par les moines avec siège au Caire).

OSSONIENS : (Voir *Elcésaïtes*).

OTTININISTES : (Voir *Convulsionnistes*).

OXFORD, Mouvement d' : (Voir *Anglo-Catholique, Église*).

L'Adamo, par Cesare Bassani, 1613

PACIFISME : Attitude de ceux qui, parmi les chrétiens, refusent de faire la guerre, de la préparer en effectuant le service militaire, en se réclamant de l'enseignement du Christ. C'est le cas de plusieurs communautés religieuses, surtout anglo-saxonnes et américaines : Quakers, mennonites... Un mouvement similaire existe aux Pays-Bas et dans les pays scandinaves.

On a donné autrefois, au VIᵉ siècle, le nom de *pacifiques* ou de *pacificateurs* aux *monothélistes* * qui souhaitaient rétablir la paix dans l'Église à l'époque du concile de Chalcédoine.

PAINE Thomas : (1737-1809). Auteur anglais du livre *The Age of Reason* dans lequel il critique quelques-uns des récits bibliques et prône une religion du sens commun fondée sur la fraternité humaine. Cet ouvrage provoqua un grand scandale en Angleterre (il fut interdit de vente chez les libraires), mais eut une certaine influence sur la pensée libérale en matière de religion.

PAJONISTES : Disciples de Claude Pajon, ministre calviniste mort en 1685. Pajon avait enseigné la théologie à Saumur, puis à Orléans, et il eut pour premier disciple et continuateur son neveu Isaac Papin (qui finalement revint au catholicisme et écrivit contre le calvinisme).

Tout en affirmant sa soumission aux décisions du synode de Dordrecht, Pajon aurait eu des tendances *arminiennes* *. Il pensait que le péché originel avait eu plus d'influence sur l'entendement de l'homme que sur sa volonté ; que celle-ci était assez forte pour se passer de l'opération immédiate du Saint-Esprit dans la recherche du bien et de la vérité. Le synode wallon le condamna en 1687 et celui de La Haye en 1688.

PANACEA SOCIETY : Secte anglaise fondée en 1916 par un groupe de personnes s'inspirant de la vie et des prophéties des anciens *philadelphes* boehmistes, *southcottiens*, jezreelites et *israélites chrétiens* de la fin du XVIIIᵉ et du XIXᵉ siècle en Angleterre (voir *Jeezrell* *, *Jane Lead* *, *Richard Brothers* *, *John Wroe* *). La Société a eu également ses prophètes contemporains : Helen Exeter, Morgan...

La *Panacea* attend l'incarnation de Shiloth, le fils invisible que Joanna *Southcott* * mit au monde mourant ; prophétisant et guérissant, elle se consacre surtout à la recherche du mystérieux coffret laissé, dit-on, par Joanna. Il contiendrait des documents prophétiques d'une importance capitale pour la Grande-Bretagne.

PANTHÉISME : Doctrine par laquelle Dieu et le monde se confondent. Dieu est dans tout et tout est en Dieu. Les êtres *finis* ne sont que des modifications de la substance *infinie*. Cette doctrine, qu'il ne faut pas confondre avec le *monisme* de type védantin et hindouiste, a toujours été vivement combattue par l'Église. Les hérésiologues ont cru pouvoir accuser de panthéisme la pensée gnostique, encore que la doctrine de l'émanation des anciens gnostiques tient compte d'un certain dualisme, le chaos de l'Hylé primordial coexistant avec le monde émané des éons. Scot Érigène (IXᵉ s.), Amaury de Chartres, David de Dinant (XIIIᵉ s.) Giordano Bruno (XVIᵉ s.) furent accusés et condamnés pour leurs opinions panthéistes. Plus récemment, Spinoza, bien entendu, Fichte et même Hegel, Scheling, Bruno Bauer, Louis Feuerbach s'attirèrent les foudres (désormais impuissantes sur le plan de la répression) des théologiens catholiques.

PARHERMÉNEUTES : Interprètes hérétiques des Écritures. Ce mot fut inventé, semble-t-il, en 692, lors d'un concile réduit.

PÂRIS (Diacre) : François de Pâris (1690-1727) naquit à Paris, où il mourut et fut enterré au cimetière de Saint-Médard. Janséniste convaincu, il avait souhaité rester diacre par humilité. Après sa mort, des « miracles » se produisirent sur son tombeau, ce qui fut à l'origine de la célèbre épidémie des *convultionnistes* * (voir aussi *Jansénisme*).

PASCAL Blaise : (1623-1662). Le grand mathématicien fut un janséniste de la première heure. S'étant joint aux religieux de Port-Royal, il reçut l'illumination en 1654. Sa première *Lettre écrite par un provincial à l'un de ses amis* fut suivie de dix-sept autres. Dans les *Provinciales*, il pourfendait les jésuites et défendait le *jansénisme* *. Ses *Pensées sur la religion* ne furent publiées, par ses amis de Port-Royal, qu'après sa mort.

PASSAGIENS ou PASSAGINIENS : Curieux hérétiques du XIIᵉ siècle en Lombardie; on les appelait plus communément *circoncis,* car ils pratiquaient la circoncision et certains rites judaïques – à l'exception des sacrifices. Ils niaient le mystère de la Trinité et professaient que Jésus n'avait été qu'une pure créature.
Le nom de « passagiens », qui signifierait *tout saints,* leur fut donné au concile de Vérone, en 1184, présidé par le pape Lucius III et auquel

assista l'empereur Frédéric. Ils y furent condamnés en même temps que les premiers *vaudois* *.

PATARINS ou Paterins, ou Patrins : Hérétiques originaires de Bulgarie et qui s'établirent en Lombardie, dans la région de Milan, au XIᵉ siècle. Ils formaient une branche des *pauliciens* *, des *bogomiles* * et des *cathares* *. Leur nom viendrait d'un quartier pauvre de Milan appelé Pattaria. Dualistes, ces néo-*manichéens* * considéraient la matière comme impure et mauvaise en soi; ils étaient ennemis du mariage.
La secte subsista jusqu'au XIVᵉ siècle malgré les persécutions des autorités catholiques de Milan.

PATERNIENS : Secte d'hérétiques du IVᵉ siècle dont parle saint Augustin. Ils auraient été disciples d'un nommé Symmaque le Samaritain. Les paterniens, qu'on appelait aussi les *vénustiens,* enseignaient que la chair était l'œuvre du démon, mais ils n'en auraient pas moins abusé. Ils étaient réputés pour leur goût de la volupté selon les dires de leurs détracteurs.

PATRIPASSIENS : Hérétiques unitaires disciples de Praxeas, de Noët et de Sabellius au IIᵉ siècle. Ils enseignaient que le Père s'était autoconçu dans le sein de la Vierge Marie, qu'il s'était incarné en Jésus-Christ et avait souffert la Passion et la crucifixion. Leur nom est tiré du latin *Pater passus :* le « Père souffrant ».

PAUL DE SAMOSATE : Évêque d'Antioche vers 262, sous le règne de Zénobie, reine de Palmyre. Dans l'espoir, a-t-on dit, de rendre plus accessible à la reine la foi chrétienne, Jean professait plus ou moins ouvertement que les trois personnes de la Trinité n'étaient que trois attributs du même Dieu unique et que Jésus-Christ n'avait été qu'un simple homme que le Père avait adopté pour son Fils.
Cette doctrine hérétique transpira et les pères de la province d'Antioche s'assemblèrent. À l'issue de deux conciles, Paul fut condamné et la sentence communiquée à toutes les Églises. Après la défaite de Zénobie par l'empereur Aurélien, Paul fut chassé du siège épiscopal d'Antioche.

PAULICIENS : Néo-*manichéens* * qui apparurent en Asie Mineure au VIIᵉ siècle et ne disparurent qu'au XIIIᵉ en Bulgarie. Si les auteurs s'accordent sur le caractère manichéen de leur doctrine, ils diffèrent quant à l'origine de la secte. Les uns lui donnent pour fondateur un certain Paul, fils de Gallinice, qui aurait prêché d'abord en Arménie. Il aurait eu pour successeur un nommé Théodote. Selon d'autres, la secte fut fondée vers 660 par Constantin de Mananalis, en Syrie, près de Samosate. Il aurait été mis à mort par l'ordre de l'empereur Justinien II Rhinotmète, en 687. Constantin et ses disciples auraient été appelés « pauliciens » à cause de leur vénération pour les écrits de saint Paul. Il est certain en tout cas que les pauliciens furent accusés de semer des troubles à Constantinople et qu'ils y furent persécutés – par l'impératrice Théodora notamment, qui en fit périr des dizaines de milliers en 841. Les empereurs byzantins finirent par déporter la secte en Bulgarie où elle influença les bogomiles et les patarins avant de disparaître en tant que telle vers la fin du XIIIᵉ siècle.
Les pauliciens rejetaient l'Ancien Testament et n'admettaient qu'une partie du Nouveau. Dualistes, ils professaient l'opposition absolue entre l'esprit et la matière. Le Christ n'avait eu, selon eux, qu'un corps apparent et Marie n'avait été que le canal par lequel il s'était manifesté. Ils condamnaient pour cette raison le culte marial. Comme les cathares plus tard, ils n'avaient pas de prêtres et n'administraient ni le baptême ni l'eucharistie.

PÉLAGIANISME : Hérésie de Pélage, qui nie le péché originel et minimise le rôle nécessaire de la grâce au profit de la volonté.
Pélage (ou Morgan ?) naquit au pays de Galles vers 360, dans la région de Bangor, selon certains de ses biographes. Il devint moine et se rendit à Rome vers l'an 400, avant la prise et le saccage de la ville par les Goths en tout cas (410). Un an avant cet événement, il se rendit à Carthage, puis à Jérusalem, accompagné de son disciple Célestius.
Esprit brillant et subtil, Pélage s'était fait de nombreux et prestigieux amis au cours de ces voyages : saint Paulin, saint Augustin comptèrent parmi ses proches. Ils ne le restèrent pas longtemps, le dernier surtout.
Le moine gallois entretenait aussi des relations avec un prêtre syrien du nom de Ruffin, lui-même disciple de *Théodore de Mopsueste* *, qui lui fit partager les vues de son maître sur la volonté et le mérite des œuvres. Pélage menait une vie austère, toute tournée vers la perfection ; il était non moins ardent et doué d'extraordinaires qualités d'orateur. Il se fit rapidement de nombreux partisans. Il avait pour principe que « pouvoir le bien, c'est le vouloir ; et l'homme a en lui-même le germe des plus sublimes vertus ». Le secours de la grâce divine ne lui est donc point nécessaire. De ces prémisses découle toute la doctrine du pélagianisme.
Toutes les vertus étant en germe dans l'homme, il ne saurait recevoir en naissant la tache du péché originel. Certes, Adam et Ève avaient péché, mais de toute façon ils étaient nés mortels et n'eussent-ils pas succombé à la tentation cela ne les aurait pas pour autant préservé de la mort. En tout cas, leur péché n'était pas transmissible et les enfants qui naissent sont dans le même état de pureté que l'était Adam avant la désobéissance. Le baptême ne leur est donc pas donné pour effacer en eux aucune tache héréditaire, mais seulement pour leur imprimer le sceau de l'adoption qui permet l'accès futur du Royaume des cieux.
À propos du libre arbitre, Pélage professait qu'il est aussi total pour nous qu'il l'avait été pour Adam avant la faute ; il suffit à l'homme pour accomplir tous les préceptes divins et obtenir la vie éternelle, fût-il païen – mais par le baptême cette vie éternelle s'accomplit dans le Royaume des cieux. Il n'est d'autre grâce divine pour l'homme que le don gratuit par Dieu de la vie, de la libre volonté de faire le bien, à quoi s'ajoute le bienfait de la bonne doctrine et de la loi juste. Pélage admettait cependant une grâce intérieure d'illumination dans l'entendement, qui faciliterait le bon choix de la volonté. Mais cette grâce, enseignaient les pélagiens, n'est ni indispensable, ni prévenante, ni gratuite, Dieu ne pouvant la refuser à celui qui l'a méritée par ses œuvres.
L'hérésie de Pélage n'eut qu'une durée éphémère, mais elle suscita une levée de boucliers dans l'Église de l'époque ; saint Augustin surtout s'attacha à la combattre avec ardeur. Elle ne toucha néanmoins guère le peuple qui n'y prit qu'une part minime. Dix-huit évêques, dont Julien, évêque d'Éclane (aujourd'hui Avellino), prirent parti pour le pélagianisme et furent privés de leurs

sièges. Le pape, saint Zozime, condamna Pélage et Célestius (418), lors d'un concile, et l'empereur Honorius soumit les pélagiens aux peines portées contre les hérétiques. Plus tard, en 431, le concile général d'Éphèse condamna de nouveau le pélagianisme qui commençait à se répandre en Angleterre.

Quant à Pélage et à Célestius eux-mêmes, on ne sait comment ils ont fini ni quand ils sont morts, vers 422 vraisemblablement.

PENN William : (Voir *Quakers*).

PENSÉE NOUVELLE (NEW THOUGHT) : Mouvement né aux États-Unis autour de Phineas P. Quimby (1802-1866), un guérisseur qui aurait guéri l'année de sa propre mort Mrs. Mary Baker Eddy, la fondatrice de la Christian Science. L'International New Thought Alliance diffuse une littérature abondante axée sur « l'infinité de l'Un suprême, la divinité de l'homme et le pouvoir illimité de la pensée créatrice et la puissance de la voix intérieure ».

PENTECÔTISTES : Communautés issues du mouvement baptiste, organisées en Églises autonomes. Les pentecôtistes s'attribuent des pouvoirs de guérison mais surtout celui de glossolalie (don des langues), signe évident de la présence du Saint-Esprit. Le mouvement prit naissance aux États-Unis, au collège de Béthel que dirigeait le révérend Charles F. Parham. Il ne tarda pas à se répandre dans la plupart des grandes villes d'Amérique à forte population noire et immigrée ; puis il gagna le monde entier, y compris l'U.R.S.S. (plus de 600 000 fidèles). On compte 50 000 pentecôtistes aux États-Unis, 600 000 au Brésil, des dizaines de milliers en France et en Grande-Bretagne. Les pentecôtistes baptisent par immersion ; ils n'ont pas de dogme fixe.

PERFECTIONNISTES : (Voir *Progrès*).

PETITE ÉGLISE : Appellation d'origine lyonnaise, qui désigne les membres (environ 4 000 familles), un peu attardés, du mouvement anticoncordataire apparu en 1801 lors de la signature du Concordat entre l'empereur Napoléon et le pape Pie VII. Des prêtres et des évêques, qui avaient perdu leurs sièges, se séparèrent de l'Église catholique. Mgr de Thémines, le plus sévère d'entre eux, alla jusqu'à proclamer qu'il était « le seul évêque légitime de France ». Il mourut néanmoins dans le sein de l'Église, en 1829, à Bruxelles.

Mais ni Mgr de Thémines ni les autres évêques anticoncordataires ne se résolurent à ordonner des prêtres schismatiques, et les fidèles de la Petite Église demeurèrent sans clergé (et sans sacrements) à partir de 1847, année de la mort de l'abbé Ozouf. Ils n'en demeurèrent pas moins attachés à leur tradition d'Ancien Régime, se contentant de réunions pieuses et se privant de sacrement.

Les fidèles étaient répartis en plusieurs groupes régionaux, connus sous le nom de *clémentins*, de *banniéristes* et de *blanchardistes* en Normandie, de *louisets* en Bretagne, *chambristes* ou *enfarinés* dans le Rouergue, *purs* à Montpellier, *stévénistes* à Namur, *filochois* en Touraine et *dissidents* dans le Poitou. Des communautés existent encore à Bressuire, dans les Deux-Sèvres (les plus nombreux), dans le Lyonnais et à Namur en Belgique. Le pape Pie XII leur donna un évêque et la communauté de Bressuire accepta de recevoir les sacrements administrés par des prêtres catholiques. Depuis les réformes de Vatican II, il semble toutefois que la Petite Église ait tendance à se rapprocher du mouvement intégriste français.

Un autodafé au Moyen Âge

PÉTROBRUSIENS : Hérétiques disciples de Pierre de Bruys au XIIᵉ siècle. Plusieurs auteurs ont accusé les pétrobrusiens de manichéisme, signalant qu'ils croyaient à deux principes, reje-taient la Loi de Moïse, les prophètes et les psaumes, qu'ils s'abstenaient de manger de la viande et condamnaient le mariage. Pierre le Vénérable, abbé de Cluny, qui vivait vers l'an 1110, dit qu'ils niaient la nécessité du baptême pour les enfants; qu'ils professaient qu'il fallait brûler les églises et les remplacer par de simples étables, détruire les croix (à cause de l'horreur que les vrais chrétiens devaient avoir du souvenir de cet instrument de la Passion du Christ); que Jésus-Christ n'est pas réellement présent dans l'eucharistie et qu'enfin les prières et les œuvres ne sont d'aucun secours aux morts.

Les pétrobrusiens parcouraient les pays du Dauphiné et du midi de la France, saccageant les églises et brisant les croix, insultant le clergé, semant enfin des grands troubles sur leur passage. Pierre de Bruys fut arrêté et brûlé vif à Saint-Gilles, en 1130.

PHILADELPHES : Membres d'une petite communauté fondée par *Jane Lead* * vers 1695. La Société des philadelphes était d'inspiration boehmiste (voir *Jacob Boehme*). Il y eut aussi d'autres associations de philadephes en France, en Haïti ou à l'isle de France (actuellement île Maurice); elles étaient dans la mouvance maçonnique martinésiste (Martines de Pasqually est le fondateur, à la fin du XVIII⁰ siècle, de l'ordre théurgique des élus-cohens).

L'expression « philadelphe » vient du grec et signifie « amour fraternel » ou est une allusion à l'Église de Philadelphie qui doit apparaître juste avant la seconde venue du Christ, selon l'Apocalypse.

PHILALÈTHES : « Amis de la Vérité ». Il exista à Kiel, dans le Holstein, une société des philalèthes, se réclamant d'une totale liberté en matière de religion et se contentant de professer un pur déisme. L'autorité dans la communauté était de caractère collectif, ou collégial. Le culte ne se composait que de prières, de cantiques et d'une homélie prononcée par un orateur désigné, le septième jour de chaque semaine et à certains jours de fête. On y célébrait les fêtes de la Nature, les admissions de membres, le mariage, le divorce, l'inhumation des morts, etc. Il exista aussi des sociétés de philalèthes maçonniques.

PHOTINIENS : Hérétiques disciples de Photin, évêque de Sirmich en Hongrie, au IV⁰ siècle. Photin, disciple de Marcel d'Ancyre, professait des idées proches de l'*arianisme* *; il soutenait que, quoique né des œuvres du Saint-Esprit et de la Vierge Marie, Jésus-Christ n'avait été qu'un pur homme sur lequel était descendu le Verbe de Dieu, émanation qui, par son union avec la nature humaine du Christ, avait valu à ce dernier le titre de Fils de Dieu. Cas unique, reconnaissait Photin. Cependant, il ne voyait dans le Saint-Esprit aucune personne distincte, mais seulement une vertu de Dieu.

Photin fut condamné par les ariens, par les évêques d'Orient, dans un concile d'Antioche (345), par ceux d'Occident, au concile de Milan (346-347). Il fut déposé de son siège au cours d'une assemblée tenue à Sirmich et mourut en exil en 371 ou 375.

Plus tard, les *sociniens* * professèrent une doctrine assez proche de celle de Photin.

PIAGNONISME : Mouvement politico-religieux rassemblant les disciples de Savonarole, à Florence. Ce mouvement, qui apparut vers la fin du XV⁰ siècle, du vivant de Savonarole, connut un renouveau d'actualité au XIX⁰ siècle avec des intellectuels et des indépendantistes italiens réunis symboliquement dans les locaux du couvent Saint-Marc de Florence. Savonarole avait été en effet le prieur de ce célèbre monastère dont la grosse cloche portait le nom de *la Piagnonia* (voir *Savonarole*).

PICARDS : Hérétiques constitués en bandes qui firent parler d'eux en Bohême au XV⁰ siècle. On pense que c'étaient des *adamites* * plus ou moins apparentés aux *beggards* * dont le mot « picard » ne serait qu'une corruption. Ils furent exterminés par Ziska, en 1420, durant la guerre des hussites.

PIÉTISTES : Mouvement qui apparut vers la fin du XVII⁰ et le début du XVIII⁰ siècle parmi les *luthériens* * allemands. Ils suivaient la prédication du pasteur Philip Jacob Spencer (1635-1705) de Francfort-sur-le-Main et bénéficièrent de l'aide effective du philanthrope August-Hermann Francke (1663-1727) de Leipzig. Les piétistes organisèrent au sein de l'Église luthérienne des « collèges de piété » chargés de l'étude de la Bible et de l'organisation de prières en commun. Avec l'université de Halle pour centre principal, ces collèges étendirent leur influence jusqu'en Suisse et les pays scandinaves. Pour les piétistes, la piété personnelle et l'ardeur du sentiment religieux avaient plus d'importance que la stricte observance doctrinale. Ils auraient exercé une certaine influence ultérieurement sur les Frères *moraves* * et les *méthodistes* *.

PLYMOUTH (Frères de) : Ou « Frères darbystes », dans le cas des « exclusifs », plus stricts que les « Frères larges ». C'est vers 1823 que des croyants appartenant à différentes communautés (les calvinistes en constituaient la majorité) prirent conscience, à Plymouth et à Dublin, que les chrétiens s'éloignaient de plus en plus de l'enseignement de la Bible, du Nouveau Testament en particulier. Plusieurs d'entre eux, A. N. Groves, lord Congleton, F. Cronin (un prêtre catholique), et d'autres, formèrent une association à Dublin en 1827. Ils prêchaient le « sacerdoce universel », le « ministère plural » et choisirent de s'organiser en directions collégiales. Quelque temps après, certains d'entre eux, sous l'impulsion de John M. Daby, s'organisèrent en mouvement « exclusif », plus strict.

Les Frères se refusent à toute organisation cléricale, ils n'ont pas de prêtres, mais seulement des « pasteurs » (non ordonnés), des « maîtres » et des « prêcheurs ». Évangélistes et *fondamentalistes* *, ils croient à la divinité du Christ, dont ils attendent le retour (millénaristes) et aux mérites de la croix. Ils pratiquent le baptême des adultes, la communion du dimanche, jour dont l'observance est très stricte. Le lieu où se tiennent leurs assemblées est appelé *the room* (la chambre).

Les Frères sont plus de deux millions dans le monde et comptent des membres jusqu'en Inde et au Pakistan. Ils sont connus en France sous le nom de Communauté et assemblées évangéliques de Frères.

PNEUMATOMAQUES : (Voir *Macédoniens*).

PORRÉTAINS : Partisans et disciples de Gilbert de La Porrée ou La Poirée, évêque de Poitiers au XIIe siècle. Ce contemporain d'Abélard, dialecticien lui aussi, fut accusé d'erreurs concernant la nature de Dieu, ses attributs et le mystère de la Sainte-Trinité. Il distinguait entre la divinité (la « déité », comme aurait dit Maître Eckart un siècle plus tard) ou l'essence divine une différence *réelle* d'avec Dieu. Selon lui, les attributs divins, la justice, la sagesse, etc., ne sont pas réellement Dieu lui-même ; c'est ainsi qu'il est faux de dire Dieu est la Sagesse ou la Bonté et qu'il convient de dire seulement Dieu est bon ou Dieu est sage. Dans cet esprit, puisque l'essence divine est réellement distincte des trois personnes divines, ce ne pouvait être seulement que la seconde personne qui s'était incarnée et nullement la nature divine. On lui reprocha de faire la distinction *réelle* entre la divinité et Dieu et de ne pas se contenter d'une distinction *formelle*. Certains de ses détracteurs l'accusèrent aussi, sans preuve, d'avoir professé une doctrine prédestinatienne fondée sur les seuls et exclusifs mérites du Christ.

Deux assemblées d'évêques, tenue, la première, à Auxerre en 1147, la seconde la même année à Paris, sous la présidence du pape Eugène III, examinèrent la doctrine de Gilbert et, l'année suivante, dans un concile de Reims, il fut condamné. Il se soumit, alors que quelques-uns de ses disciples se montraient plus récalcitrants.

POSSIBILISTES : (Voir *Convulsionnistes*).

PRAXÉENS : Disciples et sectateurs de Praxéas au IIe siècle. Ancien partisan de Montanus, Praxéas l'avait dénoncé au pape Victor avant de devenir lui-même hérétique et chef de parti. L'Église professait simultanément l'unité de Dieu et la divinité du Verbe, deux dogmes en apparence contradictoires. Face aux gnostiques, qui dénonçaient comme absurde ce paradoxe pour eux insoluble, Praxéas crut résoudre la difficulté en enseignant qu'il n'y a qu'une seule personne divine : le Père. C'est lui qui est descendu dans la Vierge Marie, lui qui s'est incarné dans le Christ. C'est l'erreur des *monarchiens* * et des *patripassiens* *, celle de Noët et de Sabellius. Praxéas fut réfuté par Tertullien et condamné.

PRÉADAMITES : Habitants de la Terre, qui auraient préexisté à Adam. La croyance à l'existence des préadamites était considérée par l'Église comme une hérésie jusqu'à il n'y a pas si longtemps. Dans les années 1655, un imprimeur de Hollande, Isaac de La Perreyre, publia un livre dans lequel il prétendit prouver qu'il y avait eu des hommes avant Adam ; il donnait le nom d'*adamites* aux juifs et de *préadamites* aux gentils. Il fut très sérieusement réfuté par Desmarais, professeur de théologie à Groningue. De La Perreyre, qui se réclamait des anciens Égyptiens, des Chaldéens et de certains rabbins kabbalistes, fut poursuivi par l'Inquisition en Flandre. Il fut condamné mais fit appel devant le pape Alexandre VII, qui le reçut avec bonté. Il fit imprimer une réfutation de son livre, se retira à Notre-Dame-des-Vertus où il mourut converti.

PRÉDESTINATIENS : On désigne par ce mot tous ceux qui soutiennent la doctrine de la prédestination. Mais il convient de faire la différence entre les prédestinatiens *mitigés* et catholiques et les prédestinatiens *absolus* et protestants.

Disons-le tout de suite, la distinction est plutôt floue et spécieuse, s'agissant des mitigés. À les en croire, Dieu veut sincèrement sauver tous les hommes et Jésus-Christ est mort pour tous. En prédestinant les uns au bonheur éternel, Dieu les laisserait quand même libres de résister à ses grâces. En réprouvant les autres, il ne les détermine pas pour cela au péché ; au contraire, il leur laisse suffisamment de grâce pour y résister. Bref, Dieu n'est ni trop bon ni trop méchant...

Les prédestinatiens absolus sont plus logiques avec eux-mêmes. Certains hommes, les élus, sont sauvés par une sorte de décret antécédent à la prévision des mérites et des œuvres; d'autres, les réprouvés, sont prédestinés à la damnation par un décret similaire. Jésus-Christ n'est mort que pour les premiers et la grâce efficace qui s'est accumulée sur eux les met dans la nécessité de faire le bien et d'y persévérer. C'est naturellement un processus exactement opposé qui s'applique aux réprouvés. La doctrine de la prédestination absolue est ainsi en quelque sorte la négation absolue du libre arbitre. Les uns et les autres, mitigés ou absolus, se réclament de saint Augustin et de sa doctrine de la grâce.

Le prédestinatianisme a été plusieurs fois condamné par l'Église. En 475, un concile d'Arles réfute et condamne le prêtre Lucide, accusé d'avoir enseigné que depuis le péché d'Adam le libre arbitre de la volonté est entièrement éteint; que Jésus-Christ n'est pas mort pour tous les hommes; que certains sont prédestinés à la vie, d'autres à la mort éternelles. Au IX⁰ siècle, Gotescal et ses partisans, au XII⁰ les *albigeois* *, au XIV⁰ et au XV⁰ siècle, les partisans de Wicliffe, les *hussites* *, puis les *calvinistes* * et des *luthériens* * se trouveront aux prises avec les mêmes critiques et la même condamnation. Plus tard, les *jansénistes* * ne se laveront de l'accusation que de justesse.

PRESBYTÉRIENS : Protestants rigides, surtout *calvinistes* *, qui appartiennent à des Églises gouvernées démocratiquement par des *presbytères* (ecclésiastiques, « anciens » ou laïcs) tous égaux entre eux et qui refusent l'organisation hiérarchisée des systèmes épiscopaux. Ce sont les « républicains » de l'Église.

Le presbytérianisme moderne date historiquement de la Réforme. Il a été instauré par Calvin à Genève. Dans ce système, le peuple élisait ses presbytères, dont des pasteurs, chargés de prêcher et d'instruire, des « anciens », laïcs dont la charge était surtout administrative bien qu'ils fussent reconnus comme investis d'une autorité spirituelle indéniable. Tous ensemble formaient le « tribunal ecclésiastique ». Un système identique fut adopté par les réformés de France et s'étendit aux disciples calvinistes de John Knox, qui l'introduisit en Écosse où il est encore dominant de nos jours. J. Knox avait été un ami très proche de Calvin; il s'était chargé de répandre la doctrine calviniste dans le royaume, à l'époque indépendant, d'Écosse. Dès 1560, le Parlement écossais dénonça l'autorité du pape, abolit la messe et approuva la confession de foi préparée par Knox.

L'anglicanisme lui ayant ouvert la voie, le presbytérianisme pénétra en Angleterre sous le règne d'Élisabeth I⁰ᵉ; il constitua le noyau dur du mouvement puritain et devint la forme reconnue du pouvoir religieux sous le protectorat de Cromwell.

La réaction anglicane amorcée par la Restauration de 1660 eut pour résultat d'exclure des bénéfices ecclésiastiques une majorité de ministres presbytériens en Angleterre – l'Écosse, elle, n'était pas décidée à se laisser faire quoique, dès lors, les couronnes fussent réunies. Les Écossais contraignirent la couronne britannique à reconnaître les droits et les privilèges de l'Église presbytérienne d'Écosse.

Dans le nord de l'Angleterre, où subsistaient nombre de congrégations calvinistes dures et pures, plus ou moins liées avec l'Église d'Écosse, ces congrégations s'unirent et se constituèrent légalement en Église presbytérienne d'Angleterre, une branche particulièrement importante des Églises non conformistes du royaume. Cependant, en Angleterre et en Irlande, nombreuses furent les Églises presbytériennes qui, peu à peu, glissèrent vers l'unitarisme (voir *Unitairiens*).

Compte tenu du nombre de plus en plus important de fidèles qu'il regroupe, le presbytérianisme a dû se doter d'une institution nouvelle : les modérateurs chargés de la surveillance et de la coordination nécessaires au sein des assemblées générales élues. L'Église est « établie » (Écosse, Pays-Bas, quelques cantons suisses) ou bien elle est totalement « séparée » de l'État (États-Unis, France, etc.) ou bien encore elle jouit d'une autonomie très étendue (Angleterre). Mais sa forme presbytérienne est partout à peu près la même : chaque congrégation locale est gérée par une « session » paroissiale comprenant le pasteur et des presbytères laïcs élus; un tribunal ecclésiastique groupe les délégués des presbytères régionaux et les pasteurs. La même composition faisant place aux pasteurs et aux presbytères laïcs se retrouve dans les synodes et à l'Assemblée générale qui est le tribunal suprême. C'est le président de l'Assemblée, généralement élu chaque année, qui fait fonction de médiateur. Enfin, il a été créé en 1877 une Alliance presbytérienne internationale consultative qui regroupe toutes les Églises presbytériennes. Purement consultative, elle est un lieu de rencontre et d'harmonisation.

Sur le plan doctrinal, le presbytérianisme se réfère à la Confession de foi de Westminster (1646), une tendance calviniste. Signe évident des temps et conséquence logique de l'égalitarisme presbytérien, les femmes sont de plus en plus admises au sacerdoce, aux États-Unis notamment – en France les cas de femmes-pasteurs sont encore très rares. On compte 33 570 000 presbytériens traditionnels dans le monde, dont 6 000 000 aux États-Unis, 2 200 000 en Angleterre, 1 300 000 en Écosse et 410 000 en France.

PRIESTLEY Joseph : (1733-1804). Pasteur anglais et célèbre théologien *unitairien* *. C'était aussi un grand savant. Il fut d'abord pasteur à Leeds et à Birmingham où il fut victime de violences à cause de ses sympathies pour la Révolution française. Il émigra alors aux États-Unis où il mourut.

PRINCE Henry James : (1811-1899). Illuminé anglais, fondateur de la secte des *agapémonites* *, ordonné prêtre dans l'Église d'Angleterre, nommé vicaire du recteur Starkey de Charlinch, près de Bridgewater, un autre illuminé, Prince, crut que le Saint-Esprit s'était incarné en lui à partir de l'année 1840. Ayant rompu avec l'Église officielle, Prince et Starkey se firent des protectrices parmi quelques dames de la haute société et s'établirent dans une luxueuse maison de Spaxton dont ils firent la « résidence de l'Amour » ou *Agapemone*. Les membres de la communauté étaient assurés de ne jamais souffrir de maladie et de ne point mourir. Mais Prince avait publié des ouvrages doctrinaux dans lesquels il entremêlait le christianisme et les pratiques érotiques; l'amour libre passait pour avoir droit de cité à Agapemone; Prince eut des démêlés avec la justice. Il mourut à Agapemone où il est enterré.

PRISCILLIANISTES : Hérétiques d'Espagne, disciples de Priscillianus vers 380. Sulpice Sévère et saint Jérôme les accusent à la fois de manichéisme et de gnosticisme (voir *gnose* et *manichéisme*). Comme les manichéens, ils niaient la réalité de la naissance et de l'incarnation de Jésus-Christ; ils soutenaient que le monde visible n'était que l'ouvrage d'un démiurge, sorte de démon ou de mauvais principe. Comme les gnostiques, ils enseignaient l'existence d'éons émanés de la nature divine. Ils tenaient le corps humain pour une prison prévue par l'auteur du mal pour y emprisonner les esprits célestes, ils condamnaient le mariage et niaient la résurrection des corps. On les a accusé bien entendu de bien d'autres erreurs : la négation de trois personnes dans la Trinité, la consubstantialité de l'âme humaine et de Dieu, la soumission de l'âme au destin et à la fatalité, la dénonciation de l'Ancien Testament. Ils auraient prohibé l'usage de manger de la chair, l'obligation de jeûner le dimanche, à Noël et le jour de Pâques, afin d'attester qu'ils ne croyaient pas aux enseignements de l'Église sur la naissance et la résur-

Saint Jérôme,
bois gravé du XVIᵉ siècle

rection du Christ. Bien d'autres vilenies ont été mises à leur actif : ils recevaient l'eucharistie dans leurs mains mais ne la consommait pas, ils priaient nus, hommes et femmes, et se livraient aux pires impudicités. Ils se parjuraient pour mieux conserver secrètes leur foi et leurs pratiques rituelles.

Les priscillianistes furent condamnés une première fois dans un concile de Saragosse (381); ils ne se soumirent pas et durent soutenir un dur combat contre les évêques catholiques Idace et Ithace, soutenus par l'empereur Gratien. Après bien des vicissitudes, ils furent cités à comparaître devant un concile convoqué à Bordeaux par l'usurpateur romain Maxime (385). Priscillianus refusa d'y assister. Il en appela de la sentence prononcée contre lui à l'empereur de Rome et se rendit à Trèves où il avoua ses erreurs. Arrêté, il fut condamné à mort et exécuté avec plusieurs de ses disciples. Saint Martin cependant, conscient du rôle odieux qu'avaient assumé Idace et Ithace, prononça parallèlement l'exclusion de sa communion des deux évêques.

Mais ceux des priscillianistes qui avaient échappé à la répression firent de nouveau parler d'eux au cours des siècles suivants et furent encore une fois condamnés lors d'un concile de Brague, spécialement assemblé pour régler leurs cas en 563. Il semble qu'ils disparurent en tant que secte organisée vers la fin du VIe siècle.

PROGRESSISTES ET PERFECTIONNISTES :
Chrétiens qui croient que Jésus-Christ n'a fait qu'ébaucher sa religion et que celle-ci est susceptible d'être indéfiniment perfectionnée au fil des progrès de l'humanité. Kant, Lessing, Condorcet auraient été des représentants de cette école de pensée. On donne aussi le nom de perfectionnistes à ceux qui professent que l'homme peut atteindre, dès cette vie, à un degré de perfection morale et religieuse en quelque sorte paradisiaque. Les Églises *pentecôtistes* * notamment sont perfectionnistes.

PROPHÉTANTES :
Membres d'un petit groupe de *quakers* * des environs de Leyde aux Pays-Bas, qui se consacraient à l'étude du grec et de l'hébreu et se livraient à l'exégèse de la Bible. Ils procédaient par questions et par réponses au cours de longues dissertations. Ils se distinguaient par leur extrême probité et par leur horreur de la guerre et du métier des armes.

PROTOCTISTES :
Hérétiques qui soutenaient que les âmes avaient été créées avant les corps. C'étaient des *origénistes* *. À la mort du moine Nonnus, chef des origénistes, ces derniers se divisèrent en deux branches (VIe s.) : dont les *isochristes* * et les *protoctistes* ou *tétradites* qui eurent pour chef un nommé Isidore.

PROTOPASCHITES :
Nom donné aux chrétiens de l'Église primitive qui fêtaient la Pâque en même temps que les juifs. On les appelait également *sabbathiens* ou *quartodécimans*.

PSATYRIENS :
Ariens * du IVe siècle dont on ne connaît pas l'origine. Ils enseignaient que le Fils de Dieu avait été tiré du néant de toute éternité; qu'il n'était pas Dieu mais une créature et qu'en Dieu la création et la génération se confondent. C'était la doctrine primitive d'Arius. Ils furent condamnés au concile d'Antioche en 360.

PTOLÉMAITES :
Disciples du gnostique Ptolémée. Ce dernier avait modifié la doctrine de Valentin (voir *Valentiniens*) et ne reconnaissait que quatre éons : l'Être suprême, souverainement parfait; le Créateur du monde qu'il inspirait et par lequel il opérait tout le bien possible; un principe du mal, uni à la matière; le Fils du Créateur mandaté par lui pour réparer tout le mal causé par le principe mauvais. De l'harmonie qui, à ses yeux, existait entre l'Ancien et le Nouveau Testament, Ptolémée concluait que le Fils était l'auteur des deux.

PURITAINS :
Nom qui servit à l'origine à désigner les protestants anglais qui s'opposaient à l'anglicanisme tel qu'il avait été établi à l'époque de la reine Élisabeth Ire. Ils reprochaient à l'Église d'Angleterre de faire la part trop belle aux doctrines, aux rites et aux cérémonies « papistes ». Ils exigeaient des réformes qui purifieraient l'Église. Le terme s'étendit ensuite à tous ceux qui adoptaient une attitude rigide en matière de rites et d'observance religieuse, notamment à propos du dimanche. Les puritains exercèrent le contrôle du pouvoir religieux en Angleterre durant la guerre civile et sous la République. Malgré les concessions du pouvoir royal lors de la Restauration, un grand nombre d'entre eux émigrèrent ensuite en Amérique du Nord où ils contribuèrent à la fondation des provinces anglaises qui allaient plus tard devenir les États-Unis.

PUSEY Edward Bouverie :
(1800-1882). L'un des principaux inspirateurs du mouvement « anglo-catholique » au sein de l'Église anglicane. Théologien averti, il fut nommé en 1828 professeur d'hébreu à Oxford. Il se lia d'amitié avec Newman et Keble, et tous trois furent les rédacteurs en vue des *Tracts for the Times*. Contrairement à Newman, Pusey refusa de se convertir au catholicisme romain. Il ne souhaitait pas de fusion entre l'anglicanisme de la High Church et l'Église romaine, il entendait œuvrer pour la renaissance spirituelle de l'Église d'Angleterre et réagir contre l'immobilisme puritain. Pusey fut un adversaire résolu du culte catholique des saints, qu'il déclarait idolâtre. Jusque vers la fin du siècle dernier, on désignait du nom de *puséyisme* l'ensemble du mouvement *anglo-catholique* *.

Assemblée de quakers d'Amsterdam, gravure de B. Picard, 1720

QUAKERS ou SOCIÉTÉ DES AMIS : L'histoire des rebondissements de la contestation religieuse en Grande-Bretagne depuis le schisme de l'Église d'Angleterre jusqu'à la fin du XVIIIᵉ siècle est l'une des plus riches en couleur qui soient. Commencées sous Henri VIII, poursuivies sous les règnes suivants, bousculées et controversées sous la République, restaurées comme de juste sous la Restauration, l'officialisation et la légalisation de l'Église anglicane n'avaient rien réglé. Puritains, *presbytériens* * d'Écosse et d'Angletere continuèrent la lutte, chaque communauté bataillant à sa manière et selon ses vues religieuses pour une plus grande radicalisation de l'Église nouvelle. La rupture avec les puissances catholiques du continent (France, Espagne) avait fait du Royaume-Uni, depuis l'accession au trône d'Angleterre de Jacques Stuart d'Écosse, un de ces pays du refuge (avec la Suisse et la Hollande) où trouvait asile tout ce qui avait eu maille à partir avec le pape de Rome. Le « papisme » et sa hiérarchie restaient la cible favorite des protestants d'Angleterre et d'Écosse. À l'intérieur du refuge britannique, les sectes, les communautés, les congrégations diverses jaillissaient du sol avec le même entrain

qu'elles couvaient et éclosaient en Hollande malgré la menace constante des occupants espagnols ou des voisins français. Dans l'Angleterre invaincue militairement, les immigrés du Continent, *anabaptistes* *, Frères *moraves* *, prophètes des Cévennes, etc. étaient libres de leurs mouvements et exerçaient leur influence sur les milieux non conformistes locaux. Excepté pour les catholiques, la liberté religieuse y était de rigueur – en dépit des restrictions imposées par les communautés rivales se succédant au faîte du pouvoir politique. Dieu s'y sentait libre. Libre de s'exprimer hors du cadre étroit de l'institution religieuse. L'homme et son Dieu jouissaient désormais du loisir de se contempler face à face, sans l'intermédiaire obligé de l'Église.

C'est dans ce contexte qu'apparut le mouvement « quaker », vers 1645-1650. *George Fox* *, son fondateur, était un homme simple, de peu d'instruction, ni théologien ni pasteur. Il appartenait à ces groupes de *seekers* (chercheurs) qui s'efforçaient de revenir à la simplicité de l'Église primitive. D'abord petit berger, puis apprenti cordonnier, il errait dans les campagnes en quête de cette vérité religieuse dont il sentait de plus en plus qu'elle ne pouvait qu'être d'ordre intérieur : la « Lumière intérieure », comme il devait l'appeler. Il se fit des disciples parmi les nombreux dissidents de l'époque qui se rebellaient contre l'intransigeance calviniste et l'autorité du clergé officiel. Des groupes se formèrent qui prirent le nom d' « Enfants de la Lumière » et, dès 1652, celui d' « Amis de la Vérité » ou enfin d' « Amis » tout court.

C'est vers 1665 que le nom de « Société des Amis » apparut pour la première fois. Quant à l'épithète de « quaker » (trembleur), elle ne fut adoptée par les Amis qu'après que le juge Bennett, de Derby, eut, au cours d'un procès, traité par dérision Fox de ce nom; celui-ci avait en effet requis le tribunal de « trembler devant la parole du Seigneur », ce qui avait suscité l'ironie du juge. Des noms analogues ont été attribués à des sectaires avant et après les quakers : *jumpers* (sauteurs), *shakers* (trembleurs), etc. Pour leur part, les Amis adop-

tèrent avec fierté leur nouveau titre de quakers – qui leur est resté.

Fox, qui manquait d'instruction, se contenta de rédiger un *Journal*, devenu un classique religieux. Ses compagnons *William Penn* * et *Robert Barclay* * se chargèrent de donner un substrat théologique au mouvement. Barclay notamment en fit un système philosophique capable d'en imposer à ses adversaires calvinistes. Beau, spirituel, doué d'une éloquence indéniable, William Penn (1644-1718), fils unique d'un amiral, accompagna Fox et Barclay dans plusieurs voyages. Il fut à l'origine des prophétisants (voir *Prophétantes*) de Hollande, mais il est plus connu pour le succès de sa mission en Amérique du Nord où, ayant hérité d'une immense propriété, il fut le fondateur de l'État actuel de Pennsylvanie et créa, avec ses disciples, la ville de Philadelphie (1681).

Les quakers de la première époque furent d'ailleurs d'infatigables voyageurs. On rappellera à ce

Quakers au XVIIIe siècle

sujet l'aventure de Mary Rischer qui n'hésita pas à se rendre à Adrinople dans le but de convertir le sultan à la vraie foi du quakerisme.

S'il est évident que le quakerisme est bien une foi reposant sur une doctrine, il se caractérise toutefois par le rejet de tout dogmatisme, de crédos préfabriqués et, plus encore, de toute forme de hiérarchisation religieuse, de formalisme ou de cérémonial rituel. La controverse qui, au siècle dernier, opposa les partisans *unitariens* * d'*Elias Hicks* * aux quakers orthodoxes se traduisit par la scission des « hickistes ». Les assemblées ne comportent ni autel, ni estrade, ni musique; il n'y a pas de prêtres ou même de président en titre, chacun peut prendre la parole pour peu qu'il se sente animé par l'Esprit – mais il peut arriver aussi que le silence règne tout au long de la séance. Le Saint-Esprit est supposé présent toutes les fois que plusieurs personnes se réunissent au nom du Christ et c'est le but essentiel de l'assemblée.

La ferme conviction des quakers est que la Lumière intérieure illumine tout homme qui vient au monde. La Bible est profondément révérée, certes, mais la voix de Dieu parlant dans et par l'âme individuelle est d'une plus grande autorité encore. On peut lire la Bible ou tout autre texte spirituel au cours des réunions, mais il n'est pas nécessaire de les commenter dogmatiquement. L'administration de sacrements n'y a pas cours et le mariage lui-même n'y est célébré que par une cérémonie fort simple.

Fidèles à la parole du Christ, les quakers s'abstiennent de jurer et de prêter serment; ils refusent le service militaire, la violence, ils condamnent sévèrement l'esclavage – ils comptèrent très tôt parmi les plus véhéments anti-esclavagistes d'Amérique. S'ils y ont renoncé aujourd'hui, ils affectaient autrefois de se vêtir d'une façon particulière, de conserver leur chapeau sur la tête en quelque lieu et en quelque présence qu'ils fussent, tous les hommes étant égaux devant Dieu. Le tutoiement était pour eux une obligation. Autre particularité qui n'est plus respectée : l'usage de ne pas désigner les jours de la semaine par leurs noms profanes (et païens). Le « premier jour » ou le « deuxième jour » ne sont plus usités.

Les quakers sont démocratiquement organisés, manifestant en toutes choses un extrême souci d'égalité. Les hommes et les femmes sont égaux à l'intérieur de la communauté. Les fidèles se regroupent en assemblées (*meetings*) qui prononcent les admissions ou les exclusions des membres, nomment les « anciens » et les « surveillants » chargés respectivement des tâches spirituelles et administratives. Le rôle de ces personnages ne va pas plus loin, ils n'ont aucune attribution sacerdotale et sont en tout point à égalité avec les autres membres du groupe. Des assemblées annuelles règlent les questions communes à plusieurs groupes, s'efforçant dans la mesure du possible de réunir l'assentiment unanime des délégués. Il existe enfin un Comité mondial consultatif des Amis dont le siège est au 31, Gordon Street, Londres.

Les quakers sont environ 25 000 dans le monde, dont 20 000 en Grande-Bretagne et plus de 100 000 aux États-Unis (en comptant les hickistes).

QUESNEL Pasquier : (1684-1719). Théologien et théoricien janséniste français. Il naquit à Paris et mourut en exil en Hollande. Devenu oratorien en 1657, il fut exclu de l'ordre en 1684 pour avoir refusé de signer un formulaire de sa congrégation où jansénisme et cartésianisme étaient imprudemment mêlés. Il rejoignit *Arnauld* * à Bruxelles en 1694 et lui succéda à la tête du mouvement janséniste. Ses libelles, ses satires, ses traités de piété le rendirent vite célèbre et sa volumineuse correspondance contribua à renforcer le courant janséniste. Emprisonné à Malines, il fut délivré miraculeusement par un ange, disent ses admirateurs, par un gentilhomme espagnol, corrigent ses détracteurs. Se sentant traqué et inquiet pour sa liberté, Quesnel se réfugia à Amsterdam, à l'abri des entreprises du roi Louis XIV, et fit de la métropole hollandaise la capitale du *jansénisme* * vers 1708. Il y mena un combat sans merci contre les jésuites, le roi de France et les évêques français.

Il avait, dès 1671, publié son livre intitulé *Réflexions morales sur le Nouveau Testament*, muni de l'approbation de M. de Vialart, évêque de Chalon-sur-Marne. Cependant d'années en années, le traité original s'était grossi d'ajouts tendancieux, quoique toujours accompagnés d'approbations d'évêques qu'on a dit abusés. Les jésuites fulminaient et la cabale de Mme de Maintenon auprès du roi se poursuivait. Bossuet s'en mêla et plus d'un *quesneliste* l'accusa de double jeu. Enfin, en 1708, le pape Clément XI condamna les *Réflexions* et en 1713 fit paraître la fameuse bulle *Unigenitus* qui condamnait formellement cent une des propositions du livre litigieux (voir *Jansénisme* *).

QUIÉTISME : Doctrine mystique et méthode contemplative qui provoquèrent de nombreux scandales dans l'Église au XVIIᵉ siècle. S'inspirant directement ou indirectement des méthodes orientales, hindouiste et bouddhiste notamment, le quiétisme avait existé dans l'Église sous d'autres noms, dès le IVᵉ siècle, à en croire saint Jérôme qui dénonce un certain Évagre, diacre de Constantinople, lequel vivait dans le désert, livré à la contemplation. Évagre aurait publié un livre de *Maximes* prétendant ôter à l'homme contemplatif tout sentiment de passion. Plus tard, au XIe et au XIVe siècle, la querelle des *hésychastes* * (le grec *hésichos* signifie « tranquille » et le grec *hêsukhia* « repos ») s'était terminée par le triomphe de Grégoire Palamas, leur défenseur. Parallèlement vers la même époque, les *beggards* * avaient défendu des thèses analogues, quoique de façon bien plus rudimentaire.

Le quiétisme resurgit en Occident dans la seconde moitié du XVIIe siècle avec Molinos. Les idées de ce prêtre catholique de bonne foi (s'il fut condamné en 1677, il n'en mourut pas moins repentant en 1697) sur la passivité de l'âme à l'égard des passions avaient débouché sur des débordements dont le diocèse de Naples fut particulièrement victime. Doctrine du renoncement, le quiétisme semblait promis paradoxalement aux pires dérèglements, et l'Église pouvait avoir d'excellentes raisons de s'en défier.

Il avait besoin d'être épuré. Ce travail d'épuration échut à François Malaval, de Marseille. Il fut l'auteur d'une *Pratique facile pour élever l'âme à la contemplation* qui, avec les ouvrages de quiétistes tels que Benoît Briscia ou Jean Falconi, séduisit Jeanne-Marie de Bouvière de La Mothe, connue sous le nom de *Mme Guyon* *, et inspira sa propre vision mystique. Celle-ci devint la grande prêtresse du quiétisme et fut un sujet de polémique à la cour de France, mais n'en influença pas moins de grands esprits, à commencer par Fénelon.

Nous reparlerons de Fénelon, tenons-en nous pour le moment à Mme Guyon et à son école. Au cours de ses voyages en France, en Italie et en Savoie, elle s'était fait une réputation de sainteté que ses adversaires eux-mêmes ne pouvaient méconnaître. Toujours accompagnée au cours de ses déplacements par le père Lacombe, son directeur de conscience (et son meilleur disciple), elle avait multiplié les conférences spirituelles, suscitant autant de partisans que de contradicteurs. Les petits écrits qu'elle avait rédigés au cours de ces voyages étaient abondamment lus et commentés. On lui doit un *Moyen court et très facile pour l'oraison*, l'*Explication mystique du cantique des cantiques*, la *Règle des associés à l'enfance de Jésus*, un *Modèle de perfection pour tous les états*, les *Torrents* enfin, restés longtemps manuscrits. De son côté le père Lacombe avait publié une *Analyse de l'oraison mentale* et on avait édité l'*Alphabet*, et les *Lettres* du père Falconi. Tous ces écrits furent condamnés par le Saint-Office.

Les idées quiétistes n'en faisaient pas moins leur chemin, aussi bien dans le clergé qu'à la cour de France. Elles trouvèrent néanmoins un adversaire déterminé en Bossuet, chien de garde résolu de l'orthodoxie catholique. Son *Ordonnance sur les états d'oraison* s'efforça de décrire, péjorativement, les principes essentiels du quiétisme. Bossuet avait sélectionné cinq points, à son avis hautement controversables, pour définir le quiétisme tout en le condamnant :

« L'acte de quiétude » et supposé être un acte unique, universel, irréitérable, continu, à partir du moment où il a été produit, qui dispense de se donner de nouveau à Dieu. Il est ininterrompu, se poursuit par-delà toutes les occupations postérieures, dans le sommeil même. Forts de ce principe, les quiétistes déduisaient la suppression de tous les actes explicites de l'intelligence et de la volonté devenus désormais inutiles.

La prière, de l'avis de Mme Guyon, était : « Une chaleur d'amour qui fond et qui dissout l'âme, la subtilise et le fait monter jusqu'à Dieu [...] un état de sacrifice essentiel à la religion chrétienne, par laquelle l'âme se laisse détruire et anéantir. » Ou encore : « L'anéantissement est la véritable prière » (le *Moyen court*). Cet anéantissement implique la suppression de toute demande, à l'exception de celle-ci : « Que votre volonté soit faite. » Les demandes sont une forme imparfaite de la prière, elle trahissent un désir égoïste. Par le don de soi et l'acte unique de quiétude, l'âme se trouve dans un état d'impuissance de faire à Dieu les demandes qu'elle faisait auparavant avec facilité. Cette âme quiétiste ne saurait ni rien demander à Dieu ni rien désirer de lui.

Dans le même mouvement, la contrition du péché est abolie car elle implique la connaissance, désormais impossible, de ce dernier. Compte tenu de la vertu de simplicité à laquelle est parvenu le quiétiste, tout regard jeté sur soi-même constitue une infidélité à l'égard de Dieu.

Le rejet de la prière au sens chrétien du mot, oraison dominicale et psaumes compris, l'inutilité de la pénitence et du sentiment de contrition, tels sont les points que, dans cette première définition, Bossuet souligne comme incompatibles avec la doctrine orthodoxe de l'Église.

Dans son deuxième article, l'évêque de Meaux met l'accent sur « un désintéressement outré, qui ne permet, en aucune circonstance, de rien demander pour soi à Dieu, ni la rémission des péchés, ni le progrès dans la vertu, ni la grâce dans la persévérance, à raison du repos parfait qui suspend toute opération, et surtout d'un abandon total à Dieu ». Tout cela signifie, selon lui, l'indifférence pour le salut et l'acquiescement éventuel à la damnation, attitude totalement répréhensible.

Plus grave est, selon Bossuet (troisième proposition), l'exclusion donnée à l'humanité sainte de

Jésus-Christ, sous prétexte de se perdre dans l'essence divine, à la confusion des Personnes divines et de leurs attributs. Malaval ne disait-il pas que l'humanité s'évanouit, dans l'acte de quiétude, pour faire place à la divinité ? Mme Guyon de son côté distinguait trois états d'union à Jésus-Christ : à Jésus-Christ homme-dieu, *l'union la plus imparfaite de toutes;* à Jésus-Christ, personne divine, union supérieure à la précédente, mais inférieure à l'état d'union à l'essence divine, *où l'on ne doit plus parler de Jésus-Christ,* mais, sous peine de déchoir, n'avoir qu'une vue confuse et générale de Dieu, sans distinction de personnes, ni de perfection. Bossuet y voyait une atteinte au mystère chrétien de la Sainte-Trinité.

Quatrième point contesté : la suppression des œuvres de mortification et de l'exercice des vertus particulières, observances vulgaires, indignes des parfaits qui les dénonçaient. Le *Moyen court* enseigne qu'on ne pratique jamais mieux la vertu qu'en ne pensant à aucune vertu en particulier.

Enfin, cinquième point, l'éloge exclusif de la contemplation passive et la prétention d'y attirer toutes les âmes sans discernement et de *fixer par des méthodes artificielles* un état passager qu'on voudrait décrire comme définitif.

L'évêque de Chartres, Tronson, supérieur de la congrégation de Saint-Sulpice, et Bossuet dressèrent contre ces erreurs un corps de doctrine connu depuis lors comme *Les Articles d'Issy* (Issy était la maison de campagne des sulpiciens). Plusieurs évêques signèrent ce texte et, parmi eux, Fénelon. L'archevêque de Cambrai n'avait assisté qu'aux dernières réunions du comité d'Issy; il signa par déférence et après qu'on eut ajouté au texte initial quatre articles additionnels. Il professait une sincère admiration pour Mme Guyon, avait longtemps correspondu avec elle et avait obtenu d'elle des éclaircissements jugés satisfaisants sur les points demeurés obscurs ou confus. On dit qu'il avait négligé volontairement de lire les écrits de Mme Guyon. Quoi qu'il en ait été, quand parut l'*Instruction sur les états d'oraison* de Bossuet, l'archevêque de Cambrai refusa de l'approuver publiquement et, pour faire taire les critiques, promit de faire connaître tout aussi publiquement ses propres vues sur la question en litige.

Il tint parole et publia son propre livre sur l'*Explication des maximes des saints sur la vie intérieure.* Ce fut un beau pavé dans la mare. Les évêques de Paris, de Chartres et de Meaux, en épluchèrent le texte et, de concert avec le roi Louis XIV (promu expert en théologie depuis la querelle du *jansénisme* *), le dénoncèrent au pape.

Fénelon de son côté en appela au jugement du Saint-Siège. Il se défendait : « J'ai condamné l'acte permanent comme une source empoisonnée d'oisiveté et de léthargie intérieure; j'ai établi la nécessité indispensable de l'exercice distinct de chaque vertu; j'ai rejeté, comme incompatible avec l'état du voyageur, une contemplation perpétuelle et sans interruption, qui exclurait les péchés véniels, la distinction des vertus et les distractions involontaires; j'ai rejeté une oraison passive... » Il insistait sur « cette paix du Saint-Esprit », seule vraie quiétude. Il soulignait enfin la nécessité de la prière, des actes en liaison avec la charité et l'amour de Dieu. Bref, il se défendait d'avoir écrit quoi que ce soit qui ne soit compatible avec les « trente-quatre articles ».

Fénelon

Il n'en fut pas moins condamné. Le souverain pontife nomma dix consulteurs chargés d'examiner les *Maximes des saints.* Soixante-quatre séances ne suffirent pas à départager l'opinion des consultateurs. Mais Bossuet veillait à Paris; sous son impulsion, le roi en écrivit au pape. Le jugement définitif du livre fut confié alors à la congrégation des cardinaux du Saint-Office qui en condamna vingt-trois propositions.

On lui reprochait plusieurs prises de position proches du quiétisme de Mme Guyon : dans l'état de vie contemplative ou unitive, on perd tout motif intéressé de crainte et d'espérance. Il faut se borner à laisser faire Dieu et dans cet état l'âme n'a plus de désirs volontaires et délibérés pour son intérêt, on ne veut rien pour soi; on ne veut rien pour être parfait ni bienheureux pour son propre intérêt; on ne veut plus le salut, comme salut propre, comme délivrance éternelle. On le veut comme la gloire et le bon plaisir de Dieu. Dans les dernières épreuves, une âme peut être invinciblement persuadée qu'elle est justement réprouvée par Dieu, abandonnée par lui. Alors elle perd toute espérance pour son propre intérêt, et son directeur peut lui laisser faire un acquiescement simple à la perte de son intérêt propre et à la condamnation juste qu'elle croit avoir méritée.

Suivaient des commentaires sur la séparation de la partie inférieure de Jésus-Christ sur la croix et de la partie supérieure, exactement comme dans le cas de l'âme humaine, les actes (de désespoir) de la partie inférieure n'agissant pas volontairement sur l'abnégation de la partie supérieure. Il était encore reproché à Fénelon d'avoir écrit qu'une fois atteint un état de contemplation parfaite, l'âme n'a plus besoin de revenir à la méditation originelle – c'était l'acte permanent de Mme Guyon. On souli-

gnait enfin que, selon l'archevêque de Cambrai, les âmes transformées doivent en se confessant détester leurs fautes, se condamner et désirer la rémission de leurs péchés, non comme leur propre purification et délivrance, mais comme chose que Dieu veut pour sa gloire. Les saints mystiques auraient en outre exclu de l'état des âmes transformées les pratiques de vertu. Pour terminer, le pur amour fait lui tout seul toute la vie intérieure, et devient alors l'unique principe et l'unique motif de tous les actes délibérés et méritoires.

Un bref du pape Innocent XII, en date du 12 mars 1690, condamna ces propositions comme « téméraires, malsonnantes, scandaleuses, offensives des oreilles pieuses, pernicieuses dans la pratique, et même erronées, respectivement, dans le sens des paroles tel qu'il se présente d'abord, et selon la liaison des sentiments ».

Fénelon s'inclina, acceptant purement et simplement la censure. Il n'en fut pas moins exilé dans son diocèse. Le père Lacombe mourut fou à la suite d'une longue réclusion. Quant à Mme Guyon, elle fut emprisonnée, puis exilée; elle mourut à soixante-neuf ans dans les sentiments d'une tendre piété dont rien n'était vraiment venu à bout.

RANTERS : (« Énergumènes », « déclamateurs »). Secte d'*antinomistes* * anglais du XVIIe siècle. Ils se montrèrent actifs à l'époque de la guerre civile. Se croyant possédés du Saint-Esprit et régénérés par la Révélation de Jésus-Christ, ils se disaient revenus à l'état d'innocence adamique et incapables désormais de pécher. Fort de cette certitude, le parfait ranter se considérait libéré des contraintes morales et pouvait ainsi se livrer en bonne conscience à tous les débordements.

On donna aussi le nom (péjoratif) de « ranters » aux méthodistes primitifs (voir *méthodisme* *) à cause de leurs gesticulations.

RAPP Géo : (1770-1847). Fondateur de la secte américaine des *harmonistes* *. Rapp était allemand d'origine, il était né dans le Wurtemberg. Il était issu d'une famille de cultivateurs modestes. Ses prédications mystiques et ses idées « communistes » lui attirèrent l'hostilité des autorités allemandes et il dut émigrer aux États-Unis (1803) en compagnie de quelques disciples – dont son propre fils. Ils se rendirent d'abord en Pennsylvanie, puis s'établirent à New Harmony, dans l'Indiana. Ils finirent par se fixer définitivement en un lieu situé sur l'Ohio, non loin de Pittsburg, qu'ils baptisèrent *Economy*. Du vivant de Rapp, les sectateurs pratiquaient le célibat dans le but de retrouver, hommes et femmes, l'état androgyne primitif. Mais après la mort de son fondateur, la secte déclina. Elle fut dissoute en 1906.

RASKOLNIKS ou ROSKOLNIKS : (Voir *Vieux-Croyants*).

RATIONALISME : (ou « libre pensée »). Système de pensée qui prône la supériorité de la raison sur la foi. La libre pensée rejette toutes les doctrines religieuses fondées sur une Révélation. Agnostique par définition, le libre penseur ou le rationaliste moderne se déclare hostile à l'égard du christianisme et de toutes les religions révélées.

RAYMOND LULLE : Franciscain né à Majorque au XIVe siècle. Les auteurs hermétistes lui ont fait réputation d'alchimiste, certains d'entre eux prétendant même qu'il aurait fabriqué de l'or pour le roi Édouard d'Angleterre, cet or « duquel on void encore aujourd'hui, en la Tour de Londres, les fagots qu'il bastit et donna au roy Édouard lors vivant » (Roch Le Baillif, préface du *Demosterion*). Ce qui est à peu près démontré, c'est que

Raymond inventa, sous le titre d'*Art universel*, une espèce de table dialectique où toutes les idées de genre étaient distribuées et classées de façon si ingénieuse que d'une proposition générale on descendait mécaniquement à la question particulière qu'on désirait. Ces tables permettaient, par leurs diverses corrélations, de fournir la solution de toutes les questions imaginables. C'est ainsi que tous les problèmes religieux, les dogmes et leur discussion avaient été mis en propositions avec questions et réponses.

Ces tables devinrent rapidement un instrument d'étude et soulevèrent bien des discussions d'école. L'Université les proscrivit et le pape les désapprouva. Mais les franciscains les défendirent âprement contre les dominicains, qui les attaquaient avec autant de chaleur.

Lulle pour sa part se montra toujours soumis à l'autorité du Saint-Siège et fut béatifié. Il mourut dans un naufrage en 1315. Il s'était mis en tête d'aller convertir les musulmans de Tunis.

RÉALISTES : (Voir *Universaux*).

RÉARMEMENT MORAL : Mouvement chrétien fondé par le révérend Franck Buchman et des étudiants d'Oxford après la Première Guerre mondiale. Il vise la réforme du monde par celle de la vie personnelle. Devant la menace nazie, le mouvement eut une certaine résonance en 1938; il se répandit en Europe et en Amérique après les excès de la Seconde Guerre mondiale. Le « réarmement » n'est ni une religion ni un parti, il entend promouvoir une éthique. Il réunit des personnalités de différents pays, membres des classes moyennes en général, et organise des conférences, des émissions radio-télévisées, produit des films, publie des écrits, etc., dans le but de proposer une nouvelle manière de vivre en harmonie avec les valeurs traditionnelles du christianisme. Aucun rituel n'est en vigueur, à l'exception de la cérémonie de l' « endossement », qui comporte une confession personnelle publique des nouveaux membres. Le réarmement publie un organe en français intitulé *La Tribune de Caux* (en Suisse).

REBAPTISANTS : Dénomination de ceux qui veulent redonner le baptême à ceux qui l'ont validement reçu. La pratique en est très ancienne. Saint Cyprien, Firmilien, évêque de Césarée, des évêques d'Afrique et d'Asie réunirent plusieurs conciles où il fut décidé qu'il fallait rebaptiser tous ceux qui avaient reçu le baptême de la main des hérétiques. Ils estimaient que les hérétiques, en baptisant, n'avaient reçu ni le mandat de l'Église (hors de laquelle il n'y a point de salut) ni la grâce du Saint-Esprit. Firmilien et

Cyprien se heurtèrent à l'hostilité du pape saint Étienne. Les évêques d'Asie et d'Afrique passèrent outre; ils ne furent pas condamnés, le pape et les conciles d'Arles et de Nicée étant convenus que dans certains cas, celui des *marcionites* * notamment, le baptême n'avait pas été administré au nom de la Trinité au complet. Il reste que de nos jours l'Église reconnaît comme valable et unique le baptême donné au nom du Père, du Fils et du Saint-Esprit, peu importe la confession à laquelle appartiennent le récipiendaire et l'officiant.

RHÉTORIENS : Sectaires, disciples de Rhétorius au IVe siècle. Ils admettaient toutes les hérésies qui avaient paru avant eux et les soutenaient comme valables.

RICHÉRISME : Hérésie d'Edmond Richer, théologien de la faculté de Paris, qui publia en 1560 un *Traité de la puissance ecclésiastique et civile* par lequel il affirmait que « toute communauté a droit immédiatement et essentiellement de se gouverner elle-même ». Ou encore : « Jésus-Christ a donné les clés, ou la juridiction plutôt, plus immédiatement, plus essentiellement, à l'Église qu'à Pierre. » L'autorité laïque, pour sa part, s'émut de la déclaration de Richer qui affirmait « que les états du royaume sont indubitablement au-dessus du roi ». L'imprudent théologien fut mis au cachot. Les conciles de Sens et d'Aix (1612) condamnèrent le livre de Richer – qui avait déjà été proscrit à Rome.

Le système de Richer n'était pas nouveau et ne constitua pas la dernière tentative de « démocratisation » de la hiérarchie religieuse et de l'autorité morale. Le conflit d'autorité date au moins du IVe siècle avec la prédication d'*Aerius* * qui proposait l'égalité parfaite entre les évêques et les simples prêtres. Les *vaudois* * adoptèrent une position analogue. Au début du XIVe siècle, Marsile de Padoue, recteur de l'université de Paris, publia à son tour un ouvrage intitulé *Defensor pacis* dans lequel il enseignait qu'en toute forme de gouvernement la souveraineté appartient à la nation; que le peuple chrétien a seul en propriété la juridiction ecclésiastique. Qu'il est habilité à faire les lois, à les modifier, à les interpréter, à punir, à instituer des chefs pour exercer à sa place ses prérogatives. Qu'il a le pouvoir de destituer, de juger, de déposer ces chefs, y compris le souverain pontife. Cette profession de foi de Marsile renouvelait, en l'étendant, l'hérésie d'Aerius. En 1327, le pape Jean XXII condamna ces propositions et un siècle plus tard le concile de Constance confirmait la sentence pontificale en anathémisant *Jean Hus* * et *Wycliffe* *.

Survint alors Richer en France et apparut simultanément en Allemagne la contestation luthérienne. Marc-Antoine de Dominis fut condamné à la même époque par le pape Léon X pour avoir publié un traité *De republica ecclesiastica* dans lequel il remettait en cause la monarchie de l'Église et la primauté du souverain pontife. La querelle se déplaça, elle opposa les parlements de France au roi Louis XIV, défenseur des jésuites et adversaire des *jansénistes* *. De fil en aiguille, le richérisme français, nourri de *presbytérianisme* *, exacerbé ensuite par les critiques des Encyclopédistes, aboutit à la Révolution de 1789 et à la « Constitution civile du clergé ». Presque en même temps (1786), l'évêque de Pistoie en Toscane, Ricci, avait tenu dans sa ville épiscopale un synode placé d'ailleurs sous le patronage de l'archiduc Léopold. Il y fut établi que l'autorité ecclésiastique exercée par le clergé dérive de la communauté des fidèles ; que le pape tient son pouvoir de l'Église et non point de Jésus-Christ ; que l'Église enfin abuse de son pouvoir en punissant ceux qui se montrent rebelles à ses décrets. Par la bulle *Auctorem fidei*, le pape Pie VI condamna les actes du synode et en déclara hérétiques les passages que nous avons cités plus haut (1794).
De part et d'autre de la barrière, des hommes moururent en luttant pour ou contre le richérisme.

RÉFORME : Nom général donné au mouvement protestant qui mit l'Europe à feu et à sang au début du XVIᵉ siècle. Au nord des Alpes, Érasme et Luther furent les vrais pères de la Réforme ; c'est l'esprit plus intransigeant de Luther qui triompha. Le mouvement fut presque immédiatement suivi par les chrétiens de France, dont Calvin, des Pays-Bas et d'Angleterre, et l'Église d'Occident en fut à jamais divisée.
On donna dès lors le nom d' « Église réformée » aux Églises protestantes de France, de Suisse, de Hollande, d'Allemagne et enfin des États-Unis.
Pour sa part, la « Contre-Réforme », menée par l'Église romaine pour enrayer le mouvement protestant, fut dirigée plus ou moins directement par les jésuites.

ROSCELIN : Chanoine du Moyen Âge qui vécut entre 1050 et 1120. Né à Compiègne, il enseigna d'abord à Loches, en Touraine. Il fut le premier des grands scolastiques et eut un moment Abélard pour élève. À son époque, les universités commentaient avec ardeur la question des *universaux* *, à savoir : le genre, l'espèce, la différence, le propre et l'accident, tels qu'ils sont énumérés dans l'*Isagogue* de Porphyre. La question qui se posait était de savoir s'il fallait voir dans les universaux des

êtres réels ou simplement des abstractions, des choses ou des mots. La polémique opposait les *réalistes*, qui tenaient pour la réalité objective des universaux, aux *nominalistes*, qui n'y voyaient que des abstractions commodes. Roscelin fut le premier des nominalistes.
Il soutenait que les idées générales sont de simples constructions de l'esprit et qu'en quelque sorte les universaux, loin d'être une chose réelle et un type préétabli, n'ont point d'existence hors de l'esprit qui les conçoit. Qu'ils ne sont guère plus que des mots. Il eut malheureusement le tort d'appliquer sa théorie à la Divinité, à la Trinité plus particulièrement. Il réduisait l'unité divine de la Trinité à une unité nominale et avançait que le Père, le Fils et le Saint-Esprit sont en réalité trois choses, comme trois anges. Si les trois personnes ne constituaient qu'une unité divine, disait-il, on serait contraint de dire qu'elles se sont toutes les trois incarnées en Jésus-Christ. L'unité divine n'était à ses yeux qu'une façon de reconnaître dans les trois personnes l'égalité de puissance et l'identité de volonté.
Cité à comparaître devant le concile de Soissons, en 1092, il se rétracta – par crainte d'être mis à mort, dit-on – puis se réfugia quelque temps en Angleterre. Il devait ensuite se réconcilier avec l'Église au cours d'un séjour à Rome.

ROUX Georges : (1903-1981). Dit le « Christ de Monfavet ». Fondateur de l'*Église chrétienne universelle* *.

RUNCAIRES : Autre nom des *patarins* * et qui leur venait de leur goût pour s'assembler dans les ronces et les broussailles, dans les lieux écartés et incultes qu'on appelait autrefois les *runcarias*. On assure que, sous le prétexte qu'on ne commet point de péché par la partie inférieure du corps (de loin la plus soumise à tentation !), ils s'y livraient aux plus voluptueuses libertés.

RUSSE (Église) : (Voir *Orthodoxe, Église ; Skoptsis ; Vieux-Croyants*).

RUSSELL Charles Taze : (1852-1916). Le « pasteur Russell ». Il est considéré comme l'initiateur du futur mouvement des Témoins de *Jéhovah* *. Né en Pennsylvanie, d'origine irlando-écossaise, il était *congrégationnaliste* * mais refusa d'adhérer au dogme de l'éternité des peines. Il professait que le Christ était revenu sur terre en 1874 et y avait instauré le millénium tant attendu. Le Jugement dernier, l'instauration du Royaume messianique exigeraient, selon ses estimations, encore un millier d'années. Charles Russell laissa une abondante littérature.

Le concile de Constance mit fin au Grand Schisme d'Occident
avec l'élection du pape Martin V

SABBATAIRES, SABBATARIENS ou SABBA-THIENS : Nom donné à plusieurs tendances ou mouvements religieux de l'Église chrétienne. On l'appliqua à certains juifs mal convertis du Ier siècle, qui restaient attachés à l'observance de la Loi mosaïque, à la célébration du jour du sabbat notamment. On les appelait aussi les *masbothéens*. Au IVe siècle, le nom de *sabbathien* reparut; il désigna les disciples d'un certain Sabbathius, *novatien* *, qui professaient qu'il fallait célébrer la Pâque avec les juifs, le quatorzième jour de la lune de mars. Ces sabbathiens affectaient de ne pas se servir de la main droite dans leurs cérémonies, ce qui leur valut l'épithète de *gauchers* ou de *sinistres*.

Enfin, une branche d'*anabaptistes* * visionnaires reçut le nom de *sabbatariens* parce qu'ils prétendaient qu'aucune loi n'était venue abolir l'observance du jour du sabbat. Ils n'adressaient leurs prières qu'à Dieu le Père, à l'exclusivité du Fils et du Saint-Esprit. Ils récusaient toute autorité d'origine non spirituelle, méprisaient les fonctions de juge ou de magistrat, condamnaient le recours aux armes et à la guerre.

SABELLIANISME et SABELLIENS : Doctrine et disciples de Sabellius, un Libyen qui vivait au IIIe siècle. Sabellius vint à Rome vers l'année 215, semble-t-il, mais sa doctrine ne se répandit qu'autour des années 250, en Cyrénaïque, puis en Asie Mineure et en Mésopotamie. Au IVe siècle, Photin la reprit à son compte. Un système analogue a été adopté plus récemment par les *sociniens* * et plus ou moins par *Swedenborg* *.

Sabellius enseignait qu'il n'y a en Dieu qu'une seule personne, le Père. Le Fils et le Saint-Esprit ne sont que des attributs, des opérations, des émanations à la rigueur, et ne sont pas des personnes subsistantes. Les sabelliens comparaient le Père au Soleil, dont le Fils n'aurait été que la lumière et l'Esprit la chaleur. De la substance unique du Père est émané le Verbe, comme un rayon divin, et il s'est uni à Jésus-Christ pour opérer notre rédemption. Le Verbe est ensuite remonté vers le Père, comme un rayon remonte à sa source, et s'y est résorbé. Alors Dieu le Père a émané sa chaleur sous la forme du Saint-Esprit qui s'est communiqué aux Apôtres. Ils disaient encore que la première personne est dans la divinité comme le corps est dans l'homme, que la deuxième en est comme l'âme et la troisième comme l'esprit.

L'hérésie sabellienne consiste donc à nier la personnalité du Fils et du Saint-Esprit, à ne voir dans la Trinité que la nature divine considérée sous les trois aspects de *substance,* de *pensée* et de *volonté.* Jésus-Christ, dans ce système, n'est Fils de Dieu que par adoption, il est le fruit d'une vertu et non point d'une union substantielle. L'incarnation y est ramenée à une simple effusion de vertu et de sagesse dans l'âme de Jésus-Christ. Les Pères qui ont réfuté Sabellius l'ont classé parmi les *patripassiens* * avec Praxéas et Noët. Pour le théologien libyen, quand Dieu s'incarnait, souffrait et mourait, il était le Fils; quand il inspirait les Apôtres, il était le Saint-Esprit, mais derrière ces noms ou plutôt ces actions, c'était toujours le même Dieu, la même personne du Père qui se tenait. Sabellius fut réfuté surtout par Saint Denis, patriarche d'Alexandrie.

SACCOPHORES

SACCOPHORES : ou « porteurs de sacs ». Ce nom a été donné à plusieurs sectaires qui, par humilité, se vêtaient de sacs. Il s'agit notamment des *apostoliques* ou *apotactiques* *, des *encratites* * et de certains *manichéens* *.

SACRAMENTAIRES

SACRAMENTAIRES : Les auteurs catholiques d'autrefois ont attribué ce nom à tous les hérétiques qui niaient la présence réelle de Jésus-Christ ou sa transsubstantiation dans l'eucharistie, confondant dans la même réprobation les luthériens (qui admettent pourtant la présence réelle sous forme de consubstantiation) et les calvinistes. Cependant les luthériens de leur côté nommaient *sacramentaires* les disciples de Carlostadt, de Zwingle et de Calvin, qui soutenaient que l'eucharistie n'est que symbolique du sang et de la chair du Christ.

SAINT-MARTIN

SAINT-MARTIN Louis-Claude de : (1743-1803). Né à Amboise le 18 janvier 1743, le marquis Louis-Claude de Saint-Martin avait été élevé pieusement; il avait été destiné à la carrière de magistrat et devint avocat, avant d'entrer dans l'armée. Muni d'une patente d'officier, il rejoignit le régiment de Foix qui tenait garnison à Bordeaux. C'est dans cette ville qu'il rencontra M. de Grainville et se fit initier dans l'ordre maçonnique des élus-cohens qu'avait fondé dom Martines de Pasqually. Maçon depuis 1765, croit-on, Saint-Martin fut ébloui par dom Martines dont il devint le secrétaire. Haut dignitaire cohen, sans doute promu au grade suprême de « Réau-Croix », Saint-Martin abandonna ensuite ses activités maçonniques (il ne renia jamais toutefois son

initiation « cohen ») pour se consacrer à ses études métaphysiques. Il devint le plus grand des théosophes français de son temps – et peut-être de tous les temps.

Quand Saint-Martin découvrit et traduisit avec un réel enthousiasme l'œuvre de *Jakob Boehme* *, il ne manqua pas de faire le rapprochement avec le gnosticisme initiatique et théurgique de son ancien maître Martines de Pasqually. Il dira que Martines avait la « clé active » de « tout ce que notre cher Boehme expose dans ses théories ». « Excellent mariage que celui de notre première École et de notre ami Boehme. » Mais, esprit purement spéculatif et mystique, L.-C. de Saint-Martin souhaita établir le contrôle de la mystique sur la théurgie. La première, selon lui, va droit à la région supérieure, tandis que la deuxième s'exerce dans une région où le Bien et le Mal sont confondus et mêlés (R. Ambelain : *Le Martinisme,* Paris, 1946).

Saint-Martin avait choisi pour nom d'auteur celui de « Philosophe inconnu ». C'est sous ce nom qu'il publia une œuvre importante, dont nous citons en vrac les principaux titres : *Des erreurs et de la vérité; Le Tableau naturel des rapports qui existent entre Dieu, l'Homme et l'Univers; L'Homme de désir; Ecce homo; Le Crocodile; Le Ministère de l'Homme-Esprit,* etc. Par l'ampleur de son œuvre et la profondeur de sa vision intérieure, le Philosophe inconnu a pu à juste titre être appelé le « Swedenborg français ». La plupart de ses ouvrages ont été écrits entre les années 1775 et 1803, année de sa mort survenue à Châtenay, près de Paris.

Dans l'article que nous avons consacré au *martinisme* *, nous n'avons montré que le Philosophe inconnu n'a aucun lien direct avec les sociétés iniatiques qui portèrent ce nom.

SAINT-SIMONISME

SAINT-SIMONISME : Doctrine sociale, industrielle et religieuse dont l'initiateur fut le comte Claude Henri de Saint-Simon (1760-1825). Parmi d'autres ouvrages, ce réformateur utopiste est l'auteur d'un *Nouveau Christianisme* dans lequel il expose ses idées en matière de religion.

Le christianisme, écrit Saint-Simon, a été détourné de sa voie : progressif par nature, il s'est enlisé dans un dogmastique paralysant. Il s'est refusé à l'évolution naturelle qui aurait dû être la sienne au fil des siècles. Le « nouveau christianisme » doit s'ouvrir au changement survenu dans les rapports humains au cours des âges, ne conservant que cette glorieuse maxime : « Aimez-vous les uns les autres. »

Saint-Simon estime que la religion doit diriger la société, que l'Église doit être à la tête de tout, réunissant sous son autorité les pouvoirs civil et spirituel, car la société idéale est composée de prêtres, de savants et d'industriels (patronat et prolétariat confondus). Toute profession est une fonction religieuse, un grade dans la hiérarchie sociale idéale. Tout doit être mis en commun entre les hommes, la propriété et les héritages doivent être abolis.

Rejeté par sa famille, en butte à l'hostilité générale, Saint-Simon se suicida en 1825. Ses idées furent mises en système par Auguste Comte et exposées successivement par les journaux *Le Producteur*, *L'Organisateur* et enfin *Le Globe*. L'Église saint-simonienne, elle, avait dorénavant pour chefs Bazard et Enfantin. Ils donnèrent forme et corps à la doctrine primitive et se constituèrent en secte. Des difficultés survinrent toutefois : Bazard, modéré, ne s'entendait plus avec Enfantin, plus radical et plus mystique à la fois. Ils se séparèrent, mais Bazard mourut assez opportunément en 1832. Resté seul maître, Enfantin put donner libre cours à ses fantasmes et à son goût de grandeur. Retiré provisoirement dans le phalanstère de Ménilmontant, il allait vite devenir ce « Père Enfantin », personnage clé de l'imagerie saint-simonienne.

L'idée que les saint-simoniens se faisaient de Dieu était panthéiste. « Dieu est tout ce qui est : tout est en lui, tout est par lui, nul d'entre nous n'est hors de lui. » D'autres, plus concis, proclamaient : « Tout est lui. » Ce Dieu exclusif se manifeste sous deux aspects, comme esprit et comme matière, comme intelligence et comme force, comme sagesse et comme beauté.

Pour ce qui était de la morale, Bazard avait développé dans son *Exposition complète de la foi saint-simonienne* que « l'antagonisme de l'esprit et de la chair est rejeté comme une fiction. On ne dit plus : mortifiez-vous, abstenez-vous ; mais : sanctifiez-vous dans le travail et dans le plaisir ». Les passions pouvaient ainsi trouver là leur légitimation. Une grande place, essentielle, était faite à la femme. Puisque l'homme est en droit de se faire à lui-même sa morale, pourquoi la femme ne le pourrait-elle pas ? Avant d'imposer à la femme des devoirs, il convenait d'attendre la *Femme-Messie*, parèdre de l'*Homme-Messie* qu'avait été Saint-Simon ou du *Père* qu'était devenu Enfantin. À cette femme idéale étaient promises des fonctions sacerdotales.

Mais à vrai dire, cette Femme-Messie, cette *Mère* demeurait introuvable. Enfantin la cherchait avec dévotion ; il en avait cru découvrir plusieurs, mais aucune n'avait été la bonne. Aussi, lors des grandes cérémonies de la secte, siégeait-il seul dans un grand fauteuil auprès duquel était placé un autre fauteuil, vide celui-là. En attendant. Et toujours en attendant, les adeptes prônaient les

Le Père Enfantin

unions basées sur les *affections profondes* et les *affections vives* y compris jusque dans l'adultère. Bazard, qui avait repoussé cette légalisation de l'adultère, ne fut pas suivi.

Débarrassé de Bazard, Enfantin organisa la vie de la secte dans un grand local de la rue de Ménilmontant, à Paris. Il commença par abolir la domesticité, dernier vestige du servage. Chacun des adeptes devait se charger à tour de rôle des travaux domestiques exigés par la vie en commun. C'est ainsi qu'on pouvait voir au phalanstère de Ménilmontant des ingénieurs occupés à éplucher des pommes de terre ou vaquer à des travaux de jardinage. Ensuite, accoutrés de vêtements bizarres, les frères se promenaient deux par deux ou en groupes, sereins, le regard un peu exalté quand même, dans les allées du jardin.

Mais cette quiète retraite fut troublée par des dénonciations. Les saint-simoniens de Ménilmontant furent accusés d'attentat aux mœurs, d'attaque à la propriété privée, d'association non autorisée. Enfantin, Duveyrier et Michel Chevalier furent condamnés à un an de prison, d'autres à l'amende. Le phalanstère modèle de Ménilmontant fut déserté et, après la révolution de Juillet (1830), les saint-simoniens furent dénoncés à la Chambre, en butte à toutes les tracasseries. Enfantin, plus ou moins traqué, donna un certificat d'indépendance à ses disciples, lui-même entreprit de voyager. Et les saint-simoniens essaimèrent en Afrique, en Turquie et dans le midi de la France. Certains, fidèles à l'utopie originelle, allèrent chercher dans ces pays plus cléments la femme idéale et la liberté que Paris et l'Europe leur refusaient. Dautres mirent leurs talents au service du progrès. Nombreux avaient été parmi eux les ingénieurs, les ouvriers qualifiés – Enfantin lui-même avait reçu une formation d'ingénieur. Ils eurent de grands projets (comme le percement du canal de Suez, bien avant Lesseps) et réalisèrent bien des travaux d'utilité publique, notamment dans la construction des chemins de fer qui commençait alors en France. Quelques-uns s'enrichirent, mais la plupart, fidèles aux idées généreuses qui avaient guidé leurs premiers pas, moururent pauvres et oubliés. Enfantin lui-même mourut en 1864.

SAMPÉENS : (Voir *Elcesaïtes*).

SALUT (ARMÉE DU) : (Voir *Armée du Salut*; *Booth*).

SAMPSÉENS ou CHAMSÉENS : Sectaires orientaux très mystérieux et dont on ne peut dire s'ils étaient hérétiques, donc chrétiens, ou s'ils étaient juifs. Saint Épiphane dit qu'on ne peut les compter ni comme juifs, ni comme chrétiens, ni comme païens et que leur doctrine était un mélange de toutes les religions. Leur nom vient de l'hébreu *schemesch* qui signifie Soleil. Adoraient-ils cet astre? On n'en sait rien sinon que les Syriens et les Arabes les appelaient *solaires*. Saint Épiphane pense qu'ils formaient une branche des esséniens ou encore des *elcésaïtes* *. Ils admettaient l'unité de Dieu et pratiquaient certains rites de la religion judaïque.

SATORNIL et SATURNINIENS : Satornil enseignait à Antioche au IIᵉ siècle. C'est le premier docteur gnostique qui mentionne le nom de Jésus dans son système. Pure vision *docétiste* *, Jésus est représenté comme un être fantastique envoyé par le Père pour assurer le salut des hommes et détrôner le méchant Dieu des juifs. Satornil croyait en un Dieu suprême, puissant et bon, mais inconnaissable et inaccessible. Parallèlement à ce Dieu inconnu existe une Matière, elle aussi éternelle, sur laquelle règne un Esprit mauvais et malfaisant par nature. Sept esprits inférieurs ont été émanés par le Dieu bon. Ils ont formé le monde et créé les hommes, et siègent depuis lors dans les sept planètes de l'astrologie traditionnelle. Mais ils avaient été incapables de donner à l'homme une âme et c'est le Dieu bon qui, apitoyé, l'en avait pourvu. Ensuite, sans doute dégoûté de cette création imparfaite et indigne de lui, le Père suprême s'est retiré dans la solitude de son plérôme, se désintéressant de ce monde et en laissant le gouvernement aux sept esprits planétaires.

L'Esprit malfaisant de la Matière n'avait pas vu cette création sans éprouver un sentiment de dépit. Il fabriqua à son tour une race d'hommes à qui il insuffla une âme perverse, faite à sa propre image. Il arriva ce qui ne pouvait manquer d'arriver : les deux races d'hommes s'unirent et furent à l'origine de ce monde du mélange, la *mixis* gnostique, responsable de l'incohérence que nous pouvons constater sur la terre où le bien et le mal cohabitent. De leur côté, les sept esprits planétaires succombèrent aux tentations de l'Esprit de la Matière; ils se partagèrent jalousement les diverses parties du Cosmos et c'est bien l'un d'entre eux qui devint ce méchant Dieu des juifs. C'est pourquoi, sortant de son indifférente torpeur, le Père suprême dut envoyer le Sauveur Jésus pour racheter les âmes des justes et montrer aux hommes la voie du salut.

Satornil prêchait un régime austère; il condamnait l'usage de manger de la viande et recommandait une forme végétarienne d'alimentation. Il s'élevait contre l'œuvre de chair, rejetait le mariage qui, par la procréation, perpétue l'emprisonnement de l'étincelle de lumière divine dont l'âme est nantie.

SAVONAROLE Girolamo (Jérôme) : (1452-1498). Moine dominicain né à Ferrare en Italie; il devint prieur du monastère de Saint-Marc à Florence. Illuminé, affirmant être un prophète missionné par Dieu, mais catholique orthodoxe, il prêcha une réforme de l'Église, des mœurs et, plus tard, de la vie politique florentine. Il acquit rapidement une grande célébrité, ses sermons à Saint-Marc, à la cathédrale et en d'autres lieux publics de la cité toscane attirant des foules énormes qui réunissaient, au moins au début, dans un même enthousiasme fanatique aristocrates et plébéiens.

La masse de ses partisans organisa quelque temps des « bûchers de vanité » sur lesquels étaient jetés pêle-mêle bijoux, livres et tableaux. Savonarole avait bénéficié à ses débuts, vers 1484, de l'appui plus ou moins officiel de Laurent de Médicis, le Magnifique, conseillé dans ce sens par le non moins célèbre Jean Pic de La Mirandole dont les « neuf cents propositions » venaient d'ailleurs d'être rejetées par l'Église. Il n'avait pas tardé cependant à se heurter à certains intellectuels de la cour de Laurent, au fameux Ficin notamment, qui opposaient au don divin de prophétie tel que l'entendait le moine leur propre science de l'astrologie. Pic de La Mirandole, pourtant réputé savant en kaballe et autres disciplines ésotériques, apporta son soutien au « prophète de Dieu », mais mourut prématurément, laissant à son neveu Jean-François le soin de défendre celui qu'il avait tant admiré. Après la mort de Laurent le Magnifique en 1492, les relations de Savonarole avec son successeur Pierre de Médicis furent plus froides avant de se détériorer complètement avec la proclamation de la République en 1494 et l'entrée victorieuse à Florence du roi Charles VIII de France.

Savonarole prêchait désormais très franchement une doctrine *millénariste** à connotation de plus en plus politique malgré une couverture spiritualiste. Il annonçait de grands malheurs et de terribles épreuves pour l'Italie en général, Florence en particulier. Dieu, dans sa colère, avait chargé le roi de France de punir l'Italie livrée à la corruption, au vice et à la violence des tyrans (dont le pape). Charles VIII, proclamait-il, était le « fléau de Dieu », le porteur de l'épée vengeresse que la puissance divine destinait à la rénovation de l'Italie. Il pourrait bien être aussi le « second Charlemagne » qui sauverait la chrétienté et ferait de Florence la Nouvelle Jérusalem, à partir de quoi apparaîtrait le millénium annoncé par Joachim de Flore selon l'Apocalypse. Car, après l'épreuve et la punition, on verrait le triomphe du Christ. Les Turcs et les Juifs se convertiraient et le royaume de Dieu serait établi sur la terre avec Florence pour capitale.

L'occupation provisoire de Florence par les Français, la fuite de Pierre de Médicis et la proclamation de la République en 1494 contraignirent le moine-prophète à se mêler de plus en plus de politique. Sa vision d'un pouvoir temporel fondé sur la liberté et la justice, mais soumis au pouvoir spirituel, s'inspirait naïvement d'idées attribuées à Thomas d'Aquin; il condamnait les tyrans illégitimes et faisait la part large à la volonté populaire. S'il ne contestait pas explicitement la suprématie de Rome et du pape, son évêque, il apparaissait assez clairement qu'il en réclamait la réforme. Bref, il se situait dans la ligne de ces réformateurs qu'avaient annoncé les *fraticelles** et qui, moins d'un siècle plus tard, méneraient à bien la grande Réforme.

Mais, si ses sermons soulevaient l'enthousiasme des classes populaires, ils commençaient à inquiéter sérieusement les milieux aristocratiques réactionnaires. Une cabale se forma et des pressions furent exercées aussi bien à Rome qu'à Florence

*Saint Pierre martyr,
sous les traits de Savonarole,
Galerie antique et moderne
de Florence*

dans le but de mettre un terme à l'effervescence populaire. Le pape Alexandre VI excommunia le moine et lui interdit de prêcher en public. Savonarole passa outre. Il fut enfin arrêté dans l'enceinte même de son couvent de Saint-Marc. Mis à la torture, déclaré hérétique malgré ses dénégations, il fut condamné à mort avec deux de ses plus fidèles disciples, Fra Domenico de Pescia et Fra Sylvestro Maruffi. Ils furent exécutés à Florence et leurs corps brûlés le 23 mai 1498.

Le supplice de Savonarole ne mit pas fin au mouvement « piagnonne » (on appelait *piagnoni* les disciples du prophète). D'autres pseudo-prophètes apparurent et subirent les mauvais traitements des Médicis rentrés en maîtres à Florence. Enfin, au siècle dernier, des néo-*piagnoni*, intellectuels libéraux et progressistes, se montrèrent très actifs, s'efforçant de réhabiliter la pensée savonarolienne et de préparer l'indépendance de l'Italie (voir *piagnonisme*).

SHISME D'OCCIDENT (ou GRAND SCHISME) :

Ce schisme, ou plutôt cet éclatement de la papauté en deux, puis un instant en trois tronçons, fut sans doute la pire épreuve que vécut l'Église catholique avant la Réforme. L'événement assombrit le ciel romain durant toute la seconde moitié du XIVe siècle et ne trouva de solution qu'au tout début du XVe siècle.

En réalité, le Grand Schisme traduisait l'ambition des rois de France désireux de conserver une influence prépondérante sur la papauté dont le pouvoir était encore sans égal à cette époque. Après la mort du pape Benoît XI, survenue en 1304, sept papes d'origine française s'étaient succédé sur le trône pontifical. C'étaient presque tous des hommes du Midi, sans doute très attachés au doux climat provençal; délaissant Rome peu avenante, ils avaient établi leur siège en Avignon où ils vivaient dans le luxe le plus raffiné. Ces pontifes avaient conservé toutefois leurs États italiens et leur pouvoir temporel. Clément V, Jean XXII, Benoît XII, Clément VI, Innocent VI, Urbain V et Grégoire XI vivaient donc en France mais gardaient un œil vigilant sur l'Italie et Rome tout particulièrement. On ne les y aimait pas et les souverains des autres nations d'Occident n'appréciaient guère la main-mise du roi de France et de ses agents sur le Saint-Siège. Le sort voulut que Grégoire XI fît le voyage de Rome et trouvât la mort dans cette ville, le 13 mars 1378. Le peuple romain s'assembla aussitôt et déclara d'un ton menaçant que cette fois les cardinaux réunis en conclave devraient élire un pape romain ou au moins d'origine italienne. Tout en protestant pour la forme, les cardinaux se soumirent et portèrent au trône pontifical, le 9 avril, Bartolomeo Prignago, archevêque de Bari, qui prit le nom d'Urbain VI. Mais cinq mois après, ces mêmes cardinaux, réfugiés à Anagni, puis à Fondi, dans le royaume de Naples, annulèrent l'élection d'Urbain et élurent à sa place Robert, cardinal de Genève, qui prit le nom de Clément VII. Ce fut aussitôt le schisme, Urbain VI refusant de céder.

Clément s'établit en Avignon, Urbain resta à Rome, se proclamant tous deux papes. La France, l'Espagne, l'Écosse, la Sicile, Chypre reconnurent Clément VII; l'Angleterre, les États allemands, le reste de la chrétienté tinrent pour Urbain VI, chacun des souverains de ces pays faisant peser sur les deux pontifes la menace de changer de camp. Le bon peuple pour sa part en était réduit à prier en attendant de savoir lequel était le vrai pape du pontife de Rome ou de celui d'Avignon ? Doit-on écrire, irrévérencieusement, en attendant un troisième larron ?

La division allait durer quarante ans. Le siège d'Avignon fut occupé pendant seize ans par Clé-

*Benoît XIII, antipape
déposé lors du concile
de Constance en 1417*

ment VII auquel succéda Benoît XIII. A Rome, où on vivait moins vieux, Urbain VI eut pour successeurs Boniface IX, Innocent VII, Grégoire XII, Alexandre V et Jean XXIII. Les cardinaux et les évêques commençaient à se lasser de ce scandale; un concile destiné à éteindre le schisme fut tenu à Pise en 1409. Le scandale rebondit quand le concile déposa simultanément les deux pontifes rivaux et élut à leur place Alexandre V. En effet, ni Benoît d'Avignon ni Grégoire de Rome ne se soumirent à la sentence de déposition et il y eut dès lors trois papes qui, tous trois, avaient leurs partisans.

La chrétienté était indignée. Un nouveau concile s'assembla à Constance en 1417. Grégoire XII renonça au pontificat, Jean XXIII, qui avait succédé à Alexandre V, fut contraint de faire de même et Benoît XIII fut solennellement déposé. On élut Martin V, qui finit par s'imposer tant bien que mal. Mais Benoît XIII vécut encore cinq ans et s'obstina à conserver le titre de pape jusqu'à sa mort.

SCHOLTÉNIENS : Communauté protestante qui apparut au sein de l'Église calviniste de Hollande vers 1834. Elle s'inspirait du poète Bilderdyk et commença par professer que la base de toute société devait être l'Évangile et fonctionner comme une espèce de théocratie. La secte adopta la profession de foi du synode de Dordrecht de 1618-1619, rejetant les corrections qu'y avait apportées celui de 1816, réputées par les *vrais réformés* comme étant de tendance socinienne. Les vrais réformés se divisèrent eux-mêmes en deux branches : la première eut pour chef de file un juif converti, professeur à Amsterdam, du nom de Dacosta. Elle était la plus modérée, reconnaissait la divinité de Jésus-Christ, était puritaine, mais n'entendait pas se séparer de l'Église établie, qu'elle souhaitait seulement réformer. La seconde tendance, plus rigide, était dirigée par de jeunes pasteurs dont Scholten. Ces vrais réformés, comme ils se désignaient eux-mêmes, rompirent avec l'Église établie dans une proclamation signée en octobre-novembre 1834.

Les rapides progrès des sectaires provoquèrent l'alarme des milieux religieux officiels et des autorités royales. Au synode annuel de La Haye, des mesures de sévère répression furent adoptées et les *vrais réformés scholténiens* mis hors la loi. Ils furent chassés des temples et réduits à se réunir dans des granges et même en plein air. Ensuite le gouvernement, s'armant d'un article de loi du code pénal français encore en vigueur aux Pays-Bas à cette époque, poursuivit les religionnaires sous l'inculpation d'association illégale de plus de vingt personnes. Cette persécution, qui porta ses fruits, souleva la réprobation de quelques pasteurs du canton de Vaud, en Suisse, et de quelques ministres dissidents en Angleterre, qui offrirent un asile aux *scholténiens*.

SCHWEITZER Albert : (1875-1965). Célèbre théologien et missionnaire protestant français. Né à Kaysersberg (Haut-Rhin), ce fils de pasteur fit ses études à l'université de Strasbourg ; il y passa son doctorat en philosophie et en théologie, en médecine et en musique, et se fit une renommée comme philosophe et organiste. Mais, en 1913, renonçant au monde, il alla s'installer à Lambaréné, au Gabon, au sein d'une mission protestante française. Il s'y fit une réputation de sainteté, se consacrant aux malades et aux pauvres, fondant un hôpital modèle. Alsacien, il était citoyen allemand et fut interné par les Français pendant la guerre de 1914-1918.

Dans son livre *À la recherche du Jésus historique*, Albert Schweitzer reconnaît l'existence historique du Christ mais rejette sa nature divine. Jésus, pense-t-il, n'arriva lui-même que graduellement à la conviction de son destin messianique. Il a souffert pour racheter le genre humain mais il s'est trompé dans son attente de la fin du monde proche.

Albert Schweitzer consacra d'autres ouvrages à la vie de saint Paul, aux grands penseurs de l'Inde, entre autres.

SCHWENKFELD Kaspar : (1490-1561). Mystique protestant qui fut attaqué par Luther. Ce gentilhomme de Silésie dut s'enfuir à Strasbourg et mourut à Ulm. Schwenkfeld jugeait secondaires les sacrements et les observances extérieures de la religion ; il professait que l'homme devait participer directement à la grâce du Christ en gloire. Une petite secte se forma autour de sa pensée mais, persécutés à la fois par les jésuites et par les luthériens orthodoxes, les *schwenkfeldiens* durent s'enfuir en Saxe, puis en Amérique, où ils fondèrent une petite communauté près de Philadelphie.

Les schwenkfeldiens restés en Silésie devinrent au siècle suivant des disciples de *Jacob Boehme**.

SCIENCE CHRÉTIENNE : (Voir *Christian Science*).

SCOT ÉRIGÈNE : (ne pas confondre avec Duns Scot qui vécut quatre siècles plus tard). Scot Érigène était né en Irlande, l'antique Erin. Il vécut d'abord en France où l'avait appelé le roi Charles le Chauve, puis se rendit en Angleterre auprès du roi Alfred le Grand. Il enseigna à Oxford où il mourut en 886.

Il écrivit plusieurs livres qui furent tous condamnés par les conciles. On lui doit ainsi : 1. un ouvrage sur l'eucharistie, qui inspira l'erreur de Bérenger ; 2. un traité sur la grâce, entaché de *pélagianisme** ; 3. un livre sur la *division de la nature*, à tendance panthéiste.

SCOTOPITES : (Voir *Circoncellions*).

SEEKERS : Ce mot anglais, qui signifie « chercheurs », servait à désigner dans l'Angleterre du XVIIᵉ siècle ceux qui, confrontés avec l'extrême confusion religieuse de l'époque, allaient de secte en secte, sans se fixer à aucune, à la recherche de la vérité. Le *quakerisme** traduisit pour beaucoup d'entre eux la « Nouvelle Dispensation » tant attendue.

SÉLEUCIENS : (Voir *Hermogéniens*).

SEMI-PÉLAGIANISME : *Pélagianisme** mitigé qui apparut au Vᵉ siècle, contre les thèses de saint Augustin réfutant les premiers pélagiens.

Augustin avait soutenu que la grâce prévenante est nécessaire pour tous les actes méritoires du salut, que cette grâce est gratuite ainsi que la prédestination à la foi, qu'aucune action surnaturelle ne peut ni s'entreprendre ni s'achever sans la grâce. Des prêtres de Marseille, réunis autour du célèbre Cassien, se firent juges entre saint Augustin et Pélage, les condamnant tous deux. À Pélage il était reproché d'avoir trop accordé au libre arbitre, en niant la nécessité de la grâce ; à Augustin on faisait grief d'avoir exagéré le rôle de la grâce en regardant le premier mouvement de l'âme vers le bien comme un don de la grâce. Plusieurs évêques, Hilaire d'Arles, Fauste de Riez, le clergé de Marseille, celui de Grenade approuvèrent le jugement de Cassien. On les appela *semi-pélagiens*.

Ils distinguaient de la grâce le *commencement* du salut et de la foi, celui des bonnes œuvres et de l'acte volontaire d'agir dans le sens du bien ; l'acte et les œuvres considérées en tant que tels et enfin la persévérance dans la foi. Bref, ils faisaient à leur tour la part belle au libre arbitre. S'ils reconnaissaient volontiers l'utilité de la grâce, ils en niaient la nécessité et surtout la gratuité.

Dieu, disaient-ils, veut le salut de tous les hommes indifféremment et Jésus-Christ est mort pour tous également. Penser autrement, concluaient-ils, serait accuser Dieu d'injustice, favorisant les uns et excluant les autres. S'éloignant du pélagianisme pur, Cassien et ses partisans admettaient toutefois l'existence du péché originel et d'une grâce intérieure nécessaire pour persévérer dans les œuvres justes et le bien. Ils restaient cependant proches de la pensée de Pélage en s'accordant à *rejeter avec lui la gratuité de la grâce et sa nécessité pour le commencement du salut*.

Saint Prosper et un laïque nommé Hilaire déférèrent le semi-pélagianisme à saint Augustin qui le réfuta dans deux livres : *De la prédestination des saints* et *Du don de la persévérance*. Les semi-pélagiens ne se soumirent pas et attaquèrent de nouveau la doctrine de l'évêque d'Hippone après la mort de ce dernier. Une vive polémique s'ensuivit, mettant aux prises un certain Vincent à saint Prosper. L'affaire finit par être portée devant le pape Célestin Ier, qui approuva saint Prosper et adressa des reproches aux évêques des Gaules, accusés de favoriser des opinions erronées.

Cette fois encore les semi-pélagiens ne se tinrent pas pour battus et leurs partisans se multiplièrent. En l'an 529, un second concile d'Orange, réunissant treize évêques sous la présidence de saint Césaire d'Arles, souscrivit vingt-cinq articles adressés par le pape Félix IV et condamna définitivement le semi-pélagianisme. Cette décision, approuvée par le pape Boniface, successeur de Félix, fut érigée en dogme de foi et acceptée par

l'ensemble de l'Église. Comptée dorénavant au nombre des hérésies, la doctrine des semi-pélagiens n'en refit pas moins surface au XVIIe siècle lors de la querelle du *jansénisme* *.

SERVETISTES : Nom donné à tort par certains auteurs aux antitrinitaires, sociniens et néo-ariens apparus au temps de la Réforme, parce qu'ils les ont cru disciples de Michel Servet. Il ne semble pas en effet que Servet ait eu des disciples au sens véritable du mot. Au moins de son vivant.

Médecin espagnol, Michel Servet (1511-1553) rejetait à la fois le catholicisme et le calvinisme. Sa théologie était de tendance socinienne (voir *sociniens*). Ayant échappé de peu à l'Inquisition à Lyon, il se réfugia à Genève où Calvin le fit brûler vif avec ses livres.

Servet enseignait « que Dieu, avant la création du monde, avait produit en lui-même deux représentations personnelles, ou manières d'être ». Il les nommait des *économies*, des *dispensations*, des *dispositions*; elles servaient de médiateurs entre Dieu et les hommes. La première était le Verbe qui s'était uni à l'homme Jésus, né de la Vierge Marie par un décret de la volonté divine ; le second était le Saint-Esprit qui anime et inspire toute la nature – c'est de lui que nous tenons notre propre esprit. Il condamnait ceux qui « adorent comme Dieu un assemblage de divinités ou qui font consister l'essence divine dans trois personnes distinctes ». Il disait aussi, à d'autres moments, que l'âme humaine est de la substance divine, qu'elle se rend mortelle par le péché mais qu'on ne peut pécher avant l'âge de vingt ans. Il aurait professé enfin des idées *anabaptistes* * à propos de l'interprétation de l'Écriture.

SÉTHIENS : Gnostiques des premiers siècles qui professaient une vénération particulière pour Seth. Ils disaient que c'était l'âme de Seth qui s'était réincarnée en Jésus-Christ. Leurs « élus », ces « allogènes » qui vivent parmi les hommes comme de parfaits *pneumatoï* (spirituels), appartiennent à la filiation du « Grand Seth ».

Les récentes découvertes de Nag Hammadi, en Égypte, où une véritable bibliothèque gnostique a été mise au jour, confirment ce que la littérature patristique nous avait transmis à propos des doctrines séthiennes sur le plan de la théogonie et de la cosmogonie. La *Paraphrase de Seth*, citée par Hippolyte, est à peu près identique à la *Paraphrase de Séem* découverte à Nag Hammadi : « Au commencement, il y avait une Lumière et une Ténèbre, et il y avait entre elles un Esprit. La Lumière était une pensée emplie d'entendement et de Logos, lesquels y étaient assemblés en un seul instrument. » Cette lumière, ce *Pneuma* intermédiaire et cette ténèbre sont dotés de puissances innombrables. Ces puissances sont douées de raison et d'intelligence mais demeurent en repos aussi longtemps qu'elles restent éloignées les unes des autres. Aussitôt qu'elles entrent en contact, elles entrent en effervescence. Or les ténèbres ont reçu un rayon de lumière en même temps que les effluves du *Pneuma* intermédiaire et elles combattent farouchement pour le retenir. Ce premier contact des trois principes a produit l'image d'un sceau qui est fait du ciel et de la terre, et ce sceau a une forme analogue à celui d'une femme grosse, avec le nombril (le *Pneuma)* au milieu. Et depuis, toutes les rencontres des puissances contenues dans les principes et qui se sont effectuées dans le vide intermédiaire, entre ciel et terre, ont produit des sceaux identiques, « semblables au ventre gravide ». Telle est la multitude des êtres microcosmiques faits à la ressemblance du grand cosmos. En outre, tous ces êtres ont reçu leur part d'effluves pneumatiques.

Pourtant de l'eau-chaos a surgi un principe premier-né, c'est un vent impétueux qui soulève les vagues et conçoit; « et, conformément à sa nature a reçu le fruit de la femme ». Cette conception a aussi reçu les effluves du *Pneuma*. Il y a donc de la lumière enfermée dans la ténèbre. Mais ce qui a été mêlé n'est qu'une toute petite étincelle, un fragment du rayon lumineux, et la lumière d'en haut tend de toutes ses forces à récupérer cet Esprit, fils parfait du vent tumultueux d'en bas et de la Matrice imprégnée de l'effluve du *Pneuma*. Mais ce vent, cette bête, le premier-né des Eaux est pareil à un serpent et c'est en imitant sa forme (de serpent) que le Logos d'en haut a pu à son tour tromper la vigilance de la Matrice; il l'a pénétrée et a rompu les liens qui tenaient prisonnier l'Esprit parfait. « Telle est la forme d'esclave, telle est la nécessité qui oblige le Logos de Dieu à descendre dans le sein d'une vierge » (*Paraphrase de Seth*).

La vision de Seth, ou de Séem, le conduit ensuite à développer des thèmes communs à tous les gnostiques, comme la création du cosmos par le méchant démiurge « qui se croit et se proclame Dieu ». Il est difficile en effet d'isoler complètement une Église gnostique des autres. Les thèmes attribués aux séthiens sont ceux-là mêmes qu'on retrouve chez les *ophites** – la vénération pour le Grand Seth a appartenu à plusieurs sectes. Elle a traversé les temps et on la retrouve, plus christianisée, dans la légende du Graal.

SÉVÉRIENS : Partisans de Sévère, successeur de Tatien à la tête des *encratites**. C'est surtout son système sur l'origine du mal qui est remarquable. En voici le résumé :

L'Être suprême n'a pas créé directement le monde. Au-dessous de lui, et dans sa dépendance, existent de bons et de mauvais esprits; ils se sont entendus pour verser sur la terre une égale quantité de biens et de maux. C'est ainsi qu'ils ont concouru en commun à la formation et à la conservation de l'homme. Ce dernier tient des bons esprits sa raison, source de plaisirs purs, la partie supérieure de son corps, siège de la raison, et les aliments qui entretiennent en lui les bons penchants. Des mauvais esprits il a hérité la sensibilité, source des passions, les parties inférieures de son corps et tout ce qui, dans sa vie, entretient ses mauvais penchants : le vin et les femmes – l'ivresse et l'amour sont mères de tous les vices!

On ne doit pas confondre les *sévériens encratites* et les *sévériens* (disciples d'un autre Sévère) *acéphales** quoiqu'ils aient été à peu près contemporains (IIIe et IVe siècle).

SHAKERS : Surnom communément donné aux membres de l'United Society of Believers in Christ's Second Coming, dénomination américaine d'origine britannique. En anglais *shakers* signifie « trembleurs »...

C'est dans l'Angleterre du XVIIIe siècle que la secte des shakers fut fondée par le tailleur John Wardley et son épouse Jane, d'anciens *quakers** influencés par les camisards français réfugiés en Grande-Bretagne (*French Prophets*). Une autre quakeresse, Ann Lee (1736-1784) de Manchester, se joignit au couple dont elle devint par la suite la principale inspiratrice. Se disant et se croyant sincèrement inspirés de Dieu, les trois prophètes annoncèrent la très prochaine seconde venue du Christ, mais sous une forme féminine cette fois. Ils se firent des disciples enthousiastes, mais les excentricités extatiques des premiers shakers furent telles qu'elles incitèrent les autorités établies à faire arrêter et emprisonner leurs chefs. Et c'est au cours de son séjour en prison qu'Ann Lee eut la révélation, à laquelle adhérèrent avec enthousiasme les Wardley, qui devait éclairer définitivement sa mission. Le Christ en personne lui révéla qu'elle, Ann Lee, était l'« Épouse de l'Agneau », le « Christ féminin », la « Mère » du millénium attendu avec tant de ferveur. C'était Mother Ann, comme on devait dès lors l'appeler, et elle ouvrait une lignée.

En 1774, accompagnée de son mari, de ses parents et d'une poignée de cinq fidèles disciples, Mother Ann émigra aux États-Unis et, dès 1776, y fonda une colonie shaker, la première de plusieurs autres, à Watervliet, près d'Albany (N. Y.). Ensuite, au cours d'une longue tournée missionnaire de la Mère, d'autres colonies virent le jour. La mise en commmun des biens, le travail obliga-

Cérémonie religieuse des shakers à New York, 1873

toire pour tous, l'égalité des hommes et des femmes, des Blancs et des Noirs, la répugnance d'en appeler à la médecine des hommes en cas de maladie et jusqu'à (peut-être surtout ?) l'obligation au célibat le plus strict tentaient les mystiques américains des deux sexes. La secte grossit rapidement. Elle professait des maximes attrayantes comme, par exemple : « tout enfant d'Adam a droit à son lopin de terre ». Ann Lee mourut en 1784; elle laissait la communauté aux mains de Lucy Writht, une Américaine, qui prit le nom de Mother Lucy.

Les shakers étaient divisés en « familles » de « frères et de sœurs » vivant sous le même toit, mais prenant ses repas séparément. Ils n'avaient pas de clergé mais seulement des « anciens » et des « anciennes », assistés de « diacres » et de « diaconesses ». Leurs cérémonies étaient longues, entrecoupées de musique, de chants et de danses religieuses. Sur le plan théologique, le shakerisme croit à la dualité de Dieu formée d'un Père et d'une Mère éternels, ancêtres des anges et des hommes. Ils travaillent à l'établissement du millénium dans un monde régénéré.

La communauté est aujourd'hui en déclin numérique : de plusieurs milliers au milieu du siècle dernier, les shakers ne seraient plus aujourd'hui qu'un peu plus d'une centaine. Très attachés à leur doctrine originale et à leurs anciennes pratiques, ils forment cinq petites familles agricoles établies loin des grandes villes et de l'agitation du monde.

SIMONIENS : Disciples et sectateurs gnostiques de Simon le Magicien. C'est à ce même Simon qu'on doit le terme de « simonie » ou de « simoniaque » pour désigner le trafic ou le trafiquant d'objets sacrés, d'emplois, de bénéfices ou de charges spirituels. L'expression vient de la légende selon laquelle Simon, qui avait reçu le baptême, tenta d'obtenir à prix d'argent le pouvoir d'accomplir des miracles à l'instar des Apôtres et de saint Pierre en particulier. L'Apôtre l'éconduisit vertement, et l'expression est restée.

Contemporain des Apôtres, mais aussi de Nicolas (voir *nicolaïtes*) et de Dosithée (voir *dosithéens*), Simon était né à Gitta, en Samarie; peut-être avait-il été l'élève de Dosithée? En tout cas il fut son rival. Il fut aussi celui des Apôtres Pierre et Paul, si on en croit les Actes (VII, 9, 21), qui relatent sa tentative d'acheter de Pierre un surcroît de pouvoir. Peut-on aussi ajouter foi aux écrits plus tardifs qui se complaisent dans le récit de l'aventure mortelle survenue à Simon le Magicien quand, ayant défié Pierre et Paul, il s'éleva dans les airs par ses propres moyens devant la foule des Romains et en présence de Néron. Par le seul recours de la prière, Pierre le précipita au sol où il mourut. Triste fin, en effet, pour un homme qui avait mérité le titre de « Magicien » et mis au point tout un système gnostique, l'un des plus anciens du genre.

La doctrine de Simon et des simoniens ne nous est connue que par ce qu'en ont dit ses détracteurs patristiques. Irénée, Épiphane, Hippolyte l'ont décrite, se complétant parfois. Simon, explique Hippolyte, utilise l'antique symbolisme de l'Arbre que vit Nabuchodonosor en songe. Seuls le tronc, les branches et le feuillage sont consumés par le feu apparent, mais le fruit ne brûle pas et ne doit être engrangé. Ce fruit est l'âme de l'homme et cette âme est faite d'abord de feu invisible. Ce feu inengendré est la *Dynamis,* la Puissance infinie et le Principe de tout.

Du Silence invisible, essence de la *Dynamis,* émanent deux éons éternels. Le premier est l'Esprit de tout; il est en haut, mâle, et gouverne toute chose. Le second est la Pensée, elle est féminine et englobe toute chose. Elle est en bas. De l'union de l'Esprit et de la Pensée est né l'Air, qui lui aussi est éternel, c'est le Père des choses limitées qui ont un commencement et une fin. C'est l'*Hestos,* « celui qui se tient debout, qui s'est tenu debout et se tiendra debout ».

Ainsi, dit Hippolyte en se référant au livre de *La Grande Révélation*, attribué à Simon, il existe une Puissance infinie qui est le Principe de Tout. Cette Puissance est cachée dans la « demeure » où la Racine du Tout a ses fondations, c'est-à-dire l'âme humaine. Ce Feu invisible possède six racines, formant trois couples composés chacun d'un principe et de son actualisation. Ces couples sont ainsi répartis, avec leur correspondance cosmique :

l'Esprit (*Noûs*) et la Pensée (*Epinoïa*), le Ciel et la Terre, Père et Mère; la Voix (*Phonê*) et le Nom (*Onoma*), le Soleil et la Lune; la Raison (*Logismos*) et la Réflexion (*Enthymêsis*), l'Air et l'Eau. Enfin un septième principe vient réconcilier les colonnes de *droite* et de *gauche* de l'arbre. Ce septième éon exprime l'unité de Dieu dans le Logos incarné et androgyne, c'est l'Hestos visible, c'est-à-dire Simon lui-même.

Toutefois l'Hestos-mâle, Simon, appartient davantage au côté droit de l'arbre de la *Dynamis*, c'est-à-dire au Père, au Ciel primordial et à l'Air; le côté gauche, la Mère (la Terre), la Lune et l'Eau appartiennent à l'*Ennoïa*, incarnée par Hélène, la compagne de Simon. C'est ainsi que le couple parfait Simon-Hélène exprime l'Hestos androgyne.

On a dit qu'Hélène-Séléné (la Lune) était une prostituée que Dosithée avait découverte dans un bordel de Tyr et que Simon avait ultérieurement enlevée. Il paraît plus juste de penser que le nom d'Hélène, tout en désignant la compagne des deux docteurs gnostiques (et sans être nécessairement la même femme), n'était que symbolique. C'était la Mère, la Femme, associée au Père, à l'Homme, au sommet androgyne des deux systèmes. Ne disait-on pas que Simon-Hestos était descendu expressément des cieux, trompant puissances et dominations, pour aller à la rencontre de son *Ennoïa*, Hélène, emprisonnée dans le monde par la ruse des anges hostiles? L'Esprit et la Pensée ne trouvent d'existence tangible que dans leur union.

Simon avait beaucoup voyagé, il avait séjourné à Alexandrie auprès des hommes les plus savants de son temps. C'était un thaumaturge et peut-être avait-il étudié la science ésotérique des correspondances. Le symbolisme simonien enseignait que l'Éden avait une correspondance dans le nombril. Aux quatre fleuves correspondent quatre artères situées autour du nombril : deux d'air pour le *Pneuma,* deux de sang pour le sein. Ces quatre artères ou fleuves trouvent une nouvelle correspondance avec les quatre sens du fœtus : la vue, l'odorat, le goût et le toucher. Une affinité subtile existe aussi entre les quatre fleuves et les quatre livres sacrés des simoniens : la Genèse, l'Exode, le Lévitique et les Nombres.

Les simoniens auraient pratiqué la magie, faisant commerce des songes et de leur interprétation. Ils auraient eu le pouvoir d'asservir des génies familiers. Enfin leurs ennemis les accusèrent de se complaire dans les mœurs les plus licencieuses. Ils accordaient une très grande importance au baptême; au baptême d'eau (par immersion) ils avaient ajouté le baptême du feu. Le Magicien, disait-on, faisait apparaître une boule de feu sur la tête du récipiendaire pendant la cérémonie. Tout le monde pouvait prétendre à devenir l'Hestos, à condition d'étudier la gnose et les mystères cachés de la *Dynamis*.

Ménandre * et *Satornil* * furent les continuateurs les plus directs de Simon; la secte des *ophites* * enfin se fondit plus tard dans ce qui restait du simonisme et contribua à lui donner un visage renouvelé.

SION, Église de (ZION CHRISTIAN CHURCH, ZCC) : Secte chrétienne africaine d'Afrique du Sud fondée en 1910 par l'évêque noir Engenas. Ayant reçu des visions « directement venues du ciel », ce pasteur de l'Église d'Écosse résolut de créer sa propre Église. L'Église est symbolisée sur les effets vestimentaires qui varient du vert (clergé) au jeune clair et au bleu azur — mais le noir est banni. Le signe de ralliement comporte une étoile de David argentée sur fond vert. La « Cité sainte » de l'Église de Sion est Moria, à une quarantaine de kilomètres de Pietersburg, dans le Transvaal. Toute personne pénétrant dans la ville doit s'abstenir de tabac, d'alcool, de maquillage. Les médicaments, même l'aspirine, sont prohibés, au même titre que la viande de porc.

L'Église de Sion fait bon ménage avec les autorités sud-africaines, elle est réputée pour son respect des lois, y compris les plus racistes. Mais après la mort, les Blancs seront refoulés des portes du paradis, car personne ne peut gouverner deux fois. L'Église est dirigée de père en fils par la même famille ; elle compte près de quatre millions de fidèles (cf. M. Bole-Richard, in *Le Monde*, 9 avril 1985).

SKOPTSIS : (Du russe *skopets* : « eunuques »). Secte russe apparue au XVIIIe siècle, dernière survivance des anciens *khlystis* (« flagellants » en russe). La secte des khlystis avait été fondée à Moscou vers le milieu du XVIIe siècle. C'était une dissidence de l'Église orthodoxe dont les membres se donnaient à eux-mêmes le titre d' « hommes de Dieu ». Leurs chefs, pour leur part, se prétendaient des incarnations du Christ (peut-être *khlyst* était-il une déformation du mot Christ ?) et faisaient leurs prêtresses « mères de Dieu ». Ils se livraient à des flagellations et à des danses extatiques, à la manière des soufis de l'islam, dans le but de tomber dans des états de transe au cours desquels ils entraient en contact avec l'Esprit-Saint. Vivant dans des monastères, ils s'abstenaient de toute relation sexuelle et, dans l'éventualité où le vœu de chasteté avait été pris en défaut, désignaient leurs enfants du nom charmant de « petits péchés ». Les autorités tsaristes les persécutèrent sauvagement jusqu'à disparition complète de la secte en tant que telle.

Cependant, dirigée par la « mère » Akoulina Ivanovna et le « christ » Blochin — un serf fugitif qui s'était châtré —, une branche fanatique des khlystis fit son apparition à Toula en 1772. Blochin fit châtrer d'autres sectaires et s'agita tellement qu'il

fut arrêté, torturé et déporté en Sibérie. Des années passèrent, à la suite de quoi éclata une nouvelle effervescence religieuse. Elle était dirigée par un certain Kondrati Selivanov, qui pourrait bien n'avoir été que Blochin lui-même, rentré d'exil. Quoi qu'il en soit, Selivanov révéla qu'il était en réalité le tsar Pierre III que la Grande Catherine croyait pourtant avoir fait assassiner et qui aurait échappé à ses meurtriers avant de se faire châtrer à son tour. Les autorités s'alarmèrent, car le mouvement de ferveur populaire prenait de l'ampleur. La répression fut à la fois sauvage, cruelle et marquée par des ruses tout asiatiques.

Le « christ » Blochin-Selivanov-Pierre III mourut en 1832. Mais jusqu'à la Révolution russe, les skoptsis continuèrent de proclamer qu'ils attendaient le retour de leur Christ, que celui-ci viendrait combattre et vaincrait l'Antéchrist (une réincarnation de Napoléon Ier). La cloche du Tsar résonnerait à Moscou et le souverain proclamerait lui-même l'avènement du royaume skoptsi, le millénium tant attendu. Comme ses devanciers khlystis, la secte pratique la flagellation, à quoi elle a ajouté la castration pour tous, y compris pour ceux qui ont auparavant eu trois enfants. Les sectaires ont leurs mythes, dont celui de la division des sexes survenue après la faute dans le jardin d'Éden. Deux moitiés de la pomme cueillie par Ève ont formé les seins de la première femme, deux moitiés de celle d'Adam se sont muées en testicules.

Plusieurs auteurs ont cru retrouver chez les khlystis et les skoptsis une survivance du paganisme de l'ancienne Russie préchrétienne ; d'autres pensent, avec plus de vraisemblance, que ces sectaires représentent un simple prolongement des *bogomiles* * de Bulgarie.

Les skoptsis ont survécu aux persécutions des régimes qui se sont succédé à Pétersbourg et à Moscou. Leur nombre a toutefois considérablement diminué. Certains ont émigré en Roumanie, d'autres vivent aux confins de la Russie et de la Sibérie.

SMITH Joseph : (1805-1844). Fondateur, premier apôtre et président des *mormons* *. Il naquit à Sharon (Vermont, États-Unis), dans une famille de modestes cultivateurs. À l'âge de vingt-trois ans, la nuit du 21 septembre 1828 (la date est symbolique, c'est le jour de l'équinoxe), il fut la proie d'une vision qui allait décider de toute sa vie. Par trois fois, un ange nommé Moroni lui apparut et lui indiqua l'emplacement où avait été caché un livre gravé sur des plaques d'or ainsi que deux instruments, l'Urim et le Thummim bibliques, qui en permettaient la lecture. Fort de ces instructions,

Smith se rendit sur une colline située à quatre miles de Palmyra (État de New York) et y découvrit un volume qui contenait le récit de la première occupation du continent américain. Quand il eut obtenu de l'ange l'autorisation d'emporter le livre et les lentilles de l'Urim et du Thummim, Joseph Smith entreprit de le dicter à son associé Olivier Cowdery et à d'autres copistes. Il est à noter que la dictée se faisait tandis que le prophète lisait à haute voix, caché derrière un rideau. Le travail terminé, l'ange reprit le prestigieux volume et les précieuses lentilles et nul depuis ne les a jamais revus. Ce livre, le *Livre de Mormon,* fut publié pour la première fois à Palmyra en 1830.

De ce jour, Joseph Smith se consacra à organiser « l'Église des saints du Dernier Jour » en vue de la venue imminente du Seigneur et de l'établissement de la Nouvelle Jérusalem. Un temple fut bâti à Kirtland (Ohio) et une communauté fondée avec son magasin, son moulin, une banque et une imprimerie. Hélas! la banque fit faillite en 1838 et Smith dut aller rejoindre ses disciples établis dans le Missouri. Une nouvelle communauté modèle s'éleva à Nauvoo, dans l'Illinois.

Les beaux jours étaient comptés. Smith eut en effet une vision, néfaste celle-là. Un message divin lui enjoignit d'instituer la polygamie pour lui-même et pour quelques-uns de ses proches. Le prophète s'empressa de s'acquitter de ce nouveau devoir. Ce fut le scandale. Joseph et Hiram Smith, son frère, furent arrêtés et emprisonnés à la prison de Carthage par les soins du gouverneur de l'Illinois. On décida d'instruire leur procès, mais dans la nuit du 27 juin 1844 la foule envahit la prison et les deux frères furent sauvagement lynchés.

SOCINIENS : À l'origine, les *sociniens* formèrent une secte distincte et c'est cette dénomination qui a donné son nom au *socinianisme* qui, de nos jours, est attaché péjorativement aux mouvements *unitariens* * (ou unitariens). En gros, les sociniens rejettent le dogme de la Trinité et de la divinité du Christ et ne reconnaissent d'autre autorité que celle de l'Écriture et de la raison.

Attribué historiquement à Fauste Socin (ou Sozzini, ou Socinius), le socinianisme lui est légèrement antérieur. Les querelles entre *anabaptistes* * et *luthériens* * avaient déjà eu pour résultat de rendre une certaine actualité au viel *arianisme* * niant la divinité du Christ et rejetant les mystères de la Trinité et de l'Incarnation. En 1546 un groupe de quarante gentilshommes italiens avait formé une société savante à Vicence; on y discutait des principes de la Réforme, de la doctrine des diverses communions qui en étaient issues. La société avait décidé de n'admettre de l'Écriture que ce qui était compatible avec la raison, à l'exclusion de tous les « mystères ». Les membres les plus en vue du groupe de Vicence étaient Bernardin Ockin, Valentin Gentiles, Jean-Paul Aleriat et un philosophe du nom de Lélio Sozzini ou Socin. Les autorités s'émurent, la société fut dissoute, certains de ses membres arrêtés et mis à mort. D'autres s'enfuirent à l'étranger, comme Lélio Socin qui se rendit en Suisse. Mais les calvinistes n'étaient pas favorables à l'arianisme et Socin dut aller chercher un refuge plus sûr en Pologne où vivait déjà un petit noyau des exilés de Vicence. Lélio commença dès lors à propager ses idées arianistes et antitrinitaires. Mais il mourut prématurément au cours d'un voyage à Zurich, à l'âge de trente-sept ans, en 1562.

Son neveu, Fauste Socin, hérita ses papiers et ses idées. Après avoir vécu douze ans dans le luxe et la volupté à la cour de Florence, il s'était exilé volontairement à Bâle où il formula le système de base du socinianisme. En butte à son tour aux tracasseries des protestants suisses, il se fixa lui aussi en Pologne (1579), à Racow, dans la région de Sandomir. Les exilés de Vicence l'accueillirent avec faveur. Il y publia un formulaire religieux sous le titre de *Catéchisme de Racow,* véritable bible des sociniens.

Il y est enseigné : 1. que l'Écriture sainte est la seule et unique règle de la foi et qu'elle ne peut être comprise qu'à la lumière de la raison ; 2. que la Trinité, la divinité et la double nature du Christ, l'hérédité du péché originel, les effets des sacrements, les opérations de la grâce, l'éternité des peines, que tous les mystères, les dogmes incompréhensibles doivent être purement et simplement rejetés ; 3. que la création par la seule volonté de Dieu, la prescience divine, la Providence, entre autres, constituent autant d'absurdités. Socin laissait chacun libre de penser ce qu'il voulait de Jésus-Christ. On pouvait l'appeler Fils de Dieu, Verbe divin... parce qu'il a été formé miraculeusement dans le sein de Marie par l'opération du Saint-Esprit et que Dieu lui a ensuite insufflé son Verbe. Il était tout aussi légitime de croire que Jésus n'avait été que le fils, certainement divinement inspiré, de Joseph et de Marie. Par ses souffrances et par sa mort, Jésus nous a donné un exemple, mais cela ne suffit pas pour qu'on l'adore et qu'on l'invoque à l'instar d'un Dieu. Enfin chacun est libre et peut, par ses seules forces, pratiquer la vertu et assurer son salut.

Les sociniens n'admettent que deux sacrements : le baptême et la cène. Ils ne leur attribuent d'autre vertu que d'exciter la foi et, en conséquence, ne baptisent, par immersion, que les adultes. Ils ne s'accordent ni sur la nature si sur la durée des châtiments dans l'autre vie. Ces punitions peuvent n'être que la seule privation de Dieu, comme elles peuvent être aussi bien des peines sensibles. Leur durée est probablement d'un nombre indéterminé de siècles, mais elles se termineront soit par une amnistie générale, soit par l'anéantissement de l'âme coupable. La résurrection de la chair est rejetée car tenue pour impossible.

Socin, pour sa part, défend de faire la guerre, de poursuivre en justice la réparation d'une injure, de prêter serment, d'exercer la fonction de juge, de condamner à mort. Même en cas de légitime défense, le vrai socinien n'a pas le droit de donner la mort. En outre, comme il fallait s'y attendre, les sociniens condamnent en bloc les Pères de l'Église, les papes, les conciles, le clergé catholique, l'Église romaine en général. Ils lui reprochent son intolérance, l'Inquisition, ainsi que le culte idolâtre des saints.

On ne peut dresser ici la liste complète des « erreurs » que l'Église catholique reproche au socinianisme historique. Elles sont innombrables. Un auteur allemand en estime le nombre à deux cent vingt-neuf! En réalité, l'autonomie des divers groupes sociniens entre eux rend tout décompte impossible. Chacun professe ses idées et établit sa doctrine, à sa guise et selon les dictats de sa raison. Comme on l'a signalé plus haut, la constante entre les divers groupes reste l'antitrinitarisme, donc l'unitarisme, et la liberté d'interprétation rationnelle de l'Écriture.

Ayant fait la part belle à tout un chacun dans son *Catéchisme* et dans ses interventions publiques, Socin était en droit de croire qu'il avait fait l'unanimité du protestantisme en Pologne. Il ne profita pas longtemps de cet acquis. Ses adversaires l'accusèrent d'avoir professé des idées séditieuses. Ils furent écoutés et il dut céder la place. Il se réfugia chez un seigneur polonais de Luclavie, à quelques lieues de Cracovie, où il mourut en 1604, à l'âge de soixante-cinq ans.

Sa mort n'affaiblit pas les sociniens. La secte proliféra jusqu'en 1658, s'attachant nombre de savants et de personnalités de haut rang. Mais tout a une fin, les catholiques et les protestants de Pologne s'unirent et la diète polonaise révoqua les mesures de tolérance dont avait bénéficié le socinianisme officiel. Les sociniens se dispersèrent dans toute l'Europe, en Allemagne, en Hollande, en Angleterre notamment. Partout des luttes furent faites contre eux à chaque fois qu'ils tentèrent de s'organiser de nouveau en secte. Mais leurs idées furent reprises par d'autres dénominations plus puissantes et déjà établies. C'est ainsi que si le socinianisme n'existe plus en tant que confession distincte, il est loin d'être mort idéologiquement. Il a été et reste à la proue de toutes les écoles « déistes ».

SOUTHCOTT Joanna : (1750-1814). Fondatrice de la secte anglaise des *southcottiens* vers la fin du XVIIIe siècle et une des inspiratrices tutélaires de la *Panacea Society* *. Fille de fermiers du Devon, Joanna était d'origine modeste. Elle travailla comme servante et comme ouvrière tapissière jusqu'à l'âge de quarante ans avant de faire connaître au grand public ses visions. C'est en 1792 qu'elle révéla qu'elle avait reçu communication de l'imminente seconde venue du Christ. Elle se mit alors à prophétiser en vers et en prose sur des thèmes favoris de l'époque : la guerre, les récoltes et la lutte contre la menace de disette, le temps et les conditions climatiques.

Elle était déjà célèbre en 1801. À Exeter et à Londres, ses partisans étaient si nombreux qu'ils se constituèrent en secte. Les southcottiens eurent leurs chapelles, leurs services religieux, leurs pasteurs. Les membres recevaient des « sceaux », documents signés conjointement par le récipiendaire et par la prophétesse. Enfin, en 1813, Joanna, qui, à l'âge de soixante-cinq ans, était restée vierge, proclama qu'elle allait avoir un enfant, fruit des opérations de l'Esprit. Il se nommerait Silo ou Siloth, serait « prince de la Paix ». Elle présentait en effet tous les signes extérieurs d'une grossesse quand elle mourut d'apoplexie. Se référant à un passage de l'Apocalypse, ses disciples affirmèrent que « l'Enfant », doté d'un corps glorieux, avait été directement ravi au Ciel.

Mais Joanna avait en outre laissé, disait-on, un coffret mystérieux qui ne devait être ouvert qu'en temps de crise et, condition expresse, par un quorum d'évêques de l'Église d'Angleterre. Durant plus de cent ans bien des « coffrets de Joanna » ont été revendiqués comme étant le bon, mais jamais le quorum nécessaire d'évêques n'a été atteint. La Panacea Society a repris à son compte cette tradition du coffret sans pour autant que le mystère ait encore été élucidé.

SPINOZA Baruch ou Benoît de : (1632-1677). Philosophe hollandais, né à Amsterdam de parents juifs d'origine portugaise ou espagnole. Juif excommunié par sa communauté en 1656 pour ses idées contestataires, Spinoza ne saurait être compté parmi les hérétiques de l'Église chrétienne. Il enseignait une doctrine nettement panthéiste axée sur l'idée d'un Dieu unique, non pensant, dénué de volonté personnelle, tout à fait impersonnel et s'exprimant par le double aspect de la *Natura naturans* et de la *Natura naturata*. Il n'existe qu'une *substance* infinie dont nous ne connaissons que deux *attributs* également infinis : l'*étendue* et la *pensée (L'Éthique)*.

En fait, Spinoza, que ses contemporains ont traité

d'athée, était bien un « fou de Dieu ». Du Dieu unique.

Son influence sur la philosophie et le mode de pensée occidentaux a été énorme, ce qui explique la méfiance de l'Église à son égard.

SPIRITISME : À l'origine, le spiritisme aurait pu n'être qu'une philosophie et une pratique – pratique condamnée par l'Église catholique, qui récuse toutes les formes de nécromancie – mais l'usage en a fait une sorte de religion. À partir des révélations des sœurs Fox et des commentaires d'Andrew Jackson Davis, au XIXe siècle, l'usage d'évoquer les morts au moyen de tables, de planchettes, par l'écriture automatique ou par le truchement de médiums en transe s'est répandu dans le monde entier. En général, les milieux protestants, surtout anglo-saxons, s'en tiennent à un « spiritualisme » chrétien, un peu dans la norme des révélations de Swedenborg. En revanche, en France, dans la plupart des pays latins, le spiritisme est centré autour de la doctrine de la réincarnation des âmes remise à la mode par Allan Kardec (François Rivail).

Quoi qu'il en soit, les sociétés spirites, très nombreuses et puissantes dans le monde entier, possèdent leurs temples, leurs prêtres et leurs missionnaires.

Baruch Spinoza

STEINER Rudolf : (1861-1925). Fondateur du mouvement anthroposophique, Rudolph Steiner naquit à Krutzevic, en Hongrie. Il était le fils d'un fonctionnaire autrichien libre penseur. Mais, lié assez intimement avec le curé de son village, le jeune Rudolf se sentit toujours attiré par le monde spirituel. Il fut un brillant étudiant, passionné de Goethe, qu'il traduisit plus tard. À quinze ans il lisait Kant ; il apprit tout seul le grec, le latin, le calcul différentiel et le calcul intégral.

C'est à dix-neuf ans qu'il fit la rencontre, pour lui déterminante, d'un « maître inconnu » qui, avec « d'autres hommes d'une extraordinaire spiritualité, entièrement inconnus du public », le mirent sur la voie. De 1891 à 1901, il participa au mouvement théosophique de Mme *Blavatsky* * et resta ensuite en relation avec Annie *Besant* *. L'orientalisme exagéré de l'école théosophique l'incita cependant à fonder son propre mouvement, plus proche de la tradition chrétienne : l'anthroposophie.

Selon Steiner, les âmes ont été émises à partir de la Substance divine éternelle, rayons lumineux émanant d'un même foyer central. Le péché les a emprisonnées dans la matière et les a alourdies. Les exercices spirituels ont justement pour but d'alléger les âmes et de leur permettre de réintégrer leur vraie nature originelle. Ces âmes possèdent des caractéristiques astrales liées au symbolisme planétaire. Rudolf Steiner admet la doctrine de la réincarnation et affirme que Dionysos et Mithra se sont réincarnés dans Jésus. Tout ce qu'il a dit ou écrit sur la nature occulte de l'univers et de l'homme a été vécu par lui, affirme-t-il, soit en vision soit autrement.

Les anthroposophes possèdent un centre en Suisse, le Goetheanum de Dornach. L'édifice fut incendié en 1922, mais il a été reconstruit ensuite.

SWEDENBORG Emmanuel de : (1688-1772). Éminent théosophe et philosophe suédois. Fils d'un évêque luthérien, Swedenborg naquit à Stockholm en 1688. Quoique attiré très jeune par la théologie (il fut reçu docteur en théologie à l'université d'Upsal à l'âge de vingt et un ans), il se fit une réputation européenne comme ingénieur. Il voyagea dans toute l'Europe, séjourna à Paris, puis en Angleterre où il fut un ami de Newton. C'est vers l'âge de cinquante-cinq ans qu'il commença à avoir des visions et des rêves qui, affirma-t-il, le mirent en contact avec le monde spirituel. Le 7 avril 1744, un esprit lui dicta sa « mission » et il abandonna ses fonctions officielles au collège des Mines. Dès lors ses incursions dans l'invisible se multiplièrent et sa doctrine ultérieure prit forme. Le « Bouddha du Nord », comme l'appelait Balzac, fut un antitrinitaire résolu et

Emmanuel de Swedenborg

corporel et spirituel. Toute connaissance de soi-même et de Dieu passe par ce système dont Swedenborg a eu la révélation durant de longues et fréquentes visions : « Heureux [...] celui qui est dans la correspondance, c'est-à-dire celui dont l'homme Externe correspond à l'homme Interne. » Swedenborg lui-même vivait à cheval entre le visible et l'invisible. C'est ainsi qu'il assista en 1757 au Jugement dernier et qu'il a pu annoncer ensuite la « Nouvelle Dispensation », placée sous le signe de la Nouvelle Jérusalem. Enfin l'homme ne meurt pas; il s'endort pour s'éveiller ensuite à la vie éternelle.

Swedenborg mourut à Londres en 1772 (il avait annoncé par avance la date de sa mort, comme il avait eu auparavant la vision du grand incendie qui ravagea Stockholm alors que lui-même était en Angleterre). Il a laissé une œuvre considérable : *Arcanes célestes*, *Le Ciel et l'Enfer*, *L'Amour divin et la Sagesse divine*, *La Vraie Religion chrétienne*, *Traité des représentations et des correspondances*, entre autres.

Contrairement à ce que croient certains, Swedenborg n'a fondé aucune secte ou communauté religieuse. La *Nouvelle Église* * a été fondée après sa mort par des disciples désireux de perpétuer ses révélations.

SYRIAQUE, (ÉGLISE) : Nom qui désigne en réalité plusieurs Églises et qui d'ailleurs n'est plus guère usité. À l'origine, pendant les quatre premiers siècles, on employait cette terminologie pour désigner les communautés catholiques existant en Syrie, en Palestine, en Arménie et en Mésopotamie où la langue syriaque ou syro-chaldéenne était parlée. Pour la commodité du langage, l'Église syriaque se distinguait ainsi des Églises d'Orient (Constantinople), d'Occident (Rome), et d'Afrique (Alexandrie). Plus tard, avec les hérésies nestorienne et eutychienne, l'Église syriaque elle-même se divisa. Elle comprend de nos jours.
1. les catholiques orthodoxes ou *melchites* *, plus connus sous le nom de *maronites*;
2. les Églises eutychiennes connues sous le nom de *jacobites* *, qui sont monophysites;
3. plusieurs petites confessions nestoriennes, comme les *Chrétiens de saint Thomas* *, qui forment ce qu'on appelle plus communément « l'Église chaldéenne ».

Jouissant d'une large autonomie sur le plan liturgique et hiérarchique, les maronites appartiennent à la communauté catholique et reconnaissent l'autorité spirituelle de Rome. Les autres confessions sont autocéphales.

lucide; il rejetait le dogme de la Trinité qui, selon lui, est fondé sur la croyance en trois Dieux, ce qui est inconcevable, absurde et contraire aux Écritures. Il n'y a qu'un seul Dieu, une seule personne dont Swedenborg détient le « Mot » : Jéhovah. C'est l'éternel créateur, le Sauveur de la Dispensation évangélique (le Christ incarné) et le Régénérateur éternel. Les trois personnes sont en Dieu, indivisibles, comme trois états d'une essence unique et qui demeure inaccessible pour notre esprit. Jésus-Christ n'est autre que l' « Humain de Dieu ». Il est venu dans le monde pour assurer le salut des créatures et par lui l'homme peut se faire une idée approximative de la Gloire et de la Sagesse de Dieu.

Le monde invisible n'est qu'un prolongement du monde visible, qui s'y trouve d'ailleurs inclus comme dans un immense univers. Tout un système de représentations et de correspondances nous relie à cet invisible dans lequel est reconstitué le « Très Grand Homme », sorte de macrocosme

TABORITES : (Voir *Hussites*).

TAIZÉ : Petite communauté de formation œcuménique fondée en 1940 par le frère Roger. Les frères prononcent des vœux monastiques à vie et se consacrent à la recherche de la paix, de la réconciliation de tous les chrétiens et de l'unité retrouvée de l'Église. Ils viennent de différents horizons, catholiques et protestants. Des rencontres périodiques de jeunes de tous les continents sont organisées.

La communauté a son siège à Taizé (Saône-et-Loire, France); elle compte environ quatre-vingts membres.

TANCHELIN, TANKELIN ou TANCHELME : Agitateur hérétique du XIIᵉ siècle. Il fit beaucoup parler de lui en Flandres, dans le Brabant et surtout à Anvers. À en croire l'*Histoire de l'Église gallicane* (Livre XXII, année 1105), Tanchelme enseignait que les sacrements de l'Église catholique étaient des abominations; que les prêtres, les évêques et le pape n'avaient rien de plus que les laïques et que *la dîme ne leur était pas due*. La vraie Église était la sienne et celle de ses disciples. De complexion fort lubrique, il aurait eu pour habitude de séduire un grand nombre de femmes. Ayant un goût effréné de luxe, il aurait extorqué beaucoup d'argent à ses partisans. Orgueilleux enfin, il affectait l'extérieur d'un grand seigneur et s'entourait de gardes armés. Son biographe affirme encore que, pour comble d'impiété et d'orgueil, il exigea d'être adoré au même titre que Jésus-Christ, car, comme le Sauveur, il avait reçu la plénitude de l'Esprit-Saint.

Emprisonné par l'évêque de Cologne, Tanchelme s'échappa de prison et recommença sa prédication, semant le désordre et le tumulte. Il fut tué par un prêtre au cours d'une rixe en 1115. Sa secte, qui lui survécut, fut dissipée par saint Norbert et ses chanoines.

TATIEN : (Voir *Encratites*).

TÉMOINS DE JÉHOVAH : (Voir *Jéhovah...*).

TERMINISTES : Nom donné à l'époque de la Réforme à certains calvinistes qui mettaient un terme à la miséricorde divine. Ils enseignaient que, dans l'Église ou hors de l'Église, il existait des personnes à qui Dieu avait fixé un temps pour recevoir sa grâce et profiter de sa miséricorde.

Passé ce délai, Dieu ne leur accordait plus les moyens de se repentir et d'assurer leur salut. Pharaon, Saül, Judas, la plupart des juifs, de nombreux gentils sont dans ce cas.

Les luthériens et les autres protestants rejettent cette théorie qui met en cause la vertu de l'Espérance et la bonté de Dieu.

TERTULLIEN : (env. 160-220 ?). Théologien et apologiste chrétien, le premier des écrivains chrétiens de langue latine. Il naquit à Carthage, fils d'un officier romain. Il se convertit au christianisme vers l'an 190 et écrivit dès lors de nombreux ouvrages, dénonçant l'hérésie là où il la découvrait, ne se doutant pas pourtant que lui-même deviendrait hérétique. Il devint en effet, dix ans plus tard, un des chefs en vue du *montanisme* *. Il est célèbre pour sa théorie de la matérialité de l'âme et pour sa morale rigoureuse ; il condamnait les secondes noces, les spectacles, le métier des armes, etc.

On a appelé Tertullien le « père du latin ecclésiastique ».

TEST, Bill du : Loi qui fut votée par le Parlement anglais en 1673 et qui obligeait tous les fonctionnaires publics à signer une déclaration contre la transubstantiation et à communier selon le rite anglican dans les trois mois qui suivaient leur nomination. Dirigée contre les catholiques, cette loi ne fut abrogée qu'en 1829.

TÉTRADITES : Qualificatif qui fut donné à plusieurs sectes hérétiques en raison de leur vénération pour le nombre *quatre*, la fameuse *tétrade*.

Ce nom fut ainsi donné aux *sabbataires* * parce qu'ils célébraient la pâque le quatorzième jour de la lune de mars et qu'ils jeûnaient le mercredi, quatrième jour de la semaine ; aux *manichéens* * et à d'autres, parce qu'ils admettaient quatre personnes en Dieu au lieu des trois de la Trinité. Les partisans de Pierre Le Foulon, enfin, reçurent le nom de tétradites pour la seule raison qu'ils avaient ajouté quelques mots au *Trisagion* pour indiquer que, selon eux, ce n'était pas une seule personne, mais toute la Divinité qui avait souffert la Passion du Christ.

THÉODORE DE MOPSUESTE : Célèbre théologien et écrivain chrétien hérétique de la fin du IVᵉ et du début du Vᵉ siècle. Dans sa jeunesse, il avait embrassé l'état monastique et avait été l'ami de saint Jean Chrysostome. C'est d'ailleurs grâce aux pressions de Jean Chrysostome qu'il persévéra dans sa voie, renonçant définitivement aux joies de la vie laïque. Les deux lettres que le saint lui adressa, et qui sont connues sous le nom de *ad Theodorum lapsum*, sont célèbres.

Théodore fut reçu au sacerdoce puis nommé évêque de la ville de Mopsueste en Cilicie. Il ne tarda pas à atteindre à son tour la célébrité par la profondeur, la passion et le style de ses écrits contre les hérétiques. Il s'attaqua aux ariens, aux apollinaristes et aux eunonniens. On a dit qu'il alla jusqu'à user de violence contre les hérétiques. Mais il allait lui-même succomber à la tentation de l'hérésie. Proche de Diodore de Tarse, son maître, et de Nestorius, il fut à l'origine du *pélagianisme* * par ses idées. On lui reproche d'avoir enseigné qu'il y avait deux personnes en Jésus-Christ, unies seulement par un lien moral ; d'avoir soutenu que le Saint-Esprit procède du Père seulement ; d'avoir nié, comme Pélage, l'hérédité du péché originel. On a dit encore de lui qu'il avait nié l'éternité des peines de l'enfer ; qu'il avait retranché de l'Écriture canonique plusieurs Livres sacrés et mis au point un nouveau « symbole » et une liturgie dont se servent encore les *nestoriens* *.

Il est à signaler que les nestoriens le vénérèrent comme un de leurs docteurs et comme un saint. Pourtant cet évêque mourut dans la foi catholique, et ne subit aucune censure durant sa vie. Ce n'est qu'en 553 que ses écrits furent condamnés comme entachés de nestorianisme par le deuxième concile de Constantinople.

THÉODOTIENS : Hérétiques partisans de Théodote de Byzance, surnommé le Corroyeur à cause de son métier, vers la fin du IIᵉ siècle. Les chroniqueurs ecclésiastiques en parlent comme d'un homme qui n'eut pas le courage d'affronter le martyre pendant la persécution de Marc Aurèle. Il renia Jésus-Christ pour échapper au supplice. Le calme revenu, il ne put se résigner à supporter le mépris dans lequel le tenaient les chrétiens de sa ville natale et s'enfuit à Rome où il ne fut pas mieux reçu.

Pour couvrir sa lâcheté, il se réclama de l'Évangile, disant que « celui qui a blasphémé le Fils de l'Homme sera pardonné ». Mais il ajouta qu'il n'avait renié qu'un homme et non pas un Dieu, que Jésus n'avait eu rien de supérieur aux hommes sinon une naissance miraculeuse, des dons de grâce plus abondants et une vertu plus parfaite. Il fut excommunié par le pape vers l'an 195.

Un certain Artémas ou Artémon enseigna vers la même époque une doctrine analogue. Il y eut encore deux autres Théodote, l'un surnommé le Changeur ou le Banquier, l'autre disciple de Valentin (voir *Valentiniens*). Ils enseignaient en gros que le Fils de Dieu, les anges, les âmes humaines et les démons sont corporels. Que Jésus obtint sa propre rédemption quand une colombe descendit sur lui après son baptême, qu'il avait eu deux âmes, l'une matérielle, l'autre spirituelle et divine; que notre destin est réglé par les astres, etc. Tous ces doctrinaires et leurs partisans sont classés en vrac par les auteurs ecclésiastiques sous la rubrique de théodotiens.

THÉOLOGIE DE LA LIBÉRATION : Mouvement progressiste très actif à l'intérieur de l'Église catholique contemporaine. Ce mouvement, qui n'est considéré ni comme hérétique ni comme schismatique, est aujourd'hui l'objet d'une vive controverse au sein de l'Église et il est à noter que le Saint-Siège suit ses progrès d'un œil plutôt critique. Il est né des espoirs populistes sensibles suscités par l'ouverture de l'Église au monde moderne, esquissée au concile de Vatican II. Face aux brutales et sordides réalités des régimes totalitaires du tiers monde, en Amérique latine notamment, des évêques, des prêtres, des religieux, des religieuses, mais aussi des laïcs de bonne volonté ont entrepris d'humaniser l'Église, de la mettre au niveau des nécessités et des besoins des peuples opprimés politiquement, économiquement et culturellement. Il s'agit de transformer l'Église, jusqu'ici tournée vers l'intérieur, essentiellement cléricale, hiérarchisée, proche sinon totalement inféodée aux classes dominantes qui contrôlent l'État, de l'aider à se muer en Église ouverte, conforme à la théologie de Vatican II, d'en faire pour finir une « Église issue du peuple ». Le mouvement s'est étendu. Il n'affecte pas seulement le clergé des pays tiersmondistes, mais compte des représentants d'un haut niveau intellectuel en Occident, en France et aux Pays-Bas, pour ne citer que ces deux pays dont le passé colonial est lourd. En outre, liés d'une façon ou d'une autre à cette tendance, des prêtres assument dans certains pays (Nicaragua) des tâches politiques importantes, souvent contre le gré des hiérarchies locales et du Saint-Siège lui-même. Ils ont encouru le blâme officiel du pape et quelques-uns, contraints à un choix difficile, ont dû abandonner leurs fonctions sacerdotales. Mais le mouvement de « libération » ne se limite pas à ces cas bien précis, il recouvre une attitude plus large, progressiste certes, mais surtout libératrice au sens où la liberté coïncide avec un minimum de prospérité. « L'option préférentielle pour les pauvres » passe par une meilleure répartition des biens et des tâches.

La théologie de la libération a ses praticiens sur le terrain, prêtres et laïcs engagés dans « l'Église populaire »; elle possède aussi ses théoriciens. Le père Léonardo Boff, franciscain et professeur de théologie à l'université Petropolis (Brésil), est l'un de ceux-là. À la suite de la parution de son livre *Église, charisme et pouvoir*, il a été convoqué à Rome le 7 septembre 1984 pour défendre ses thèses. Dans un document approuvé par le pape et rendu public le 20 mars 1985, la Congrégation pour la doctrine de la foi (ex-Saint-Office) a condamné comme insoutenables quatre des options du père Boff. Elles concernent la structure de l'Église, la conception du dogme, l'exercice du *pouvoir sacré* et le rôle prophétique de l'Église.

Le père Boff soutient que l'Église comme institution est étrangère à la pensée du Christ; il aurait une vision relativiste de l'Église. À propos du dogme, il lui est reproché d'écrire que le dogme n'est valable que pour un certain temps et pour certaines circonstances. Le prêtre brésilien ne verrait dans le *pouvoir sacré* que l'objet d'une appropriation et un processus d'expropriation des moyens de production religieux de la part du clergé au détriment du peuple chrétien. Enfin, concernant le prophétisme, la congrégation estime que si le peuple de Dieu participe en effet à l'action prophétique du Christ, il doit le faire dans le respect de la hiérarchie de l'Église.

Tout en reconnaissant que son livre contient des ambiguïtés et des raccourcis dangereux et en affirmant qu'il ne conteste pas l'autorité de l'Église, le père Boff (et avec lui nombre de chrétiens engagés) n'entend pas revenir sur ses critiques.

Du côté conservateur de la congrégation, le combat contre les idées de la théologie de la libération paraît être mené sous la bannière du cardinal Ratzinger (avec l'aval du pape Jean-Paul II), dont les écrits ne manquent pas d'ailleurs d'intérêt et de dure logique. Le combat est engagé, il est conduit avec discrétion (malgré quelques coups d'éclat). On attendait des décisions finales du synode réuni au Vatican fin 1985. Il n'en est pourtant résulté ni condamnation ni approbation définitives. Il semblerait pourtant que les partisans de la nouvelle *Théologie* aient obtenu, sinon gain de cause, au moins plus de compréhension et de tolérance. Les propos tenus par le pape lors de ses récents voyages en Amérique latine confirmeraient ce « virage à gauche ».

THÉOPHILANTHROPIE : Religion artificielle qu'après les journées de Thermidor, le Directoire s'efforça d'implanter en France dans l'espoir de remplacer le christianisme. Les dogmes et la liturgie de ce pastiche religieux furent rédigés par le citoyen Chemin, auteur d'un *Manuel des théophilanthropes*.

Les dogmes de foi se réduisaient à deux : l'existence de Dieu et l'immortalité de l'âme. Dieu est infini, donc parfait, infiniment bon, etc. Mais il est inaccessible à l'homme, qui ne peut ni l'expliquer ni le comprendre. Nos opinions sur Dieu, la forme

de notre culte n'ont aucune importance pour la divinité qui ne nous jugera que d'après la rectitude de notre conscience et selon nos seules œuvres. Le bien est tout ce qui est utile à nous-mêmes et à la société, le mal tout ce qui leur est nuisible. De là la maxime fondamentale des théophilanthropes : « Adorez Dieu, chérissez vos semblables, rendez-vous utiles à la patrie. »

Le temple le plus digne de la divinité, c'est naturellement l'Univers ; mais les théophilanthropes n'en avaient pas moins réquisitionné les plus belles églises de Paris et comptaient ainsi des temples de la Victoire, de la Reconnaissance, de l'Hymen, de la Jeunesse, etc. Les cérémonies qu'on y célébrait étaient des parodies des rites chrétiens expurgés des sacrements. L'officiant était revêtu d'une robe blanche à ceinture rose et coiffé d'un bonnet tricolore. Discours patriotiques, hymnes républicains et chants formaient partie du rituel.

Les efforts du Directoire, en particulier du directeur Larévellière-Lepaux, n'aboutirent pas et la religion théophilanthropique languissait quand le Premier consul la supprima et interdit ses réunions dans les édifices nationaux en 1801.

TOM John Nichols : (1799-1838). Illuminé anglais d'une grande truculence. Il était originaire de Cornouailles, où son père était aubergiste, et travailla quelque temps comme malteur à Truro. Il commença très tôt à s'intéresser à la fois à la politique et à l'illuminisme. Les livres de Richard *Brothers* * eurent sur lui une grande influence et, sans doute, lui « révélèrent » sa propre vocation de Messie. Il y puisa le goût des titres ronflants. C'est en 1831 qu'il alla s'installer à Canterbury où il se présenta comme « sir William Courtenay, chevalier de Malte, roi de Jérusalem, prince d'Arabie, roi des Gitans, défenseur du roi et de la patrie »...! Les titres ne lui suffisant pas, il voulut se donner une réalité de pouvoir et tenta de se faire élire au Parlement. Il ne parvint qu'à se faire enfermer comme fou dangereux de 1833 à 1837. Libéré, il découvrit qu'il était la résidence vivante du Saint-Esprit et se fit des disciples parmi les pauvres et les illuminés de l'époque. En compagnie d'une trentaine de disciples, il décida d'aller prêcher les campagnes, mais, le 31 mai 1838, il trouva la mort dans une rencontre avec des soldats, dans les environs de Canterbury. La *Panacea Society* * a contribué à faire revivre son souvenir.

TRACTARIENS : Nom donné aux membres du Mouvement d'*Oxford* * entre 1833 et 1841. Le mot vient d'une série de brochures écrites par Newman, Pusey, Keble, Hurrell Froude... et connues sous le titre général de *Tracts for The Times*. (Voir *Anglo-catholiques*).

TRITHÉISME : Doctrine hérétique de ceux qui enseignent qu'il y a non seulement trois personnes en Dieu, mais encore trois essences distinctes, trois substances. Trois dieux, en d'autres termes. Le trithéisme est juste à l'opposé de la doctrine des *unitairiens* * et des *sociniens* *.

On découvre les premières traces de l'hérésie trithéiste chez les *eutychiens* * et les *monophysites* *, qui n'admettaient qu'une seule nature en Jésus-Christ. Jean Philoponus, grammairien d'Alexandrie, ayant déclaré qu'il ne pouvait concevoir deux natures en Jésus-Christ sans y admettre aussi deux personnes, on lui rétorqua qu'il y avait une différence entre les concepts de nature et de personne, que sinon il y aurait aussi trois natures dans la Trinité. Philoponus en convint et dès lors enseigna le trithéisme.

De son côté, Damien, évêque d'Alexandrie, professa qu'il y avait bien trois personnes dans la Trinité, mais qu'aucune d'entre elles prise isolément n'était Dieu. La divinité était un tout dont chaque personne n'était qu'une partie. Il eut des disciples qu'on nomma les *damianites*. Signalons enfin que les *ariens* *, qui niaient la divinité du Verbe, et les *macédoniens* *, qui niaient celle du Saint-Esprit, ne manquèrent pas de traiter les catholiques de *trithéistes*. Ils furent suivis dans cette voie plus récemment, par Swedenborg.

TROPIQUES : Nom donné par saint Athanase aux *macédoniens* *, parce qu'ils expliquaient par des *tropes* ou dans un sens figuré les passages où l'Écriture parle du Saint-Esprit – à qui ils refusaient le caractère personnel et en qui ils ne voyaient qu'une opération.

Quelques auteurs catholiques ont à leur tour donné le nom de *tropiques* ou de *tropistes* aux sacramentaires qui attribuent un sens figuré aux paroles de Jésus dans l'eucharistie.

TROPITES : Hérétiques qui soutenaient que le Verbe divin avait été changé en chair et en homme au moment de l'Incarnation et qu'il avait alors cessé d'être une personne divine. Ils furent réfutés par saint Philastre et par Tertullien. La même erreur fut renouvelée par les *eutychiens* * au Ve siècle.

TUNKERS : (Voir *Dunkers*).

TURLUPINS : Branche ou variétés de *beggards* * qui se répandit en France, aux Pays-Bas et en Allemagne au XIIIe et au XIVe siècles. Ils professaient que l'âme, lorsqu'elle est absorbée dans l'amour de Dieu, n'est plus soumise à aucune loi et qu'elle peut, sans se rendre coupable d'aucun crime, satisfaire tous les appétits naturels. À ce niveau, la pudeur et la modestie doivent être considérées comme des marques de corruption intérieure, comme les preuves de l'assujettissement à la domination de la sensualité. Marguerite Poretta, qui avait écrit un livre à ce sujet, fut brûlée vive à Paris en 1313. Le même sort fut réservé en 1373 à un certain Jean d'Abantonne. La liberté de mœurs et le libertinage affiché des turlupins leur attirèrent un grand nombre de partisans. Réunis en troupes, ils parcouraient les campagnes, se livrant à tous les excès, séduisant filles et garçons et terrorisant les familles. Ils osèrent aller prêcher publiquement leur doctrine à Paris, ce qui provoqua la colère du roi Charles V. Des persécutions furent organisées contre eux et beaucoup finirent sur le bûcher en compagnie de leurs livres. Le *sex show* n'était pas encore de mise en ces temps-là.

TYRRELL George : (1861-1909). Moderniste irlandais qui se convertit au catholicisme en 1879. Ordonné prêtre en 1891, il appartint à la Compagnie de Jésus dont il finit par être expulsé. Il fut excommunié en 1907 en raison de ses idées modernistes. Il est l'auteur d'ouvrages célèbres dont *Le Christianisme à la croisée des chemins*, et d'une *Autobiographie*.

*Abélard refusait de prendre position
dans la « querelle des universaux » qui divisait l'école scolastique*

ULTRAMONTAINS : Nom péjoratif donné aux catholiques français qui « regardent vers le pape, par-dessus les Alpes », par opposition aux *gallicans* * attachés à l'autonomie de l'Église en France. La Révolution et les lois de la République consacrant la rupture de l'Église et de l'État ont marqué le triomphe de l'ultramontanisme.

UNIATES : Églises chrétiennes orientales qui reconnaissent l'autorité spirituelle de Rome, sont en conformité de foi avec l'Église catholique, en acceptent les dogmes, mais conservent leur organisation particulière et leur liturgie propre. Sont dans ce cas : l'Église ruthène ; les catholiques de rite byzantin (Roumanie, Grèce, Russie, Turquie d'Europe) ; les catholiques de rite arménien, copte et chaldéen (Syrie, Irak, Égypte, Iran) et ceux des patriarcats uniates d'Antioche (Syrie, Liban...). La plupart de ces Églises ont des antennes dans les grandes villes d'Occident.

UNITAIRIENS ou UNITARIENS : Expression d'origine protestante, qui désignait à l'origine les Églises de foi antitrinitaires (ou *sociniennes* *, comme les appellent les catholiques), qui professent l'unité pesonnelle de Dieu et rejettent la conception catholique des trois personnes de la Trinité. Mais aujourd'hui l'accent est plutôt mis sur l'attitude d'esprit fondée sur les trois grands principes de la liberté, de la raison et de la tolérance religieuse.

Nous avons évoqué dans l'article consacré au socinianisme l'histoire et l'origine de l'antitrinitarisme. Quand, en 1658, l'adhésion à l'antitrinitarisme devint passible de la peine de mort en Pologne, les unitairiens choisirent d'émigrer. Il reçurent la protection de Jean Sigismond de Transylvanie et se répandirent dans les pays voisins, en Hongrie notamment. Des Églises unitairiennes existent encore dans ces pays. Le mouvement gagna l'Angleterre où John *Biddle* * († 1662) traduisit les œuvres de Socin et prêcha sa doctrine. Ce ne fut pourtant que vers la fin du XVIIIᵉ siècle que l'unitarisme se forma en dénomination distincte avec l'aide de quelques théologiens anglicans. Le révérend Theophilus Lindsey et le célèbre savant Joseph Priestley furent les fondateurs de l'Église unitairienne en Angleterre. En 1813 et en 1825, les lois édictées contre quiconque professait des opinions antitrinitaires furent abrogées en Angleterre et en Écosse et de nouvelles Églises s'ajoutèrent aux congrégations déjà existantes. En même temps, la théologie rationaliste de Priestley était remplacée par une doctrine plus ouverte et plus spiritualiste sous l'influence de R.W. Emerson, H.W. Longfellow... L'unitarisme prit dorénavant un essor définitif; il est bien représenté en Grande-Bretagne, aux États-Unis, en Hollande, Hongrie, Roumanie, Tchécoslovaquie, Suisse... Elle est organisée sur le modèle congrégationaliste, chaque église élisant son pasteur. Une Association internationale pour un christianisme libéral et la liberté religieuse unit les congrégations britanniques à celles des autres pays et entretient des liens d'amitié avec le *Brāhma-sama* hindouiste.

Aucune profession de foi, aucune doctrine particulière ne sont exigées des fidèles; seul, en général, un court catéchisme est mis à la disposition des membres de l'Église. Il enseigne que la religion se résume à l'amour de Dieu et du prochain. Tous les hommes sont frères et Dieu est leur Père; le Bien triomphera du Mal et les âmes sauvées par leurs œuvres accéderont au Royaume de Dieu et jouiront de la vie éternelle. Il n'existe ni credo particulier ni loi imposée et tous ceux qui partagent l'idéal unitairien sont reçus dans le sein de l'Église.

UNIVERSALISTES : Protestants qui soutiennent que Dieu donne des grâces à tous les hommes pour parvenir au salut. Tel fut le sentiment des *arminiens* *, qui donnaient le nom de *particularistes* * à leurs adversaires.

Les universalistes étaient opposés aux calvinistes de la première époque qui enseignaient que Dieu, par un décret éternel et irrévocable, a prédestiné certaines âmes au salut et voué les autres à la damnation. Jean Caméron, professeur de théologie à Saumur, et Moïse Amyraut, son successeur, défendirent les thèses arminiennes (vers 1634). Les calvinistes de France, dans un synode tenu à Charenton en 1633, avaient déjà entériné sans opposition notable le point de vue de ces théologiens. L'Église catholique les accusa de professer un *pélagianisme* * déguisé.

À la suite d'une prédication du révérend John Murray (1741-1815) et des efforts de Hosea Ballou (1771-1852), une Église universaliste fut fondée dans les États de la Nouvelle-Angleterre. Elle est maintenant répandue aux États-Unis et au Canada. Sa théologie est majoritairement *unitairienne* *. Cette Église rejette l'idée des peines éternelles et professe que, par l'effet de la miséricorde divine, tous les hommes seront sauvés.

UNIVERSAUX : La « querelle des universaux » divisa l'école scolastique du Moyen Âge, faisant grand bruit à l'époque. Les philosophes chrétiens attachés aux grandes universités de Paris, d'An-

gleterre et d'Allemagne, les *scolastiques,* comme on les appelait, éblouis par la pensée d'Aristote que les Arabes avaient introduite en Europe, étaient pour la plupart anxieux de faire corroborer les doctrines aristotéliciennes avec les enseignements proprement chrétiens. Cette tentative occupa les universités du XIIᵉ au XIVᵉ siècle. Elle culmina avec Albert le Grand et Thomas d'Aquin. Elle buta longtemps, cependant, sur la théorie des « universaux ».

Vers la fin du XIᵉ siècle, l'*Isagogne* de Porphyre, qui traite des cinq universaux : le genre, l'espèce, la différence, le propre et l'accident, était commenté dans toutes les écoles. Mais une question se posa : faut-il voir dans les universaux des êtres réels ou simplement des abstractions, des choses ou des mots ? *Roscelin* * soutint que ces idées générales n'étaient que de simples abstractions que l'esprit forme par la comparaison d'un certain nombre d'individus qu'il ramène à une idée commune. Cette idée commune, loin d'être une chose réelle et un type préétabli, n'a pas d'existence hors de l'esprit qui la conçoit. Elle n'est qu'un mot, *flatus vocis,* et il n'y a de réalité que dans les individus. Mais il eut le tort d'appliquer sa théorie à Dieu. Il s'ensuivit une grande polémique avec saint Anselme et Roscelin fut condamné au concile de Soissons (1092) où il se rétracta. Roscelin fut ainsi le premier *nominaliste* *; il eut de nombreux successeurs.

À l'opposé, les *réalistes* * soutenaient que les universaux étaient des êtres réels et décrivaient la Trinité comme un *universal*. Les partisans des deux tendances se firent une guerre de mots, essayant en outre de se réclamer de docteurs qui se refusaient à prendre position et demeuraient dans l'ambiguïté, comme Abélard. À la tête des réalistes absolus on trouve Guillaume de Champeaux (1070-1122), suivi au siècle suivant par Amaury de Chartres, qui versa dans le panthéisme. Duns *Scot* * fut un réaliste modéré. Parmi les nominalistes les plus réputés, on compte Guillaume d'*Occam* *.

USHER James : (1581-1656). Archevêque anglican d'Armagh. Il publia un ouvrage entre 1650 et 1654, dans lequel il proposait une chronologie de la Bible selon laquelle la création du monde remonterait à l'an 4004 avant J.-C. Cette chronologie si précise figure encore dans certaines Bibles anglo-saxonnes.

UNTRAQUISTES : (voir *Hussites*).

VALENTINIENS : Gnostiques disciples de Valentin. Il n'existe que quelques textes fragmentaires du système mis au point par Valentin; en revanche, ses détracteurs chrétiens se sont montrés particulièrement prolixes à son sujet. Mais les divergences théoriques qui ont divisé les valentiniens font dire à saint Irénée « qu'ils se contredisent absolument, aussi bien sur les mots que sur les choses ». Quoi qu'il en soit, Valentin reste sans conteste le plus célèbre de tous les docteurs gnostiques. Né en Égypte, il y fit ses études; il avait aspiré à l'épiscopat avant de commencer à enseigner sa propre doctrine dans son pays d'origine. Il se rendit ensuite à Rome où on pense qu'il vécut de 136 à 165; ensuite il se retira à Chypre où on perd sa trace.

La doctrine valentinienne est caractérisée par une éontologie particulièrement complexe et un émanatisme délirant, dont nous devons à Irénée et à Hippolyte une description détaillée. Comme tous les systèmes gnostiques, le mythe valentinien de la création du monde est le récit imagé et minutieux d'une théogonie s'emboîtant dans une cosmogonie qui en dérive directement. Il n'y a pas de coupure, quoique tout soit mis en œuvre pour tenter de préserver la transcendance de Dieu.

Il existe pour Valentin une vaste hiérarchie qui va de l'inconnu au connu, de l'absolument insondable au mesurable et au pondérable. À l'origine, dans les profondeurs infinies de l'éternité, existe un éon parfait appelé le Père suprême, le Pro-Père (*Propator*) ou encore l'Abîme (*Bythos*). Il repose immobile, incompréhensible, inengendré, pendant des siècles innombrables. Tout aussi éternelle que lui, sa Pensée (*Ennoïa*) ou son Silence (*Sigê*), sa grâce (*Charis*) repose à ses côtés. Cette pensée est un principe féminin qui, après une infinité de siècles, suscite chez le Pro-Père un désir et de leur union sont nés un Fils, qui est l'Esprit (*Pneuma*) et une Fille, qui est la Vérité (*Alêteïa*). Elle fut la première tétrade, la *tetraktys* suprême composée du Père et de la Pensée, de l'Esprit et de la Vérité. C'est le Fils unique, l'unité du Père.

Mais à partir de l'apparition de la première tétraktys le mouvement est lancé. Les émanations se multiplient. De l'union de l'Esprit et de la Vérité, naissent le Verbe (*Logos*) et la Vie (*Zoë*), qui a leur tour engendrent l'Homme (*Anthropos*) et l'Église (*Ekklêsia*). Ces quatre entités constituent la deuxième tétraktys qui, s'ajoutant à la première tétrade, forme l'ogdoade (huitaine). C'est le principe et l'archétype de tout ce qui va suivre et du monde, en outre. Tout cela peut nous sembler quelque peu complexe, mais Valentin et ses disciples nous montrent que pour eux, néo-platoniciens, le monde des idées n'était pas un vain mot. Car la ronde des éons continue : ils sont intermédiaires et auréolent le Christ, Jésus et le Saint-Esprit (*Pneuma*) qui, pour leur part, apparaissent clairement comme des hypostases.

La deuxième tétraktys, divisée en deux syzygies ou couples d'éons, va à son tour donner naissance à une cascade d'éons intermédiaires, eux aussi groupés par paires. Le Verbe et la Vie émettent une décade constituée par dix éons : le deuxième Abîme et la Mixtion, l'Éternellement Juste et l'Unification; le Vivant de soi-même (*Autophyês*) et la Volupté; l'Immobile et la Fusion; le deuxième Fils unique et la Félicité. De leur côté l'Homme-Anthropos et l'Église produisent une dodécade (douze éons) composée de Paraclet et de la Foi; du Paternel et de l'Espérance; du Maternel et de la Tendresse; de l'Entendement et de la Conscience; de l'Ecclésiastique et de la Béatitude; du Désiré et de la Curiosité ou la Sagesse (*Sophia*). La science et la symbolique des nombres jouent un rôle éminent dans cette énumération d'attributs éontiques. Les trente éons de l'Ogdoade supérieure, de la Décade et de la Dodécade réunis forment la Triacontade du Plérôme parfait tel qu'il était prévu à l'origine. Mais une catastrophe va troubler la sérénité du Plérôme parfait.

Seul en effet le Fils premier-né (l'Esprit et la Vérité) connaissait directement la gloire et la perfection du Père; les autres éons ne pouvaient acquérir cette connaissance que par son intermédiaire. Mais voici que la dernière née des éons, Sophia, se sentit prise du désir de voir le Père à face et d'engendrer à son tour; seule, par ses propres moyens. Elle s'élança alors vers le Père et, manquant son but, tomba dans le monde inférieur du Chaos. Elle engendra en même temps, sans le secours d'une semence mâle, un être difforme, un avorton qui est le fruit de son Intention (*Enthymêsis*). Ce fruit du péché est nommé *Akhamoth*. Considérant les conséquences de son erreur coupable, Sophia se lamenta. Les éons du Plérôme apitoyés supplièrent alors le Pro-Père de lui venir en aide et la puissance divine ordonna à l'Intelligence et à la Vérité d'émettre une nouvelle syzygie, la dernière, composée de Christ et de LA Sainte-Esprit. Puis le Père produisit lui-même un éon solitaire qui est la Croix (*Stauros*) et la limite (*Horos*). De ce moment, le Plérôme consolidé est séparé de la création inférieure et imparfaite sur laquelle règne désormais Sophia-Akhamoth.

Car le Christ a ramené la première Sophia dans le cercle divin, mais Sophia a justement laissé dans le monde son *Enthymêsis,* son intention, qui est une part d'elle-même. Restée seule *Sophia-Akhamoth* se désole et de ses pleurs est sorti l'élément humide; de son sourire (car Christ lui enverra le Sauveur Jésus) a été faite la lumière et de ses angoisses la matière compacte à partir de quoi le Démiurge fabriquera le monde imparfait d'en bas. Car le Sauveur s'est uni à Akhamoth et c'est de cette union que sont nés les anges, dont le Démiurge lui-même. Ici, Jésus peut être considéré comme l'Époux de son Ekklêsia terrestre, car pour certains auteurs Akhamoth joue aussi un rôle salvateur sous le nom de *Prounikos* (la Lascive). Elle s'efforce de faire réintégrer le Plérôme aux étincelles de lumière restées dans le monde et son arme favorite est la volupté qu'elle suscite chez les hommes. Il est évident que c'est le sperme qui symbolise l'étincelle lumineuse.

C'est au Démiurge qu'il est échu de fabriquer le monde. Ce démiurge est androgyne et c'est pourquoi on l'appelle *Metropatôr* (Mère-Père). Aveuglé par l'ignorance, l'architecte des mondes a créé les sept cieux de l'Hebdomade et tous les êtres célestes de son cercle, les archontes et les génies innombrables. Ensuite il a créé les êtres terrestres et le *Cosmocratôr* (le Diable). S'agissant des hommes, le Démiurge leur a insufflé son âme psychique; mais en même temps, et sans s'en douter, il leur a transmis l'élément pneumatique qu'il tient de sa mère. Cette étincelle lumineuse pneumatique a été semée dans le premier homme et se perpétue depuis. Il y a donc trois éléments constitutifs de l'âme humaine : pneumatique, psychique et hylique (matérielle). L'élément hylique est dit « de gauche » et périra avec le corps; l'élément psychique est « de droite » et permet à l'homme de choisir librement entre la tendance matérielle et la tendance spirituelle de son être.

Mais c'est bien par la gnose que tous les éléments spirituels épars dans le monde seront récupérés en haut. Lorsque cette réintégration de la lumière sera totalement accomplie, ce sera la fin du monde. Sophia-Akhamoth rejoindra alors son époux dans le Plérôme et le Démiurge prendra sa place dans la région intermédiaire (le *Mésotès*). Et la matière restée dans le monde s'embrasera et disparaîtra dans une gigantesque catastrophe finale.

L'opinion des valentiniens était divisée sur la question de la nature du Sauveur. L'école italique, avec Ptolémée et Héracléon, estimait que Jésus avait eu un corps psychique et que ce n'était qu'au moment de son baptême que le Verbe de Sophia était descendu en lui sous forme de colombe; l'école orientale, avec Bardésane, estimait que le Sauveur avait eu un corps spirituel, car l'Esprit Saint avait visité Marie « à travers laquelle Jésus a été enfanté ».

Valentin baptisait au nom du « Père inconnu », de

la Vérité, Mère de toutes choses; de Jésus-Christ, descendu parmi nous pour racheter les hommes. Mais les valentiniens avaient aussi des prières spéciales et des onctions secrètes destinées à assister les âmes pneumatiques dans leur ascension vers les régions célestes. Il s'agissait de rendre ces âmes invisibles aux puissances inférieures et aux archontes du Démiurge jaloux.

On l'a écrit plus haut, les disciples se réclamant de Valentin furent nombreux et les écoles valentiniennes furent prospères, mais il est peu certain que l'enseignement du maître ait été authentiquement respecté. Tertullien, qui exposa et réfuta sa doctrine, confie que de son temps Valentin n'existait nulle part dans les innombrables collèges des valentiniens.

VALÉSIENS : Membres chrétiens d'une secte d'eunuques des premiers siècles de l'Église. Ils croyaient que la castration mettait l'homme à l'abri de tous ses mauvais penchants ou réputés tels. Quand ils recevaient un homme dans leur secte, ils le privaient de nourriture carnée jusqu'à ce qu'il se soit fait châtrer. La mutilation accomplie, l'adepte avait droit de manger et de boire tout ce qu'il désirait. Il était à couvert de tous les dérèglements de la chair.

VANINI Lucilio : (1585-1619). Prêtre et philosophe italien. Il enseignait une forme de religion panthéiste qui niait tout recours à la Révélation. Il fut jugé par le tribunal de Toulouse et convaincu de libre pensée. On le condamna au supplice, lui fit couper la langue et brûler vif.

VAUDOIS : Hérétiques du XIIe siècle que les calvinistes réclament pour précurseurs. L'hérésie vaudoise date du XIIe siècle et a connu deux

Vaudois brûlés à Strasbourg en 1215

périodes. Certains auteurs la confondent avec celle des *albigeois* * alors qu'en réalité les vaudois formèrent toujours une secte distincte et ne professèrent jamais aucune forme de *manichéisme* *. Il semble également faux de les assimiler aux disciples de Claude de Turin, qui auraient emprunté le nom de vaudois aux vallées du Piémont où ils s'étaient réfugiés du IXᵉ au XIIᵉ siècle. Les erreurs professées par Claude de Turin sur la divinité de Jésus-Christ n'ont jamais été adoptées par les vaudois et il paraît bien que cet hérétique ne fit pas de disciples.

C'est vers 1160 qu'un riche marchand de Lyon nommé Pierre Valdo fonda par ses prédications et par son exemple la secte qui devait plus tard prendre le nom de vaudois. Ce serait au cours d'une assemblée de commerçants que Valdo aurait eu le sentiment de sa mission. La mort subite d'un de ses amis, en pleine réunion, l'avait frappé si violemment qu'il en décida de distribuer tous ses biens aux pauvres et de revenir à la vie simple du Christ et des Apôtres. D'autres croient plutôt que sa décision fut prise en entendant lire un passage de saint Marc dans lequel Jésus conseille l'abandon de tous les biens de ce monde.

Pierre Valdo eut tout de suite non seulement des disciples, mais encore des imitateurs qu'on nomma vaudois (de Valdo), « pauvres de Lyon », « léonistes » (de Lyon ou *Leona*), « ensabatés » ou « insabatés » (à cause de la sandale coupée symboliquement en signe de pauvreté). Leur histoire, comme on l'a dit, se déroule en deux temps, la ligne de démarcation entre ces deux époques étant tracée par leur alliance avec les sacramentaires.

Première époque

Tant que les vaudois se contentèrent de vivre dans la pauvreté – leurs détracteurs ajouteront : dans l'oisiveté – on ne les traita pas en hérétiques, le clergé de Lyon et des environs se limitant à dénoncer leur affectation de sainteté. Il en fut autrement quand ils s'avisèrent de prêcher l'Évangile sans autorisation épiscopale. Les évêques les exclurent d'un apostolat « qu'ils exerçaient sans mission ». Vers 1181-1185, le pape Lucius III confirma la sentence des évêques lyonnais.

Les vaudois refusèrent de se plier à cette décision et entrèrent en schisme. Ils passèrent ensuite à l'hérésie, estimant que le ministère sacré ne pouvait être dévolu qu'aux laïques, hommes ou femmes, vivant pieusement ; le clergé officiel s'en était exclu lui-même, affirmaient-ils, depuis qu'il était entré en possession de biens temporels, c'est-à-dire depuis le règne lointain de l'empereur Constantin. Ils se mirent à conférer les sacrements, refusant de les recevoir de prêtres dûment ordonnés. Ils affirmaient en outre que dans l'eucharistie la trans-substantiation ne s'opère que dans la bouche de celui qui reçoit dignement l'eucharistie. Ils pensaient que le pain pouvait être consacré hors des églises, au cours de simples repas pris en commun car Malachie avait prophétisé : « En tout lieu l'on sacrifie et l'on offre à mon nom une oblation pure » (Malach. I, 2). Ils rejetaient de la messe tout le cérémonial, baptisaient, confessaient et donnaient l'absolution, communiquaient le Saint-Esprit par imposition des mains, refusaient aux évêques le monopole du sacrement de confirmation. Enfin, ils condamnaient le mariage s'il était accompli à d'autres fins que la procréation. On prétend encore qu'ils proscrivaient le culte des saints, les serments, la guerre, le recours à la justice civile, la possession de terres, etc. C'était beaucoup !

A vrai dire, les vaudois n'avouaient guère toutes ces erreurs. On les a accusés de dissimulation et d'hypocrisie parce qu'ils assistaient aux assemblées des catholiques, recevaient les sacrements des mains de ces prêtres qu'ils dénonçaient en secret, qu'ils éludaient quant à leur foi profonde. Tant de circonspection leur permit d'éviter au début les persécutions. Cependant, les progrès de leur secte suscitèrent l'opposition de plus en plus impatiente du clergé et, pour pouvoir exercer plus librement leur culte et vivre selon leur gré, les vaudois cherchèrent en grand nombre un refuge dans les vallées du Dauphiné et du Piémont. En 1212, ils envoyèrent une délégation à Rome afin d'obtenir l'approbation pontificale ; Innocent III refusa. Pire, le concile de Latran les condamna implicitement. Peut-être quand même auraient-ils pu vivre en paix dans leurs vallées s'ils n'avaient eu la malencontreuse idée de s'allier aux albigeois. Accusés des mêmes excès, ils furent enveloppés dans la même réprobation et subirent la même persécution.

Deuxième époque

Rentrés dans leurs vallées (que beaucoup n'avaient d'ailleurs jamais quittées) les vaudois subsistèrent tant bien que mal ; certains d'entre eux, pour plus de sûreté, se réfugièrent dans cette région de la Suisse qui allait devenir le canton de Vaud. Une croisade fut lancée contre eux en 1487, elle ne parvint pas à les subjuguer. Ils n'en étaient pas moins cruellement menacés dans leur vie et dans leur foi.

Mais la Réforme ne tarda pas à s'abattre sur l'Europe et, après avoir subi bien des souffrances, les vaudois crurent y trouver une protection. En 1530, une députation se rendit auprès des luthériens. Le symbole d'union que leur proposèrent les protestants d'Allemagne ne pouvait leur convenir, il les aurait contraints à relier la foi de leurs pères. Ils repartirent et s'adressèrent, en 1536, aux calvinistes. Le ministre calviniste Farel, de Genève, triompha de leurs scrupules et un accord fut conclu. La profession de foi qu'ils présentèrent au roi François Ier montre les vaudois complètement convertis au calvinisme, mais peut-être dissimulaient-ils encore ?

Les malheureux vaudois n'étaient pas au bout de leurs peines. Les terribles guerres de religion allaient bientôt fondre sur la France et ils ne pouvaient éviter d'être pris dans la tourmente. On les massacra avec entrain. En 1545, les villages peuplés de vaudois de Mérindol et de Cabrières sont incendiés et leur population décimée, femmes et enfants compris. Au XVIIe siècle, une armée française fut lancée contre eux et ils furent pourchassés et passés au fil de l'épée. Le scandale fut si grand en Europe que les puissances protestantes, l'Angleterre de Cromwell en tête, protestèrent violemment. On convint d'une trêve, mais ce n'est qu'après 1713, quand la plus grande partie de leur territoire eut passé au duc de Savoie, que les vaudois purent enfin respirer. Aujourd'hui encore, les communautés vaudoises du Piémont, de Savoie et de Suisse sont rattachées à l'Église réformée.

VICTIMES DE JÉSUS-CHRIST : Disciples, surtout féminins, de Mlle Brohon. Cette femme écrivain prophétisa en 1774 que Dieu était sur le point de se choisir un peuple nouveau destiné à lutter contre l'athéisme. Dans une lettre à M. de Beaumont, archevêque de Paris, elle annonça la création d'un collège apostolique de douze personnes, dont six femmes, qui seraient les premières « victimes de Jésus-Christ ». Ce délire séduisit assez de disciples pour attirer la censure de plusieurs docteurs de Sorbonne.

VIEILLE-CATHOLIQUE (ÉGLISE) : Pas très importante par le nombre de ses membres (environ 350 000 en tout), cette Église, schismatique à l'origine, hérétique depuis le concile de Vatican I, joue néanmoins un rôle important dans le mouvement œcuménique contemporain. Elle occupe une position charnière entre l'Église romaine et certaines Églises épiscopaliennes, notamment l'Église anglicane.

Elle a une double origine : les jansénistes réfugiés au Pays-Bas au XVIIIe siècle et les anti-infaillibilistes du XIXe. Persécutés par Louis XIV, les jansénistes français étaient nombreux en Hollande ; ils y furent rejoints en 1713 par les prêtres qui rejetaient la bulle *Unigenitus* (voir *Jansénisme*). Lui-même excommunié par Rome, l'évêque (régulièrement sacré) Dominique Varlet consacra à son tour, très régulièrement, un prêtre janséniste, Cornélius Steenhoven évêque d'Utrecht. L'afflux de prêtres jansénistes venus de France incita le nouvel évêque à créer deux nouveaux diocèses : Haarlem et Deventer, qu'il pourvut de titulaires consacrés par lui (1742, puis 1757). Un concile, réuni à Utrecht, entérina ces décisions et ces consécrations et ce qu'on appela alors l'Église d'Utrecht ou encore l'Église vieille-épiscopale vit le jour (1763). Vers la moitié du siècle suivant, la communauté semblait toutefois sur le point de disparaître, l'hostilité suscitée par le nouveau dogme de l'infaillibilité du pape, défini au concile de Vatican I, la sauva.

Les anti-infaillibilistes tinrent un congrès à Munich autour du chanoine Ignaz von Döllinger ; l'abbé Reinkens, de Breslau, fut choisi pour évêque des opposants, mais il fallait le faire consacrer régulièrement. On s'adressa à l'évêque vieil-épiscopal de Deventer, dont la filiation apostolique ne semblait pas douteuse. En 1874, l'Église vieille-catholique était ainsi constituée ; elle comptait des membres en Allemagne, en Autriche, en Suisse, en Bohême, en Yougoslavie et en France. Les jansénistes du cercle d'Utrecht s'y rallièrent et la fusion fut accomplie en 1889 ; les Églises autonomes de plusieurs pays se fédérèrent sous la présidence de l'évêque d'Utrecht.

À un congrès tenu à Cologne (1872) les vieux-catholiques avaient défini les points de désaccord qui les éloignaient de l'Église romaine. Ils avaient autorisé le mariage des prêtres, accepté le caractère seulement facultatif de la confession auriculaire, l'usage des langues nationales dans les cérémonies religieuses, ils avaient surtout proclamé la prépondérance absolue des conciles sur l'autorité pontificale et rejeté solennellement le dogme de l'infaillibilité et du magistère universel du pape. Plus tard, le temps passant, ils repousseront également les dogmes de l'Immaculée Conception et de l'Assomption. Ce sont là leurs principaux points de désaccord avec l'Église romaine. Il y a eu depuis des tentatives de rapprochement et un observateur vieux-catholique assista au concile de Vatican II.

L'Église vieille-catholique a passé un accord d'intercommunion avec certaines Églises orientales et surtout avec l'Église anglicane. Des évêques vieux-catholiques participent désormais à la consécration des évêques anglicans (voir *Anglicanisme*). Signalons enfin que certaines Églises séparées possèdent une filiation vieille-catholique ; c'est le cas de *l'Église catholique gallicane* * et de l'Église catholique libérale.

L'Église vieille-catholique compte à ce jour trois diocèses en Hollande, cinq en Amérique, un en Suisse, un en Allemagne fédérale, un en Pologne, un en Autriche, un en Tchécoslovaquie (contesté à cause de l'ordination féminine) et seulement quelques prêtres en France.

VIEUX-CROYANTS ou RASKOLNIKS : D'un mot russe qui signifie « fissure », « rupture ». Membres de l'Église orthodoxe russe qui firent scission en 1666 parce qu'ils rejetaient les innovations et les changements apportés dans la liturgie par le patriarche Nikon. Ces *starovertsi* (vieux-croyants) professaient à peu près les mêmes dogmes mais différaient de leurs frères orthodoxes par des pratiques extérieures de peu d'importance, par une discipline plus sévère et certaines coutumes plus ou moins superstitieuses. C'est ainsi qu'ils proscrivaient l'usage du tabac, considéré comme « l'herbe du diable ». Ils se servaient des anciens missels, se signaient avec deux doigts, utilisaient des croix à huit pointes, se déplaçaient de gauche à droite selon un rite solaire dans les services divins, refusaient de se raser de crainte d'altérer l'image de Dieu que chaque homme est censé représenter. Ils avaient un archimandrite à Niwojalen, sur le Bug et étaient nombreux en Bessarabie, en Moldavie, en Valachie et jusque dans la région de Constantinople. Tolstoï les décrit dans son roman *Les Cosaques*. Ils sont aujourd'hui en voie de disparition.

VIGILANCE : Hérétique du IVᵉ siècle connu surtout pour ses démêlés avec saint Jérôme. Il était originaire du pays de Comminges et avait fait quelques études qui lui valurent l'amitié et l'estime de saint Paulin de Nole et de saint Sulpice-Sévère. Après un voyage en Palestine, il avait fait la connaissance de saint Jérôme à qui saint Paulin l'avait recommandé. Jérôme était à cette époque en grande dispute avec Ruffin et Jean de Jérusalem, qui l'accusaient d'*origénisme* *, Vigilance entra tête baissée dans cette querelle, prenant parti pour les accusateurs de saint Jérôme. Rentré en Gaule, il renouvela ses accusations, publiant des libelles diffamatoires, attitude qui lui valut de recevoir une lettre aussi sévère que méprisante du saint docteur. Mais Vigilance, ne s'en tenant pas là, se mit à dogmatiser. À en croire saint Jérôme, il condamnait le célibat, le culte des saints et des reliques. Il aurait influencé quelques évêques avant de se retirer dans une église des environs de Barcelone. On y perd sa trace et on en a déduit qu'il avait rétracté ses erreurs.

VILATTE, J.-R. : (Voir *Église catholique française*).

VINTRAS Pierre-Eugène : (1807-1875). Illuminé et hérésiarque français né à Bayeux. Il devint le fondateur en 1840 de l'ordre de la Miséricorde, fut condamné par l'évêque de Bayeux, puis par un bref du pape Grégoire XVI.

Vintras exerça plusieurs métiers et devint ouvrier cartonnier à Tilly-sur-Seules, en Normandie. Il y fréquenta des illuminés et des partisans du faux Louis XVII, *Naundorff* *, et se mit à son tour à avoir des visions. L'archange saint Michel lui apparut le 6 août 1839 et lui annonça la prochaine descente du prophète Élie, qu'il incarnerait, avec la mission de préparer le futur et imminent règne du Saint-Esprit. D'autres apparitions se produisirent et, en 1850, le Christ en personne vint lui confirmer sa mission.

Les dés étaient désormais jetés. Malgré son manque évident d'instruction, Vintras se mit à rédiger des ouvrages mystiques ; il mit au point une nouvelle liturgie, secrète, toute imprégnée de parapsychologie avant la lettre. Et pour mieux préparer l'avènement du Saint-Esprit, il fonda son fameux ordre de la Miséricorde. Il fut excommunié et le régime du roi Louis-Philippe le fit emprisonner sans autre raison que ses relations trop étroites avec les partisans de Naundorff. Il s'enfuit en Angleterre et vécut dix ans à Londres où il publia son *Évangile éternel*. Rentré en France, il mourut à Lyon. Reprise par l'abbé Boullan, la secte des vintrasiens dépérit ; elle compterait encore quelques rares membres à Lyon et à Paris.

Reprenant à son compte la doctrine d'Amaury de Chartres (XIIIᵉ siècle), Vintras reconnaît trois âges du monde : le premier sous la loi mosaïque, est dominé par le règne du Père ; le second est celui de la Révélation chrétienne, sur lui règnent le Fils et la grâce ; le troisième et dernier, que Vintras annonçait, devait être celui du Saint-Esprit et de l'amour.

Ce troisième âge à venir sera précédé de grands bouleversements sociaux. Une lutte terrible s'instaurera entre les anges et les démons ; du côté des premiers, des hommes prédestinés coopéreront : Louis XVII (Naundorff), qui n'est pas mort au Temple, le duc de Bordeaux, et un nouveau pape, inspiré de Dieu, qui approuvera solennellement la mission de Vintras au cours d'un grand concile œcuménique. L'Église avouera ainsi qu'elle a laissé la foi s'altérer, le vrai sens des Écritures se perdre, les pires crimes se commettre sans les dénoncer, bref qu'elle ne s'est pas montrée toujours fidèle épouse du Christ.

Vintras donnait pour preuve de la divinité de sa mission un stygmate en forme de croix imprimé sur son cœur et qui à certains moments se mettait à embaumer. Lors des messes « du Saint-Esprit », dites selon le rite de Melchisédeq, les hosties consacrées se mettaient à saigner, des « effluves fluidiques » se mettaient à voyager dans l'astral. La liturgie vintrasienne était avant tout une théurgie compliquée qui éblouit plus d'un intellectuel de l'époque, Maurice Barrès par exemple et, à travers Boullan, Huysmans. Les apôtres de l'ordre de la Miséricorde étaient partagés en septénaires, en l'honneur des sept dons du Saint-Esprit. À la tête de chaque septénaire était placé un chef qui avait le droit de consacrer ses subordonnés et qui avait été consacré lui-même par Vintras avec un «baume gélatineux et sanguinolent» extrait d'une croix merveilleuse que le prophète avait reçue au cours d'une vision, en même temps que le ruban bleu de la Sainte Vierge. Une dodécade sacrée couronnait la hiérarchie vintrasienne; elle était composée de Louis XVII, du duc de Bordeaux, du pape à venir, d'une mystérieuse trinité de trois femmes vénérées, d'un groupe trinaire dans lequel Vintras lui-même était assisté de deux autres personnes dont le nom ne devait pas être révélé. Cet étrange et tout symbolique Conseil suprême de l'Immaculée Conception était réputé infaillible dans ses décisions, car il était présidé par le Saint-Esprit.

Dans une vision particulière, Vintras avait eu la révélation que les âmes humaines, créées en même temps que les anges, avaient été chassées du ciel comme ceux des anges qui avaient refusé de reconnaître Marie comme Reine du ciel. Ces âmes étaient appelées à regagner le paradis par le bon usage qu'elles feraient de leur liberté terrestre. Lucifer lui-même aurait pu être sauvé s'il n'avait pas séduit lâchement Adam et Ève dans l'Éden. Quant à Vintras en personne, il avait appris dans une autre vision qu'il avait été auparavant un archange de l'ordre des séraphins.

Si la doctrine de Vintras est parfois simpliste et naïve, nul n'a mis en cause ses bonnes mœurs ni sa sincérité.

VOLONTAIRES D'AMÉRIQUE : Société américaine analogue à l'Armée du *salut* *. Elle a été fondée par Ballington Booth, ancien membre de l'Armée du salut en Amérique et fils du « général *Booth* * ». Des divergences politiques amenèrent Ballington à se séparer de l'organisation créée par son père et à organiser sur des bases démocratiques ses propres « volontaires ». Quand il mourut en 1940, sa femme lui succéda à la tête de la société jusqu'en 1948, année de sa propre mort.

Selon Wycliffe, tous les péchés, y compris
celui d'Adam, sont nécessaires.
Le Paradis terrestre, par A. Switzer, 1629

WALKÉRISTES : Disciples de Walker et de Brown vers la fin du XVIIIᵉ siècle. Les walkéristes repoussaient l'idée d'un corps sacerdotal et se contentaient d'avoir parmi eux des « anciens » ou « inspecteurs » dont les fonctions ne devaient être qu'administratives. Ils s'opposaient à toutes les Églises chrétiennes et en tout premier lieu à l'Église anglicane. Les églises constituées, hiérarchisées, établies par l'intervention des lois humaines leur apparaissaient comme des institutions antichrétiennes. Ils s'opposaient à tous les sacrements, y compris le baptême, ne s'assemblant le premier jour de la semaine qu'en mémoire de la résurrection du Sauveur et à cette occasion consommaient symboliquement du pain et du vin. Ils disparurent au début du XIXᵉ siècle.

WARD John : (1771-1837). Illuminé irlandais issu des southcottiens (voir *Southcott*). Ancien marin, puis cordonnier à Sheerness, il était né à Queenstown. Il appartint aux méthodistes, puis aux baptistes avant de devenir un disciple de Joana Southcott. Lié à une nommée Mary Boon, il rédigea et commenta les communications spirituelles que cette autre illuminée recevait en vision. Il se mit à son tour à recevoir des messages vers 1825 et fut interné comme fou. Libéré en 1828, il proclama qu'il était « Sion », « Siloé », l'enfant au corps glorieux (et jamais vu) de Joana Southcott. Les autorités religieuses et civiles s'émurent et le pauvre Ward fut emprisonné pour blasphème de 1832 à 1834. Libéré de nouveau, il devint pasteur d'une congrégation non-conformiste à Bristol avant de mourir à soixante-dix ans à Leeds.

WESLEY Charles : (1707-1788). Théologien britannique, fondateur avec son frère John du *méthodisme* *. Il était membre du groupe d'Oxford et on lui doit plus de six mille hymnes.

WESLEY John : (1703-1791). Cofondateur avec son frère Charles du *méthodisme* *. Il fut lui aussi un brillant hymnologiste. Il naquit à Epworth, dans le Lincolnshire, où son père était recteur. Il fit ses études à Oxford et fut ordonné prêtre de l'Église d'Angleterre en 1728. Cependant, dès l'année suivante, le petit groupe de jeunes gens auquel il appartenait avec son frère Charles se constitua et se fit remarquer par sa piété exemplaire et sa stricte observance de la foi. On ne tarda pas à les appeler, par dérision, les « méthodistes ». Après un séjour de trois années aux colonies d'Amérique, John Wesley rentra en Angleterre où l'attendait l'expérience qui allait décider de sa vie entière. On dit qu'un service religieux auquel il avait assisté dans le temple des Frères *moraves* * à Aldersgate Street, l'éblouit au point de lui faire remettre en cause l'enseignement et la discipline de la *High Church* de l'Église anglicane – de laquelle il avait été un membre zélé jusque-là. Cela se passa le 24 mai 1738, juste après son retour d'Amérique. Ses prédications s'en ressentirent et les chaires de cette Église, qu'il n'avait néanmoins pas cessé d'aimer, lui furent fermées. Alors il se tourna vers les masses laborieuses, parcourant des centaines de milliers de miles à cheval jusqu'à sa mort. Sa paroisse, proclamait-il, était le monde entier. Dans ses sermons, il dénonçait la doctrine de la prédestination calviniste et développait des idées arminiennes (voir *Arminianisme* *). Les thèmes de ses sermons constituent encore aujourd'hui la base doctrinale du méthodisme.

WHITEFIELD George : (1714-1770). Célèbre prédicateur et théologien anglais né à Gloucester. Il fut ordonné prêtre de l'Église d'Angleterre à l'âge de vingt et un ans et subit un temps l'influence des méthodistes. Mais ses convictions calvinistes ne pouvant se concilier avec l'arminianisme des frères Wesley, il se sépara d'eux. Renonçant aux prédications en plein air qui avaient fait sa gloire, il se retira près de la comtesse d'Huntingdon qui en fit un de ses chapelains. Il mourut en Amérique quelques jours après y avoir débarqué.

WROE John : (1782-1863). Un des plus célèbres illuministes anglais, visionnaire et fondateur de la secte des *Israélites chrétiens*. C'était un cardeur de laine, fils d'un fermier et mineur de Bradford. À l'âge de trente-sept ans, en 1819, il se mit à avoir des visions et devint le disciple du *southcottiste* George Turner, de Leeds (voir *Southcott* Joana). Mais Turner mourut et Wroe se proclama son successeur en 1821. Dès lors, il écrira beaucoup et voyagera encore plus, visitant le monde entier et prêchant son « Évangile éternel de la Rédemption de l'âme et du corps ». En 1830, les Israélites chrétiens formèrent une section distincte des southcottistes. Ils organisèrent des « sanctuaires » financés par souscription publique un peu partout (Ashton under Lyne, Wakefield). Wroe mourut au cours d'un de ses voyages en Australie. Il compte parmi les « prophètes » de la *Panacea Society* *.

WYCLIFFE John : (1320-1387 ?). (Le nom est orthographié aussi Wiclef ou Wicliff. Ce réformateur anglais était originaire du Yorkshire (peut-être à Hipswell). Il fit ses études à Oxford, fut un moment recteur du Balliol College, puis recteur de Lutterworth, dans le Leicestershire, et brigua le siège épiscopal de Wighorn – qu'il n'obtint pas. Wycliffe était ambitieux et avide de célébrité, le refus du siège de Wighorn et son exclusion de la présidence du Balliol College, deux mesures prises par l'archevêque de Canterbury et approuvées par le pape Urbain V furent ressenties par lui comme une injustice dirigée personnellement contre lui. Il en conçut un profond dépit et une méfiance sans retenue contre la puissance ecclésiastique, l'Église romaine et les moines. Il se rapprocha du duc de Lancastre qui partageait ses sentiments et qui, par la suite, ne lui ménagea pas son appui. Wycliffe entreprit une campagne hardie, dénonçant les abus du clergé, et fut cité à comparaître devant un tribunal d'évêques réunis à la cathédrale Saint-Paul de Londres. L'influence du duc de Lancastre le fit acquitter, mais dès 1378 il se mit à attaquer la confession obligatoire, les indulgences et tout le système de gouvernement de l'Église. Il rédigea des textes en langue vulgaire et envoya un groupe de « pauvres prêtres » prêcher le petit peuple ; péché capital en ces temps d'obscurantisme, il tenta en outre de faire publier une traduction anglaise de la Bible. Le pape et le haut clergé se déchaînèrent contre lui, comme on le verra.

Les principaux chefs d'accusation réunis contre lui peuvent se résumer comme suit :

1. *De la liberté de l'homme et de Dieu*. Ni l'homme ni Dieu ne sont tout à fait libres et tous les péchés (y compris celui d'Adam) sont nécessaires et inévitables. Dieu ne pouvait pas empêcher le péché du premier homme, il n'aurait pu non plus le pardonner sans la satisfaction de Jésus-Christ. Dieu ne peut rien produire en lui ni hors de lui qu'il ne le produise nécessairement. De même il ne peut refuser l'être à tout ce qui peut l'avoir et il ne peut rien anéantir ; il ne laisse pas néanmoins d'être libre quoique sans cesse d'agir par nécessité. Il ne peut rien changer car, infini, sa première décision est elle aussi infinie. Il a tout déterminé une fois pour toutes, ce qui explique qu'il existe des prédestinés au salut et des réprouvés ; il ne peut sauver que ceux qui sont destinés à être sauvés de toute éternité.

2. *Des sacrements*. La pensée de Wycliffe est floue en ce qui concerne la présence réelle dans l'eucharistie, mais il nie la transsubstantiation. Fidèle à sa maxime capitale, il estime que la sainteté du prêtre est indispensable pour consacrer validement, mais il ajoute qu'on peut présumer cette sainteté. Il n'est donc jamais tout à fait sûr de la présence réelle dans l'hostie qu'il reçoit. Il récuse la nécessité de la confession pour ceux qui sont

vraiment contrits. Il repousse l'usage du chrême et des onctions dans le baptême et les autres sacrements, comme vain et superstitieux. Il estime que le mariage de personnes incapables de procréer n'est que concubinage. Enfin il insiste sur l'invalidité de tous les sacrements administrés par des ministres en état de péché mortel.

3. *Puissance spirituelle et hiérarchie ecclésiastique*. La contestation wycliffienne à propos des pouvoirs spirituels impartis à la hiérarchie catholique a pour principal moteur sa doctrine de l'invalidité des sacrements administrés par des prêtres ou des prélats en état de péché mortel. Selon lui, un simple prêtre de bonnes mœurs a plus de pouvoir que tous les prélats, cardinaux ou papes romains. Il affirme que c'est Jésus-Christ seul qui ordonne qui il veut et comme il veut, que les papes et les évêques s'arrogent injustement la dîme et toutes sortes de bénéfices, font commerce d'indulgences, etc. Il ne reconnaît dans la hiérarchie que deux degrés : le diaconat et la prêtrise ; les autres degrés, l'épiscopat et le pontificat ne sont que des institutions humaines. Il dénonce enfin les moines prébendés aussi bien que les moines des ordres mendiants. Ils n'observent pas les préceptes divins et sont condamnés à ne jamais atteindre le royaume des cieux.

4. *Sur le droit aux biens temporels*. Wycliffe pose en axiome indiscutable que le clergé, tant séculier que monastique, est inapte, de droit divin, à posséder aucun bien temporel. Les rois et les seigneurs se doivent de les déposséder. Quiconque enrichit le clergé va à l'encontre de la prédication évangélique et faire l'aumône aux moines encourt l'excommunication. Depuis l'instauration du pouvoir temporel par l'empereur Constantin et sous le pontificat de Sylvestre, tous les papes sont les précurseurs de l'Antéchrist.

Sévère pour le clergé, Wycliffe l'était aussi pour les laïques. Tout appartenant à Dieu, lui seul peut nous donner le droit de posséder légitimement quelque chose. Or il ne concède ce droit qu'aux justes et ce droit est périmé par le péché mortel. C'est pourquoi la qualité d'héritier, les titres, les concessions, les donations n'établissent pas un droit légitime devant Dieu quand il s'agit de pécheurs. Le propriétaire, le seigneur, le roi même sont des usurpateurs dès lors qu'ils sont en état de péché mortel.

On se doute que de telles théories, prêchées à travers toute l'Angleterre, ne pouvaient que déboucher sur une alliance des dominants contre les dominés, une guerre sainte de l'autel et du trône contre la populace et son inspirateur démoniaque : Wycliffe.

Le pape Grégoire XI et l'archevêque de Canterbury, Simon de Sudbury, n'étant pas parvenu à faire condamner Wycliffe en 1377, ce dernier s'était enhardi. N'avait-il pas l'oreille du régent d'Angleterre, le duc de Lancastre ? Il osa défier directement le pape. Et le *Grand Schisme d'Occident* * qui divisait alors la papauté lui laissa un moment les mains libres. Cependant le pouvoir des Lancastre subit une éclipse cette même année 1377, où Richard était monté sur le trône.

En 1382, le nouvel archevêque de Canterbury, Guillaume de Courtenay, appuyé par le pape Urbain V, fit de nouveau condamner la doctrine de Wycliffe par l'université d'Oxford et par un concile tenu à Londres. Le roi Richard soutint cette décision de son autorité. Relégué dans sa cure de Lutterworth, Wycliffe y mourut vers 1387. Presque trente ans plus tard, le concile général de Constance (1415) ordonna que son cadavre soit exhumé et brûlé, sentence qui fut exécutée en 1428.

Brigham Young, chef des mormons

YOUNG Brigham : (1801-1877). Continuateur de Joseph *Smith* * et chef des *mormons* *. Il était né dans le Vernon et se joignit aux Saints du Dernier Jour à l'âge de trente et un ans. Il succéda à Smith en 1840 et dirigea le grand exode des mormons en direction du lac Salé, où il fonda en 1847 Salt Lake City. Il fut le gouverneur de fait de l'Utah durant de longues années, jusqu'à l'entrée des troupes fédérales à Salt Lake City. Grand partisan de la polygamie instaurée par Joseph Smith, il laissa à sa mort dix-sept épouses et cinquante-six enfants.

ZINZENDORF : (Voir *frères Moraves*).

ZWINGLE (ou ZWINGLI) Huldreich : (1484-1531). Célèbre réformateur né à Saint-Gall en Suisse. Il fit ses études en Italie, à Rome, et fut ordonné prêtre de l'Église catholique. Rentré dans son pays, il se fixa à Bâle où il devint docteur et fut vite connu pour ses prédications. On lui confia la principale cure de Zurich. Cet ami de Pic de la Mirandole avait pu observer au cours de son séjour en Italie les abus et la corruption du clergé romain et il souhaitait les réformer. La prédication pour les indulgences organisée par le pape Léon X fit déborder la coupe, et Zwingle se mit en campagne en 1519. Il avait dénoncé le commerce des indulgences quand les magistrats de Zurich interdirent l'entrée de leur ville au père cordelier désigné par le pape pour y porter les indulgences justement. Encouragé par la ferme attitude des édiles zurichois, Zwingle passa à l'attaque générale : il dénonçait l'autorité du pape, la nature du sacrement de pénitence, l'efficacité des autres sacrements, les mérites de la foi, l'effet des bonnes œuvres. Sur tous ces points il était d'accord avec Luther ; sur d'autres, il était en divergence avec le réformateur allemand.

Zwingle rejetait le prédestinatianisme luthérien ; il croyait aux vertus du libre arbitre. Il professait que le libre arbitre n'avait rien perdu de son efficacité avec le péché d'Adam ; que ce péché ne nous est pas transmis à la naissance, sinon comme une simple inclination à pécher à notre tour ; que le baptême n'a été institué qu'en symbole d'adoption ; que c'est par les souffrances de Jésus-Christ que le vice de notre nature est efficacement corrigé. Fidèle à cette logique, il écrivit dans sa profession de foi au roi François Ier que ce prince pouvait espérer voir le ciel avec les patriarches, les justes de l'Ancienne Loi dont il citait les noms :

Hercule, Thésée, Socrate, Numa, Scipion...
Luther le traita d'ultra-*pélagien* *.

Zwingle était encore et principalement en désaccord avec Luther à propos de l'eucharistie. L'école luthérienne croyait à la présence réelle dans l'eucharistie par consubstantiation, Zwingle ne voyait dans la communion qu'une simple commémoration de la Cène. Il n'en contribua pas moins à faire chasser *Carlostad* * de Zurich. Zwingle proclamait en outre qu'il ne devait pas y avoir de séparation entre le gouvernement de l'Église et celui de la République.

Pour finir, il fut l'instigateur de la guerre que Zurich entreprit contre les cantons qui n'avaient pas embrassé la Réforme. C'est au cours d'une escarmouche qu'il fut tué à Kappel. Les Églises réformées du Continent, en France notamment, se sont parfois largement inspirées de ses idées.

Ulrich Zwingle

INDEX

BONOSE, 112.
BOON, Mary, 277.
BOOTH, Ballington, 275.
BOOTH, Évangéline, 112.
BOOTH, William, 95, 112.
BOOTH, William Bramwell, 112.
BORA, Katarina von, 188.
BORDEAUX, duc de, 275.
BORREEL, Adam, 112.
BOSSUET, 155, 162, 238, 239.
BOTRUS, 137.
BOUDDHAS, 193.
BOULGAKOV, Serge, 112.
BOULLAN, abbé, 274, 275.
BOURIGNON, Antoinette, 112.
BOURNE, Hugh, 112.
BOURZEYS, 176.
BRAHMA Iᵉʳ (ou VARANES), 193.
BRAY, Thomas, 112.
BRIAND, Aristide, 143.
BRIÇONNET, 167.
BRISCIA, Benoît, 238.
BROHON, Mlle, 273.
BROTHERS, Richard, 112, 225, 264.
BROWN, 277.
BROWNE, Robert, 113, 131.
BRUNO, Giordano, 113, 226.
BRUNNER, Émile, 113.
BRUNSWICK, duc de, 166.
BRUYS, Pierre de, 79, 97, 164, 228, 229.
BUCER, 95, 113.
BUCHEZ, P. J. B., 196.
BUCHMAN, Frank, 114, 242.
BUCKINGHAM, 86.
BUNYAN, John, 114.
BUTTLER, Joseph, 114.

CAILLAUX, 197.
CAJETAN, cardinal, 187.
CALIXTE II, pape, 79.
CALIXTE, Georges, 116.
CALVIN, Jean, 82, 89, 96, 116, 117, 118, 119, 145, 167, 172, 186, 231, 246, 252.
CAMPBELL, Alexander, 120, 136.
CAMPBELL, Reginald John, 120.
CAMERON, Richard, 119.
CAMPEDGE, 84.
CARACCIOLI, archevêque, 204.
CARLOMAN, 75.
CARLOSTAD, Dr., 73, 82, 120, 187, 188, 246, 282.
CAROPALATE, Michel, 99.
CARPOCRATE, 75, 120.
CARREY, WIlliam, 120.
CARTER, James, 102.
CASSIEN, 252.
CASTALION, 118.
CASTELNAU, Pierre de, 79.
CATHERINE II, impératrice, 200, 256.
CATHERINE DE JÉSUS, 172.
CATHERINE D'ARAGON, 84.
CAVALIER, Jean, 118.
CÉDRÈNE, 99.
CÉLECIEN, évêque, 137, 138.
CÉLESTIN V, pape, 153, 213.
CÉLESTIUS, 137, 227, 228.
CERDON, 125, 126, 198.
CÉRINTHE, 90, 126.

CÉRULARIUS, Michel, 220, 221.
CÉSAIRE D'ARLES, saint, 252.
CHAMPEAUX, Guillaume de, 73, 268.
CHARLEMAGNE, 129.
CHARLES, Thomas, 203.
CHARLES Iᵉʳ, 85.
CHARLES II, 107, 119.
CHARLES V, 76, 265.
CHARLES QUINT, empereur, 77, 101, 187, 189.
CHARLES VII, 155.
CHARLES VIII, 249.
CHARLES IX, 167.
CHARLES LE CHANTRE, 166.
CHATEL, abbé, 142, 143.
CHAZAL, 197.
CHEMIN, 263.
CHENOUDA, 134.
CHERBURY, lord Herbert de, 136, 164.
CHEVALIER, Michel, 247.
CHLORE, Constantin, 137.
CHOART, 177.
CHRYSAPHE, 148.
CLAIRVAUX, Bernard de, 74.
CLAUDE DE TURIN, 129, 171, 272.
CLÉMENT, 129.
CLÉMENT V, pape, 98, 107, 250.
CLÉMENT VI, pape, 153, 250.
CLÉMENT VII, pape, 84, 250.
CLÉMENT IX, pape, 177.
CLÉMENT XI, pape, 92, 177, 237.
CLÉMENT XIII, 108, 177.
CLÉMENT D'ALEXANDRIE, 104, 120, 156, 164, 214.
CLÉOBIUS, 129.
CLOWES, John, 215.
COFFIN, 185.
COLARBASE, 130.
COLERIDGE, Samuel, 125.
COLLINS, Anthony, 136.
COLLUTHUS, 130.
COMMENIUS, J. A., évêque, 207.
COMNÈNE, Alexis, 111.
COMNÈNE, Isaac, empereur, 221.
COMTE, Auguste, 130.
CONDORCET, 233.
CONGLETON, lord, 230.
CONON, 131.
CONHERT, Théodore, 134.
CONRAD, 153.
CONSTANCE, empereur, 75, 94, 96, 100, 146.
CONSTANT, empereur, 138, 205, 272.
CONSTANTIN, empereur, 94, 99, 137, 138, 215, 279.
CONSTANTIN COPRONYME, empereur, 171.
CONSTANTIN DE MANANALIS, 227.
CONSTANTIN MONOMAQUE, empereur, 220.
CONSTANTIN PORPHYROGÉNÈTE, empereur, 171.
CONSTANTIN III POGONAT, empereur, 205.
COPERNIC, Nicolas, 113.
CORNEILLE, saint, 215.
COULET, 177.
COURTENAY, Guillaume de, 279.
COURTENAY, William, 264.

COWDERY, Olivier, 257.
COX, Jean (ou COCCÉIUS), 129.
CRANMER, 84, 113, 130, 134, 186.
CROMWELL, 86, 102, 107, 131, 152, 153, 209, 211.
CRONIN, F., 230.
CUDWORTH, 185.
CYPRIEN, saint, 215, 242.
CYRILLE D'ALEXANDRIE, saint, 75, 148, 212, 213.
CZERSKI, 142.

DABY, John M., 230.
DACOSTA, 251.
DAMASE, saint, 91, 203.
DAMIEN, 135, 265.
DANTE ALIGHIERI, 124.
DARBY, John Nelson, 135.
DAVID DE DINAN, 81, 136, 226.
DAVID George (Jean BRUCH), 136, 151.
DAVIS, Andrew Jackson, 259.
DES HOUX (ou DURAND-MORIMBAU), 143.
DESMARAIS, 230.
DIDYME, 200.
DIESTEL, 209.
DIMITRIOS Iᵉʳ, 221.
DIOCLÉTIEN, empereur, 79, 92, 201.
DIODORE DE TARSE, 262.
DIOSCORE, 133, 146, 148.
DÖLLINGER, Ignaz von, 273.
DOMENICO DE PESCIA, fra, 249.
DOMINIQUE, saint, 113.
DOMINIS, Marc-Antoine de, 243.
DONATUS, 79, 129, 137, 138.
DOSITHÉE, 138, 255.
DOTZNI, Jean, 96.
DOWIE, John Alexander, 139.
DROSTE DE WISHERING, archevêque, 164.
DULCIN (ou DOUCIN), 92.
DUNS SCOT, 217, 268.
DUVEYRIER, 247.

EBEL, Johann Wilhem, 209.
ÉBION, 90.
ECKBERT, 121.
ECKHART, Maître, 81, 109, 230.
EDDY, A. G., 142.
EDDY BAKER, Mary, 128, 141, 228.
ÉDOUARD VI, 84, 85, 86, 134, 151.
ELCÉSAÏ (ou ELXAÏ), 144.
ÉLEUTHÈRE, pape, 206.
ÉLIPHAND DE TOLÈDE, 77, 151, 152.
ÉLISABETH Iʳᵉ, reine, 84, 85, 86, 113, 131, 151, 231, 233.
EMERSON, R. W., 267.
ENFANTIN (Père), 247, 248.
ENFIELD, 128.
ENGENAS, évêque, 256.
ÉON DE L'ÉTOILE, 145.
ÉPIPHANE, saint, 75, 78, 88, 99, 103, 104, 120, 121, 130, 145, 156, 166, 198, 219, 248, 255.
ÉRASME, 243.
ÉTIENNE Iᵉʳ (saint), pape, 242.
ÉTIENNE III, pape, 171.
EUCKEN, Rudolf Christoph, 146.
EUDOXE, pape, 146.

Table des matières

ORIGINE DES ILLUSTRATIONS

Archives de l'éditeur 10, 26, 32, 41, 42, 48, 54, 59, 83, 84, 98, 100, 105, 109, 146, 154, 158, 182, 187, 188, 189, 195, 200, 210, 226, 250, 265, 282.
Bulloz 13, 20, 22, 133.
Jean-Loup Charmet 16, 19, 27, 61, 62, 67, 69, 72, 76, 77, 80, 82, 87, 90, 95, 111, 114, 116, 119, 124, 126, 132, 138, 140, 142, 150, 152, 157, 162, 170, 172, 180, 184, 190, 196, 197, 201, 202, 208, 213, 216, 220, 222, 228, 232, 234, 236, 239, 244, 247, 254, 259, 260, 266, 271, 276, 280.
Collections particulières 167, 174, 176, 224.
Giraudon 24, 29, 38, 44, 168, 249.
Rapho-Paolo Koch 30.
Roger-Viollet 37, 47, 53, 173.

Iconographie : Anne SOPRANI

Maquette : Hélène FLORET

Composition : FIRMIN-DIDOT

Achevé d'imprimer pour
le compte des éditions Sand
N° d'éditeur : 863 - ISBN 2-7107-03-65-3
par l'imprimerie Tardy Quercy S.A. à Bourges
N° d'imprimeur : 13292
Relieur Diguet-Deny

War Sermons